HISTOIRE
DE
LA GUERRE DE 1813
EN ALLEMAGNE

La traduction et la reproduction de cet ouvrage

sont interdites.

HISTOIRE

DE

LA GUERRE DE 1813

EN ALLEMAGNE

PAR

LE L^T COLONEL CHARRAS

DERNIERS JOURS DE LA RETRAITE DE RUSSIE
INSURRECTION DE L'ALLEMAGNE — ARMEMENTS — DIPLOMATIE
ENTRÉE EN CAMPAGNE

AVEC CARTES SPÉCIALES

LEIPZIG

F. A. BROCKHAUS

1866

Ce livre devait être le monument d'une noble existence, dévouée tout entière à la Patrie, à l'Humanité. Il demeure incomplet, inachevé, image trop fidèle d'une vie prématurément tranchée, avant d'avoir pu accomplir toute sa tâche.

La proscription avait brisé l'épée de Charras, entravé son intervention directe dans les événements contemporains, modifié profondément les conditions de son action politique. Mais elle n'avait pu lui arracher sa plume; et, de soldat devenu écrivain, il n'avait pas un seul jour interrompu la lutte. La mort est venue saisir cette vaillante main, au moment où elle s'apprêtait à terminer une œuvre qui devait servir la plus juste des causes, honorer l'homme et le pays. Du livre, il ne reste qu'un fragment; de l'homme, un grand exemple et un grand souvenir. C'en est assez pour faire sentir à la patrie la perte immense qu'elle a faite!

Après nous avoir donné l'histoire définitive, incontestable et, au fond, incontestée de la campagne de 1815, le colonel Charras voulait remonter à l'origine de nos désastres, en dévoiler la cause et, par l'évidence de sa démonstration, compléter l'enseignement commencé par son premier ouvrage. Continuant donc ses patientes recherches avec la résolution inflexible de découvrir la vérité, autant qu'il serait en lui, et de la dire sans réticences et sans ménagements, il avait réuni, pièce à pièce, tous les matériaux d'une histoire de la campagne de 1813 en Allemagne. Pour s'approcher des sources mêmes de l'histoire, il avait appris la langue la plus difficile de l'Europe. Il avait étudié, contrôlé, tout ce qui a été publié en France, en Allemagne, en Russie, en Angleterre, sur cette effroyable mêlée des peuples. Il avait réussi, par sa volonté persévérante et par le concours d'amis dévoués, à forcer les portes des archives les mieux closes. Il avait eu à sa disposition d'importants documents inédits, notamment la correspondance militaire du général Bertrand. Il avait consulté plusieurs des survivants des grandes batailles et recueilli leurs témoignages. Il avait son opinion complétement fixée sur les hommes, sur les faits.

Affranchi des préjugés de nation et des préjugés de métier, dominant par la force de son esprit et de sa volonté les entraînements de sa propre passion, il voulut être juste pour tous. Quelles que fussent ses convictions, ses douleurs, ses colères de citoyen, il s'éleva au-dessus de ses affections et de ses haines et n'écouta que la voix austère de la vérité.

Son amour incorruptible pour la vérité l'a conduit à raconter sans ménagements des faits, à exprimer des opinions qui contrarient quelquefois les préjugés nationaux, mais non le vrai patriotisme. Ainsi, il s'est refusé à voir dans Napoléon le représentant armé de la Révolution, c'est-à-dire de la Justice. Comme Metternich qui lui donnait sa sympathie, comme les patriotes allemands, espagnols, qui lui vouaient leur haine, il a constamment vu en lui, il a détesté le promoteur le plus redoutable de la Contre-Révolution. Fortement pénétré de la notion moderne de la justice qui pose un devoir en regard de chaque droit et qui reconnaît que ce qui est légitime pour un peuple, pour un citoyen, est légitime pour tous, il n'a pas hésité à déclarer que la France, acceptant ou subissant le despotisme de Napoléon, et se rendant complice de l'asservissement de l'Europe, avait, en 1813, le droit contre elle; que les peuples écrasés, foulés par l'abus de la force, se devaient de recourir à la force pour s'affranchir ; que l'insurrection contre l'oppresseur était pour eux, selon la parole des vaillants logiciens de 1793, « le plus sacré des droits et le plus indispensable des devoirs. »

Cette mâle doctrine, qui fut la règle de la vie de Charras, est aussi la moralité de son livre. Il l'applique généreusement à l'Europe asservie, comme il la revendique pour la France. Il donne sans hésitation, sans réserves, ses éloges, son enthousiasme, à la patriotique insurrection de l'Allemagne ; il la compare au magnanime élan de la France en 1792 ; il la glorifie, avec raison, comme l'un des actes les plus héroïques qui aient honoré l'humanité et comme une consécration nouvelle des principes que la France avait eu la faiblesse de déserter, après les avoir proclamés avec un immortel éclat. Personne encore n'avait raconté avec cette hauteur de vue, cette connaissance approfondie des faits et cette libérale impartialité, ce mouvement national qui, parti du peuple, entraîna l'armée, la noblesse, les gouvernements, et renversa l'oppresseur de l'Europe.

Le livre du colonel Charras devait embrasser dans son vaste ensemble toute l'histoire militaire, politique et diplomatique de cette année 1813, l'année la plus tragique du siècle. Mais il ne donne que l'exposition du drame, et s'arrête à la veille de Lützen.

Incomplet, mutilé, ce récit n'en contient pas moins tout entières la pensée de l'historien, la haute moralité de son livre. En le publiant sans retouche, sans changement d'aucune sorte, avec l'aide et sous les yeux de celle à qui Charras avait confié cette mission, nous avons la conscience de remplir un devoir, non-seulement envers lui, mais envers sa cause, envers la patrie. Aujourd'hui la proscription qui poursuit l'œuvre au delà même de la tombe de l'écrivain, ne permettra pas à la France de la lire ; mais un jour elle connaîtra ce livre de l'exil, ce livre écrit pour elle, par un de ses plus dévoués enfants, sous la constante préoccupation de la patrie. Elle y apprendra une fois de plus à quelles extrémités elle s'était réduite, en s'abandonnant elle-même, en désertant les principes qui, au début de la Révolution, avaient fait sa force et sa gloire, en abdiquant sa volonté entre les mains d'un homme. Elle verra ce qu'étaient devenus, sous l'action d'un despotisme sans frein, non-seulement les ressources matérielles du pays, mais ce qui est de plus haut prix, la noblesse et le ressort des caractères et la véritable gloire de la nation.

Nul ne quittera ce livre sans emporter quelque chose de l'âme de son auteur. Comme jadis dans sa parole d'un si mâle et si vif accent, les faibles y trouveront un aiguillon, les forts une force nouvelle. Il s'y est donné tout entier, avec ses qualités natives, avec celles qu'il devait à l'étude. C'est un livre de foi et de bonne foi, vaillant, sincère, plein d'une ardeur concentrée et d'autant plus pénétrante.

En vain Charras avait vu les ruines s'amonceler; en vain il avait vu le triomphe insolent de la force, la défaite lamentable du Droit et l'abaissement progressif des caractères. Le froid qui l'entourait ne pouvait l'atteindre. Son attitude invaincue était pour quelques-uns un frein, pour d'autres une terreur, pour beaucoup un exemple et un encouragement. Il avait une foi raisonnée, indestructible, dans le triomphe définitif de la justice. Cette foi ne quitta jamais son noble cœur. Elle l'avait soutenu dans les plus mauvais jours; elle fut sa force pendant qu'il écrivait cette histoire, pendant qu'il luttait contre la maladie qui nous l'a enlevé. Il est resté à son poste jusqu'au bout; la mort elle-même n'a pu l'en relever, et sa tombe qui, par sa volonté, attend sur la terre d'exil, continue et confirme la protestation de sa vie.

V. Chauffour-Kestner.

30 octobre 1865.

CHAPITRE PREMIER.

Retour en Prusse et dans le grand-duché de Varsovie des débris de l'armée perdue en Russie par Napoléon.—Murat, qui les commande, arrive à Königsberg. — Ses instructions pour la réunion sur divers points et la réorganisation des restes des différents corps. — Forces réunies déjà et à réunir en quelques jours sur Königsberg. — Corps de Macdonald, de Schwarzenberg, de Reynier. — Oubli qu'en a fait Napoléon. — Erreur dans laquelle il les a entretenus. — Instructions tardives qui leur sont envoyées. — Leur position, leur effectif à la fin du mois de décembre 1812. — Confiance, calculs de Murat au dernier jour de cette année même.

Basée sur cette politique qui n'admettait d'autre droit que la force et n'avait d'autre règle que l'ambition d'un homme, calculée avec légèreté, engagée sans prévoyance, conduite avec incurie, poursuivie avec une téméraire obstination, tardivement ramenée, l'expédition dirigée contre la Russie se terminait en un désastre sans égal.

Opérée par six cent dix mille hommes[1], l'invasion de cet empire avait commencé dans les derniers jours du mois de juin 1812. Jamais dans les temps modernes, et peut-être même dans les temps anciens, armée si

---

1. Six cent dix mille cinquante-huit hommes, tel est le chiffre exact des officiers, sous-officiers et soldats qui pénétrèrent, à diverses époques, en Russie. On le trouve dans la remarquable *Histoire de l'expédition de Russie, par le général de Chambray*. Chambray l'a extrait des situations envoyées au ministre de la guerre par les corps, le jour de leur entrée en Russie.

nombreuse n'avait été réunie sous un même chef, et mise en mouvement pour une même entreprise.

Dans son immense organisation, celle-ci comprenait dix corps d'armée, la garde impériale française, un corps auxiliaire autrichien et quatre corps de réserve de cavalerie.

Six mois ne s'étaient pas écoulés et elle repassait précipitamment, dans le plus effroyable désordre, dans la plus affreuse détresse, la frontière russe ; elle était réduite de plus de cinq cent mille hommes perdus par la désertion, enlevés, ramassés par l'ennemi, tués par le fer et le feu, par la fatigue et le dénûment, par la faim et le froid ; elle laissait derrière elle les cadavres de cent cinquante mille chevaux, un millier de canons et quinze ou vingt mille voitures d'artillerie et d'équipages. Déjà Napoléon l'avait quittée, courant à Paris exiger de la France une nouvelle armée.

En partant, ce funeste artisan du désastre avait imposé à Murat la mission de conduire et de rallier les débris de tant et de si belles légions. Murat n'avait pu que se mettre à la tête de la déroute, alors déjà complète[1].

---

[1]. Dans ses *Mémoires*, où il respecte si peu la vérité quand il est en scène, Napoléon a écrit qu'au moment de son départ « la garde était entière et que l'armée comptait quatre-vingt mille combattants, sans compter le corps du duc de Tarente (Macdonald), qui était sur la Dwina. » Or, une situation officielle du 2 décembre prouve que, ce jour même, le nombre des combattants de tous les corps qui étaient avec Napoléon, y compris la garde, ne s'élevait qu'à huit mille huit cent vingt-trois hommes, marchant plus ou moins en ordre (Voir Chambray, t. III) ; et, le 5 décembre, jour du départ de Napoléon, cette poignée d'hommes était réduite des deux tiers.

Le 6e corps, alors sous les ordres de de Wrede, et flanquant à gauche a déroute, n'est pas compris dans la situation que nous citons ; mais y

Cette longue déroute trouvait enfin un terme comme finissait l'année 1812. L'armée russe semblait avoir renoncé à la poursuite; les Cosaques eux-mêmes, ces infatigables coureurs, avaient disparu. On touchait le sol de la Prusse et du grand-duché de Varsovie; on y trouvait des vivres, des abris; on respirait.

Le 19 décembre, Murat arrivait à Königsberg, à peine escorté de quelques cavaliers. Bien des fuyards l'y avaient précédé. Il y avait fait requérir à l'avance des logements et des subsistances pour vingt-cinq mille hommes. On y attendait un corps d'armée. Mais, au lieu de ces vingt-cinq mille hommes bruyamment annoncés, les habitants surpris virent, à deux jours de là, passer une petite troupe de quatre ou cinq cents fantassins et de deux ou trois cents cavaliers misérablement vêtus, d'aspect méconnaissable, à peine en ordre. Des quarante-six mille hommes de la garde impériale, de ce corps d'élite naguère si brillant, de tenue si pompeuse, qui n'avait pas tiré un coup de fusil pendant presque toute la campagne, et le seul qui eût reçu des distributions à peu près régulières, c'était là tout ce qui était demeuré dans le rang. Après, il ne parut plus que des hommes isolés, des traînards dans un état plus misérable encore. Sur d'autres routes, dans d'autres villes où avaient été prescrites les mêmes ré-

---

ajouter son effectif, ce ne serait pas diminuer beaucoup l'erreur calculée de Napoléon, car c'est tout au plus si, le 2 décembre, de Wrede avait encore trois ou quatre mille combattants; et six jours après, il ne lui en restait que deux mille. (Voir *Kriegsgeschichte von Bayern*, etc., von Frh. von Völderndorf und Warndein.)

quisitions qu'à Königsberg, l'armée française offrit un spectacle tout aussi lamentable, et le nombre d'hommes marchant militairement fut encore plus restreint. Ici et là ils étaient cent cinquante ou deux cents à peine escortant les aigles réunies des divers régiments de chaque corps d'armée. Et ces aigles mêmes n'étaient plus aux drapeaux. Depuis longtemps elles en avaient été détachées. Les drapeaux avaient été brûlés, et les aigles étaient cachées dans les havre-sacs des soldats.

Jusqu'à Königsberg, Murat n'avait montré que découragement; mais une fois là, il retrouva l'énergie perdue dans les horreurs des derniers jours, et il prit des mesures pour recueillir les épaves de l'immense naufrage.

A Kowno, où l'on avait repassé le Niémen au milieu d'un tumulte tristement fameux, il avait reconnu, de concert avec les maréchaux, l'impossibilité absolue de tenter un ralliement sur ce fleuve profondément gelé; et il leur avait indiqué, au loin en arrière, des points vers lesquels ils devaient se rendre de leur personne et s'efforcer de diriger leurs soldats débandés, démoralisés, épuisés.

Il régularisa et précisa, par un ordre du 20 décembre, ces dispositions provisoires.

D'après cet ordre, les restes de la garde impériale durent se réunir à Königsberg, ceux de la cavalerie démontée à Elbing, ceux du 2e et du 3e corps à Marienburg, ceux du 4e et du 9e à Marienwerder, ceux du 1er et qu 8e à Thorn, ceux du 6e à Plozk; enfin, ceux du 5e, qui avaient été envoyés directement par Napoléon de

Malodeczno à Ollita sur la rive gauche du Niémen et qui avaient ensuite marché sur Varsovie, durent s'établir dans cette dernière ville.

Murat ordonna, en même temps, de renvoyer sur les derrières, à Stettin et à Cüstrin, les officiers blessés et malades qui pourraient supporter le trajet; et il prescrivit que tout soldat qui serait trouvé sans autorisation sur la rive gauche de la Vistule, fût considéré comme déserteur devant l'ennemi.

Ces instructions annonçaient, enfin, l'existence d'un commandant en chef.

Au moment où ils avaient repassé le Niémen, les débris confus de l'armée s'élevaient peut-être encore à trente-cinq ou quarante mille hommes. Mais, depuis, ce nombre ne cessait pas de diminuer. Une abondance relative succédant brusquement à la disette, la chaude température des habitations à l'atmosphère glacée des bivacs, multipliaient les maladies et les victimes. Dans la seule ville de Königsberg, il mourait de cinquante à soixante hommes par jour.

Le 31 décembre, Murat put reconnaître, d'après les rapports parvenus à Königsberg, que vingt mille hommes environ étaient demeurés valides ou le redeviendraient promptement; que ce nombre s'augmentait de six ou sept mille isolés, convalescents et autres, retrouvés en Prusse et dans le grand-duché de Varsovie; et que, des hôpitaux, il ne sortirait guère que des mutilés et des cadavres.

Hormis un très-petit nombre, les officiers et les soldats échappés de Russie étaient arrivés aux lieux de ralliement fixés, sans armes, sans équipement, sans uniforme, sans rien qui ressemblât à la tenue militaire, et les cavaliers sans monture. Mais soit par elles-mêmes, soit par les magasins qui s'y trouvaient ou qu'on y transportait, les villes où l'on avait fait aboutir la déroute offraient des ressources suffisantes pour armer, vêtir, équiper, approvisionner promptement les fuyards; et ces ressources, on se hâtait de les utiliser. Murat annonçait même aux généraux de cavalerie l'arrivée prochaine de chevaux de remonte venant du grand-duché de Varsovie. On faisait des réorganisations provisoires; l'ordre commençait à renaître; et il devait suffire de quelques semaines encore de ce repos abrité, pourvu des choses nécessaires à la vie, pour rappeler les vertus militaires disparues dans des souffrances, des misères indicibles.

Mais ces vingt mille hommes, qui, au bout de quelque temps, allaient ainsi se trouver habillés, armés, équipés, réconfortés, et ces sept mille isolés qui venaient de les rejoindre, ne devaient pas même rester tous sous la main de Murat. C'était tout au plus s'il pouvait se promettre d'en garder une vingtaine de mille sous ses ordres; car il y avait parmi eux sept ou huit mille officiers et hommes de cadre qui, inutiles dans les réorganisations commencées, étaient indispensables dans les dépôts et devaient y être envoyés sans retard pour concourir à des formations nouvelles.

En ce moment, néanmoins, Murat ne croyait nullement sa position désespérée ni même compromise, quoi qu'en aient dit certains écrivains.

Sans doute, comme la plupart des maréchaux et des généraux, comme tous ou presque tous les officiers et les soldats, comme Ney lui-même, le héros de la retraite, il était exaspéré contre Napoléon et se répandait contre lui en propos emportés; sans doute, à la mission que celui-ci lui avait imposée, il aurait préféré les fastueuses vanités de sa royauté napolitaine; au dur climat du Nord, le doux ciel du Midi; mais il s'indignait contre la démoralisation générale, contre ceux qui demandaient à quitter l'armée; il cherchait à ramener tout le monde au sentiment du devoir [1]; il avait la conviction que les Russes n'avaient jeté encore que des partis de Cosaques sur la rive gauche du Niémen; que leurs armées étaient encore bien loin; qu'elles étaient *hors d'état de faire une campagne d'hiver;* et, pour relever les esprits abattus, il ordonnait de répandre partout la nouvelle de cette impuissance de l'ennemi [2]. Au cas même où, contrairement à sa conviction, les Russes marcheraient immédiatement en avant, il croyait qu'il lui serait possible de garder la Vistule, peut-être la Passarge ou le Pregel, jusqu'à l'arrivée de l'armée que Napoléon était allé organiser en France; et, à en juger d'après les nouvelles reçues, l'état des choses, la vraisemblance, cette croyance était très-fondée. Elle l'était même en supposant, comme il était naturel de le supposer, que la nouvelle armée que Napoléon devait amener, ne paraîtrait pas avant plusieurs mois sur la Vistule.

Pour imposer aux Russes et au besoin pour les com-

1. Lettre de Murat au général Belliard; Königsberg, 26 décembre 1812.
2. Lettre de Murat au général Belliard; Königsberg, 29 décembre 1812.

battre, Murat, en effet, était autorisé à compter sur de bien autres forces que les vingt mille hommes que devait lui donner, dans quelques semaines, le travail de réorganisation qui se faisait.

Depuis quelques jours il avait été rejoint sur Königsberg par la division Heudelet venant de Danzig, forte de dix mille fantassins et de vingt-quatre bouches à feu, et par la brigade de Cavaignac venant du Hanovre et ayant quinze cents hommes à cheval. Il pouvait appeler à lui de Danzig, où elles n'étaient pas indispensables, où l'on pouvait les remplacer par les restes des 2° et 3° corps, la division d'infanterie Detrés et la 3° brigade d'Heudelet, qui lui amèneraient de six à sept mille hommes, et, des environs de Thorn et de Plozk, deux mille Français, quatre mille cinq cents Bavarois et quinze cents Westphaliens, formés en bataillons de marche, arrivant de France, de Bavière, de Westphalie. C'était donc, tout d'abord, vingt-cinq mille hommes à opposer à l'ennemi. Mais ce n'était pas tout, à beaucoup près.

Nous l'avons dit en commençant, l'armée qui avait envahi la Russie se composait de douze corps d'armée, y compris la garde impériale et un corps auxiliaire autrichien, et de quatre corps de réserve de cavalerie. De ces grandes fractions de l'énorme masse, trois, le 7° et le 10° corps d'armée et le corps autrichien, n'avaient jamais manœuvré sous la main de Napoléon et n'avaient pas été enveloppés dans la ruine commune. Le 7° corps était commandé par le général Reynier, le 10° par le maréchal Macdonald, le corps autrichien par le feld-maréchal Schwarzenberg. Reynier obéissait à ce dernier.

Pendant la campagne, Macdonald avait opéré en Courlande, Schwarzenberg en Wolhynie et en Lithuanie, et tous les deux sans beaucoup de fatigues, mais aussi sans aucun résultat important. Au moment même du passage de la Bérésina, d'héroïque et lugubre mémoire, le maréchal français était en cantonnements devant Riga, ayant sous ses ordres vingt-cinq mille hommes en excellent état, et, en face de lui, dix ou douze mille Russes au plus; et, après avoir repoussé jusqu'au delà du Muchawitz Sacken battu à Wolkowisk et réduit par la défaite à une vingtaine de mille hommes, le feld-maréchal autrichien revenait sur ses pas, se dirigeant sur Minsk par la route même qu'un mois auparavant Tchitchagof avait prise en se portant sur la Bérésina. Il lui restait encore au moins cinquante mille hommes parfaitement disponibles, en comptant une brigade polonaise de quatre mille hommes laissée au confluent du Muchawitz et du Bug.

Ces cinquante mille hommes de Schwarzenberg, ces vingt-cinq mille hommes de Macdonald, auraient pu se trouver en même temps que Tchitchagof sur la Bérésina; et, s'y trouvant alors, ils auraient recueilli nos débris, préparé, facilité le passage de cette rivière; ils auraient sauvé de la mort et de la captivité, qui n'était guère qu'une mort un peu différée, trente ou quarante mille officiers et soldats; ils auraient empêché la débandade de s'accroître, d'entraîner jusqu'au dernier homme. N'étant pas venus sur la Bérésina, ils auraient pu au moins parvenir aux abords de Vilna quand la déroute y arriva; et, sous leur protection, elle se serait arrêtée, elle aurait repris haleine, se serait transformée en une retraite mesurée, régulière, qui aurait été le salut de vingt mille hommes, ou plus encore. Et pourtant ils n'avaient paru ni ici ni là ; et ils n'y avaient pas paru parce que Napoléon avait laissé Schwarzenberg et Macdonald livrés à eux-mêmes, sans instructions précises, sans ordres, et même les avait fait soigneusement entretenir par Maret, le ministre des relations extérieures de l'empire, dans la croyance que l'armée revenant de Moscou était dans l'état le plus florissant et marquait chacune de ses journées par une victoire.

La Bérésina franchie, Napoléon n'avait pas davantage instruit ses deux lieutenants de la vérité ; et, le 5 décembre, il était parti pour Paris sans la leur faire connaître.

A Macdonald, il n'avait, alors encore, envoyé aucun ordre de battre en retraite, aucun avis de s'y préparer, de sorte que ce maréchal avait continué devant Riga un rôle d'observation inutile. Pour Schwarzenberg, il lui avait, il est vrai, fait écrire le 4 décembre par Maret, « de suivre le mouvement de l'armée et de manœuvrer dans le sens de la position actuelle ; » mais Maret ou lui-même avait tout juste oublié de dire quel était ce mouvement, quelle était cette position. Déjà si déplorablement tardive, cette lettre n'avait eu d'autre résultat que de décider le feld-maréchal autrichien à séjourner à Slonim où il l'avait reçue ; il se proposa d'y attendre soit l'arrivée de nouveaux ordres, soit le retour de messagers qu'il avait expédiés, depuis quelque temps, au quartier général de Napoléon et à Vilna. Par le froid

CHAPITRE PREMIER.

meurtrier de ces terribles jours, il ne voulait pas risquer de faire marcher inutilement ses soldats.

Enfin, le 9 décembre, à Vilna, Murat avait songé à Macdonald et à Schwarzenberg et à leurs soixante-quinze mille hommes, dont Napoléon, par le plus impardonnable oubli, n'avait tiré aucun parti pour diminuer le désastre, et qui eux-mêmes se trouvaient, par le fait de cet oubli, dans des positions fort aventurées. Il avait chargé le major-général Berthier de leur ordonner de se replier, Macdonald sur Tilsit, Schwarzenberg sur Bialystok, pour couvrir, l'un Königsberg et Danzig, l'autre le grand-duché de Varsovie. D'ailleurs, en leur transmettant cet ordre, Berthier leur recommandait de l'exécuter le plus lentement possible, leur parlait de l'armée comme si elle eût existé encore, et leur disait qu'elle se portait sur Kowno pour aller se mettre en quartiers d'hiver sur la rive gauche du Niémen, en conservant cette place comme tête de pont.

Cependant, à peu de jours de là, à la sortie de Kowno, l'excès de la détresse avait décidé Murat à dire la vérité sur la misérable situation de l'armée, sinon à Schwarzenberg, au moins à Macdonald; et il avait expédié à celui-ci l'ordre d'accélérer le plus possible sa retraite sur Tilsit, de ne pas s'y arrêter, et d'arriver, au plus vite, sur le Pregel, vers Wehlau.

Macdonald avait exactement suivi ses instructions. Il n'avait perdu un instant ni pour se mettre en mouvement ni pour se rapprocher du but qui lui était assigné; et, le 28 décembre, il avait écrit à Murat, lui annonçant qu'il était arrivé à Tilsit avec une moitié de son corps d'armée et que, ce jour même ou le lendemain au plus tard, il y serait rejoint par l'autre moitié. Cette jonction opérée, il devait avoir au moins vingt-deux mille hommes dans le rang [1].

Quant à Schwarzenberg, informé par hasard de la ruine de l'armée et de la direction que suivait la déroute, il avait prévenu l'ordre de Berthier. Il s'était porté de Slonim, avec le corps autrichien, sur Bialystok et avait dirigé simultanément le corps de Reynier sur le Bug vers Wolczyn.

Mais ce double mouvement s'achevait à peine, qu'un envoyé du général russe Vasiltchikof, commandant d'un corps léger lancé à la suite des Autrichiens, s'était présenté à Schwarzenberg. Il lui avait proposé, pour éviter une effusion de sang inutile, d'évacuer le territoire russe sur l'engagement que prenait Vasiltchikof de ne troubler en rien sa retraite, et Schwarzenberg avait accepté cette proposition à la condition expresse, acceptée aussi par le général russe, de ne pas être inquiété dans les cantonnements qu'il allait prendre dans le grand-duché de Varsovie, et sous la réserve formelle de repousser la force par la force s'il en arrivait autrement. Il s'était, en conséquence, mis en marche le 24 décembre, décidé à

---

[1]. Le corps de Macdonald se composait du contingent prussien et d'une division de Polonais, de Bavarois et de Westphaliens. Le 16 décembre, le premier comptait tout près de quatorze mille *combattants* (Voir *Tagebuch des k. preussischen Armeecorps*, etc., von dem General-Major von Seydlitz); et la seconde, le 21 janvier suivant, avait encore six mille neuf cent soixante-cinq hommes sous les armes, ce qui prouve, car elle n'avait reçu aucun renfort, qu'elle avait eu, à la fin de décembre, plus de huit mille *combattants*. (Voir *Relation de la défense de Danzig, en* 1813, *par le capitaine Dartois*.)

porter son quartier général à Pultusk et son corps entre le Bug et la Narew, la droite à Nur, la gauche à Ostrolenka ; et, en même temps, il avait fait repasser le Bug à Reynier, lui prescrivant de venir se cantonner derrière la petite rivière de Liwiec, dans les environs de Wengrow.

Par une coïncidence étrange, pendant qu'il prolongeait ainsi pacifiquement cette retraite qui fut terminée le 30 décembre, il avait reçu, coup sur coup, une lettre de Murat et une lettre de Berthier[1], le sollicitant toutes les deux de négocier avec les corps ennemis qu'il pouvait avoir en face, un armistice volant comme celui-là même qu'il venait de conclure.

Les forces réunies sous son commandement s'élevaient encore alors à quarante mille hommes, sans compter la brigade polonaise dont nous avons parlé[2] et qui venait de se rapprocher de Reynier.

Au dernier jour du mois de décembre, Murat se regardait donc, et avec toute apparence de raison, comme ayant à sa disposition à vingt-cinq lieues sur sa gauche, vers Tilsit, vingt-deux mille hommes qui allaient arriver sur le Pregel, à Wehlau, et, à une cinquantaine de lieues sur sa droite et en avant, quarante-cinq mille hommes en parfait état d'organisation et de discipline ; il en avait

1. La lettre de Murat est du 23 décembre, celle de Berthier du lendemain. Elles sont citées, toutes les deux, dans *Denkwürdigkeiten aus dem Leben des Feld-Marschalls Fürsten Carl zu Schwarzenberg*, von A. Prokesch, Oberlieutenant im kais. östreichischen Generalstabe. *Wien*, 1823.

2. Le 20 décembre, le corps de Reynier comptait encore huit mille Français et huit à neuf mille Saxons (Voir *Die Feldzüge der Sachsen in den Jahren 1812 und 1813*) ; et le corps autrichien avait alors vingt-quatre ou vingt-cinq mille hommes.

déjà ou pouvait en avoir en très-peu de jours, comme nous l'avons dit, vingt-cinq mille réunis sur Königsberg ; c'était donc au moins quatre-vingt-dix mille hommes à opposer immédiatement à l'armée russe si elle franchissait le Niémen, et il n'y avait pas à croire qu'elle eût conservé beaucoup plus de cent mille combattants.

En outre, Murat calculait qu'avant deux mois une réserve viendrait l'appuyer, qui comprendrait les vingt mille hommes qu'il faisait vêtir, armer, équiper dans les villes de la Vistule ; une quinzaine de mille hommes au moins que fournirait le grand-duché de Varsovie, dont le gouvernement se montrait disposé à un grand effort et essayait même d'opérer une levée en masse ; une belle division de vingt mille hommes, amenée d'Italie par Grenier et déjà arrivée depuis une quinzaine de jours, en Franconie, sur Bamberg ; deux mille hommes de jeune garde venant de France et approchant du bas Oder ; douze cents Badois partis récemment de Carlsruhe ; et enfin, dix mille Prussiens que Napoléon, dans sa fuite à travers l'Allemagne, avait demandés, par une lettre pressante, au roi de Prusse[1], et que le général-major Bülow avait reçu ordre d'organiser et commençait à réunir dans la Prusse orientale, près de Königsberg.

Ainsi, à l'heure même où finissait cette funeste année de 1812, Murat, loin de croire sa position désespérée ou seulement compromise, était persuadé, nous le répétons, que l'armée russe était hors d'état de faire une campagne d'hiver ; et si, contre son attente, cette armée

---

1. Lettre datée de Dresde, le 14 décembre 1812.

franchissait le Niémen, il s'estimait assuré de pouvoir lui opposer immédiatement quatre-vingt-dix mille hommes, et, avant deux mois, soixante-dix mille hommes de plus, c'est-à-dire des forces bien suffisantes pour l'arrêter dès ses premiers pas, pour la rejeter bientôt sur le sol de la Russie. Et, nous le redisons aussi, tout semblait indiquer que cette conviction était légitime, que ces calculs étaient justes. Mais Murat comptait sans un fait qui venait de se produire, qu'il ignorait encore, et dont la nouvelle allait le surprendre.

Dans son ardent patriotisme, un général au nom presque inconnu alors venait d'oser une des résolutions les plus audacieuses de l'histoire, un de ces actes qui changent le cours des choses et précipitent les destinées des empires.

CHAPITRE DEUXIÈME.

Composition du 10ᵉ corps d'armée, commandé par le maréchal Macdonald. — Le contingent prussien. — Le général York. — Ses rapports, ses différends avec Macdonald. — Ses relations secrètes avec les généraux russes. — Avis successifs qu'il en donne au roi de Prusse. — Ses instances auprès de ce souverain pour en obtenir des instructions précises. — Ses principes d'obéissance passive absolue. — Il reçoit les bulletins russes qui racontent le passage de la Bérésina. — Mission qu'il donne à son aide de camp Seydlitz auprès du roi. — Il reçoit des nouvelles sûres de Vilna et fait insinuer à Macdonald de se replier sur le Niémen. — Macdonald repousse ses insinuations, voulant attendre les ordres de Napoléon. — York apprend que des Cosaques ont paru sur la rive gauche du Niémen, le fait savoir au maréchal et lui fait encore insinuer de se replier sur ce fleuve. — Macdonald persiste à attendre les ordres de Napoléon. — Sur de nouveaux avis plus graves encore, York lui écrit pour le presser de battre en retraite. — Sa lettre parvient au maréchal presque en même temps que les ordres par lesquels Murat prescrit au 10ᵉ corps de rétrograder sur Tilsit et Wehlau. — Retraite de Macdonald. — Ses deux premières colonnes et lui-même arrivent à Tilsit. — Il y attend la troisième, sous les ordres d'York. — Marche de celle-ci. — Le général russe Diebitsch lui barre la route. — York consent à s'aboucher avec lui. — Proposition faite par le général russe d'une convention de neutralité. — York ne l'accepte pas. — Il envoie le major Henkel au roi et poursuit lentement sa retraite en continuant ses rapports avec Diebitsch. — Il arrive à Tauroggen. — Retour de Seydlitz. — Il ne rapporte pas d'instructions. — York se décide néanmoins à se détacher de Macdonald. — Mais, se croyant trompé par les Russes, il revient aussitôt sur sa résolution. — Éclaircissements qui dissipent ses défiances. — Il conclut à Tauroggen, avec Diebitsch, une convention de neutralité.

Le 10ᵉ corps d'armée, commandé par le maréchal Macdonald, ne comprenait que des troupes étrangères. Les deux tiers étaient composés de Prussiens, le reste de Polonais, de Westphaliens, de Bavarois.

Les Prussiens formaient deux divisions, l'une d'infanterie, l'autre de cavalerie, les Polonais avec les Westphaliens et les Bavarois une division d'infanterie. Le commandant de celle-ci, le général Grandjean, était Français, et les chefs des brigades sous ses ordres étaient Français et Polonais. Au contraire, les deux divisions prussiennes ne comptaient aucun officier général ou autre qui ne fût Prussien. Leurs deux chefs obéissaient à un commandant supérieur qui était Prussien aussi.

En toute circonstance, on pouvait faire fond sur la division Grandjean, car l'élément polonais y dominait. Mais il n'en était pas de même des divisions prussiennes. Il n'était pas à croire que leur fidélité fût à l'épreuve d'un changement marqué dans la fortune de l'armée française et de Napoléon.

Un Prussien ne pouvait que détester le despote français. Non-seulement Napoléon avait infligé naguère à la Prusse la plus humiliante défaite, mais encore il avait usé de la victoire sans générosité, sans justice, sans pitié.

La guerre, commencée par l'insulte à la belle et chaste épouse de Frédéric-Guillaume, il l'avait continuée par la raillerie contre l'armée et le roi vaincus; il l'avait terminée par la ruine et le démembrement du royaume. Cette Prusse ruinée, démembrée, morcelée, réduite de plus de moitié en territoire, en population, il l'avait soumise à des contributions de guerre énormes, et récemment encore à des réquisitions écrasantes; il en avait détruit le commerce par le blocus continental; il en occupait les principales forteresses; il l'avait obligée à réduire son armée à un faible effectif.

Le peuple prussien avait profondément ressenti tant d'injures, et il n'avait pas désespéré de les venger.

Attaché par tradition à la maison de Hohenzollern, loin de récriminer contre son roi, de lui imputer ses malheurs, il n'en avait accusé que des institutions surannées, des conseillers incapables, et s'était serré avec amour autour de lui quand il l'avait vu, prenant pour guide un ministre grand par l'esprit, grand par le caractère, supprimer les priviléges, extirper les abus, entreprendre de refaire le code des lois civiles de la monarchie sur les principes mêmes de la révolution française.

Sévèrement épurée dans ses cadres, débarrassée de ses vieux règlements, de ses éléments étrangers, affranchie des châtiments corporels, reconstituée sur la large base de l'égalité devant la loi, fière malgré le souvenir de ses revers, l'armée prussienne portait dans son cœur les deuils, les affections, les ressentiments, les espérances de la patrie.

Comme la nation, elle avait vu avec douleur Frédéric-Guillaume solliciter et subir tout à la fois l'alliance de Napoléon contre la Russie. Elle avait espéré, elle aurait voulu l'alliance contraire, en dépit du péril extrême qui en serait résulté.

Plus de trois cents officiers, sur douze cents que comprenaient ses cadres, étaient même sortis de ses rangs pour ne pas servir une cause dont le succès, — ils en étaient convaincus, — devait consolider l'oppression de leur pays.

Mais, après ces démissions, l'armée avait fourni avec

résignation le contingent exigé par Napoléon pour l'invasion de la Russie.

Ce contingent, c'étaient les deux divisions qui formaient, nous venons de le dire, la plus grande partie du 10ᵉ corps, commandé par Macdonald.

A l'ouverture de la campagne, elles avaient pour commandant supérieur le vieux général Grawert, que Napoléon avait désigné[1]. Soldat d'une énergie défaillante, citoyen d'un patriotisme timide, Grawert, au bout de six semaines, avait dû, pour cause de maladie, remettre provisoirement le commandement entre les mains de son commandant en second; et ce dernier, qui lui avait été adjoint par le roi de Prusse dans des vues aussi politiques que militaires, avait été bientôt confirmé par ce souverain dans ses nouvelles fonctions.

Il s'appelait York.

Issu de l'union tardivement légitimée d'un pauvre officier de noblesse obscure avec la fille d'un artisan[2], York était le fils de ses œuvres. Ses commencements avaient été pénibles, agités, sa carrière lente. Colonel d'infanterie, il s'était fait remarquer par son sang-froid, par une fermeté inébranlable au milieu de la déroute de l'armée et de la monarchie prussiennes, après Auerstädt et Iéna. Sa fortune datait de là. Récompensé par un avancement mérité, admis dans la confiance intime

---

1. « ... J'ai nommé commandant supérieur de ce corps (le contingent prussien), d'après le désir de l'empereur Napoléon, le lieutenant général de Grawert... » Lettre du roi de Prusse au général York, 12 mars 1812.

2. *Das Leben des Feld-Marschalls Grafen York von Wartenburg von Droysen.* (Tome Iᵉʳ et appendices des tomes II et III, 2ᵉ édition.)

du roi[1] et de la reine, témoin de leur noble simplicité dans le malheur, il avait senti redoubler en lui l'attachement qu'il leur portait, et leur avait montré un cœur ulcéré des défaites de l'armée, des maux de la patrie, et enflammé de haine contre Napoléon et contre la France.

Constamment investi de commandements difficiles après tant de ruines, il les avait exercés de manière à attirer sur lui les regards de son pays.

Nommé lieutenant général à la veille même de la guerre de Russie, il avait cinquante-trois ans. De moyenne taille, de solide structure, le front haut et large, la figure amaigrie, le regard perçant, la physionomie impérieuse, la parole rare, brève et dure, York, sous un extérieur froid, cachait une âme ardente, audacieuse, une volonté forte, une grande ambition, un fanatique amour de sa patrie. Morose, atrabilaire, subissant avec peine la subordination et l'imposant avec une inflexible sévérité, il n'était point aimé, mais fort estimé de ses troupes, et leur inspirait toute confiance.

Pendant la campagne, il avait fait preuve de talent et de vigueur; et les deux divisions sous ses ordres avaient montré les meilleures qualités militaires. Sur le champ de bataille, chef et soldats, sans faire trêve ni à leurs haines ni à leurs sympathies, avaient voulu réhabiliter les armes prussiennes des hontes de 1806. Ils

[1]. Le 12 mars 1812. le roi, annonçant à York qu'il le nommait commandant en second du contingent prussien, lui écrivait : « Je tiens extrêmement à ce que vous acceptiez la position que je vous donne, car je connais votre fidélité, votre dévouement, votre expérience de la guerre, et un homme sûr comme vous sera indispensable à ce corps dans de pareilles circonstances. »

avaient mérité les plus vifs éloges ; et Macdonald les en avait comblés. Sur ses rapports mêmes, les bulletins de la grande armée avaient mis en saillie le nom du général York.

Nature bienveillante, esprit poli, Macdonald ne s'était pas borné à rendre et à faire rendre justice à son subordonné, il avait encore usé envers lui de ménagements infinis dans le commandement et de prévenances continuelles. Mais il n'avait reçu en échange qu'une déférence contenue et des politesses réservées. Il s'était ingénié en vain à attirer le général prussien dans le cercle de son intimité. Celui-ci n'avait cédé à aucune avance : rien n'avait pu rompre la glace de son caractère. Plus il s'était vu recherché, plus il s'était éloigné.

A la longue même il en était venu à n'avoir avec Macdonald que des relations officielles ; et ces relations qui n'avaient plus lieu que par correspondance ou par intermédiaire, il les avait rendues aussi rares qu'il l'avait pu. Jusque-là, pourtant, il s'était tenu dans les limites du respect qu'il devait à son chef.

Mais il avait fini par les franchir.

L'hiver s'étant déclaré, Macdonald avait réduit son rôle à repousser les attaques des Russes et avait fait entrer le 10e corps en cantonnements. York en avait pris occasion, en quelque sorte, pour assaillir le maréchal de réclamations et de demandes en faveur de ses troupes. Ces réclamations étaient-elles fondées, ces demandes étaient-elles justes, faciles à satisfaire? on ne le sait pas bien ; mais ce qu'on sait mieux, c'est qu'elles étaient exprimées en termes de moins en moins convenables.

Cela n'aurait peut-être pas suffi pour faire sortir Macdonald de son habituelle bienveillance. Mais bientôt, paraît-il, de secrets rapports lui étaient parvenus qui attribuaient à York, si peu expansif pourtant, des paroles amères contre Napoléon, ses généraux, l'armée française, la France; et ces mêmes rapports présentaient comme non moins hostiles les sentiments qui se révélaient dans l'état-major et certains groupes d'officiers prussiens.

Alors, Macdonald avait éclaté en reproches emportés. Écrivant à York dans les formes les plus acerbes, il avait repoussé, d'un seul coup, ses demandes et ses réclamations; l'avait rappelé à l'obéissance systématiquement oubliée; l'avait accusé « d'une irritabilité, d'une haine peu dissimulée contre tout ce qui était français; » et lui avait affirmé, terrible inculpation personnelle, « qu'il n'ignorait aucun des propos répétés journellement, tendant à égarer l'opinion et à porter le découragement parmi les chefs et les troupes du corps prussien. » En terminant, Macdonald prévenait York « qu'il rendait compte à l'Empereur de sa conduite et de ses opinions, qui ne manqueraient pas d'être mises sous les yeux du roi de Prusse[1]. »

La rupture était violente, complète. A ces colères, à ces accusations, York avait répondu par une lettre froide et hautaine où il rappelait ses services, maintenait la droiture de sa conduite, offrait de la soumettre à toute enquête, à tout jugement, et déclarait qu'il « demandait non aucune indulgence, mais stricte justice[2]. »

1. Lettre du 27 novembre 1812.
2. Cette lettre, datée du 28 novembre, n'est connue que par les extraits

CHAPITRE DEUXIÈME.

Macdonald n'avait pas répliqué, se bornant à attendre la décision qu'il provoquait de Napoléon à l'égard d'York.

Mais ses défiances étaient tellement irritées que tout, ensuite, chez le général prussien lui avait paru ou suspect ou coupable.

Ainsi, après quelques affaires d'avant-postes qui avaient eu lieu, au lendemain de l'échange de ces deux lettres, Macdonald avait écrit au major général Berthier : « Le général York n'a pas su ou plutôt n'a pas voulu profiter des avantages que la fortune lui a offerts le 30 novembre ; il a suspendu le combat et la poursuite, fait écharper, le lendemain, quatre de ses bataillons, et, les jours suivants, laissé insulter ses avant-postes. »

Égaré par ses ressentiments, par de fausses informations, car il n'avait point assisté à ces combats, Macdonald avait ici accusé à tort son subordonné.

York portait trop haut l'honneur des armes prussiennes et l'orgueil de lui-même pour prendre, en face des Russes, une attitude de timidité, d'infériorité, pour accepter volontairement l'apparence seulement d'un échec.

D'ailleurs, il roulait déjà, depuis un mois, dans sa pensée un projet dont l'exécution exigeait que ses troupes se maintinssent fortes et respectées des Russes.

Très-vague sans doute d'abord, ce projet avait pris bientôt consistance, et reçu successivement des événements de grandes chances de réussite.

qui s'en trouvent dans le *Tagebuch des k. preussischen Armeecorps*, etc., *im Feldzuge von 1812. Von dem General-Major von Seydlitz.*

Il était né d'une communication secrète faite par le général russe Essen I, au commencement du mois de novembre.

Alors gouverneur de Riga, Essen I avait écrit à York que Napoléon avait été forcé d'abandonner Moscou; que l'armée française était en dissolution; qu'elle et son chef marchaient à une perte assurée, car toute retraite leur était coupée par les mouvements combinés des armées de Wittgenstein et de Tchitchagof. Et cette communication si inattendue, il l'avait terminée par une provocation à une défection violente, immédiate [1].

Il connaissait évidemment les sentiments d'York; mais il ignorait son caractère si réfléchi.

Sa lettre était restée sans réponse.

Jugeant toutefois d'un coup d'œil pénétrant qu'elle contenait au moins un fond de vérité et suffisant peut-être pour décider la Prusse à un changement de politique, York l'avait envoyée au roi en y joignant une brève dépêche où il disait qu'il n'avait rien répondu à la démarche d'Essen et l'avait tenue « en profond secret [2]. »

Cet avis était évidemment une manière détournée de demander s'il fallait continuer le silence ou le rompre.

Le 5 novembre, un officier de confiance du roi, le capitaine comte de Brandebourg, alors en mission près d'York, était parti pour Potsdam, chargé de ce message.

---

[1]. *Tagebuch des k. preussischen Armeecorps*, etc., *von Seydlitz*.
[2]. Cette lettre se trouve dans *Das Leben des Feld-Marschalls Grafen York von Wartenburg von Droysen*.

CHAPITRE DEUXIÈME.

A peu de jours de là, Essen avait été remplacé dans son commandement par le lieutenant général marquis de Paulucci, aide de camp du czar.

Italien de naissance[1], Paulucci avait servi en Piémont jusqu'à la chute de la monarchie piémontaise, avait passé alors dans l'armée autrichienne, et, à quelques années de là, dans l'armée russe, où il avait fait une fortune très-rapide.

Esprit délié, fécond en intrigues, sachant mêler la hardiesse à l'astuce, il avait paru plus propre qu'Essen à nouer avec York des relations dont l'empereur Alexandre espérait, les événements aidant, un grand résultat.

A peine arrivé à Riga, Paulucci s'était mis en devoir de justifier la confiance qu'on lui témoignait.

Dans une lettre où l'habileté se mêlait au pathétique, il avait pressé, conjuré York de jouer le rôle glorieux de l'immortel La Romana. « Les bulletins ci-joints vous montreront, lui avait-il écrit, la position désespérée de Napoléon. Cette circonstance met la Prusse en position de devenir l'arbitre des destinées de l'Europe, et vous-même en état d'être le libérateur de votre pays. »

Admettant pourtant qu'York ne voudrait pas agir autrement que d'après « la *libre* décision de son roi, » Paulucci le priait de transmettre sa lettre au souverain de la Prusse[2].

Aux instances du gouverneur de Riga étaient venues

---

1. Il était de Modène.
2. Cette lettre de Paulucci, écrite en français, est fort longue. Elle est rapportée, en allemand, par Droysen dans *Das Leben des Feld-Marschalls Grafen York*.

se joindre bientôt celles du chef de l'une des deux armées russes destinées à couper toute retraite à Napoléon.

Des bords de l'Ula, Wittgenstein, qui avait eu avant la guerre des relations personnelles avec York, lui avait écrit aussi, l'excitant avec une extrême chaleur à faire cause commune avec les Russes, lui proposant d'unir ses forces aux siennes « pour rendre au roi de Prusse sa puissance et affranchir ensuite l'Allemagne de la terreur des Barbares; » et il avait confié sa lettre à un de ses subordonnés, le général prince Repnin, avec ordre de se rendre à Riga, et ensuite de tâcher de parvenir jusqu'à York [1]. Wittgenstein ignorait alors la démarche faite par Paulucci auprès de ce dernier [2].

Le général prussien avait déjà refusé une entrevue à l'émissaire de Paulucci. L'envoyé de Wittgenstein, ayant fait une demande pareille, avait éprouvé un égal refus. York craignait d'exciter les soupçons de Macdonald.

Mais après avoir, plusieurs jours, hésité, ou plutôt vainement attendu les instructions qu'il espérait recevoir de Potsdam en conséquence de la dépêche qu'il y avait envoyée par le capitaine de Brandebourg, il avait répondu à Paulucci d'abord, puis à Wittgenstein.

Laconiques, réservées, ses lettres indiquaient pourtant nettement qu'il désirait rester en relation avec les

---

[1]. La lettre de Wittgenstein à York n'est connue que par les extraits qu'en ont donnés les écrivains russes.

[2]. *Geschichte des Feldzuges im Jahre 1812*, etc., von Bogdanowitsch, General-Major. Aus dem Russischen, von Baumgarten. Leipzig, 1863.

CHAPITRE DEUXIÈME.

généraux russes; qu'il croyait la ruine de l'armée française probable, mais non aussi assurée que ceux-ci le disaient, et qu'il ne voulait rien faire sans l'ordre ou l'assentiment du roi de Prusse.

En faisant cette dernière déclaration, York restait fidèle à une opinion qui avait été la règle de sa vie. Nul, pensait-il, ne peut jamais savoir mieux que le souverain et ses conseils ce qui est bon et nécessaire pour l'État[1]; opinion qui avant et après York a été érigée en doctrine générale, absolue, qui a servi à abriter bien des faiblesses, bien des trahisons, et qu'il était réservé à cet ardent patriote lui-même de renier pour la plus grande gloire et le plus grand bien de son souverain et de son pays.

La dernière de ces deux lettres où il se refusait, suivant son expression, à « une action *émancipée* ou prématurée[2], » était datée du 26 novembre.

Le 27, avait éclaté, entre Macdonald et lui, la rupture que nous avons racontée.

Le lendemain, il avait expédié à Potsdam la nouvelle de ce grave incident. Mais, deux jours plus tard, il s'en était servi pour tenter de pousser le roi de Prusse vers la voie qu'il lui avait ouverte par la dépêche confiée au capitaine de Brandebourg.

Homme et roi, Frédéric-Guillaume nourrissait contre Napoléon une haine secrète, implacable et légitime. Il aspirait à se relever de son abaissement. Mais timide, irrésolu, redoutant le génie militaire et les violences de

1. *Das Leben des Feld-Marschalls Grafen York von Droysen.*
2. Ces lettres étaient écrites en français.

Napoléon, qui, plus d'une fois était allé jusqu'au crime, ayant alors pour principal ministre le baron de Hardenberg aussi indécis que lui, il pouvait, dans le trouble de son esprit sans cesse agité, ne pas discerner, laisser échapper le moment de la vengeance.

York savait cela. De plus, il lui parvenait incessamment de nouveaux bulletins russes, où, à travers bien des exagérations, il voyait s'accumuler les chances favorables à l'affranchissement de la Prusse. Il avait pensé qu'il fallait appeler vivement l'attention du roi sur les événements qui semblaient se précipiter, et le mettre, pour ainsi dire, en demeure de prendre au moins le commencement d'une résolution.

Si la Prusse devait abandonner bientôt la pernicieuse alliance de Napoléon, il fallait qu'elle se hâtât de faire des dispositions en vue de ce grand changement. Si, au contraire, elle devait y persévérer, il était inutile, sinon dangereux, qu'York continuât ses relations avec les généraux ennemis.

Sous l'empire de ces pensées, le 30 novembre, il avait expédié à Potsdam, un de ses aides de camp, le capitaine Schack, le chargeant de remettre au roi deux dépêches. Cet officier ignorait le contenu de l'une et connaissait celui de l'autre.

La première renfermait la correspondance échangée entre York, Wittgenstein et Paulucci, et les bulletins transmis par ce dernier; la seconde un rapport où le général prussien exposait avec tous détails ses différends, sa rupture avec Macdonald, et demandait formellement à être remplacé dans son commandement. Le capitaine

Schack avait mission spéciale d'insister, le plus possible, pour faire accueillir cette demande.

York apprenait ainsi au roi que les événements étaient si graves à ses yeux qu'il s'était compromis au dernier point pour le mettre à même d'en profiter; et, simultanément, il lui donnait un moyen facile et discret ou de faire trêve au zèle d'un serviteur dévoué ou de l'encourager. Pour faire comprendre sa volonté il suffisait en effet au roi, dans un cas, d'accepter, dans l'autre, de refuser la démission de celui-ci.

Mais bientôt York se trouvait porté par les circonstances mêmes, à lui adresser des conseils des instances, sans détours, sans réserve.

Le 5 décembre, il connut les bulletins russes racontant le passage de la Bérésina. Il fut convaincu que le désastre, déjà si immense, de l'armée française allait s'achever rapidement, qu'avant peu de jours elle n'existerait plus. Avec ces récits lui parvint encore un secret message de Paulucci.

Cette fois, le gouverneur de Riga ne parlait plus seulement en son nom. Il venait de recevoir, assurait-il, de l'empereur Alexandre des pleins pouvoirs et des instructions pour traiter avec la Prusse, si elle voulait renoncer à l'alliance de Napoléon. Il en informait York, et lui disait les engagements que, dans ce cas, le czar était prêt à contracter envers elle [1].

A ces nouvelles, York reconnut que l'heure était venue où son pays devait prendre une résolution, et une résolution définitive. Il la réclama.

1. *Tagebuch*, etc., *von Seydlitz*.

Il écrivit au roi : « L'honneur, le salut de la patrie et de la maison de Hohenzollern, exigent la plus prompte décision. Tout retard peut être funeste. Napoléon peut, d'un instant à l'autre, chercher une chance de salut dans une paix avec la Russie, subite comme à Tilsit, et, comme à Tilsit, conclue aux dépens de la Prusse. Il faut, à tout prix, conjurer ce suprême malheur. »

York terminait en demandant derechef un successeur dans son commandement, mais en subordonnant, cette fois, sa demande au jugement que son souverain porterait sur sa conduite.

A cette lettre, aussi pressante que respectueuse, il joignit les dernières et si graves communications de Paulucci, les derniers bulletins russes, et confia cette mystérieuse dépêche au zèle et à la discrétion éprouvés de son premier aide de camp, le major Seydlitz, le seul homme au monde pour lequel il n'eût pas de secrets [1].

Seydlitz partit. Il emportait l'ordre le plus exprès de faire tout pour obtenir promptement du roi de décisives instructions.

Informé de cette mission, Paulucci n'en continua pas moins ses messages à York pour l'entraîner à agir sans plus attendre. Son ardeur ne s'accommodait d'aucun retard. Mais il échoua.

Le projet vaguement conçu par York au commencement de novembre, développé graduellement avec les événements, se dessinait, ici, avec netteté.

---

[1]. Dans une lettre à Paulucci, York appelle Seydlitz « son aide de camp de la plus entière confiance, » et dit que « c'est le seul qui a toute sa confiance dans une si délicate affaire. »

En nouant, en entretenant, au péril de sa fortune, de sa vie, des relations avec les généraux russes, York avait voulu se mettre en position d'apprendre et de faire connaître rapidement au roi les circonstances de la retraite de Napoléon ; d'épier ainsi celles qui pourraient favoriser la rupture de l'alliance française ; de préparer, le cas échéant, le roi à un changement complet de politique; et, l'occasion venue, de l'y provoquer avec énergie en pesant sur sa volonté naturellement hésitante. Il avait voulu en même temps, en venir à être lui-même un intermédiaire sûr et facile entre le czar et le roi. Mais il était bien décidé aussi à ne commettre aucun acte qui préjugeât, qui gênât la résolution de celui-ci. Dans sa pensée, le signal de secouer le joug devait être donné par le roi et ne pouvait l'être que par lui; car, seul, il pouvait prescrire et prendre les mesures préliminaires nécessaires en si capitale occurrence. « Si j'agissais de mon propre mouvement, écrivait-il à Paulucci le 8 décembre, le roi serait obligé de s'éloigner de ses États, toutes les forces du pays seraient dispersées, il n'y aurait plus aucun point de ralliement, en un mot, l'État serait perdu. »

Pendant que le général prussien, continuant à correspondre avec Paulucci, attendait, dans une impatience toute patriotique, les ordres du souverain de son pays, Macdonald tombait subitement dans de profondes anxiétés.

Les bulletins russes où York avait si bien lu la probabilité d'abord, et bientôt la certitude de la ruine de l'armée française, Macdonald les avait connus, car l'ennemi en inondait les cantonnements du 10ᵉ corps; mais il n'en avait pas été ému. Il avait, en effet, reçu et du major général de la grande armée, et du ministre Maret, des communications qui les contredisaient absolument. L'un et l'autre n'annonçaient que des succès, des victoires; et Macdonald s'en était rapporté à leurs dires. Il en était même encore à croire, sur la foi de Maret, inspiré par Napoléon, que Wittgenstein et Tchitchagof avaient été écrasés à la Bérésina, quand, tout à coup, un incident imprévu était venu le troubler dans sa confiance et sa quiétude.

York avait envoyé à Vilna un officier intelligent, actif et sûr, le lieutenant de Canitz. Il l'avait chargé ostensiblement d'y porter au général de Krusemark, ambassadeur de Prusse, un rapport sur ses différends avec Macdonald, et, en secret, d'aller observer ce qui s'y passait et de s'y renseigner, le mieux possible, sur l'état de l'armée française.

Parti de Mitau, quartier général d'York, le 3 décembre, de Canitz y était revenu le 8. Il avait quitté Vilna l'avant-veille de ce dernier jour, vers le soir.

Déjà y arrivaient les fuyards les plus ingambes et les plus terrifiés. Il les avait vus remplir la ville de leurs bandes affamées, déguenillées, démoralisées; il les avait entendus dire que *la fatigue et la misère avaient tout abîmé, qu'il n'y avait plus d'armée* [1]. Il avait su la fuite de Napoléon; il avait appris que Maret allait partir pour Varsovie et que les diplomates étrangers, depuis si longtemps

---

[1]. *Notice de Canitz sur son voyage à Vilna.* Canitz y écrit en français les mots que nous soulignons.

à demeure près de lui, à Vilna, en partaient déjà pour le précéder dans la capitale du grand-duché polonais; enfin, il avait été témoin de ce trouble des chefs, de ce tumulte général, qui annoncent une situation extrême, désespérée.

Ces faits, ces dires, ces nouvelles, si bien d'accord avec les bulletins russes, Canitz les avait rapportés à York, et, jugeant d'un mot la situation : « Avant peu, avait-il dit, il sera bien indifférent au général York que Macdonald ou l'Empereur soient ou ne soient pas contents de lui. » D'ailleurs, il avait remis à York une lettre du général Krusemark, dont les derniers mots, malgré leur réserve craintive, auraient suffi pour révéler la suprême gravité des événements [1].

York avait expressément recommandé à Canitz de ne parler de ce qu'il avait appris à Vilna qu'au général Kleist, son subordonné, et à son chef d'état-major; mais il avait immédiatement transmis à Macdonald, par l'intermédiaire de ce dernier, la substance de ce qu'il venait d'apprendre et lui avait fait insinuer, en même temps, l'idée de replier le 10º corps vers le Niémen.

En attendant la décision de son souverain, il ne vou-

[1]. Voici la traduction des derniers mots de cette dépêche, datée du 6 décembre : « Je pars demain de Vilna. J'y serais volontiers resté pour voir bien des choses de mes propres yeux; mais je crois que précisément on ne veut pas ici de témoins étrangers.

« Je ne me permets pas de rien dire sur la situation générale des choses et sur l'état de l'armée qui revient, si ce n'est que tout a pris une tournure si extraordinaire que l'imagination la plus vive ne pouvait pas l'attendre telle. J'ai donné de vive voix, au lieutenant de Canitz, toutes les informations possibles, mais je lui ai fortement recommandé de n'en donner connaissance qu'à Votre Excellence. Tout ce qui arrivera encore, Dieu seul le sait. »

lait pas rester exposé, lui et ses Prussiens, à être battu, cerné, fait prisonnier. Le vainqueur traite dédaigneusement avec le vaincu.

Macdonald avait reçu avec froideur l'insinuation d'York et affecté de ne voir « *qu'absurdités* » dans la communication qu'il lui avait fait faire. Mais, au fond, elle avait produit impression sur lui, à ce point qu'à deux jours de là, ne recevant plus ni nouvelle de Maret, ni avis du major général, il adressa au premier, qu'il persistait à croire à Vilna, une lettre empreinte d'inquiétude, le suppliant de lui apprendre ce qui se passait de ce côté et « les positions que l'armée allait prendre [1]. »

Son anxiété augmenta avec la prolongation du silence officiel.

Bientôt il expédia son chef d'état-major à la recherche du quartier général de Napoléon et d'ordres pour le 10e corps. Ensuite, pour être mieux préparé à tout événement, il ordonna à son aile droite, qui touchait à la Dwina, de se replier sur l'Aa, vers Bauske, son aile gauche restant sur Mitau.

Ce mouvement s'exécutait au moment où York fit connaître au maréchal qu'il venait de recevoir de Tilsit des dépêches par lesquelles le commandement du dis-

---

[1]. Datée de Stalgen, le 10 décembre 1812, cette lettre fut interceptée par les Russes. Elle commençait ainsi : « Vous ne me donnez pas de vos nouvelles, j'en envoie chercher. » Et elle se terminait par ces mots : « Au nom de Dieu, mon cher duc, écrivez-moi un mot, que je sache quelles sont les positions qu'on va prendre. »

Cette lettre se trouve tout entière dans l'histoire de la campagne de Russie, par Clausewitz (*Der Feldzug von 1812 in Russland. Hinterlassene Werke des Generals Carl von Clausewitz, VII. Band*).

trict de ce nom et un autre fonctionnaire prussien lui annonçaient le retour des restes de la Grande Armée sur le sol de la Prusse et l'apparition de partis de Cosaques sur la rive gauche du Niémen, près de Georgenburg. York voulut profiter de cette communication pour faire insinuer de nouveau à son chef la nécessité de la retraite vers le Niémen. Mais celui-ci, en dépit de ses anxiétés, ne se laissa pas détourner de l'idée qu'il devait attendre un ordre pour opérer un tel mouvement.

Il ne pouvait se décider à croire à la ruine de l'armée française, tant il lui semblait impossible qu'en un tel désastre Napoléon n'eût pas appelé à son aide le 10e corps et, surtout, l'eût laissé sans instructions, sans avis, isolé, aventuré, à soixante lieues en avant du Niémen !

York était non moins inquiet que le maréchal. Ce n'était pas en vaincu, en prisonnier, nous le répétons, qu'il voulait paraître dans le camp russe. Il déplorait sincèrement l'aveugle obstination de son chef.

Ayant reçu enfin d'un commissaire des guerres prussien, l'avis certain que des Cosaques de l'armée de Wittgenstein s'étaient montrés à Rossiena et à Worni, deux points qui sont l'un un peu à gauche, l'autre un peu à droite de la route de Mitau à Tilsit, et tous les deux à une vingtaine de lieues de cette dernière ville, il se décida à une démarche plus directe encore pour éclairer Macdonald.

Il lui écrivit, lui transmettant cette grave nouvelle qui confirmait celles que déjà il lui avait communiquées et lui donna nettement le conseil de se hâter de battre en retraite.

CHAPITRE DEUXIÈME.

Datée de Mitau, le 17 décembre au soir, sa lettre parvint à Stolgen, quartier général de Macdonald, le 18, vers une heure du matin. Mais le conseil qu'elle portait était maintenant superflu.

Depuis un quart d'heure, Macdonald avait reçu la dépêche que Berthier lui avait adressée de Vilna[1], et dont nous avons parlé dans le chapitre précédent. Berthier, on se le rappelle, lui ordonnait, se taisant sur le désastre, de rétrograder sur Tilsit, en manœuvrant le plus lentement possible.

Malgré cet ordre de lenteur intempestif, malgré le silence non moins intempestif gardé sur la ruine de l'armée, cette dépêche était de capitale importance, car elle annonçait au moins à Macdonald, nous l'avons dit, que de Vilna tout rétrogradait jusqu'à Kowno. Aussi avait-elle été expédiée en triplicata[2]. En pareil cas, ce n'était pas encore assez. Des trois messagers, un seul parvenait à sa destination, et il avait mis neuf jours pour exécuter un trajet qui se pouvait faire en moins de trente-six heures[3]. C'était un major prussien que le hasard d'un changement de corps avait porté à Vilna, et qui, soit infidélité, paresse ou timidité, avait fait un grand détour par Ollita et Tilsit, et avait, en outre, voyagé avec une lenteur inouïe.

---

1. Lettre de Macdonald à York. Stolgen, 18 décembre, une heure du matin.

2. Lettre du major général Berthier à Macdonald. Königsberg, 23 décembre.

3. Le lieutenant de Canitz l'avait fait en trente-quatre heures et en passant par Kowno. (Voir *Reise nach Wilna von dem Lieutenant Freiherrn von Canitz.*)

CHAPITRE DEUXIÈME.

Macdonald répondait à la lettre d'York, l'informant des ordres du major général, quand une deuxième dépêche de ce dernier lui fut remise.

C'était celle qui avait été écrite à sa sortie de Kowno et dont nous avons parlé aussi. Quoique moins lente que la première, elle n'était pas arrivée bien rapidement.

Elle apprenait, enfin, à Macdonald, la ruine de l'armée, l'impossibilité d'en réunir les restes ailleurs que sur la Vistule, et elle lui ordonnait de ramener le 10° corps le plus promptement possible à Tilsit, et de là sur le Pregel, à Wehlau.

Ainsi, ce qu'il avait toujours regardé comme impossible était arrivé : Napoléon, dans son désastre, n'avait pensé ni à l'appeler à son secours, ni seulement à lui donner des instructions indispensables en si terribles circonstances. Murat n'en avait eu l'idée que quatre jours après avoir pris le commandement en chef, et au tort de cet oubli, il avait ajouté la faute de ne pas assurer la transmission rapide de l'ordre que lui arrachait enfin la détresse.

La position de Macdonald était des plus critiques.

Il devait craindre, il craignait de trouver sa ligne de retraite coupée par toute une armée, d'avoir à forcer le passage et d'y échouer, car il ne lui restait guère plus de vingt-deux mille combattants, et de ceux-ci les deux tiers étaient Prussiens, Prussiens excités, dans leur haine contre Napoléon, par les récits incessants des bulletins russes, et commandés par un général, objet de grandes défiances.

Néanmoins, Macdonald prit son parti en homme de

cœur, et, sans rien laisser percer de ses inquiétudes, il ordonna sur-le-champ tout pour une prompte retraite.

Dans la journée même du 18 décembre, il fit partir pour Memel ses plus lourds équipages, et achemina sur la route de Tilsit son aile droite formée par la division Grandjean et huit escadrons prussiens. Cette division comptait encore plus de huit mille hommes, dont les deux tiers, nous l'avons dit, étaient Polonais. Le lendemain, plusieurs heures avant le jour, Macdonald, prenant avec lui son centre, c'est-à-dire trois mille cinq cents Prussiens, sous les ordres du général Massenbach, se mit en mouvement dans la même direction que Grandjean et poussa jusqu'à Elley, pendant que ce dernier allait bivaquer à une marche au delà de ce point. Enfin, le 20, à la chute du jour, York avec le reste des Prussiens ou neuf à dix mille hommes, levant en silence ses cantonnements, partit de Mitau et atteignit Kalwe, sur la route même de Tilsit, dans la nuit. Une seconde marche de nuit le porta sur Meszkucz, et on se trouva ainsi divisé en trois groupes s'avançant sur le même chemin, le second à une journée du premier, le troisième à pareille distance du deuxième.

Mais, le 23, après que York eut dépassé Schawli, un ordre de Macdonald survint, d'après lequel il partagea ses troupes en deux parties qui durent se rendre à Tauroggen, l'une par Podubitz, Kelm et Nimoksty, l'autre par Wenghowa et Koltiniani. Grandjean était déjà engagé sur le premier de ces chemins, et Massenbach, avec qui restait Macdonald, suivait l'autre.

Le maréchal était, en effet, décidé alors à aller concentrer son corps d'armée sur Tauroggen, afin d'être en mesure de se porter, de là, en masse sur Tilsit, et d'y forcer le passage, si les Russes s'en étaient déjà emparés, et il se divisait en quatre colonnes pour éviter au mieux le bivac et son froid meurtrier, et pour se mouvoir le moins lentement possible.

Ainsi fractionné, le 10e corps se dirigea vers le rendez-vous que son chef lui assignait.

Un froid de vingt et de vingt-quatre degrés[1], un sol souvent accidenté, recouvert d'une couche de neige épaisse et glissante, une artillerie considérable, un grand nombre de voitures, de traîneaux, les uns recevant à chaque instant des hommes gelés, éclopés, les autres déjà chargés au départ des vivres indispensables pour subsister à travers une contrée pauvre et épuisée, tout alourdissait le pas, tout allongeait les marches. Les commençant avant le jour, ne les finissant qu'à l'entrée de la nuit ou même fort avant dans la nuit, on avançait, l'œil ouvert sur l'espace, l'oreille tendue au bruit, s'attendant, d'un moment à l'autre, à voir paraître l'armée de Wittgenstein, et ne se sentant guère en état de la renverser, si elle était aussi nombreuse que le disaient certains rapports.

Toujours inquiet, profondément attristé, mais point ébranlé, Macdonald écrivit à Berthier qu'il était en mouvement. Il lui signalait les périls de sa retraite ; lui exprimait ses défiances à l'égard des troupes prussiennes, déplorait le long oubli fait de son corps d'armée, qui

---

1. Degrés Réaumur.

aurait pu être si utile à Napoléon, « qui aurait pu servir de noyau à la Grande Armée, la flanquer avant l'évacuation de Kowno; » et il terminait par cette ferme assurance : « Pour sauver le 10⁰ corps, je ferai tout ce que l'honneur commande, tout ce que le devoir prescrit ; je ferai plus que l'impossible. »

En avançant, les diverses colonnes avaient rencontré çà et là des Cosaques et même des coureurs de la cavalerie régulière. On en avait pris quelques-uns, et ils avaient dit qu'ils appartenaient à un corps léger détaché de l'armée de Wittgenstein, laquelle s'approchait pour couper la retraite à Macdonald. Cette nouvelle détermina celui-ci à envoyer à York, le 24 décembre, l'ordre de réunir de nouveau ses deux colonnes en une seule, et ensuite de diriger par Koltiniani sa marche sur Tauroggen. Son intention, ajoutait-il, était d'éviter tout combat jusqu'à ce que le 10ᵉ corps se fût concentré et reposé sur ce dernier point; mais presque aussitôt il renonça à le réunir là, et, par un nouvel ordre, il assigna au général prussien et à Grandjean rendez-vous à Tilsit même.

Grandjean ne fit, en conséquence, que passer à Tauroggen; et le 26 décembre il n'était plus qu'à une demi-marche de Tilsit, quand, près du village de Klein-Pictupöhnen, sa cavalerie donna sur des troupes russes, qui paraissaient décidées à barrer la route. Cette cavalerie était toute prussienne, nous l'avons dit. Néanmoins, elle attaqua vigoureusement, culbuta, dispersa un régiment de dragons et prit la moitié de deux bataillons et un canon. Mais les vaincus ayant été appuyés par des renforts venant de Tilsit, Grandjean craignit de trouver cette ville très-fortement occupée. Il fit faire halte, et attendit, pour avancer, que toute sa division fût réunie. Mais l'attente fut longue; et lorsque, pendant la nuit, il s'approcha de Tilsit, les Russes en étaient sortis et s'éloignaient en remontant la rive gauche du Niémen, vers Ragnit.

Le 27, il porta de l'infanterie et quelque cavalerie sur ce dernier point, et, dans ce mouvement, ses escadrons culbutèrent encore l'arrière-garde russe.

Le lendemain matin, Macdonald arriva aussi à Tilsit avec la colonne de Massenbach, ayant fait un assez long détour par Wainuti et Coadjuten.

Les dires des prisonniers et des habitants, les rapports, éclairaient, en ce moment, assez bien la situation.

La route de Tilsit à Königsberg était encore libre, comme le pays au delà, vers la mer. Les troupes que la cavalerie prussienne de Grandjean avait si rudement traitées, dans les deux derniers jours, appartenaient à un corps détaché de l'armée de Wittgenstein. Commandé par le général major Koutousof, et tout récemment renforcé par un détachement aux ordres du général Vlasdorf, ce corps pouvait être de quatre ou cinq mille hommes. Il avait occupé Tilsit le 21 décembre, et l'avait gardé jusqu'à l'approche de Grandjean.

Un autre corps, détaché aussi de l'armée de Wittgenstein, mais bien plus faible, et commandé par le général-major Diebitsch, battait le pays, vers Tauroggen et au delà. C'étaient ses coureurs qu'on avait rencontrés sur divers points dès les premiers jours de la retraite.

Enfin, l'armée même de Wittgenstein, qu'on n'évaluait plus maintenant qu'à une trentaine de mille hommes, se trouvait vers Georgenburg, à trois marches au-dessus de Tilsit, sur la rive droite du Niémen.

Ces nouvelles, et la vigueur que venait de montrer la cavalerie prussienne contre les Russes, étaient faites pour donner confiance; et, pourvu que York parût bientôt, on était en état de faire bonne contenance contre Wittgenstein, s'il avançait.

Mais York allait-il arriver, arriver promptement? Macdonald, en ce moment, n'avait aucun doute à ce sujet; car il écrivit au major général Berthier, lui annonçant qu'il était de sa personne à Tilsit avec une moitié du 10ᵉ corps, et que la seconde moitié, conduite par York, l'y rejoindrait certainement, ou dans la soirée du 28, ou, au plus tard, le lendemain.

Cependant cette soirée se passa et ce lendemain aussi, et le général prussien ne vint pas, et on resta sans la moindre nouvelle de lui.

Macdonald tomba alors dans de profondes anxiétés.

Il s'était trop avancé en annonçant comme certaine, à Berthier, l'arrivée d'York. Loin d'en avoir la certitude, il ignorait, depuis plusieurs jours déjà, où se trouvait le général prussien, ce qu'il faisait, et même si l'ordre lui était parvenu qui assignait, pour point de concentration, au 10ᵉ corps, Tilsit, au lieu de Tauroggen, primitivement désigné; et, depuis l'envoi de cet ordre, toutes les tentatives faites pour communiquer avec lui avaient échoué. Partis de cavalerie, affidés, espions envoyés à sa recherche, ou n'avaient pu passer, empêchés par les Cosaques, ou n'avaient pas reparu.

En fait, cet ordre de se rendre à Tilsit, York ne l'avait pas reçu. Mais, l'eût-il reçu, il n'en aurait pas moins manqué au rendez-vous où Macdonald l'attendait maintenant dans de si vives inquiétudes.

Le 25 décembre, se conformant à l'ordre que nous avons mentionné, de réunir les deux colonnes en une seule, York s'était mis en marche avec l'une d'elles, la plus forte, de Kelm sur Koltiniani, où, ce jour même, le général Kleist, parti avec l'autre de Wenghowa, devait le rejoindre.

Arrivant le premier, Kleist, engagé dans un vallon étroit, n'était plus qu'à une lieue de Koltiniani, quand tout à coup son avant-garde s'était trouvée en vue d'une troupe de cavalerie russe, paraissant assez nombreuse, postée avec du canon et quelque infanterie sur les hauteurs voisines.

Traînant à sa suite le lourd embarras de plusieurs centaines de voitures et de traîneaux, la colonne de Kleist s'allongeait en ce moment sur une ligne d'une lieue et plus. Après une courte reconnaissance, il avait estimé, a-t-on assuré [1], qu'il lui serait impossible de forcer le passage. Cette affirmation paraît très-mal fondée. Mais, quoi qu'il en soit, un parlementaire s'étant présenté, Kleist l'avait accueilli, et il avait appris ainsi que l'ennemi qu'il avait en face était le général Diebitsch, à la tête de ce même corps détaché de l'armée de Wittgenstein, auquel on avait déjà pris quelques coureurs.

---

1. *Tagebuch*, etc.; *von Seydlitz*.

Diebitsch lui faisait proposer de s'aboucher ensemble afin d'arriver à une entente qui éviterait une effusion de sang qu'il disait inutile. Kleist avait décliné cette proposition en alléguant qu'il était subordonné au général York, et ne pouvait rien décider sans lui; mais il avait demandé que, jusqu'à la venue de son chef qu'il attendait dans quelques heures, il n'y eût aucune hostilité; et Diebitsch y avait consenti avec empressement.

Prévenu de tout ce qui se passait, York n'avait pas tardé à paraître. Comme Kleist, il était embarrassé d'un lourd convoi de voitures, et son arrière-garde se trouvait encore fort éloignée [1].

Diebitsch n'était pas seulement le commandant d'un corps plus ou moins fort, plus ou moins faible, qui se mettait en travers sur la route du général prussien, c'était encore et surtout le quartier-maître général de Wittgenstein, l'homme de sa confiance absolue et l'âme de ses conseils. Prussien, il avait passé de l'école des cadets de Prusse au service de Russie, et y avait trouvé un avancement rapide et mérité.

---

[1]. Reproduisant dans son journal (*Tagebuch*) une allégation du mémoire justificatif adressé au roi de Prusse par York, au mois de février suivant, Seydlitz dit que, pendant la journée, cette arrière-garde fut attaquée par des troupes appartenant à la division du général Lewis venue de Riga; mais, l'allégation nous paraît plus que douteuse, car, à trois jours de là, cette division, qui avait tant d'intérêt à marcher vite, se trouva à plus de douze lieues en ligne droite d'York. (Voir *Geschichte des Feldzuges im jahre 1812*, etc., *von Bogdanowitsch, k. russischer General-Major*; livre qui donne avec exactitude les mouvements des corps et d'après les rapports officiels.) D'ailleurs, Clausewitz, témoin oculaire, dit positivement aussi que, le 26 décembre, la division Lewis était à plusieurs marches en arrière d'York. (Voir *der Feldzug von 1812 in Russland, von Clausewitz*.)

Sa position et son origine, à laquelle il restait vivement attaché, en faisaient pour York, dans les circonstances actuelles, un personnage très-important, et avec qui il avait très-grand intérêt d'entrer en pourparler.

Ce pourparler, Diebitsch l'avait demandé; York se hâta de lui faire dire qu'il l'acceptait.

A l'entrée de la nuit, les deux généraux se rencontrèrent entre leurs avant-postes.

Grâce à la configuration du terrain, Diebitsch avait disposé ses troupes de manière que les Prussiens ne pussent pas en reconnaître la force. Néanmoins, dès les premiers mots, il avoua sans détours à York qu'il n'avait que mille quatre cents hommes sous la main[1], et était trop éloigné de tout renfort pour prétendre lui barrer la route. « Mais, ajouta-t-il, je ferai tous mes efforts pour vous enlever votre convoi et même une partie de votre artillerie. » La tentative offrait, il est vrai, des chances de succès; mais ce n'était ni en l'annonçant, ni même en l'opérant, qu'on pouvait espérer faire impression sur un militaire du caractère d'York.

Diebitsch se hâta donc de porter l'entretien sur un autre terrain. Il raconta la détresse de Napoléon à la Bérésina en homme qui en venait, la ruine absolue de l'armée française en témoin oculaire; il exposa, non sans exagération sans doute, la force de l'armée russe; enfin, et ce fut là le point capital de la conférence, il

---

[1]. « Il (Diebitsch) fut assez généreux pour lui dire ce qu'il avait et n'avait pas; et ajouta qu'il ne pouvait pas penser à lui barrer réellement la route, mais qu'il ferait tout son possible pour lui enlever ses équipages et peut-être une partie de son artillerie. » (*Der Feldzug von 1812 in Russland, von Clausewitz.*)

montra à York de récentes instructions par lesquelles le czar fixait aux généraux russes de nouvelles règles de conduite à l'égard des Prussiens. Le czar ordonnait, — York le lut de ses propres yeux, — que désormais ceux-ci fussent traités, non plus comme des ennemis, mais comme d'anciens amis avec qui, selon toute vraisemblance, on allait se réconcilier; et il recommandait de conclure avec eux toute convention amicale qu'ils pourraient désirer. Diebitsch, en conséquence, proposa à York de signer une convention de neutralité.

Le général prussien s'y refusa, mais s'arrangea habilement de manière à gagner sans combattre, sans être inquiété, et à son gré, de l'espace et du temps. L'espace ainsi gagné le rapprocherait de la frontière de son pays; le temps, des ordres de son souverain.

Ces ordres, les recevrait-il enfin? Sur ce point, il gardait peu d'espérance, mais se croyait tenu d'agir encore comme s'il en eût conservé beaucoup. Déjà cependant il se sentait entraîné, si le silence du roi continuait, à ne plus prendre conseil que de son patriotisme, de son audace et des circonstances qu'éclairaient d'une si vive lumière les communications de Diebitsch.

Paulucci, par une nouvelle missive, vint encore ajouter à cet entraînement. Il transmettait à York une lettre toute récente[1], par laquelle le czar l'autorisait à déclarer, « soit de vive voix, soit même par écrit, au général York que la Russie était prête à conclure avec le roi de Prusse, s'il faisait cause commune avec elle, un

---

[1]. Elle est datée de Saint-Pétersbourg, le 6/18 décembre.

traité où elle « prendrait l'engagement de ne pas poser les armes tant qu'elle n'aurait pas obtenu pour la Prusse un agrandissement territorial assez considérable pour lui faire reprendre parmi les puissances de l'Europe la place qu'elle y occupait avant la guerre de 1806. »

C'était la confirmation officielle, par preuve écrite, de la communication faite par Paulucci, le 15 décembre, et cause décisive de l'envoi de Seydlitz à Berlin.

Dès ce moment, on peut le dire, York se familiarisa complétement avec l'idée d'en venir très-prochainement à ce que, peu de jours encore auparavant, il avait appelé « une action émancipée. »

Il voulut aussitôt préparer le roi à un pareil événement.

Il lui écrivit : « ..... Je suis coupé du maréchal Macdonald. Je ne crois pas pouvoir le rejoindre ; et je serai forcé, si je me heurte à un corps russe, de songer avant tout à conserver les troupes de Votre Majesté et à ne pas compromettre l'honneur des armes..... Je suis toujours sans instructions : ni le capitaine de Schack ni le major de Seydlitz ne sont encore revenus de Potsdam ; de la frontière même je n'ai aucune nouvelle depuis huit jours. Ma situation est vraiment très-pénible, car, avec la meilleure volonté du monde, je peux me tromper. Si je fais mal, je mettrai sans murmurer ma vieille tête grise aux pieds de Votre Majesté. La crainte de m'exposer à son mécontentement me rend très-malheureux..... »

York chargea un aide de camp du roi, le major comte Henkel, de porter cette lettre à Potsdam, lui remettant en même temps un rapport sur les choses qui pouvaient s'écrire sans imprudence, et confiant à sa mémoire, pour le répéter au roi, tout ce qui exigeait le mystère [1].

Henkel alla passer par Memel et le Kurische-Nehrung, afin de mieux éviter Macdonald.

Pendant qu'il courait vers sa destination, York, précédé, flanqué par Diebitsch, poursuivait sa marche et atteignait Tauroggen.

Là, il n'était plus qu'à dix lieues de Tilsit, que venait d'occuper Macdonald. L'ordre qui l'appelait sur ce dernier point ne lui était pas parvenu.

Diebitsch n'avait pas cessé de se défier du général prussien, qui, négociant toujours et ne se décidant pas, se rapprochait de plus en plus du Niémen. Il en vint à craindre d'avoir été joué et voulut déchirer le voile de ces hésitations qui cachaient, croyait-il, une perfidie.

Il envoya le lieutenant-colonel Clausewitz porter à York une sorte d'ultimatum.

Officier de haute capacité et de haute bravoure, destiné à écrire un jour la savante histoire des guerres de ce temps, Clausewitz était Prussien. Esprit indépendant, cœur chaud, caractère résolu, la haine du conquérant et de l'oppresseur de sa patrie l'avait poussé, comme bien d'autres, des rangs de l'armée prussienne sous le drapeau du czar. Depuis la conférence de Diebitsch et d'York, il avait, à diverses reprises, servi d'intermédiaire entre les deux généraux ; et ce dernier lui avait fait bon accueil.

---

[1]. *Erinnerungen aus meinem Leben, von Grafen Henkel von Donnersmart, k. p. General-Lieutenant.*

Le 29 décembre, à la chute du jour, il se présenta au quartier général prussien.

Le matin même, le major Seydlitz y était revenu.

Le 21 décembre, après une attente de huit jours, il avait été reçu par le roi en audience de congé. Alors la ruine absolue de l'armée française n'était pas encore connue à la cour de Prusse.

Il avait quitté Potsdam sans avoir pu obtenir du roi, en dépit de toutes instances, de toutes prières, aucune réponse aux messages d'York, aucun avis, aucune instruction. Il avait rapporté, il est vrai, un ordre daté du 20 décembre, qui conférait à ce général le gouvernement militaire de la province de Prusse, à dater du jour où il y reviendrait avec ses troupes ; et cela pouvait passer pour une sorte d'approbation de sa conduite. Mais de là à une approbation formelle et surtout à une autorisation d'abandonner Macdonald, de conclure un armistice avec les Russes, une convention de neutralité, il y avait bien loin. Tout ce que Seydlitz avait pu dire à son général c'était que « le roi était résolu d'abandonner l'alliance tant de fois violée par Napoléon, aussitôt que la situation politique de l'État se serait un peu éclaircie [1]. »

En refusant ainsi de fixer à un sujet dévoué, engagé dans une voie si périlleuse, la ligne à suivre, Frédéric-Guillaume manquait à son devoir de souverain, et, il faut le dire, à l'honnêteté. Il laissait York se compromettre de plus en plus et lui réservait approbation ou désaveu, suivant que les événements en décideraient.

1. *Tagebuch,* etc., *von Seydlitz.*

Mais York avait fermé les yeux sur le calcul égoïste dont il était l'objet ; et dans le récit de Seydlitz il n'avait voulu voir que les indécisions habituelles à ce roi toujours ardent à épier les chances de relever sa fortune et incapable, peut-être, d'en saisir aucune, si on ne l'y poussait violemment. Jetant donc une dernière fois le coup d'œil du politique et du capitaine sur la situation faite à l'Europe par les désastres de Napoléon, brisant d'un effort vigoureux ces liens d'obéissance passive, jusque-là si respectés, « à présent ou jamais, avait-il dit à son fidèle aide de camp, le moment est arrivé où une prompte résolution de la Prusse changera la politique de l'Europe et rendra l'indépendance au roi et à la patrie[1]. » Et cette résolution, le roi ne la prenant pas, il s'était déterminé à avoir de l'audace pour lui, ou plutôt à oser un acte qui l'entraînerait, croyait-il, et, avec lui, les armées, les peuples et les princes opprimés.

Une lettre de Wittgenstein était survenue à l'instant, qui l'avait confirmé dans cette détermination[2]. Le général russe lui disait qu'il était sur les bords du Niémen avec cinquante mille hommes ; il lui envoyait une proclamation qu'il adressait aux habitants de la Prusse et qui exprimait envers eux les intentions les plus bienveillantes ; il lui annonçait, comme un garant de ces intentions mêmes, qu'il lui renvoyait, avec armes et bagages, des soldats prussiens récemment tombés en son pouvoir ; et il affirmait que le czar ne voulait occuper aucune partie de la Prusse autrement qu'à titre d'ami.

1. *Tagebuch*, etc., *von Seydlitz*.
2. Cette lettre est datée du 15/27 décembre.

Avant d'agir, York, dans son profond dévouement au roi, voulait, cependant, le mettre à l'abri de tout soupçon de connivence avec lui, de la part de Napoléon. Un soupçon pareil, en effet, pouvait emporter la liberté, la vie peut-être du souverain dont la capitale et presque toutes les forteresses étaient encore occupées par des garnisons françaises. Le général prussien se réservait donc de donner à toute convention avec Diebitsch l'apparence d'un acte arraché par des nécessités purement militaires [1]. Pour cela, il fallait, non-seulement que ses communications interceptées depuis cinq jours avec Macdonald ne pussent être rétablies, mais encore que des colonnes russes d'une autre consistance que le détachement de Diebitsch occupassent la ligne de retraite des Prussiens. Ces deux conditions, York les avait indiquées comme indispensables, dans les pourparlers qui avaient eu lieu jusque-là. Sur la foi de Diebitsch, il croyait l'une remplie, l'autre tout près de l'être. Il n'en était rien. Un officier prussien, parti de Tilsit le jour-même, vint subitement le lui apprendre. Il lui apportait l'ordre de marcher sans délai sur ce point; et, non plus que Macdonald qui l'avait expédié, il n'avait le moindre avis de l'existence d'un corps russe assez fort et assez proche

---

1. *Der Feldzug von 1812 von, General C. von Clausewitz.*

Dohna, officier prussien au service de Russie, et envoyé en mission près d'York par Paulucci, écrivit à ce dernier le 28 décembre : « York désire avoir (contre lui) une apparence de nécessité; il a, en conséquence, marché vers Tilsit à petites journées, dans l'espérance que le comte Wittgenstein entrera certainement demain à Tilsit et qu'il lui deviendra impossible de passer le Niémen sans très-grands sacrifices. » (Citée dans *Das Leben des Feld-Marschalls Grafen von York von Droysen.*)

pour empêcher la jonction immédiate du général prussien avec le maréchal. Entre eux il n'y avait que Diebitsch.

Surpris, irrité de voir que les engagements pris envers lui n'étaient pas tenus, mis en demeure par l'ordre de Macdonald de prolonger rapidement sa retraite, n'ayant pas le moindre motif, pas même un prétexte pour retarder encore sa marche, n'en ayant pas non plus pour traiter avec les Russes, ne croyant même plus à la force de leurs armées si vantées par Paulucci et Diebitsch, York était revenu subitement sur son audacieuse résolution, s'était décidé à renverser le faible corps de Diebitsch, à marcher vers Tilsit, quand se représenta devant lui le lieutenant-colonel Clausewitz, envoyé comme nous l'avons dit par Diebitsch.

« Retirez-vous, s'écria York en l'apercevant, je ne veux plus rien avoir à faire avec vous ; vos damnés Cosaques ont laissé passer un messager de Macdonald..... vos troupes ne viennent pas ; vous êtes trop faibles, je vais marcher et ne veux plus de nouvelles négociations qui me coûteraient la tête [1]. »

Clausewitz venait poser un ultimatum. York le prévenait en lui signifiant une rupture absolue et le congédiant sans le laisser parler.

Clausewitz insista pour que le général prît au moins connaissance de deux lettres qu'il était chargé de lui communiquer.

L'une que les Cosaques avaient interceptée, et déjà

---

[1]. *Der Feldzug von 1812 in Russland, von Clausewitz.*

vieille de date, était adressée par Macdonald à Maret. Amère expression des mécontentements et des défiances du maréchal contre York, elle n'apprenait rien à celui-ci qu'il ne sût déjà [1].

L'autre était écrite à Diebitsch par le général d'Auvray, chef d'état-major de Wittgenstein.

D'Auvray annonçait que, le 30 décembre, l'armée de Wittgenstein serait à Schillupischken, barrant la route de Tilsit à Königsberg. Il ordonnait d'en donner avis à York et de lui déclarer que, s'il voulait continuer ses hésitations, il serait traité en ennemi [2].

Ces menaces glissèrent sur l'esprit du général prussien. Si, comme il le pouvait, il se réunissait à Macdonald, il n'avait pas à les redouter, il le savait bien. Mais l'arrivée de l'armée de Wittgenstein sur la route de Tilsit à Königsberg allait immanquablement forcer Macdonald à se retirer au plus vite sur cette dernière ville, allait mettre entre lui et les Prussiens arrêtés à Tauroggen des forces considérables et pouvait précisément donner à une convention pacifique avec les Russes cette apparence de nécessité que York avait toujours voulue, afin d'éloigner du roi de Prusse les soupçons et les violences de Napoléon.

Silencieux, immobile, il réfléchit un moment; puis marchant à Clausewitz : « Vous êtes Prussien, lui dit-il brusquement, croyez-vous que d'Auvray soit loyal, que les troupes de Wittgenstein soient demain au point in-

---

[1]. C'était la lettre dont nous avons parlé à la page 34, elle est dans *Der Feldzug von 1812*, etc., *von Clausewitz*.

[2]. La lettre de d'Auvray était datée du 17/29 décembre.

diqué? — Sa loyauté, je la garantis, répondit Clausewitz, mais non l'arrivée des troupes, car, à la guerre, vous ne l'ignorez pas, on ne peut toujours faire ce qu'on s'est proposé. »

York retomba dans le silence et la réflexion. Enfin, la raison du politique, le dévouement du citoyen, l'énergie du soldat, l'emportèrent. « Je suis à vous, dit-il à Clausewitz, en lui tendant la main. Allez rapporter au général Diebitsch que demain matin, à huit heures, je l'attendrai près d'ici, au moulin de Poscherau, et que je suis fermement décidé à me séparer des Français et de leur cause.... Mais, ajouta-t-il, je ne veux pas faire les choses à demi : je vous donnerai aussi Massenbach [1]. »

Aussitôt il fit entrer l'officier prussien, dernier messager de Macdonald. A peu près comme le Wallenstein de Schiller, allant et venant à pas précipités : « Que disent vos régiments? » lui demanda-t-il. Et d'un mot il l'instruisit de la résolution prise. Transporté de joie, l'officier s'écria que tous n'aspiraient qu'à se séparer des Français. « Ah! jeunes gens, dit York en souriant, vous l'avez belle à parler ainsi; mais, à moi, vieux, la tête branle sur les épaules. »

Il réunit ensuite les officiers de sa colonne, et leur adressa cette brève allocution : « L'armée française a été détruite par la main vengeresse de Dieu. L'heure est venue de recouvrer notre indépendance en nous réunissant à l'armée russe. Qu'il se joigne à moi celui qui veut

---

[1]. *Der Feldzug von 1812 in Russland*, von *Clausewitz*.

donner sa vie pour l'indépendance et la patrie! Qu'il reste celui qui ne le veut pas! Quelle que soit l'issue de ma sainte entreprise, je garderai mon estime à ceux qui, ne pensant pas comme moi, agiront autrement que moi. Si je réussis, le roi me pardonnera peut-être. Si j'échoue, ma tête est perdue; je recommande, en ce cas, à mes amis, ma femme et mes enfants [1]. »

D'enthousiastes acclamations accueillirent ces mâles paroles. Mêlés, confondus dans de mutuelles étreintes, tous jurèrent de suivre leur général dans la voie où il leur montrait la patrie à venger, l'indépendance à conquérir.

Parmi les troupes, la joie et l'enthousiasme furent du délire.

Le 30 décembre, Diebitsch et York, d'un commun accord, arrêtèrent une convention dont ce dernier avait posé les bases.

Elle déclarait le corps prussien neutre; neutralisait, pour lui, de Memel à Tilsit et à Labiau une large zone du sol de Prusse et stipulait qu'en cas de non-ratification, soit par le roi, soit par le czar, ce corps pourrait se rendre librement là où l'appelleraient les ordres de son souverain, mais sous la condition de ne pas servir, de deux mois, contre les Russes.

Un fait qui suffirait pour peindre cette époque si troublée, c'est qu'à cette *convention* ne parurent que des Prussiens. D'un côté York, le colonel Röder son chef

---

[1]. Nous traduisons ces paroles du texte donné à Droysen, pour sa *Biographie d'York, par le capitaine Rieben de Schildhorn*, témoin de cette grande scène.

d'état-major, et Seydlitz; de l'autre Diebitsch, Clausewitz et le lieutenant-colonel de Dohna, tous Prussiens comme les trois premiers.

York informa le roi de Prusse et Macdonald de sa conduite. A tous les deux il eut soin d'affirmer, suivant la fable convenue avec lui-même, qu'il avait cédé à des nécessités toutes militaires; mais au roi il répéta que c'était le moment, ou jamais, de se détacher de l'alliance de Napoléon, « de se soustraire aux excessives exigences d'un allié dont les projets sur la Prusse, si la fortune lui était restée fidèle, étaient enveloppés d'une obscurité, à bon droit, inquiétante. » Et il ajouta : « C'est cette considération qui m'a guidé. Dieu fasse qu'elle conduise au salut de ma patrie! »

Secrètement prévenu par York, Massenbach avait immédiatement pris ses dispositions pour se réunir à lui en échappant à Macdonald. A la première heure du jour, le 31 décembre, il repassa avec toutes ses troupes sur la rive droite du Niémen et se dirigea vers Tauroggen. York en était déjà parti et s'avançait à sa rencontre.

Macdonald apprit, tout à la fois, la convention d'York et le mouvement de Massenbach. Sa stupéfaction fut grande, son indignation extrême. Singulière inconséquence et trop commune aberration! Patriote sincère, dévoué, il ne comprenait ni l'audacieuse grandeur de l'acte d'York, ni la sainteté de la passion qui emportait le soldat prussien loin des aigles de Napoléon. Il ne reconnaissait pas à un étranger le droit de préférer sa patrie à la domination du despote français. Il voyait une affreuse violation du devoir militaire là où éclatait l'insurrection contre la conquête et la tyrannie.

Mais la nation prussienne et les peuples ployés sous le joug saluèrent dans York un libérateur. Tant de gloire lui était due.

Sa convention avec Diebitsch annonçait aux princes, esclaves volontaires ou forcés de Napoléon, que s'ils ne se décidaient pas à la lutte pour l'affranchissement, leurs peuples prendraient les armes sans eux, malgré eux, contre eux peut-être.

Délaissés, livrés par leurs princes, lâches victimes du guet-apens de Bayonne, les Espagnols, appuyés sur les Anglais, bravaient depuis cinq ans l'ambition et les efforts de Napoléon. C'était l'exemple. Les Prussiens, les Allemands devaient le suivre. Déjà les Russes n'étaient-ils pas les Anglais du Nord ?

CHAPITRE TROISIÈME.

Koutousof suspend, de sa propre autorité, la poursuite des débris de l'armée française. — Son opinion sur le but à donner à la guerre. — L'empereur Alexandre a une opinion toute différente. — Ses motifs. — Il veut appeler l'Allemagne à l'indépendance et à la liberté, et croit fermement qu'elle répondra à son appel. — Il prépare de grands moyens pour la continuation de la guerre. — De Saint-Pétersbourg il expédie à Koutousof l'ordre formel de reprendre immédiatement sa marche en avant, et, quelques jours après, il se transporte au quartier général de Koutousof, à Vilna. — Positions dans lesquelles il trouve les armées russes. — Objections de Koutousof à un mouvement général en avant. — Alexandre maintient son ordre et se décide à rester désormais près de Koutousof pour assurer l'exécution de sa volonté. — Tchitchagof réunit au commandement de l'armée du Danube celui de l'armée de Wittgenstein et du corps de Cosaques de Platof, et se met en marche. — Mais, sur les instances de Koutousof, Alexandre consent à laisser encore l'armée principale en cantonnements. — Nouvelle de la convention de Tauroggen. — Proclamation de Koutousof à la nation prussienne. — Macdonald, avec la division Grandjean, échappe à Wittgenstein. — Il arrive à Königsberg, le 3 janvier, et n'y trouve plus Murat, qui en est parti depuis le 1er, avec les débris de la garde, se dirigeant sur la basse Vistule. — Il rallie Heudelet, Marchand et Cavaignac. — Il évacue aussitôt Königsberg et se replie sur Murat. — Le général Bülow se retire dans la même direction. — Mouvement concentrique de l'armée du Danube, de celle de Wittgenstein et des Cosaques de Platof contre Macdonald. — Murat, complétement découragé, enjoint à celui-ci de jeter toutes ses troupes dans Danzig. — Ses ordres aux débris des différents corps d'armée. — Son départ précipité pour Posen. — Il y appelle Eugène, lui remet le commandement en chef et part immédiatement pour Naples. — Réorganisations faites par Eugène avec les débris de l'armée de Russie et quelques troupes françaises. — Résultats de ce travail. — Dispositions prises par Eugène. — Il est confirmé dans le commandement en chef par Napoléon. — Il demande et reçoit l'autorisation de disposer des divisions Grenier et Lagrange. — Ses projets. — Illusions de Napoléon sur la situation des choses.

Après le passage de la Bérésina, les misérables débris de l'armée de Napoléon en déroute étaient poursuivis, à

CHAPITRE TROISIÈME.

distances diverses, par trois armées : celle du Danube aux ordres de l'amiral Tchitchagof, celle de Wittgenstein [1], et l'armée principale conduite par le généralissime russe en personne, le feld-maréchal Koutousof.

Mais, peu de jours avant d'atteindre Vilna, Koutousof résolut de mettre un terme très-prochain à ses opérations ; et sans attendre l'avis de l'empereur Alexandre sur cette résolution, il l'exécuta.

Arrivé à Vilna, il y fixa son quartier général ; il fit entrer l'armée principale en cantonnements qui s'étendirent de Wilkomir à Novi-Troki et, de là, à Woloschin, c'est-à-dire sur une ligne de cinquante lieues et plus ; il ordonna à Tchitchagof et à Wittgenstein de se porter, le premier à deux ou trois marches au-dessus, le second, à pareille distance au-dessous de Kowno et de s'établir sur la rive droite du Niémen ; Platof dut continuer d'avancer vers Kowno sur les pas de nos infortunés soldats ; Vasiltchikof qui avait formé, jusqu'à ce moment, l'avant-garde de l'armée principale, fut poussé avec deux ou trois petits corps de partisans du côté de Schwarzenberg ; Sacken dut descendre la rive droite du Bug et être relié à Vasiltchikof, par deux divisions de réserve venant de la Bérésina.

Quand tous les corps se seraient reposés, refaits dans leurs cantonnements ; quand ils auraient rallié les traînards, les convalescents ; quand ils auraient reçu les renforts attendus de l'intérieur de la Russie ; quand l'hiver, toujours rigoureux à l'extrême, se serait adouci, le

---

[1]. Le nom officiel de cette armée était : 1ᵉʳ corps détaché.

généralissime russe pensait à opérer un mouvement général pour aller occuper la Prusse et le grand-duché de Varsovie, jusqu'à la Vistule. Comme dédommagement aux ruines accumulées sur elle par l'invasion, comme prix du succès de ses armes, la Russie, selon lui, devait porter sa frontière sur ce fleuve, proposer à Napoléon une paix basée sur la reconnaissance de cet accroissement de territoire; et Napoléon s'estimerait heureux de ne payer ses immenses revers qu'aux dépens de la Prusse, qu'il détestait, et du duché polonais, auquel il tenait peu.

C'était, on se le rappelle, un arrangement de ce genre que le prévoyant patriotisme d'York signalait au roi de Prusse comme une éventualité menaçante.

L'opinion de Koutousof était aussi l'opinion du chancelier de l'empire Romanzof; elle avait de très-nombreux partisans dans la haute administration et dans les cercles aristocratiques de Saint-Pétersbourg; elle était fort répandue parmi les populations des contrées dévastées par la guerre; elle dominait au quartier général et dans les rangs élevés de l'armée russe, où l'on se sentait cruellement fatigué de cette terrible campagne.

Elle était d'une politique vulgaire et sans prévoyance.

Alexandre ne la partageait pas. Il voulait donner à la guerre un bien autre but qu'une simple extension de territoire, que Napoléon viendrait bientôt contester à la Russie restée sans alliances, isolée au nord du continent.

Alexandre n'était plus le jeune homme fasciné à Tilsit et à Erfurt par la gloire militaire, la fortune et l'insi-

CHAPITRE TROISIÈME.

dieuse parole du conquérant français [1]. Humiliante pour lui, cruelle pour la nation russe, l'expérience l'avait éclairé. Il avait découvert ce secret de l'Empire que Napoléon avait un continuel besoin de guerres et de conquêtes pour maintenir sa tyrannie sur la France; et il s'était décidé à ne pas déposer les armes avant d'avoir détruit la domination continentale de cet ennemi systématique de la paix du monde [2].

Dans cette décision, l'ambition du souverain et les sentiments du philanthrope, du politique libéral, qui se partageaient alors le cœur du czar, trouvaient une égale

---

[1]. « J'ai appris à le connaître (Napoléon); il ne me trompera plus. » Paroles d'Alexandre au colonel Michaud, le 20 septembre 1812, rapportées par celui-ci dans une lettre écrite le lendemain à l'aide de camp Danilefski. (Voir *Bogdanowitch, Geschichte des Feldzugs im Jahre 1812*, etc.)

2. M. de Nesselrode qui, à quelques mois de là, devint ministre des affaires étrangères de Russie, adressa, en janvier 1813, au czar une note où on lit :

« D'après ce que Votre Majesté a daigné me confier *sur le but actuel* de sa politique, elle viserait à rétablir en Europe un ordre de choses qui, en lui assurant le plus long intervalle de paix possible, donnerait également à la Russie les seules garanties solides contre de nouvelles entreprises qu'enfanterait l'ambition de Bonaparte.

« La manière la plus complète dont ce but pourrait être atteint, serait sans doute que la France fût refoulée dans ses limites naturelles; que tout ce qui n'est pas situé entre le Rhin, l'Escaut, les Pyrénées et les Alpes, cessât d'être soit partie intégrante de l'empire français, soit même sous sa dépendance. C'est là assurément le maximum des vœux que nous puissions former. Mais il ne saurait être réalisé sans le concours de l'Autriche et de la Prusse... » (Extrait donné dans *Geschichte des Krieges im Jahre 1813 für Deutschlands Unabhängigkeit, von Bogdanowitch, kaiserlich russischer Général. Saint-Pétersbourg*, 1864.) Cet ouvrage a été écrit par ordre impérial, comme le porte son titre, et traduit du russe en allemand avec le consentement de l'auteur.

Bogdanowitch dit que la note de Nesselrode se trouve aux archives du ministère des affaires étrangères à Saint-Pétersbourg.

satisfaction. Il allait y persévérer avec une fermeté inattendue de quiconque avait connu la mobilité de son esprit et son penchant aux chimères.

Cette entreprise était trop vaste pour pouvoir être exécutée avec les seules forces de la Russie; il le savait bien. Mais il comptait sur l'aide de l'Allemagne conquise, dépecée, avilie, opprimée par Napoléon. Il voulait l'appeler à l'indépendance et à la liberté; et, à cet appel, il ne doutait pas qu'elle ne répondît par un soulèvement général, dès que les armées russes s'avanceraient offrant un point de ralliement, un solide appui aux haines, aux désespoirs, aux espérances, aux dévouements des soldats, des princes et des peuples.

Cette formidable insurrection était annoncée, promise comme certaine par les nombreux Allemands qui avaient trouvé, en Russie, les uns un abri contre les colères meurtrières de Napoléon, les autres un drapeau sous lequel ils s'efforçaient de venger les injures de leur patrie.

Ils pressaient le czar de poursuivre ses grand desseins, de profiter de l'occasion propice, mais fugitive peut-être.

Ces desseins, Alexandre préparait tout pour les pousser jusqu'à complète exécution. Dès le mois de décembre, il ajoutait aux grandes mesures prises pendant la campagne de grands préparatifs encore. Il ordonnait un recrutement énorme, des achats, des réquisitions considérables de chevaux et la formation de cadres nombreux de toutes armes. Il prescrivait de faire rechercher et réparer l'immense quantité de fusils, de sabres et de matériel d'artillerie abandonnés de tous côtés par Napoléon;

il enjoignait de redoubler d'activité dans ses fabriques d'armes, dans ses arsenaux, et de former des magasins de vivres considérables sur la frontière occidentale de la Russie.

Mais, malgré son absolu pouvoir, et si ferme qu'il fût dans sa résolution, il se croyait obligé à ne pas heurter trop brusquement l'opinion de ceux des grands de son empire qui se prononçaient pour une paix prompte et rémunératrice sans aucun souci de l'affranchissement de l'Allemagne, c'est-à-dire sans aucun souci de l'avenir; et il voulait surtout user de ménagements envers Koutousof, vénéré du soldat et exalté partout comme « le vainqueur de Napoléon et le sauveur de la Russie. »

Pourtant, lorsqu'il reçut la dépêche où son généralissime lui annonçait le parti pris de faire entrer ses troupes en cantonnements, il reconnut qu'il n'y avait plus à différer, qu'il fallait déclarer ouvertement la politique qu'il était déterminé à suivre, et se mettre en mesure de porter sans délai ses armées en avant. L'urgence de marcher était d'autant plus grande que les rapports de Paulucci lui annonçaient le progrès de ses relations avec York, l'envoi de l'aide de camp Seydlitz à Potsdam, et lui révélaient les sentiments excités dans le contingent prussien par les désastres des Français. Il ne fallait pas tarder à tendre la main à ce général et à ces troupes si ébranlés déjà.

Alexandre expédia donc immédiatement à Koutousof l'ordre le plus formel de ne pas interrompre ses opérations. « Jamais, lui écrivit-il, le temps n'a été si précieux pour nous que dans les circonstances actuelles; et rien, par conséquent, ne peut permettre à nos troupes de s'arrêter près de Vilna, *ne fût-ce qu'un instant*.... Tout ce que je trouve convenable, c'est de laisser sur ce point une petite partie des corps les plus désorganisés qui y attendront les traînards, les convalescents et les bataillons du prince Ourousof [1]. Mais toutes les autres troupes, aussi bien celles de l'armée principale que celles de l'amiral Tchitchagof et du comte de Wittgenstein doivent poursuivre l'ennemi sans relâche et se diriger de manière à intercepter ses communications, à le couper de ses renforts, non-seulement en dedans mais encore en dehors de nos frontières [2]. »

Et comme le czar savait par une amère expérience que Koutousof ne se conformait pas toujours à ses instructions, même aux plus pressantes, quand elles contrariaient sa manière de voir, ses projets; comme, en outre, il le croyait très-las de la guerre, usé par l'âge et les fatigues, et plus disposé à jouir, dans un égoïste repos, de sa gloire réelle mais surfaite, qu'à chercher de nouveaux champs de bataille, il se décida à se rendre au milieu de ses armées pour en surveiller la direction.

Parti de Saint-Pétersbourg dans la nuit du 18 au 19 décembre, il arriva à Vilna le 23.

Ses ordres y étaient parvenus depuis quatre jours; mais ils étaient restés sans exécution. Il le constata tout d'abord.

L'armée principale était immobile, cantonnée sur

1. C'était quinze bataillons de réserve.
2. Lettre datée de Saint-Pétersbourg, le 2/14 décembre 1812, citée par Bogdanowitch.

Vilna, et au loin à droite et à gauche de cette ville, sauf les détachements envoyés du côté de Schwarzenberg; Tchitchagof et Platof étaient aussi en cantonnements, celui-ci un peu en avant de Kowno, celui-là aux environs de Gesno, sur la rive droite du Niémen; et si Wittgenstein ne s'était pas mis aussi au repos, cela tenait à ce que, usant de la latitude qui lui était laissée par le généralissime, il avait interrompu sa marche par une halte de sept jours et n'avait pu, par suite, atteindre encore le Niémen. Il annonçait, d'ailleurs, qu'il avait lancé à la recherche du corps de Macdonald deux corps légers sous Diebitsch et Koutousof, que ce dernier venait d'occuper Tilsit, après plusieurs marches forcées, et que, lui-même avec son armée, allait manœuvrer dans la direction de cette ville pour couper la retraite au maréchal français.

Pour excuser sa désobéissance, Koutousof allégua l'extrême rigueur de l'hiver, les fatigues, les souffrances des troupes, les pertes énormes qu'elles avaient subies, la nécessité de rallier les traînards et les convalescents qui étaient en fort grand nombre, d'attendre des renforts, de se réorganiser; et il montra l'armée principale réduite à quarante-deux mille hommes, celle du Danube à dix-sept mille, celle de Wittgenstein à trente-quatre mille, les Cosaques de Platof à sept ou huit mille, les deux divisions de réserve en marche de la basse Bérésina vers le Bug et le corps de Sacken, ne comptant pas ensemble plus de vingt-cinq mille hommes.

Ces allégations étaient graves, ces situations d'effectif exactes. Mais le czar les connaissait déjà : il les avait lues dans la dépêche même où Koutousof lui avait annoncé son intention d'interrompre les opérations militaires; et à Vilna, elles ne lui parurent pas plus qu'à Saint-Pétersbourg des motifs suffisants pour renoncer à un mouvement en avant, immédiat, général et prolongé au loin.

Détruire ou neutraliser les corps aux ordres de Macdonald et de Schwarzenberg, empêcher les restes de l'armée française de se reconnaître, de se raffermir sur la Vistule, d'y recevoir des renforts; aller montrer le drapeau russe victorieux à l'Allemagne frémissante, pendant qu'elle n'était plus que très-faiblement occupée par les troupes de Napoléon, c'était là, pour Alexandre, des nécessités urgentes qui primaient toutes considérations et auxquelles il croyait fermement pouvoir faire face avec les forces qu'il avait en ligne; et, une fois sur le sol allemand, il était convaincu, nous l'avons dit, qu'il aurait pour auxiliaire l'Allemagne tout entière.

Il maintint l'ordre de marche en avant, qu'il avait expédié de Saint-Pétersbourg et qui avait été si peu obéi.

Mais, l'insistance mise par Koutousof à lui persuader de laisser les soldats au repos, acheva de lui prouver que le vieux maréchal était à bout de zèle, d'énergie, d'activité, de santé, incapable de porter plus longtemps le fardeau du commandement. Il aurait fallu le lui retirer. Alexandre ne l'osa pas. Craignant, non sans raison, de troubler, de décourager l'armée, de froisser l'opinion publique, ignorantes l'une et l'autre des fautes graves commises, malgré les ordres impériaux, par Koutousof, du Dniéper à la Bérésina, il s'arrêta à un moyen terme.

CHAPITRE TROISIÈME.

Il laissa le généralissime en fonction ; mais il résolut de rester près de lui pour l'exciter, le surveiller, l'empêcher de donner encore une mauvaise direction à l'armée [1], et, en réalité, pour diriger lui-même, au besoin, les opérations militaires, tout en évitant de le faire jamais ostensiblement.

Sans autre expérience de la guerre que les deux campagnes malheureuses de 1805 et de 1807, où il avait été plutôt témoin qu'acteur, mais ne manquant pas d'études militaires, il créa un grand état-major capable de le conseiller, de le guider, et tout à fait distinct de celui de Koutousof. Il y appela comme chef le général prince Volkonski Ier, homme de son entière confiance et tout imbu de ses idées, et comme quartier-maître général, Toll, officier plein de jeunesse, de mérite et d'ardeur, qu'il venait de faire avancer du grade de colonel à celui de général et qui, bien autrement capable que Volkonski, ne tarda guère à l'annuler.

---

[1]. « I will, however, not again leave my army, and there shall be no opportunity given for *additional* misdirection by the marshal. » Paroles d'Alexandre à Robert Wilson, commissaire anglais au quartier général russe, rapportées dans le curieux récit de ce général : *Narrative of events during the invasion of Russia by Nap. Bonaparte*, etc., London, 1860.

Après avoir dit, d'après le rapport du prince Galitzine, officier d'ordonnance de Koutousof, « qu'on se raconta (à Vilna) que le czar avait reproché au général en chef l'inactivité de l'armée principale lors de la retraite de Napoléon, » le général Bogdanowitch, qui a écrit « par ordre, » ajoute : « Comme l'empereur remarqua que les fatigues de cette dernière campagne avaient affaibli la santé et les forces du général en chef, il prit, avec l'aide de personnes qu'il honorait d'une confiance particulière, les dispositions nécessaires. Son appui immédiat fut le général aide de camp Volkonski (*Geschichte des Feldzuges im Jahre 1812*, etc.), en qualité de chef du grand état-major.

La présence du czar, sa volonté verbalement, formellement exprimée, ne permettaient pas à Koutousof de persévérer longtemps dans l'inaction. Recevant, d'ailleurs, de Paulucci, la nouvelle de la retraite de Macdonald, de Wittgenstein l'avis de sa manœuvre contre le maréchal français, et, peu après, le rapport de la première entrevue de Diebitsch avec York, le généralissime dut se décider à prescrire à Tchitchagof de lever ses cantonnements, de franchir le Niémen et de se porter sur Gumbinnen et Insterburg en poussant devant lui les Cosaques de Platof, qui passaient sous son commandement.

Il l'avertit que Wittgenstein franchirait le Niémen vers Georgenburg, le 27 ou le 28 décembre; il lui donna pour instructions d'agir de concert avec ce général pour détruire, enlever le corps de Macdonald et pour déterminer l'évacuation de Königsberg par les Français ; et, à deux jours de là, il plaça Wittgenstein lui-même sous ses ordres.

Tchitchagof allait donc disposer de près de soixante mille hommes. Néanmoins, la plus grande circonspection lui était recommandée ; même, il était autorisé à s'arrêter « si de grands renforts arrivaient à l'ennemi, du côté de la Vistule, à Königsberg, s'il trouvait celui-ci très-supérieur[1]. »

Ne pas s'avancer au loin, c'était toujours le fond de la pensée de Koutousof ; et il cherchait, en quelque sorte, à créer, par avance, un prétexte à son lieutenant pour faire halte le plus tôt possible.

---

[1]. Lettre de Koutousof à Tchitchagof, du 27 décembre 1812.

L'armée principale aurait dû se mettre en mouvement aussi et gagner promptement du terrain vers la Vistule. Elle resta pourtant inactive.

Alléguant, de rechef, la fatigue extrême des troupes qui la composaient et qui trouvaient leur premier repos après deux mois de marches et de combats continus, faisant valoir la nécessité de réduire les cadres proportionnellement aux effectifs qui étaient devenus excessivement faibles, et d'en renvoyer le superflu dans les dépôts pour encadrer les recrues, Koutousof obtint du czar de ne pas bouger encore.

Ce sursis gagné, le vieux maréchal, aussi obstiné dans son opinion sur le but et le terme à assigner à la guerre que dans son égoïsme, ne désespérait pas d'obtenir d'autres sursis encore, et, enfin, de ranger le czar à son avis. Ce souverain, par excès de ménagements, se laissait même aller à discuter de nouveau ses objections; et ce débat intime menaçait de durer longtemps, quand parvint à Vilna la nouvelle de la convention d'York avec Diebitsch. Elle justifiait les projets d'Alexandre, les prédictions, les assurances des réfugiés allemands. La discussion cessa. Koutousof ne fut pas convaincu, mais il se tut et fit à ce grave événement la concession indispensable.

Il prescrivit à l'armée principale de terminer promptement le travail commencé de la réduction de ses cadres, de s'incorporer les quelques bataillons de réserve qu'amenait le prince Ourousof et de se préparer à lever ses cantonnements sous très-peu de jours, pour se réunir et marcher vers le Niémen dans la direction de Merecz.

En même temps, il dut signer de son nom, si contraire qu'elle fût à sa manière de voir et à son désir de repos, une proclamation qui était une première révélation publique fort nette de la politique et des desseins de la Russie. Par cette pièce qui avait été écrite dans le cabinet même du czar, et que d'autres du même genre allaient bientôt suivre, Koutousof s'adressait aux Prussiens. Il leur disait qu'il avait « l'ordre positif de l'empereur son maître » de ne point traiter en pays ennemi les provinces de la Prusse où il allait entrer. Il annonçait que le czar « offrait son assistance à *tous les peuples* qui, entraînés aujourd'hui contre lui, abandonneraient la cause de Napoléon pour ne suivre que celle de leurs vrais intérêts. Je les invite, continuait-il, à profiter des chances heureuses que les armées russes leur ont ménagées, et à se rallier à lui dans la poursuite d'un ennemi dont la fuite précipitée montre l'impuissance. » Et il terminait par ces paroles encore plus précises : « C'est surtout à la Prusse que j'adresse cette invitation. L'intention de S. M. l'empereur est de faire cesser les malheurs qui l'accablent, de donner au roi des preuves de l'amitié qu'il lui conserve, de rendre à la monarchie de Frédéric son éclat et son *étendue*. Il espère que Sa Majesté Prussienne, animée des sentiments que cette franche déclaration doit faire naître en elle, ne prendra, en ces circonstances, d'autre parti que celui que réclament l'intérêt de ses États et les *vœux de son peuple*. »

Et pour mieux persuader encore à Koutousof et aux généraux aspirant, comme le vieux maréchal, à la paix, qu'il n'y avait plus à compter sur un repos prochain, sur une mesquine et imprévoyante politique d'accommodement avec Napoléon, Alexandre leur communiqua, écrits de sa main, les principes d'après lesquels il entendait que fussent dirigées désormais les opérations de ses armées, principes fort clairs. « Le temps est venu, disait-il dans cette note confidentielle, d'agir sans s'astreindre aux règles habituelles de l'art de la guerre. Il faut mettre à profit *avec rapidité* la complète supériorité que nous avons acquise et faire valoir *au loin* cette prépondérance qui rend impossible la résistance au vainqueur... »

Ce langage ne comportait pas de réplique. Il n'y en eut pas. Mais Koutousof n'en persista pas moins, dans le secret de son âme, à espérer qu'il parviendrait à ralentir la course du czar, et, avant peu, à l'arrêter.

A quelques jours de là, il écrivit aux siens en leur annonçant la levée de ses cantonnements : « Ne craignez rien ; nous n'irons pas *bien loin :* je n'ai pas rajeuni [1]. »

Cependant Wittgenstein avait continué sa manœuvre pour couper la retraite à Macdonald.

Contrairement à Koutousof et à bien d'autres généraux, il était d'avis qu'il fallait continuer la guerre sans relâche et jusqu'à l'affranchissement de l'Allemagne. Il mettait donc à la faire la même ardeur qu'il avait mise à défendre la Russie envahie, et son état-major, en partie composé d'officiers allemands, était aussi ardent que lui.

Pourtant Macdonald lui avait échappé.

Ayant appris simultanément la défection d'York et

---

[1]. Lettre du 12/14 janvier 1813, dans *Denkwürdigkeiten aus dem Kriege von 1813, von A. Michailefski Da ilefski.*

celle de Massenbach, se voyant, par là, réduit à la seule division Grandjean et privé de toute cavalerie, le maréchal français était parti précipitamment de Tilsit; et, renonçant à se rendre à Wehlau, où l'appelait l'ordre de Murat, il avait pris comme plus sûre la route qui conduit de Tilsit à Königsberg par Schillupischken et Labiau.

Le chef d'état-major de Wittgenstein, dans sa lettre à Diebitsch, que celui-ci avait communiquée à York par l'entremise de Clausewitz, le 29 décembre, annonçait que, le lendemain de ce jour, l'armée de Wittgenstein arriverait à Schillupischken. Macdonald n'y avait passé que le 31, le jour même de sa sortie de Tilsit, et pourtant il n'y avait trouvé que quatre faibles régiments de Cosaques, promptement dissipés à coups de fusil.

La rapidité de sa retraite avait trompé Wittgenstein.

Après avoir franchi le Niémen à Georgenburg le 28 décembre, le général russe avait dû s'engager dans de mauvais chemins de traverse. Son artillerie y avait cheminé beaucoup plus lentement que ses troupes. Croyant devoir l'attendre et le pouvoir sans inconvénient, il avait passé un jour à la rallier, et il était résulté de ce retard qu'il n'avait atteint la route suivie par Macdonald qu'après le passage de celui-ci. Il avait compté, dans cette mésaventure, qu'au moins son avant-garde y serait arrivée à temps; mais là encore son calcul s'était trouvé faux. L'inintelligence ou l'indécision du général Chepelef, qui la commandait, avait épargné au maréchal français le terrible embarras d'avoir à forcer un défilé

CHAPITRE TROISIÈME.

qu'auraient défendu cinq mille hommes postés à l'avance [1].

Ainsi affranchi de ce danger, Macdonald continua de presser le pas. Pourtant, à Labiau, son arrière-garde fut atteinte par ce même général Chepelef, qui, renforcé à la hâte, et jaloux de réparer sa faute, avait, lui aussi, marché très-vite; et elle perdit sept ou huit cents hommes dans un engagement assez court, mais très-vif, le premier de cette année 1813, qui allait retentir du bruit de tant de combats et de batailles.

Le 3 janvier, à la nuit, Macdonald arriva à Königsberg. Malgré le dégel qui était subitement survenu, et avait rendu la route fort pénible à ses fantassins, il avait fait onze lieues dans sa première journée et dix-sept dans les trois journées suivantes.

Il ne trouva point Murat à Königsberg. Surpris, au milieu même des puérilités officielles du premier jour de l'an, par la nouvelle de la défection d'York, Murat avait repassé tout à coup de la confiance au découragement. Interrompant brusquement sa réception, il s'était hâté d'expédier à l'ambassadeur de France à Berlin un rapide rapport sur l'événement qui le déconcertait si complétement; il en avait envoyé aussi l'avis confidentiel à ses lieutenants dans les villes de la Vistule, en leur recommandant de s'y tenir désormais bien sur leurs gardes; puis, se concertant avec Berthier, malade, goutteux, aussi découragé que lui, se voyant déjà, dans son trouble, cerné par les armées russes, par un soulèvement

---

[1]. *Geschichte des Feldzuges im Jahre 1812*, etc., von *Bogdanowitch*.

général du pays, il avait résolu de partir sans plus tarder et de gagner la basse Vistule.

A l'entrée de la nuit, la population de Königsberg, étonnée, contenant à peine sa joie, avait vu, en effet, s'acheminer sur la route d'Elbing les voitures de Murat, de Berthier, de leur suite et d'une foule de généraux, d'officiers isolés, nombre de voitures de transport et tout ce qu'il y avait d'hommes plus ou moins valides de la garde impériale, armés ou non armés.

Cet éloignement inopiné du commandant en chef, ce départ nocturne, précipité, du quartier général et de la garde, ressemblaient plus à une fuite qu'à une retraite, et n'étaient pas propres à raffermir le moral du soldat. Mais peu importait à Murat. Général d'une intrépidité fabuleuse sur le champ de bataille, il n'était plus, en ce moment, qu'un souverain dominé par l'unique pensée de sauver la majesté de sa royale personne du danger de tomber aux mains de l'ennemi.

En s'éloignant, il avait chargé Ney de recueillir Macdonald sur Königsberg; Ney, toujours irrité, emporté contre Napoléon, mais toujours plein d'énergie, de santé, prêt à tout. Il lui avait laissé la division Heudelet, la brigade de cavalerie de Cavaignac et les restes de la division Marchand, déjà un peu réorganisés et renforcés des bataillons qui avaient formé la dernière garnison de Kowno, s'étaient débandés dans le tumulte de la retraite à travers cette place, et avaient fini par se réunir à Königsberg. Cette division Marchand était celle-là même qui, commandée alors par Loison, avait eu la triste fortune, restée fameuse, de perdre sans combat les quatre cinquièmes de son effectif en allant de Vilna à la rencontre de Napoléon dans les cinq ou six jours les plus froids de cet hiver meurtrier.

Marchand était à Königsberg même. Heudelet et Cavaignac étaient sur Wehlau ; mais en apprenant que Macdonald ne se repliait pas sur ce point, mais sur Königsberg, Murat leur avait expédié l'ordre de revenir très-rapidement dans cette dernière ville, et ils y étaient arrivés tous les deux quelques heures avant Macdonald.

Ney remit à celui-ci les troupes ainsi réunies sur Königsberg, et, de sa personne, il alla, suivant ses instructions, rejoindre Murat.

La division Grandjean revenait, réduite à sept mille et quelques cents hommes. Marchand en avait un peu plus de trois mille, Heudelet et Cavaignac en comptaient ensemble onze mille cinq cents environ ; Macdonald se trouva donc disposer de vingt-deux mille hommes à peu près. C'était assez, non pour disputer aux Russes le Pregel et la Passarge gelés, mais pour ne leur céder le terrain qu'avec une honorable et utile lenteur.

Le général Bülow, gouverneur militaire intérimaire de la province de Prusse, aurait pu sans doute, s'il l'eût voulu, ajouter un peu aux forces de Macdonald. Chargé, nous l'avons dit, par son souverain, de former un corps de dix mille hommes qui devait s'ajouter au contingent prussien, il avait déjà réuni et armé, tant à Königsberg que dans les villes en arrière vers la Vistule, plusieurs milliers de soldats de réserve et de soldats en congé rappelés sous les drapeaux. Mais, voyant Murat partir, il s'était hâté de partir aussi ; et, se tenant soigneusement éloigné de la route suivie par ce dernier, se faisant rejoindre en chemin par tous ses détachements, il gagnait promptement la Vistule dans la direction de Graudenz, place forte occupée par une garnison toute prussienne, et il ne semblait nullement disposé à donner la moindre aide aux Français.

Personne, du reste, n'avait songé à lui en demander aucune.

Nous avions à Königsberg des magasins de toute espèce, très-bien pourvus. Ney avait voulu les faire évacuer; mais il avait pu à peine commencer cette opération, car il n'avait eu que les moyens de transport fournis par les réquisitions faites dans la ville et tout auprès, et ces réquisitions avaient été très-peu productives. Excités par le départ précipité de Murat et de la garde impériale, par le bruit sourd de la défection d'York, de l'approche des Russes, les habitants et les fonctionnaires prussiens avaient opposé la ruse et le mauvais vouloir aux dernières exigences d'un ennemi détesté.

Ils s'ingénièrent aussi à contrarier la destruction de cette grande quantité d'approvisionnements et de matériel que nous ne pouvions emporter, et ils y réussirent d'autant mieux que Macdonald ne donna que peu de temps et de soins à ce travail, qu'il eût été pourtant bien important d'exécuter d'une manière complète.

Dès le 4 janvier, dans les premières heures de la nuit, il fit traverser Königsberg à ses troupes, et prit avec elles la route suivie par Murat.

Il abandonnait à la générosité des habitants, à la pitié des Russes, huit mille malades et blessés, parmi lesquels la mort faisait d'incessants ravages, et qui allaient bientôt exhaler sur la ville l'affreuse contagion du typhus.

Le lendemain du jour où il avait passé à Schillupischken, n'y rencontrant, par les causes que nous avons dites, que quelques Cosaques, Wittgenstein avait paru à trois ou quatre lieues en avant de ce point, à Skaigirren. Il y avait trouvé les corps légers de Koutousof et de Diebitsch, accourant de Ragnit et de Tauroggen; il leur avait aussitôt retiré trois mille hommes pour les ajouter à l'avant-garde de Chepelef; il avait lancé ce dernier, ainsi renforcé, sur les traces de Macdonald, avec ordre de marcher jour et nuit pour l'atteindre; puis, continuant sa route avec la masse de ses forces, il s'était dirigé sur Wehlau, où on lui signalait la présence d'Heudelet et de Cavaignac.

Chepelef, cette fois, avait bien rempli sa mission. Il avait joint et battu, à Labiau, l'arrière-garde de Macdonald, comme nous l'avons dit; et les derniers soldats français n'étaient pas encore à deux lieues de Königsberg que déjà ses Cosaques y pénétraient.

Lui-même y entra le 5 janvier, au point du jour, à la tête de sa colonne, acclamé, applaudi par la population ivre de joie, et saluant le drapeau russe comme le signal de l'affranchissement. Il fit un fort détachement, qu'il chargea d'observer la petite place de Pillau, qui commande l'entrée du Frische-Haff, et qu'occupait une garnison mi-partie de Français et de Prussiens; il laissa quelques troupes dans Königsberg, et avec sa colonne, réduite par là et par le combat de Labiau à quatre mille hommes, il se jeta sans retard sur la route d'Elbing, par où Macdonald battait en retraite.

Cependant Wittgenstein parvenait sur Wehlau avec la masse de ses forces, n'y trouvait plus aucun Français, s'y rencontrait avec le corps de Cosaques de Platof, qui précédait de plusieurs journées Tchitchagof, en marche vers Königsberg, et il recevait de celui-ci l'ordre de se porter aussi sur ce point. Mais, apprenant coup sur coup que Murat et la garde impériale en étaient partis, qu'on y faisait des préparatifs d'évacuation générale, et enfin que Macdonald venait de s'en retirer, il modifia l'ordre reçu. Il laissa la colonne de Chepelef poursuivre le maréchal français sur la route même de Königsberg à Elbing, la fit rejoindre par mille deux cents chevaux, et dirigea son armée même par Friedland, Heilsberg, Liebstadt et Preussisch-Holland. Platof se mit à galoper immédiatement dans la même direction, et Tchitchagof, informé, à Gumbinnen, de la retraite des Français de Königsberg, approuva la conduite de ses deux lieutenants, changea lui-même, sur-le-champ, de direction à gauche, et marcha également sur Elbing par une route parallèle à celle que prenaient Platof et Wittgenstein.

Macdonald, contre qui toutes ces masses convergeaient, eut une marche extrêmement pénible.

La division Heudelet qui formait près de la moitié de ses forces, était composée de soldats très-jeunes d'âge et de service, soumis trop tôt par l'imprévoyance inhumaine de Napoléon aux épreuves de la guerre. Cette retraite précipitée ébranla leur moral. Ils résistaient mal au froid, qui, après un court dégel, venait de reprendre avec violence, à la fatigue, aux privations, et les privations étaient grandes à travers un pays ruiné de longue main par le passage des armées, au milieu de populations dont la haine éclatait sous le coup de la défection d'York, à l'approche des Russes, à la vue de notre impuissance. « Nous sommes sans vivres, sans fourrages et sans moyens d'en envoyer chercher, écrivait Macdonald à Murat[1]. » Ces jeunes gens traînaient à la suite des colonnes, se décourageaient, et journellement il en tombait quelques-uns aux mains des Cosaques de Chepelef et sous les atteintes de la mort. Avec les soldats de Marchand, en partie Français, en partie Allemands et conscrits aussi, c'était bien pis encore. Ils avaient passé par les horreurs des derniers jours de la retraite de Russie, par l'affreux tumulte de Kowno, et l'excès du malheur les avait pervertis. Remis sous le joug de la discipline pendant leur court séjour à Königsberg, ils l'avaient promptement secoué de nouveau. A la quatrième marche, il n'en restait pas mille dans le rang[2], les autres étaient à la débandade ou déjà prisonniers. « Insubordonnés, pillards, tenant les propos les plus dissolvants, ils avaient abjuré toute vertu militaire et étaient devenus la honte de l'armée, le fléau des cam-

---

1. Lettre datée de Frauenbourg, le 10 janvier.

2. « Voici quelle était la situation des *troupes françaises* de cette division, au 7 janvier : cinquante officiers, quatre cent trente-sept sous-officiers et soldats. La force de cette division pourrait donc à peine former un bataillon. » (Lettre d'Eugène Beauharnais à Napoléon. Posen, le 1er février.) Quelques jours plus tard, cette division, ralliée à Danzig, eut deux mille cinq cent quinze hommes présents sous les armes et deux cent vingt-trois aux hôpitaux.

pagnes qu'ils traversaient[1]. » Tel était le témoignage que Macdonald portait sur eux.

Il ajoutait, le cœur plein d'angoisses, qu'il ne pouvait guère compter que sur la division Grandjean pour une affaire sérieuse. Il montrait, au contraire, les Russes aguerris dès longtemps, exaltés par des succès inouïs, accueillis partout en libérateurs, observant la plus stricte discipline, ne prenant rien sans payer et vivant dans l'abondance.

La partie lui semblait par trop inégale. Aussi répondait-il à Murat, qui le pressait d'arrêter la marche de l'ennemi, même au prix d'une bataille, qu'il ne fallait plus songer à tenter un pareil effort; qu'on n'en obtiendrait rien que de retarder de quelques heures l'ennemi, qu'on sacrifierait inutilement des braves, et qu'au moindre échec il fallait s'attendre à perdre et l'artillerie et les bagages dont les chevaux étaient exténués de faim et de fatigue [2].

En recommandant si instamment à son lieutenant de livrer bataille, Murat lui promettait de le rejoindre pour y prendre part, avec les restes de la garde; mais il ne se disposait guère à tenir sa promesse. Il continuait de se retirer, laissant peser sur Macdonald tout le poids du jour.

En quittant Königsberg, il avait manifesté le dessein de réunir ses forces sur la Vistule, et, appuyé aux forteresses qui en protégent le cours, de se maintenir sur ce fleuve, bien que la gelée dût, sans doute pendant assez

1. Lettre de Macdonald à Berthier, 8 janvier.
2. Lettre de Macdonald à Berthier, des 9 et 10 janvier.

longtemps encore, n'en faire qu'une ligne de défense à peu près fictive. Mais ce projet qui aurait été très-sensé, très-exécutable, si les quinze mille vieux fantassins et cavaliers d'York eussent été là, n'était sans eux qu'une chimère, et, sans doute, Murat n'y avait pas songé sérieusement. Quoi qu'il en soit, il ne s'y arrêta pas, et il n'y a pas à l'en blâmer.

A la vérité, il avait reçu à Elbing, le 9 février, un aide de camp du roi de Prusse, le lieutenant-colonel Natzmer, qui lui avait officiellement annoncé que la convention de Tauroggen était désavouée, le général York destitué de son commandement, le contingent prussien rappelé. Mais ces mesures ne pouvaient faire que ce contingent rejoignît bientôt l'armée française, même en supposant, ce qui n'était guère à supposer, que l'ordre de rappel lui parvînt et qu'il s'y soumît, car il était stipulé dans la convention, qu'en cas de désaveu royal, il ne pourrait servir de deux mois contre les Russes. Murat avait eu, d'ailleurs, en ce moment, une nouvelle preuve des sentiments de l'armée prussienne. D'Elbing même il avait écrit au général Bülow, qui était arrivé sur Graudenz, d'envoyer des reconnaissances en avant de cette place, et de se maintenir en constante communication avec lui, et sans répondre un mot, sans tarder d'un instant, Bülow était parti, se rendant à marches forcées en Poméranie.

Apprenant donc que non-seulement Wittgenstein, mais encore Platof et Tchitchagof marchaient contre lui et approchaient, fort inquiet, en outre, de l'attitude chaque jour plus hostile des habitants de la Prusse, qui en venaient à maltraiter nos traînards, nos isolés, fort troublé des lettres de Macdonald qui, tout en repoussant vigoureusement Chepelef quand celui-ci l'attaquait, prétendait que ses régiments se dissoudraient complétement si l'on ne se hâtait de leur donner repos et abri dans les places fortes, il résolut de prolonger sans délai, sans halte aucune sur la Vistule, la retraite jusqu'à Posen.

Là, dans le grand-duché de Varsovie, au milieu de populations amies, couvert en avant, quoiqu'à bien longue distance, par Schwarzenberg, à qui il écrivit de faire tout effort pour se maintenir sur Pultusk et Wengrow, il pensait pouvoir respirer et attendre les renforts qu'il réclamait à grands cris, en même temps qu'il couvrirait lui-même d'une apparence d'armée Berlin et Dresde.

Aidé de Berthier, il fit immédiatement ses dispositions, et, en les faisant, se laissa trop influencer par les craintes de Macdonald.

Il avait déjà fait partir d'Elbing, où ils étaient réunis, les cavaliers démontés leur prescrivant de se rendre à Magdeburg, à Glogau, à Hanovre. Il les laissa continuer leur route.

Il ordonna d'envoyer de Marienburg à Custrin, par Dirschau, à travers la Prusse occidentale, les restes du 2e et du 3e corps; de Marienwerder à Glogau, par Posen, ceux du 4e; de Marienwerder à Posen même, ceux du 9e; de Thorn à Stettin, ceux du 1er; de Thorn à Posen, ceux du 8e; ceux du 6e durent se replier de Plozk sur Gnesen, mais fournir auparavant, de concert avec ceux du 1er, une garnison à la place de Thorn. Enfin, les restes de la garde durent se rendre à Posen.

Quant à Macdonald, Murat lui prescrivit de venir promptement passer les deux bras de la Vistule à Marienburg et à Dirschau pour, de là, se porter sur Danzig, où toutes ses troupes devaient entrer et rester sous les ordres du général Rapp, gouverneur de cette grande forteresse.

Elle avait déjà sept ou huit mille combattants dans ses murs. Il aurait suffi, à la rigueur, qu'on lui donnât six ou huit mille hommes encore pour qu'elle fût en état de jouer, pendant assez longtemps, le rôle qu'elle avait à remplir et qui était de garder les munitions et le matériel accumulés dans ses magasins, de faire flotter, à la vue de la Prusse, le drapeau français, et surtout d'offrir un point d'appui solide à la ligne d'opérations de Napoléon, quand il retournerait sur le Niémen, comme il n'en doutait pas. En jetant vingt mille hommes dans Danzig, Murat se privait donc gratuitement de douze à quatorze mille hommes qui allaient manquer cruellement à Posen [1].

Le 13 janvier, Macdonald dépassa Dirschau, trouva, chemin faisant, Rapp venu à sa rencontre, lui remit le commandement de ses troupes et partit pour la France. Rapp eut, tout aussitôt, dans l'après-midi, à Stublau, une affaire d'arrière-garde assez chaude avec Chepelef et Platof; mais ceux-ci étaient peu redoutables, car ils n'étaient pas soutenus : le 13 janvier, Tchitchagof arrivait seulement à Elbing, et Wittgenstein en était encore à une

---

[1]. Le 24 janvier 1813, l'effectif de la garnison de Danzig était de trente mille quinze hommes présents sous les armes et de cinq mille neuf cent dix-neuf hommes aux hôpitaux.

marche, séjournant à Preussisch-Holland, qu'il avait atteint la veille.

Le lendemain et le surlendemain, Rapp continua à se rapprocher de Danzig en combattant, et, le 16 janvier, il se trouva, à peu près, sous le canon de cette place, dans laquelle il allait s'enfermer et d'où il ne devait plus sortir que prisonnier.

Ce jour-là même, Murat arriva à Posen.

Jusqu'à la Vistule, il avait marché militairement avec les restes de la garde ; mais passant brusquement d'une idée à une autre, saisi d'impatience, il les avait subitement abandonnés, et leur ordonnant de continuer leur route sur Posen, il avait pris la poste avec son quartier général et couru vers cette ville.

Des renégats de la Révolution, des parvenus de l'Empire, Murat était un des plus corrompus.

Souverain imposé par la force des armes à un peuple qui le détestait, esprit vif, alerte, mais sans rectitude, sans élévation, caractère faux sous l'apparence de la franchise, pusillanime partout ailleurs qu'en face de l'ennemi, il avait perdu dans sa royauté d'aventure le respect, le souvenir de la patrie. Infatué de lui-même et de son pouvoir, dévoré de la passion de régner, il était prêt à renoncer Napoléon, et, s'il le fallait, la France même, pour sauver sa couronne.

Croyant déjà voir s'écrouler la fortune de Napoléon tout entière, il en était venu tout à coup à croire que, pour se maintenir sur le trône, il devait ne compter que sur lui-même et se rendre au plus tôt dans son royaume. Sa présence, pensait-il, en effet, y était indispensable pour comprimer les patriotes napolitains que les nouvelle de Russie ne pouvaient manquer d'exciter, et qui étaient toujours prêts à se soulever contre lui, et à appeler à leur aide les Anglais, maîtres de la mer et campés en Sicile. Il fallait absolument aussi qu'il se trouvât à Naples, pour être bien en position de séparer peu à peu sa cause de celle de Napoléon, pour préparer, négocier, accomplir une défection au-devant de laquelle allait son égoïsme inintelligent.

Il s'était donc résolu à ne pas même attendre l'arrivée des débris de l'armée qui se dirigeaient vers Posen et à gagner aussitôt l'Italie.

Souverain comme Napoléon, il se croyait en droit de faire à Posen ce que Napoléon avait fait à Malodeczno.

Il s'ouvrit à Berthier, mais non complétement, de sa résolution. Il lui dit qu'il se sentait fatigué, malade, qu'il avait besoin de quelque repos, et que, ce repos momentané, il voulait aller le prendre chez son beau-frère Jérôme Bonaparte, roi de Westphalie. En vain Berthier lui rappela le détestable effet produit sur les officiers et les soldats par le départ de Napoléon, et lui affirma, ce qui était de soi-même assez évident, que le départ de leur nouveau chef augmenterait le mal; en vain, il lui représenta l'immanquable colère de Napoléon; Murat ne voulut rien entendre.

Berthier appela alors à son aide Daru, qui, en sa qualité d'ancien commissaire des guerres, cumulait les fonctions de directeur général de l'administration de l'armée et celles de ministre secrétaire d'État.

Serviteur fort zélé et fort enrichi de la tyrannie impériale, conseiller souvent consulté par le maître et parfois écouté, Daru portait, dans la pratique des affaires, un sens et une fermeté très-vantés. En toute autre circonstance, son avis aurait sans doute été d'un grand poids pour Murat ; mais, cette fois, il resta sans aucune influence. Murat y opposa l'inflexible entêtement de la sottise et de l'égoïsme.

A bout d'instances, Berthier et Daru lui objectèrent la difficulté qu'il aurait à se désigner un successeur. Mais il leur répondit qu'il avait déjà mandé à Eugène Beauharnais de venir promptement, de sa personne, à Posen, qu'il l'attendait dans la soirée et comptait l'investir des fonctions de général en chef à sa place.

Napoléon, abandonnant l'armée en déroute, en avait remis le commandement à Murat, non parce que Murat était le plus capable de la rallier et de la conduire, mais parce qu'il était roi. Murat, à son tour, choisissait Eugène pour son successeur, uniquement parce que Eugène était vice-roi.

On n'aurait pas fait pis sous cet ancien régime détruit au prix de tant de sang et d'efforts.

Dans la soirée même du 16 janvier, Eugène arriva à Posen, répondant à l'appel qui lui avait été fait. Il en ignorait le motif. Murat le lui apprit sur-le-champ.

Beaucoup plus jeune d'âge et de service que les maréchaux de l'empire, Eugène avait commandé, en Russie, avec beaucoup de courage et de fermeté, le 4ᵉ corps d'armée. Général médiocre, il avait assez d'intelligence pour reconnaître sa médiocrité, et, chose rare dans le monde de l'Empire, assez de modestie pour l'avouer. Il refusa, tout d'abord, le sentant au-dessus de ses forces, le fardeau dont Murat voulait se débarrasser ; et il insista vivement pour que celui-ci ne s'éloignât pas, ou, du moins, pour qu'il demandât et attendît, avant de s'éloigner, les ordres de Napoléon. Mais, non plus que Daru et Berthier, il ne parvint à le faire revenir sur sa résolution. Cédant alors aux instances mêmes de Berthier, il consentit à remplacer Murat à titre provisoire[1] et se hâta d'en informer Napoléon.

Le lendemain, avant le jour, Murat partit. Il avait dit aussi à Eugène qu'il se rendait à Cassel. Il n'en prit pas moins la route de Naples[2].

Général en chef malgré lui, Eugène, secondé par Berthier, qui cependant continuait d'être malade, se mit au travail avec une activité qui ne lui était pas habituelle. Son indolence créole disparut devant la difficulté des circonstances.

Nous devons dire avec quelques détails ce qu'il fit, car rien mieux que ce récit ne saurait donner une idée de sa position et de l'état des choses en ce moment.

Il laissa d'abord se continuer le mouvement général de retraite prescrit par Murat, le modifiant seulement pour les restes du 3ᵉ corps auxquels il envoya l'ordre de

1. Lettre de Berthier à Napoléon, Posen, 16 janvier 1813.
2. Eugène, qui portait à Murat, époux d'une Bonaparte, la haine que tout Beauharnais professait pour les frères et sœurs de Napoléon, écrivait, le 20 janvier, à sa femme alors à Milan : « Informe-toi bien s'il est vrai que le roi soit passé pour se rendre à Naples, car il nous avait dit qu'il allait se reposer chez le roi de Westphalie, et pour un malade ce ne serait pas mal d'aller d'une course jusqu'à Naples. Il faut avouer que l'Empereur est bien mal servi par sa propre famille... J'espère que cela lui ouvrira les yeux... »

ne pas s'arrêter à Cüstrin et de se rendre à Spandau ; et, pendant quelques jours, il resta absolument sans troupes.

Les premières qu'il reçut et qu'un ordre de Murat avait appelées sur Posen, furent deux bataillons de la jeune garde. Ils n'avaient pas fait la campagne de Russie et venaient de France par Stettin, comptant dix-huit cents hommes et suivis de huit bouches à feu.

Les maréchaux Lefebvre, Mortier, Bessières, arrivèrent peu après, ramenant les débris de la garde impériale.

Eugène en fit retirer tous les fantassins valides. On n'en trouva que huit cents dans la vieille garde et cent à peine dans la jeune. On incorpora ceux-ci dans les deux bataillons venus de Stettin ; et on versa les autres dans deux cadres de bataillons organisés sur place. Cela donna quatre bataillons qui, mis sous les ordres du général Roguet, formèrent une division à laquelle on adjoignit bientôt un bataillon, reste de la garde royale italienne et deux bataillons de vélites toscans et piémontais qui n'avaient pas pénétré en Russie et venaient d'être rappelés de Varsovie.

En même temps, Eugène fit trier, dans les débris de la garde, les cavaliers valides et montés. Ils étaient huit cents. On en forma cinq escadrons qui durent rester aussi à Posen ; et à côté d'eux on plaça deux cents gendarmes lithuaniens.

Après cela, il resta, dans l'infanterie, sept ou huit cents officiers et hommes de cadre. Ils furent dirigés, en poste, sur Paris. Il resta aussi dans la cavalerie, trois ou quatre cents officiers et hommes de cadre, et, de plus, un millier de cavaliers démontés. Ils furent tous envoyés à Fulda, d'où tout ce qui n'était pas nécessaire pour encadrer ces derniers en quatre escadrons, fut bientôt appelé en poste sur Paris.

Eugène agit pour les débris de l'artillerie de la garde comme pour ceux de la cavalerie. Cela lui donna une compagnie seulement ; et il fit partir pour Fulda les officiers et sous-officiers, en faible nombre, qui n'entrèrent pas dans cette petite organisation. De Fulda, ceux-ci durent, également en poste, se rendre en France, à La Fère.

Pendant que ce triage s'opérait sous les yeux mêmes d'Eugène, une opération semblable s'exécutait par son ordre dans les débris des quatre premiers corps d'armée, au fur et à mesure de leur arrivée à Stettin, Cüstrin, Glogau et Spandau.

Du 1er corps qui avait déjà fourni quatre cents hommes pour la garnison de Thorn, on tira à grand'peine trois bataillons, forts ensemble de seize cents hommes ; du 2e, trois bataillons aussi, forts de dix-neuf cents ; du 3e, deux bataillons, forts de mille seulement, et du 4e, trois bataillons, qui en comptèrent dix-neuf cents.

Ainsi reconstituées, ces troupes furent destinées à former une partie des garnisons des quatre forteresses où elles se trouvaient.

Cette organisation faite, il resta environ cinq ou six mille officiers et hommes de cadre disponibles. On dirigea sur Erfurt ceux qui appartenaient aux trois premiers corps, et sur Vérone, par Augsburg, ceux qui appartenaient au 4°. Les uns et les autres allaient bientôt servir à des formations nouvelles.

Les survivants des nombreux bataillons suisses, wurtembergeois, hessois, badois, mecklembourgeois, illyriens, croates, espagnols, portugais, qui avaient fait partie des quatre premiers corps et qui ne formaient plus que quelques poignées d'hommes, furent renvoyés sur l'Elbe; et de là, les uns, c'est-à-dire les Allemands, qui furent mis à la disposition de leurs princes, retournèrent dans leur pays, et les autres rétrogradèrent, partie sur Erfurt, partie jusqu'au Rhin. Mais douze cents Badois, arrivant de leur pays, furent envoyés à Glogau pour y rester.

Composé exclusivement de Bavarois, le 6° corps avait sauvé de Russie deux mille hommes. Après avoir repassé le Niémen, il en avait trouvé quatre mille cinq cents de toutes armes arrivant de Bavière avec douze bouches à feu. Il avait fourni pour la garnison de Thorn trois mille cinq cents hommes. Il lui en restait donc trois mille. Déduction faite de quelques centaines d'officiers et d'hommes gradés superflus qui retournèrent en Bavière, cet effectif fut organisé en une petite division d'infanterie, deux batteries et un faible régiment de cavaliers qui passèrent sous les ordres du général-major Rechberg.

Le 8° corps, composé en entier de Westphaliens, avait, à très-peu près, disparu en Russie [1]. Mais en repassant la Vistule, le peu qui en restait avait été rejoint par un

---

[1]. Napoléon écrivait de Paris, le 23 décembre 1812, à Jérôme Bonaparte : « Il n'existe plus rien de l'armée westphalienne à la Grande Armée. »

régiment de marche de mille cinq cents hommes arrivant de Westphalie. Du tout, Eugène forma deux régiments ; puis il renvoya dans leur pays les quelques officiers et hommes de cadre qui se trouvaient superflus.

Il eut bientôt aussi sur Posen douze cents hommes d'élite napolitains que Murat avait fait sortir de Danzig et trois bataillons français forts ensemble de mille huit cents hommes, venus récemment de France et destinés, dans le principe, à renforcer le 1er corps. Ces Français, ces Napolitains, ces Westphaliens, il les réunit en une division qu'il confia à Gérard.

Nommé en Russie même général de division, Gérard s'était fait remarquer à côté de Ney, aux jours les plus désastreux de la retraite.

Avec un des régiments de la légion de la Vistule qui n'avait pas fait la campagne de Russie, avec les débris des autres régiments de cette légion et de quelques régiments, polonais aussi et également à la solde de la France, Eugène forma encore une division d'infanterie, de trois mille cinq cents hommes environ, et lui donna pour chef le général Girard, officier de grande énergie.

Enfin, quatre cents chevaux, restes de deux régiments lithuaniens, constituèrent une petite brigade sous le prince Gedroitze.

Des débris de la cavalerie de ligne française, de la cavalerie italienne et allemande, on ne put tirer un seul escadron monté. Réunis d'abord à Elbing, les cavaliers démontés avaient été, nous l'avons dit, acheminés directement de là, par l'ordre de Murat, partie sur Glogau, partie sur Magdeburg, partie encore sur Hanovre.

On renvoya aux dépôts, dans leur pays, les étrangers et on concentra les Français sur Hanovre et Brunswick. Ces derniers avaient été comptés, à peu près six mille, en repassant la Vistule; mais on espérait que ce nombre s'augmenterait notablement par le ralliement des traînards.

A Hanovre, à Brunswick, on allait travailler à de nouvelles organisations.

Les restes de l'artillerie de ligne à pied furent envoyés à Magdeburg, ceux de l'artillerie à cheval à Berlin. Le 31 janvier, Eugène écrivait : « Le chef d'état-major de l'artillerie, seul officier général de cette arme que j'aie près de moi, a expédié au bureau de la guerre la situation de 50 compagnies d'artillerie à pied qui ont fait la campagne; il en résulte qu'à peine on peut espérer de former les cadres de quinze à seize compagnies en officiers et de sept à huit en sous-officiers. » Les autres compagnies revenues de Russie n'offraient pas plus de ressources que celles-ci.

Le 9e corps, si, comme nous l'avons fait, on n'y compte pas la division Loison ou Marchand, avait eu, en Russie, trois divisions dont une française. Il avait perdu celle-ci tout entière à la Bérésina et n'avait ramené à Posen que quelques centaines d'Allemands de toutes armes et de trois ou quatre États de la Confédération du Rhin. Eugène les fit retourner dans leur pays.

Le 7e corps, commandé par Reynier, était toujours sous les ordres de Schwarzenberg et à côté du corps autrichien, dans le grand-duché de Varsovie. Le 5e, qui était polonais, s'efforçait de se reconstituer au moyen d'une levée de vingt-cinq mille hommes, décrétée depuis trois mois, mais non tout entière encore sous les drapeaux ; et à Poniatowski, qui cumulait le commandement de ce corps et les fonctions de ministre de la guerre du grand-duché, Eugène écrivait judicieusement, dès les premiers jours, de ne pas laisser ses dépôts disséminés, de concentrer le plus possible ses moyens en hommes et en matériel, afin de n'être pas surpris par quelque mouvement rétrograde de Schwarzenberg et du 7ᵉ corps.

Le général Bülow, qui, quelques jours auparavant, sur la Vistule, avait si peu obéi à Murat, avait gagné, de sa propre autorité, Neu-Stettin dans la Poméranie orientale et établi ses troupes en cantonnements étendus autour de ce point. Eugène ayant reçu du gouvernement prussien, comme Murat, l'assurance que ce général était placé sous son commandement, lui ordonna diverses dispositions et notamment de porter de la cavalerie sur la Netze à hauteur de Posen et de faire battre le pays au loin. Mais Bülow s'excusa de ne pouvoir obtempérer à cet ordre en alléguant que « ses troupes étaient loin d'être disponibles, qu'on ne pouvait compter sur elles avant cinq ou six semaines ; et qu'il n'avait avec lui que trois cents chevaux [1]. »

Accompli en une quinzaine de jours et en grande partie d'après les instructions incessamment expédiées de Paris par Napoléon, le travail d'organisation que nous venons de résumer, mit, à Spandau et dans les

[1]. Lettre d'Eugène à Napoléon, du 27 janvier. Eugène ajoutait : « J'ai envoyé la lettre (de Bülow) à M. de Saint-Marsan pour qu'il fasse sentir au gouvernement prussien combien avait été illusoire la mesure qu'il avait prise de mettre ses troupes à ma disposition, puisque ce corps n'avait ni artillerie, ni cavalerie, et était rempli de nouvelles levées non habillées. »

trois forteresses de l'Oder, une grande partie des garnisons nécessaires, et dans la main d'Eugène quatorze à quinze mille hommes d'infanterie, quinze ou dix-sept cents de cavalerie pourvus de vingt-huit bouches à feu et en état de tenir la campagne.

Numériquement, ce double résultat était peu considérable ; mais ce qui était d'un prix infini et obtenu en même temps, c'est que le chaos dans lequel étaient tombés les lamentables débris de l'armée était enfin débrouillé ; c'est que l'ordre commençait à se rétablir ; et que plusieurs milliers d'officiers et d'hommes de cadre, inutiles faute de soldats, indisciplinés à force de souffrances, étaient renvoyés au loin, en arrière, où ils étaient indispensables à la formation d'une nouvelle armée, où ils allaient servir, en effet, et, en servant, retrouver les vertus de leur état.

Eugène s'attacha à débarrasser son quartier général, les places fortes et les autres villes en arrière et Berlin, d'une foule de maréchaux, de généraux, d'officiers d'état-major et autres, de commissaires des guerres, d'employés d'administration blessés, malades, fatigués, démoralisés, et leur ordonna de se rendre en France pour y être à la disposition du ministre de la guerre. « Je ne puis exprimer, écrivait-il à ce propos à Napoléon, jusqu'à quel point a été porté le découragement de l'armée depuis Vilna. Très-peu d'officiers généraux sont restés à leur poste. Votre Majesté croirait-elle, par exemple, que le général X..., qui est cependant un brave officier, ne s'est pas cru en sûreté à Cüstrin et s'est retiré jusqu'à Berlin ? Il n'est pas encore venu me voir malgré trois ordres qu'il a reçus... J'ai bien l'intention, parce que j'en sens la nécessité, de faire quelques exemples sévères pour établir un peu d'ordre [1]. »

Ce général X... avait arrêté à Berlin sa course effrayée; mais d'autres officiers, en trop grand nombre, l'avaient poussée jusqu'en France et y avaient donné le spectacle de leur démoralisation.

Eugène maintint les Bavarois à une quinzaine de lieues de Posen sur Gnesen, où ils s'étaient rendus par l'ordre de Murat. Il établit Girard sur Rogasen, Gérard un peu en avant de Posen, Roguet dans cette ville même; et il porta la petite brigade de cavalerie lithuanienne de Gedroitze en arrière à gauche sur Ziske, afin de couvrir un peu ses communications avec Cüstrin et Francfort-sur-l'Oder. C'était utiliser, aussi bien que possible, ses faibles moyens.

Il ne retint d'autres maréchaux sous son commandement que Berthier, qui, bien que malade, lui était fort utile, Gouvion Saint-Cyr, qui, à peine rétabli de ses blessures, revenait au drapeau, et Davout et Victor, qui ne demandaient pas à le quitter. Il garda le premier comme major général, le second comme conseil et comme aide, et il chargea les deux autres de missions dans les forteresses en arrière, où ils étaient allés conduire les restes de leurs corps d'armée.

---

[1]. Lettre datée de Posen, le 2 février (*Mémoires et Correspondance du prince Eugène*, publiés par A. du Casse). M. du Casse a supprimé le nom du général dont parlait Eugène. Le même jour, Eugène disait dans une lettre adressée à sa femme : « Je suis obligé d'être bien sévère pour parvenir à rétablir un peu la discipline; tu ne saurais croire jusqu'à quel point elle est oubliée. »

L'approvisionnement de ces forteresses fut aussi un des sérieux objets de son attention. Napoléon le pressait de l'assurer; et, fait très-étrange de sa part, surtout à l'égard de la Prusse, il ordonnait de payer tout ce qu'on prendrait. L'étrangeté, il est vrai, dura fort peu.

Napoléon confirma Eugène dans le commandement de l'armée; et l'y confirma en s'efforçant de le grandir dans l'opinion publique et en ravalant Murat.

On lut dans le *Moniteur* : « Le roi de Naples, étant indisposé, a dû quitter le commandement de l'armée qu'il a remis entre les mains du vice-roi. Ce dernier a plus d'habitude d'une grande administration. Il a la confiance entière de l'Empereur. » Mais ces traits sanglants ne suffirent pas à la colère de Napoléon. Il écrivit à sa sœur Caroline : « Votre mari est un fort brave homme sur le champ de bataille; mais il est plus faible qu'une femme ou qu'un moine quand il ne voit pas l'ennemi. Il n'a aucun courage moral [1]. » Et, s'adressant à Murat lui-même, il le couvrit des mêmes outrages et se laissa emporter jusqu'à la menace de le destituer de sa royauté napolitaine comme un employé quelconque [2].

Certes, tout blâme sévère était juste ici; mais le plus blâmable, ce n'était pas Murat, mais bien Napoléon, qui, connaissant si bien son beau-frère, lui avait confié, par un misérable respect de l'étiquette monarchique, un

---

[1]. Lettre datée du 24 janvier.

[2]. « ... Vous êtes un bon soldat sur le champ de bataille; mais, hors de là, vous n'avez ni vigueur, ni caractère... Le titre de roi vous a tourné la tête; si vous désirez le conserver, conduisez-vous bien. » (Lettre datée du 26 janvier.)

commandement au-dessus de ses forces. Napoléon aurait dû le reconnaître et surtout penser que prodiguer à ce parvenu sans patriotisme l'injure et la menace, c'était risquer de le pousser dans les bras de l'ennemi qui saurait flatter l'amour-propre de l'homme et rassurer l'égoïsme du roi.

D'ailleurs, comment pouvait-il oublier à ce point que Murat et lui étaient liés par la communauté du crime et par des services réciproques? Si Murat était redevable d'un trône à Napoléon, Napoléon devait, en très-grande partie, à Murat le succès de l'attentat du 18 brumaire. Déconcerté, hésitant, il était près de sa perte, près du supplice mérité, quand ce soldat à l'âme prétorienne, se mettant à la tête de troupes trompées, abusées, viola le sanctuaire de la loi et en chassa les représentants du peuple, fidèles à la cause de la Révolution.

Dès les premiers instants de son séjour à Posen, Eugène avait reconnu qu'il ne pourrait pas y réunir plus d'une quinzaine de mille hommes en état de tenir la campagne. Il en avait averti Napoléon, et lui avait demandé l'autorisation de disposer des divisions Grenier et Lagrange, qui étaient sous les ordres du maréchal Augereau.

Venant d'Italie, d'où elle avait été tardivement appelée, la division Grenier s'était trouvée, comme nous l'avons dit antérieurement, vers la mi-décembre en Franconie, sur Bamberg. De là, après un repos d'une quinzaine de jours, elle s'était dirigée sur Berlin et y était arrivée à la mi-janvier. Forte de vingt mille hommes, dont un millier de cavaliers, et pourvue d'une nombreuse artillerie, elle était française pour les deux tiers, italienne pour le reste, et comptait plus de vieux soldats que de jeunes.

La division Lagrange était la seule qui fût restée à Augereau, de celles qui avaient composé le 11ᵉ corps chargé sous ses ordres, pendant la campagne de Russie, de maintenir Berlin et la Prusse dans l'obéissance : les autres avaient successivement rejoint la Grande Armée. Elle tenait garnison à Spandau, à Berlin et dans les trois places de l'Oder, et avait dix mille hommes avec deux batteries d'artillerie.

Le projet d'Eugène, si Napoléon accédait à sa demande, était d'envoyer sur Thorn Grenier et Lagrange, et de se porter lui-même avec toutes les troupes réunies sur Posen, en arrière de Schwarzenberg pour le soutenir. Le feld-maréchal autrichien annonçait, en effet, et cela était vrai, nous le verrons, que les Russes s'avançaient contre lui et menaçaient de le déborder par sa gauche. Cette idée d'Eugène était fort judicieuse; et Napoléon l'eut en même temps que lui, si bien qu'il lui écrivit de Fontainebleau de disposer des divisions Grenier et Lagrange, au moment où Eugène lui écrivait de Posen, demandant l'autorisation de les y appeler [1].

Tout en accordant cette autorisation, Napoléon faisait pourtant de la situation un tableau rassurant. Il disait que l'empereur d'Autriche rassemblait un nouveau corps d'armée sur sa frontière de Gallicie; que celui que le roi de Prusse réunissait en Poméranie sous les ordres de Bülow allait remplacer le contingent perdu par la défec-

---

[1]. Cette autorisation, datée du 24 janvier, arriva à Eugène le 30; celui-ci le dit dans une lettre à Napoléon, datée du 31.

tion d'York ; que le roi de Saxe portait six ou huit mille hommes sur Glogau ; qu'il y avait dans tout cela de quoi faire réfléchir les Russes ; et que, leurs armées devant masquer les places de la Vistule, ayant sur leur flanc gauche Schwarzenberg et Reynier, étant réduites à un faible effectif, étant fatiguées, épuisées, dans un *horrible état*, leur plus grand effort se bornerait nécessairement « à pousser sur Posen de la cavalerie légère ou une faible avant-garde [1]. »

Ainsi Napoléon ne reconnaissait pas que sa domination était ébranlée jusque dans ses fondements par le désastre de Russie, par l'acte patriotique d'York ; il comptait sur des alliés qui déjà, nous aurons bientôt à le dire, tenaient une conduite fort douteuse ; et, suivant une habitude invétérée de son esprit, il se représentait les armées ennemies non dans l'état où elles étaient, mais dans celui où il désirait qu'elles fussent. Il prenait et donnait ses propres imaginations pour des réalités.

Eugène ne perdit pas un instant pour faire usage de l'autorisation qui lui était accordée. Dès le 31 janvier, il expédia à Grenier l'ordre de se mettre en marche sur Posen et à Lagrange celui de réunir, pour suivre Grenier, sa division dispersée dans Berlin et les places fortes. Mais, sous le coup de bruits, de nouvelles, de rapports, d'événements qui vinrent l'assaillir, il ne tarda pas à revenir sur sa décision.

1. Voir notamment les lettres de Napoléon à Eugène du 24 et du 27 janvier.

CHAPITRE QUATRIÈME.

Instructions de Koutouzof à Tchitchagof. — Celui-ci est réduit de nouveau au commandement de l'armée du Danube. — Le général Lewis est chargé du blocus de Danzig. — Wittgenstein se porte en observation sur Dirschau. — Le corps de Cosaques de Platof est dissous. — Détachements de Czernichef, Benkendorf, Tettenborn. — Tchitchagof se porte sur Strasburg. — L'armée principale s'avance sur la moyenne Vistule. — Colonnes qui la forment. — Leur force. — Corps de Sacken. — Manœuvre combinée de l'armée principale et de ce corps contre Schwarzenberg. — Elle s'exécute d'accord avec celui-ci. — Convention stipulant un armistice et la retraite du corps autrichien sur la frontière gallicienne de l'Autriche. — Prétextes que donne Schwarzenberg à Eugène pour expliquer sa retraite. — Il évacue Varsovie. — Mouvement de Reynier et de Poniatowski. — Joie du corps autrichien. — Tchitchagof devant Thorn et à Bromberg. — Wittgenstein à Preussisch-Stargard. — Courses de Czernichef, Benkendorf et Tettenborn. — Czernichef paraît aux environs de Posen. — Eugène se décide à se retirer sur la rive gauche de l'Oder. — Dispositions qu'il prend. — Sa retraite. — Il arrive à Francfort-sur-l'Oder. — Il croit à un grand mouvement des Russes sur sa gauche. — Son erreur. — Trompé encore par les courses de Czernichef, Benkendorf et Tettenborn, il abandonne l'Oder et se porte sur Berlin. — Ses nouvelles dispositions. — Ses fautes. — Wittgenstein à Driesen. — Détachement qu'il fait, de là, pour appuyer ses Cosaques sur Berlin. — Wintzingerode marche sur Kalisch; il y surprend le corps de Reynier. — Reynier se retire, sans être poursuivi, par Glogau vers Bautzen. — Poniatowski renonce à le rejoindre et se porte vers le corps autrichien. — Marche de Miloradowitch, de Tormasof sur Kalisch. — Arrivée d'Alexandre dans cette ville. — Positions de Wintzingerode, Miloradowitch et Tormasof à la fin de février. — Résolution persévérante d'Alexandre.

Contrairement à ce que pensait et écrivait Napoléon, les armées russes n'étaient pas réduites à l'impuissance; elles avaient beaucoup souffert, leur effectif était terriblement diminué; mais, nourries, vêtues, ménagées, elles n'étaient pas tombées en dissolution; elles étaient restées en état d'agir; et elles avaient agi. Obéissant aux volontés d'Alexandre, aux ordres de Koutousof, qui en étaient l'expression obligée, elles s'étaient portées en avant, malgré la rigueur de l'hiver, et, sans avancer vite, elles avaient gagné bien du terrain pendant ce long mois de janvier, qui avait vu la retraite précipitée de Murat, de Königsberg à Posen, et l'organisation rapide faite par Eugène dans cette dernière ville.

A droite, nous l'avons dit, Wittgenstein, Platof et Tchitchagof, leur chef, parvenus simultanément sur Königsberg, Wehlau et Gumbinnen, s'étaient dirigés contre Macdonald, qui se repliait à la suite de Murat sur Elbing et la basse Vistule; mais ils ne lui avaient pas coupé la retraite : le maréchal français n'avait eu que quelques combats d'arrière-garde à soutenir contre Chepelef, détaché par Wittgenstein avec une force très-insuffisante, et contre Platof, qui ne commandait que des Cosaques; et encore ce dernier ne s'était-il montré en ligne que vers Dirschau et avait-il une partie de son corps détaché vers Graudenz.

A Dirschau, Platof avait pris le commandement comme supérieur en grade; puis, pressant de plus en plus Rapp, qui était venu succéder à Macdonald et s'efforçait de faire entrer des approvisionnements dans Danzig, il l'avait déjà replié le 16 janvier, presque sous le canon de cette forteresse. Cinq jours plus tard, et après quelques combats encore, il avait investi Danzig et aussitôt avait osé sommer Rapp de se rendre; mais il avait reçu une réponse qui annonçait que, pour y déterminer le général français, il en coûterait autre chose que des paroles.

Si, dans son mouvement à partir de Wehlau, Wittgenstein lui-même avait marché plus vite avec son armée, il aurait pu devancer Macdonald, sinon à Elbing, du moins à Marienburg ou à Dirschau ; et de concert avec son lieutenant Chepelef et avec Platof, lui rendre la retraite bien difficile, peut-être impossible ; mais soit que, froissé, comme on l'a assuré, d'avoir été mis sous les ordres de Tchitchagof, il eût senti momentanément faiblir son ardeur [1], soit qu'il eût craint d'imposer à ses troupes, déjà très-fatiguées, plusieurs marches forcées, il n'était encore, on l'a vu, qu'à Preussisch-Holland le 13 janvier, le jour où Macdonald dépassait déjà Dirschau. En huit jours il n'avait fait que trente-deux lieues. Il s'était même laissé devancer sur Elbing par Tchitchagof, qui, pourtant, n'était parti de Gumbinnen qu'au moment où lui-même quittait Wehlau. Mais Tchitchagof non plus n'était pas arrivé en temps opportun sur la ligne de retraite de Macdonald.

Ainsi déçu dans ses projets contre le maréchal français, dans son espoir de l'accabler sous son poids, il avait mis au repos son armée à Elbing, puis à Marienburg, avait prescrit à Wittgenstein de faire reposer aussi la sienne à Elbing et n'avait laissé en activité que les troupes qui se battaient contre Rapp et une colonne volante commandée par le général-major Woronzof. Il avait lancé celle-ci, depuis plusieurs jours, dans la direction de Graudenz. Elle s'était mise à la recherche des débris de la garde impériale et des autres corps alors en marche vers

---

[1]. *Der Feldzug von 1812 in Russland, von Clausewitz.*

Posen, et, dès le 18 janvier, elle paraissait à Bromberg.

Mais des instructions de Koutousof étaient venues promptement faire cesser le rassemblement désormais inutile formé sur Elbing et Marienburg et donner une nouvelle destination à Wittgenstein, à Platof et à Tchitchagof.

Le premier avait été rejoint, depuis le 5 janvier, par la division Lewis, qui était sortie de Riga pour poursuivre Macdonald en retraite, qui ne l'avait pas atteint et comptait encore un peu plus de cinq mille hommes. Il dut envoyer cette division et cinq ou six mille hommes encore rejoindre les troupes qui investissaient Danzig [1], charger du blocus de cette place le lieutenant général Lewis, et lui-même aller prendre provisoirement une position d'observation à Dirschau avec les onze ou douze mille hommes qui lui restèrent après qu'il eut fait ce nouveau détachement [2].

Le corps de Cosaques de Platof fut dissous. On en

---

[1]. Une situation donnée par Bogdanowitch, dans son *Histoire de la guerre de 1813*, porte le détachement de Lewis devant Danzig à onze mille huit cents hommes.

[2]. D'après une situation officielle détaillée donnée par Bogdanowitch, dans son *Histoire de la guerre de 1812*, les forces de Wittgenstein, avec les détachements faits sur Pillau, sur Königsberg, etc., et sur Danzig, y compris la division Lewis, s'élevaient à trente mille quatre cents hommes le 12 janvier 1813; et, d'après un rapport de Koutousof, du 19 décembre précédent, donné par le même historien, Wittgenstein avait, à cette dernière date, trente-quatre mille quatre cent quatre-vingt-trois hommes. Si on évalue à cinq mille hommes seulement (Bogdanowitch l'évalue plus haut), la division Lewis, qui vint renforcer l'armée de Wittgenstein dans les tout premiers jours de janvier, on voit donc qu'en vingt-cinq jours cette armée avait perdu par les combats, les fatigues, les maladies, ou laissé dans les hôpitaux plus de neuf mille hommes, c'est-à-dire plus du quart de son effectif.

maintint une partie devant Danzig, et, avec le reste, c'est-à-dire avec cinq mille hommes, on forma huit corps munis chacun de deux bouches à feu et de force à peu près égale, qui passèrent dans l'armée de Wittgenstein et eurent pour chefs les généraux-majors Czernichef, Benkendorf et le colonel allemand Tettenborn, connus déjà par de hardis coups de main, par des pointes audacieuses exécutées à la tête de ces enfants à demi sauvages de la Russie. En dernier lieu, Czernichef avait surpris dans Marienwerder et failli enlever Eugène et les débris du 4ᵉ corps d'armée. Il prit aussitôt sa course à travers la Prusse occidentale, et Benkendorf et Tettenborn l'y suivirent.

Enfin, Tchitchagof dut se rendre avec l'armée du Danube sur Strasburg, à une douzaine de lieues de Thorn, et il y arriva le 26 janvier. Il lui était prescrit d'y rester jusqu'à nouvel ordre, se tenant prêt à se porter, suivant les circonstances, au secours de Wittgenstein, qui cessa de lui être subordonné, ou de l'armée principale [1].

Cette armée s'était enfin mise en mouvement et avancée vers la Vistule.

Diminuée beaucoup par les maladies, par les réductions de cadres, mais, en compensation de ces pertes, ralliée par des traînards, des convalescents, rejointe par les deux divisions venant de la basse Bérésina, par quelques bataillons et escadrons de réserve, rapidement réorganisée sous l'action impatiente du czar, que la défection d'York était venue affermir dans ses vastes

---

[1]. Ordres de Koutousof du 15 et du 26 janvier. (*Mémoires de Tchitchagof*, — partie inédite.)

desseins, exciter, encourager, elle comptait cinquante mille hommes et était divisée en cinq colonnes.

La première, dénommée avant-garde, et forte de douze à treize mille hommes, était commandée par le général Wintzingerode, Allemand, patriote passionné, qui, l'année précédente, avait quitté l'armée autrichienne pour passer au service russe. Elle avait franchi le Niémen glacé entre Merecz et Grodno, et, passant par Kollno, elle était arrivée le 20 janvier à Chorzel, et y était encore le 25, attendant des ordres. Chorzel est à une vingtaine de lieues au nord de Pultusk, où Schwarzenberg avait toujours son quartier général, occupant, par les avant-postes du corps autrichien, sur sa gauche les environs de Prassnitz, sur son centre Ostrolenka, sur sa droite Ostrow et Brock, et se reliant sur ce dernier point à Reynier.

La seconde colonne, formée des réserves, c'est-à-dire du corps des grenadiers, de celui de la garde impériale, de deux divisions de cuirassiers et de plusieurs régiments de Cosaques, comptait dix-sept mille hommes et était sous les ordres du général Tormasof. Le czar marchait avec elle, tenant Koutousof sous sa main. Elle était partie des environs de Vilna le 8 et le 9 janvier, et suivant, par Merecz, Suwalky et Lyk, une route parallèle à celle de Wintzingerode, et, y touchant à peu près, elle était parvenue à Johannisburg le 23, et y était encore le 25. Cette dernière ville est à quatre marches en arrière de Chorzel.

A Lyk, à Johannisburg, on était en pays prussien. Alexandre y avait reçu l'accueil le plus propre à le maintenir, à le pousser sur le chemin conduisant au cœur de l'Allemagne. Ému, presque embarrassé, dans sa modestie ordinaire, des démonstrations enthousiastes dont il se voyait l'objet, il y avait répondu en répétant aux fonctionnaires, aux députations des villes, des villages, accourues pour le saluer, le haranguer, les assurances qu'ils avaient déjà lues dans la proclamation à laquelle Koutousof avait dû attacher son nom. Il n'avait aucun projet de conquête sur la Prusse, leur avait-il dit; loin de là, il venait à elle en libérateur, et comptait sur son aide, sur celle de son roi, sur l'appui des Allemands, pour affranchir l'Allemagne tout entière.

La troisième colonne obéissait à Miloradowitch, et n'avait que douze mille hommes. Elle avait passé le Niémen à Grodno; et, de là, avait marché parallèlement à la colonne de Wintzingerode, et un peu à sa gauche, mais non à sa hauteur. Elle s'était trouvée, le 15 janvier, à Goniondz, le 20 à Klein-Plozk, et le 25 à une marche en arrière de Prassnitz, à mi-distance à peu près de Chorzel et de Pultusk.

La quatrième colonne avait pour chef le général Dokhtourof et un effectif d'environ huit mille hommes. Elle s'était avancée formant échelon sur la précédente, à distance d'abord assez grande, ensuite assez rapprochée.

Enfin, la cinquième colonne n'était que de trois mille hommes, et était sous les ordres du général Ratt. Elle était entrée le 11 janvier à Bialystok, et, après y avoir fait un court séjour, en était sortie marchant dans la direction de Varsovie.

Elle était destinée à rallier à l'armée principale le corps de Sacken et à le soutenir au besoin.

Sacken, suivant les ordres qui, on l'a vu, lui avaient été expédiés de Vilna vers la mi-décembre, avait passé le Muchawitz et descendu le Bug, par la rive droite, jusqu'en face des cantonnements de Reynier. Dès le 10 janvier, il avait son quartier général à Chicanowitz, et observait le général français par des troupes légères. Il était fort d'environ douze mille hommes[1].

Pendant la marche en avant des quatre premières colonnes, il avait passé le Bug, et, s'avançant lentement, ayant çà et là quelques affaires d'avant-postes insignifiantes, il avait vu se replier devant lui le corps de Reynier, et, le 25 janvier, il était en face de ce dernier, qui

1. Il est assez difficile de connaître très-exactement l'effectif des divers corps russes à cette époque. Le général Bogdanowitch lui-même, qui a écrit « par ordre » et écrit sur pièces officielles, du moins en ce qui regarde l'armée russe, n'a pas trouvé des situations d'effectifs bien sûres. Après confrontation avec les documents qu'il a eus sous les yeux, il a reproduit, à peu près, les chiffres donnés par le lieutenant-colonel Plotho, dans son histoire si connue de la guerre de 1813 et de 1814 (*Der Krieg in Deutschland und Frankreich in den Jahren 1813 und 1814*). En général, nous avons fixé les nôtres d'après ces deux écrivains, tout en tenant compte parfois de diverses autres données. Par exemple, pour l'effectif de la colonne de Wintzingerode, Bogdanowitch hésite entre le chiffre de neuf mille six cents hommes, indiqué par Plotho, et celui de seize mille, que fournit une situation prise dans « *le journal des pièces expédiées;* » et nous avons adopté l'effectif de douze à treize mille hommes donné par le lieutenant général Hoffmann, dans son consciencieux ouvrage sur la guerre de 1813 (*Zur Geschichte des Feldzuges von 1813*). Chef d'état-major du prince Eugène de Wurtemberg, dont le corps formait toute l'infanterie de la colonne de Wintzingerode, le général, alors lieutenant-colonel Hoffman, a dû connaître, en effet, avec une exactitude suffisante, les forces de la colonne.

Au total, nos effectifs ne diffèrent de ceux de Bogdanowitch que pour la colonne de Wintzingerode. Il donne, comme nous, dix-sept mille hommes à Tormasof et aux corps de Miloradowitch, Dokhtourof, Ratt et Sacken, ensemble trente-cinq mille hommes.

avait ses grand'gardes sur Dobre, à trois marches seulement de Varsovie, et touchait par sa gauche aux Autrichiens vers Brok.

Dokhtourof, Ratt, Sacken, obéissaient momentanément à Miloradowitch.

Le but de toute la manœuvre que nous venons de dire et dont Schwarzenberg avait été à même de bien connaître le développement, était évident.

Les quatre premières colonnes de l'armée principale menaçaient de tourner, d'envelopper, par un simple changement de direction à gauche, l'aile gauche de Schwarzenberg, et le corps de Sacken, secondé par la cinquième colonne, semblait prêt à tourner de son côté la droite de Schwarzenberg, c'est-à-dire le corps de Reynier, si le feld-maréchal autrichien se portait contre la masse de l'armée principale.

En écrivant à Eugène, comme nous l'avons rapporté, qu'il se voyait sur le point d'être débordé par les Russes, Schwarzenberg avait donc énoncé un fait vrai. Mais il n'avait pas dit toute la vérité, et la vérité était qu'il avait laissé, qu'il laissait se développer à plaisir la manœuvre des Russes, au lieu de la troubler, de l'empêcher, ainsi qu'il l'aurait pu et le pouvait encore. Il lui restait, en effet, malgré les maladies et les désertions, vingt-quatre mille Autrichiens, douze mille Saxons et Français, et il était sûr qu'au premier avis, Poniatowski se joindrait à lui avec dix ou douze mille Polonais, tandis que l'armée principale et le corps de Sacken qui s'avançaient ne comptaient ensemble que soixante à soixante-deux mille hommes. Évidemment il avait des forces suffisantes pour se maintenir assez longtemps en avant de la Vistule, pour s'y maintenir jusqu'au moment où Eugène viendrait l'appuyer, où Grenier et Lagrange s'avanceraient, par Posen, vers la Vistule même.

Mais la vérité était encore que Schwarzenberg ne voulait plus se battre contre les Russes et arrangeait toutes choses en conséquence.

L'Autriche n'avait fait la guerre à la Russie que le moins possible, pour ainsi dire. C'était sous l'empire de la crainte que lui inspirait Napoléon, sous la pression des circonstances, qu'elle avait consenti à s'allier contre cette puissance avec le conquérant français. Aussi, à peine avait-elle eu signé le traité qui la liait à celui-ci, qu'elle avait promis au czar « de ne pas mouvoir contre la Russie la grande masse de ses forces et de ne faire agir que les trente mille hommes stipulés contre elle[1], » et elle avait si bien tenu cette promesse que le czar avait renoncé de son côté à une grande diversion projetée dans la vallée du Danube.

Elle avait ensuite suivi d'un œil anxieux les phases diverses de la guerre de Russie, souhaitant, sans oser l'espérer, l'insuccès des armes de celui qui l'avait tant humiliée et dépouillée, et sa joie avait été profonde quand elle avait appris qu'il avait rencontré non-seulement l'insuccès, mais le désastre. Elle avait pensé, dès lors, qu'elle pourrait en profiter pour se relever un peu, complétement peut-être, de ses défaites; et avant même de connaître le désastre dans toute son étendue, elle

1. Lettre d'Alexandre à Tchitchagof, Vilna, le 7/19 juin 1812. (*Mémoires de l'amiral Tchitchagof.*)

avait expédié à Schwarzenberg l'ordre de ménager, avant tout, son corps d'armée, et d'éviter de combattre les Russes, tout en sauvant le mieux possible les apparences.

Le premier résultat de cet ordre avait été l'armistice conclu dans les derniers jours de décembre par le feld-maréchal autrichien avec le général Vasiltchikof, cet armistice volant, « tacite et non écrit, » que Murat, on se le rappelle, avait approuvé d'avance.

Mais dès que le gouvernement autrichien avait su d'une manière certaine que l'armée de Napoléon était entièrement détruite, il avait résolu de faire un pas de plus, de retirer son contingent du théâtre de la guerre, de le rappeler sur la frontière de la Gallicie autrichienne, et en même temps il était entré en relations secrètes avec le czar, lui parlant d'alliance sans doute, et à coup sûr fort peu disposé à en conclure aucune en face d'un avenir trop obscur encore[1].

Cependant ce souverain n'avait pas attendu ces ouvertures timides, et, par suite, un peu suspectes, pour essayer de gagner Varsovie sans coup férir et de neutraliser, sinon d'attirer à lui le corps autrichien. Il avait envoyé à Schwarzenberg un de ses conseillers d'État, un émigré français, le baron d'Anstett, avec mission de lui persuader de suivre le patriotique exemple donné par York. Mais Schwarzenberg n'avait ni l'audace de caractère ni l'ardeur de haine du général prussien contre

---

[1]. Un mémoire, daté du 11 janvier 1813 et écrit par le général Toll, quartier-maître général d'Alexandre, commence par ces mots : « Si l'Autriche, par suite des négociations *déjà entamées*, conclut une alliance avec la Russie... » (*Denkwürdigkeiten aus dem Leben des Generals Toll.*)

Napoléon. Il avait répondu par un refus formel à la proposition qui lui avait été faite. Anstett avait alors cherché à obtenir de lui, et c'était aussi dans sa mission, un armistice écrit de trois mois ou de moindre durée, et stipulant seulement que le feld-maréchal autrichien se retirerait vers la frontière de son pays, à distance suffisante pour ne pas gêner les mouvements des Russes. Mais celui-ci n'avait rien voulu stipuler par écrit, et de plus avait demandé que tout armistice s'étendît au corps de Reynier, et sur ce point il avait été impossible de s'entendre, le czar ne voulant absolument pas, paraît-il, entrer en accommodement avec un général français. Après un dernier pourparler aux avant-postes autrichiens à Ostrow, le 6 janvier, on s'était donc séparé, s'en tenant à l'armistice volant, convenu antérieurement entre Vasiltchikof et Schwarzenberg, et dont le corps de Reynier avait profité, en fait, jusque-là, bien qu'il n'y fût pas compris.

Mais, ayant reçu tout aussitôt de Vienne l'ordre de se retirer du théâtre de la guerre en se rapprochant de la Gallicie autrichienne, et l'avis que l'empereur d'Autriche s'en remettait à lui, à sa prudence, à son habileté, du soin d'opérer cette délicate retraite sans exciter de trop vifs soupçons dans le camp français, Schwarzenberg était rentré bien vite en pourparlers avec le baron d'Anstett; et, après plusieurs entrevues, ayant renoncé à stipuler quoi que ce fût pour le corps de Reynier, ayant persisté d'ailleurs à ne rien écrire, à ne rien signer, sans doute pour être plus sûr du secret, il était convenu avec l'envoyé du czar, verbalement, mais expressément, que l'armistice existant serait prolongé pour un temps indéterminé, que le corps autrichien se retirerait directement vers la Gallicie autrichienne et irait occuper une zone du grand-duché de Varsovie, limitrophe de cette province, et à délimiter prochainement.

Cette retraite devait commencer avec l'approche des colonnes russes. C'était, en effet, leur venue qui devait la couvrir de l'apparence d'une nécessité militaire et dissimuler un peu les tendances de la politique qui la commandait.

Alors déjà ces colonnes étaient en marche.

Dès que les éclaireurs des premières avaient paru devant les extrêmes avant-postes autrichiens, vers Prassnitz, Schwarzenberg s'était hâté d'en informer Eugène, et c'était alors qu'il lui avait écrit, ce que nous avons rapporté, qu'il redoutait d'être débordé par sa gauche. Il avait ajouté presque aussitôt, dans de nouvelles dépêches, que le mouvement des Russes vers la Vistule était général et opéré avec des masses énormes; qu'ils allaient l'attaquer simultanément de front, de flanc et de revers; que sa position n'était pas tenable; qu'il venait, en conséquence, de faire partir le colonel de Latour pour Ostrolenka, *avec toute latitude pour parlementer,* « ne fût-ce, disait-il, que pour gagner du temps et pouvoir se retirer derrière la Vistule en ordre et sans trop fatiguer ses troupes; » et afin de mieux convaincre Eugène, il lui envoya un aide de camp, homme habile, insinuant, chargé de commenter ses dépêches, de justifier ses alarmes et d'avertir que plusieurs de ses avant-postes venaient d'être obligés de se retirer, étant inquiétés par une nombreuse cavalerie [1]. Mais cet aide de camp, il est inutile de le dire, devait se taire soigneusement sur les entrevues du feld-maréchal autrichien avec Anstett et sur ce qui y avait été convenu.

Tout cela était fort en désaccord avec les exhortations qu'Eugène, à l'exemple de Murat, avait adressées à Schwarzenberg, et avec les assurances qu'il lui avait données en prenant le commandement en chef : exhortations à tenir ferme en avant de Varsovie, assurances de l'impossibilité pour « les armées russes, de rien entreprendre, à cause de la saison avancée, à cause de l'imprudence qu'il y aurait pour elles à pénétrer au milieu des places fortes..... et parce qu'elles étaient harassées de fatigue [2]. »

Aussi sa surprise fut-elle grande aux avis alarmants venant du quartier général autrichien, et se hâta-t-il d'y expédier un officier de confiance, le commandant de Labédoyère, avec mission de chercher à connaître la situation réelle des choses.

Parti de Posen le 26 janvier, Labédoyère y fut de retour le 1er février. Il avait vu vite et bien, deviné ce qu'il n'avait pu voir, et prévu sur place ce qui allait se passer. « Le prince Schwarzenberg, dit-il à Eugène, paraît avoir l'ordre de ne compromettre en aucune manière ses troupes, et il s'y conforme soigneusement. Il est de connivence avec les Russes. Ses avant-postes boivent continuellement avec eux; ses officiers affectent de dire que le corps autrichien ne peut tenir à lui seul

---

[1]. Lettre d'Eugène à Napoléon, 25 janvier.
[2]. Lettre d'Eugène à Napoléon, Posen, 18 janvier, etc.

contre toute l'armée russe, et que, puisqu'il n'existe plus de Grande Armée, il n'a rien de mieux à faire que de se retirer. Il ne brûlera pas une amorce, et ne songe qu'à gagner au plus vite la Gallicie[1]. »

Labédoyère avait laissé le corps autrichien partie à quelques lieues en avant de Varsovie, partie dans Varsovie même. Ce corps avait rétrogradé jusque-là sans tirer un seul coup de fusil. Reynier était à sa droite, tant en avant de Varsovie qu'en deçà de cette ville. Dans son mouvement de retraite depuis Wengrow, son arrière-garde avait eu, à diverses reprises, avec les troupes légères de Sacken, des rencontres qu'à la vérité on ne pouvait qualifier de combats, mais qui suffisaient déjà pour montrer que les Russes agissaient autrement avec les Saxons et les Français qu'avec les Autrichiens; et immédiatement après le départ de Labédoyère, Schwarzenberg n'ayant eu, pour faire cesser toutes ces tirailleries, qu'à couvrir de quelques escadrons autrichiens le corps de Reynier, la démonstration fut péremptoire.

Eugène eut bientôt, d'ailleurs, la confirmation officielle du rapport de Labédoyère.

Se conformant à un ordre réitéré de Napoléon, il avait prescrit à Schwarzenberg, le 30 janvier, pour le cas où il ne pourrait absolument pas se maintenir en avant de Varsovie, de se replier avec Reynier sur Kalisch et Posen, et il l'avait prévenu qu'il expédiait à Poniatowski des instructions analogues. Le 3 février, il lui répéta cet ordre en le priant, le suppliant de s'y confor-

1. Lettre d'Eugène à Napoléon, Posen, 1er février. — Rapport du commandant Labédoyère à Eugène.

mer, lui annonçant la prochaine arrivée sur Posen des divisions Grenier et Lagrange, lui promettant de l'appuyer avec quarante mille hommes vers Kalisch. Ordres, prières, instances, furent éludés, repoussés par le feld-maréchal autrichien. Il répondit nettement à Eugène qu'il allait ramener ses Autrichiens vers la Gallicie.

Il n'aurait pu prendre une direction plus nuisible aux armes françaises.

Pour expliquer sa résolution et s'en excuser, il écrivit qu'il ne pouvait s'éloigner de la route de Cracovie, où se trouvaient son artillerie de réserve, ses effets d'habillement, ses renforts, la ligne d'évacuation de ses hôpitaux[1], et il ajoutait que c'était vouloir s'épuiser inutilement que de tenter de disputer des pays ouverts à un ennemi supérieur en nombre; qu'il valait mieux s'appliquer à se réorganiser; que, pour sa part, c'était ce qu'il allait faire; et que, le printemps venu, on regagnerait facilement tout le pays où les armées russes seraient venues se répandre et se consumer loin de leurs ressources[2]. Mais ces allégations étranges, puériles, ne faisaient que mettre mieux encore en lumière le manque de franchise de celui qui les produisait.

Ayant ensuite signifié à Eugène sa résolution d'abandonner l'armée française, Schwarzenberg ne s'occupa plus que de s'éloigner le plus vite possible du théâtre de la guerre.

Le 24 janvier, il avait eu encore une entrevue avec Anstett à Wyzkof, sur le Bug, à sept ou huit lieues de

1. Lettre d'Eugène à Napoléon, Posen, le 6 février.
2. Lettre de Schwarzenberg à Eugène, Varsovie, 5 février.

Pultusk. Là on était convenu que l'armistice resterait non défini dans sa durée; qu'il devrait être dénoncé quinze jours au moins avant toute reprise d'hostilités; que Varsovie serait évacuée assez tôt pour que les Russes pussent y entrer le 6 ou le 7 février; que, de Varsovie, le corps autrichien se rendrait, en huit jours, derrière la Pilicza, sur Petrikau et Novomjasto; qu'il y séjournerait six jours, et, de là, se porterait sur la Kamienna, y arriverait le 27 février et prendrait des cantonnements en arrière de ce cours d'eau, de Kunow à Malagocz. On était convenu en outre de la manière dont Schwarzenberg évacuerait successivement le pays jusqu'aux abords de Varsovie, et de celle dont avanceraient les diverses colonnes russes à mesure que s'opérerait sa marche rétrograde. Schwarzenberg voulait toujours donner à sa retraite l'apparence d'un mouvement commandé par la supériorité numérique des Russes et le danger d'être tourné; et tout avait été réglé en conséquence.

Ce programme des mouvements à faire de part et d'autre une fois arrêté, on s'était mis, sans délai, à l'exécuter; et c'était en l'exécutant que, le jour même où Labédoyère prenait congé de lui pour retourner à Posen, Schwarzenberg avait déjà reculé jusqu'aux abords de Varsovie et y avait ramené Reynier, qui obéissait toujours à ses ordres, ignorait l'armistice et d'ailleurs aurait, en tout cas, été entraîné dans le mouvement des Autrichiens auxquels il appuyait son flanc gauche.

A Varsovie, Reynier, Poniatowski et le ministre de France, Bignon, insistèrent auprès de Schwarzenberg pour que cette ville fût défendue; mais ce fut en vain. Quand on a pris un parti tel que celui qu'avait pris le feld-maréchal autrichien, et d'après les instructions de son gouvernement, on n'y revient pas sans y être forcé par un motif grave, impérieux. Ce motif aurait pu être l'arrivée subite d'Eugène au quartier général autrichien. Venant commander sur place, Eugène aurait sans doute été obéi, en dépit des ordres du cabinet de Vienne et des engagements contractés par Schwarzenberg avec les Russes. Mais, soit manque d'intelligence de la situation, soit plutôt manque de caractère, il était resté, il restait à Posen, où Gouvion Saint-Cyr l'aurait remplacé avec tout avantage.

Quoi qu'il en soit, Schwarzenberg porta, le 1er février, le corps de Reynier à Blonie, à une marche en arrière de Varsovie sur la grande route de Kalisch, et il prévint officiellement le gouvernement du Grand-Duché et Poniatowski qu'il allait les abandonner à eux-mêmes.

Pendant que cela se passait, les colonnes russes n'avaient cessé d'avancer conformément au programme dressé; et elles continuèrent.

Le 5 février, Sacken, Dokhtourof, Miloradowitch, touchèrent aux portes de Praga, le fauboug de Varsovie sur la rive droite de la Vistule; et le czar entra à Plozk avec la colonne de Tormasof, ayant à quelques lieues sur sa droite celle de Wintzingerode, qui avait passé la Vistule sur la glace trois jours auparavant : ces deux colonnes semblaient prêtes à remonter ce fleuve par la rive gauche pour se jeter sur les derrières de

Schwarzenberg, s'il ne prolongeait pas promptement sa retraite.

Il la prolongea sans tarder.

Le 6 février au soir, il retira de Varsovie son extrême arrière-garde, et il porta son quartier général à une marche en arrière de cette ville sur la route de la Gallicie.

Poniatowski était parti depuis trois jours avec ses Polonais au nombre de dix ou douze mille, et avait pris comme Reynier la route de Kalisch. De concert avec celui-ci, il avait laissé dans la place de Modlin, qui était assez bien approvisionnée, mais très-mal pourvue d'abris, quatre mille Polonais, six cents Français et six cents Saxons, plus de cinq mille hommes, qu'il eût été plus sage d'emmener avec soi. A Varsovie même, on abandonnait à la générosité des Russes les blessés et les malades non transportables. Le nombre en était grand : quinze cents Saxons, mille Français, mille Autrichiens, beaucoup de Polonais; et pourtant, dans les derniers jours, on avait évacué des hôpitaux un grand nombre de malades et de blessés du corps de Reynier et de ceux de Schwarzenberg et de Poniatowski.

Le jour même où le dernier soldat autrichien quittait Varsovie, Reynier marchant sur plusieurs colonnes, arrivait avec son quartier général à Brzezyn ; et Poniatowski, qui, jusqu'alors, semblait bien décidé à se rendre comme lui sur Kalisch, établissait le sien à Rawa, sur la route conduisant à cette ville par Petrikau [1].

---

[1]. « J'ai l'honneur de rendre compte à Votre Majesté que le prince Poniatowski m'annonce que... toutes les troupes polonaises vont se diriger

Le gouvernement fugitif du Grand-Duché se trouvait au milieu du corps polonais. Malgré tous ses efforts, en dépit de ses bruyants appels aux armes, d'une proclamation emphatique du roi grand-duc, et même d'un décret ordonnant la levée en masse, il n'était pas parvenu à soulever un seul village contre les Russes; et le temps autant que l'argent lui avait manqué pour reconstituer le corps de Poniatowski, pour mettre sur pied plus de quelques centaines de Cosaques polonais, tandis qu'il avait voulu en lever dix mille. Ruiné par le blocus continental, le peuple était las de despotisme, d'impôts, de réquisitions, de conscriptions, déconcerté par les équivoques de la conduite de Napoléon à l'égard de la Pologne, par le désastre de Russie; la noblesse était en général moins mécontente, moins découragée, mais déjà elle se divisait, et plusieurs, dans ses rangs, des membres mêmes du gouvernement, étaient disposés à demander à Alexandre, à espérer de lui le rétablissement de la nationalité polonaise, toujours ajourné, éludé par Napoléon.

Derrière Poniatowski marchaient les Autrichiens. Dans leurs rangs la joie était grande de se rapprocher de la patrie. Généraux, officiers, soldats s'éloignaient avec bonheur des drapeaux de Napoléon; tous, avec la précipitation naturelle aux désirs violents, voulaient voir dans la retraite qu'ils opéraient le gage assuré d'un changement radical et déjà accompli de la politique de leur

sur Petrikau, d'où elles viendront à Kalisch pour se concentrer avec les Autrichiens, s'ils exécutent mes ordres, ou avec le général Reynier, si les Autrichiens nous abandonnent... » (Lettre d'Eugène à Napoléon, 5 février.

souverain; tous aspiraient à venger les vieilles injures.

« Je vous permets, disait à l'Anglais Robert Wilson un aide de camp autrichien resté comme malade à Varsovie, je vous permets de m'infliger le dernier outrage[1], si jamais vous me voyez tirer encore l'épée contre les Russes, et vous pouvez être assuré que, dans le corps autrichien, il n'est personne qui ne pense comme moi[2]. »

Dans une heure d'abaissement, l'empereur François avait livré sa fille à Napoléon; dans un moment de crainte, il avait contracté avec lui une alliance armée; mais ce double pacte n'avait fait que redoubler la haine des populations autrichiennes contre le conquérant français, et elles le reprochaient amèrement à leur faible empereur.

En entrant dans Varsovie, Miloradowitch, se conformant en cela aux instructions de Koutousof, chargea Dokhtourof d'observer la place de Modlin, prescrivit à Sacken d'envoyer un peu de cavalerie légère à la suite des Autrichiens, et d'occuper Varsovie et les environs; à Ratt d'aller bloquer Zamosc, où le gouvernement polonais avait fait la faute de conserver une garnison; et lui-même se tint prêt à marcher en avant avec sa propre colonne.

En effet, après la convention avec Schwarzenberg, qui n'était guère qu'une défection autorisée et lui don-

---

[1]. Nous adoucissons le texte anglais qui est fort brutal : *Spit in the face.*

[2]. *Private diary of travels, personals services, and public events, during mission and employment with the European armies in the campaigns of 1812, 1813, 1814, etc., by general sir Robert Wilson.* — London, 1861.

nait sur son centre et sur sa gauche la moyenne et la haute Vistule jusque vers Cracovie, le czar était encore plus décidé à ne pas s'arrêter qu'après la défection spontanée de York, qui lui avait livré, sur sa droite, tout le pays jusqu'à la basse Vistule. Les événements portaient sa politique comme le fleuve le navire.

Déjà, par ses ordres, Wintzingerode se dirigeait sur Konin, qui est sur la Wartha à cinq ou six marches à l'est de Posen, la colonne de Tormasof se disposait à quitter Plozk pour le suivre, et Tchitchagof et Wittgenstein avaient fait un mouvement en avant correspondant à ceux qui allaient s'opérer ainsi.

Après un repos de plusieurs jours à Strasburg, Tchitchagof avait marché, le 30 janvier, vers Thorn, avait fait devant cette place le simulacre des préparatifs d'un assaut, l'avait sommée vainement de se rendre, avait laissé devant ses murs six mille hommes pour la bloquer jusqu'à ce que la saison et l'arrivée de l'artillerie indispensable permissent d'en faire le siége; et, ayant passé la Vistule sur la glace, il était allé s'établir à Bromberg avec le reste de ses forces, diminué de deux mille chevaux immédiatement détachés sous les ordres du lieutenant général Tchaplitz vers Gnesen, où était toujours postée la petite division bavaroise de Rechberg.

A Bromberg, Tchitchagof avait trouvé une petite partie du corps volant de Woronsof, qu'il avait détaché, depuis plus de trois semaines, on se le rappelle. Woronsof avait saisi dans le canal de Bromberg plusieurs bateaux pris dans la glace et chargés d'une quantité considérable d'effets d'habillement et d'équipement. Il avait laissé quelques centaines d'hommes à la garde de ce butin et venait de se diriger vers Posen.

Wittgenstein n'avait fait que s'avancer de Dirschau à Preussich-Stargard, se mettant ainsi à peu près à la hauteur de Bromberg. Mais ses Cosaques étaient bien en avant de lui. Conduits par Czernichef, Benkendorf, Tettenborn, acclamés, fêtés par les populations prussiennes, ils avaient traversé les cantonnements du corps que formait le général Bülow autour de Neu-Stettin ; ils y avaient reçu le plus cordial accueil[1] ; et, toujours actifs, infatigables, ils avaient déjà paru, le 31 janvier, à Filehne, le 3 février à Landsberg, sur la Wartha ; et le 5 ils avaient attaqué près de Soldin les débris du 1er corps d'armée qui se rendaient à Stettin. Battant le pays dans tous les sens, ils touchaient d'un côté, avec Benkendorf et Tettenborn, à l'Oder, et, de l'autre, avec Czernichef, aux environs de Posen.

L'abandon de Varsovie et surtout la retraite excentrique de Schwarzenberg avaient déjà ému beaucoup Eugène. L'apparition des escadrons de Tchapliz, de la colonne volante de Woronsof, se donnant la main vers Posen, augmentèrent son émotion, et elle devint extrême quand il apprit que le corps de Wintzingerode approchait de Konin. Il s'imagina qu'il allait être immédiatement attaqué par des forces considérables ; et, après quel-

[1]. Le capitaine comte Mussin-Puschkin, envoyé par Czernichef auprès de Bülow pour s'assurer de ses sentiments à l'égard des Russes, rapporte que le général prussien lui avait dit : « Non-seulement je ne serai pas un obstacle pour vous, mais encore j'expédierai un officier au roi pour lui demander l'autorisation de faire cause commune avec les Russes. » (*Geschichte des Krieges im Jahre 1813*, etc., *von Bogdanowitch*.)

ques affaires d'avant-postes insignifiantes, il se décida à se replier sur l'Oder, à en faire sa ligne de défense.

En conséquence, il écrivit à Grenier, qui était en route pour le rejoindre et arrivait à ce fleuve, de s'y arrêter; à Lagrange de porter sa division sur Berlin; à Poniatowski et à Reynier de poursuivre leur marche sur Kalisch, et de se diriger de là, non plus sur Posen, mais sur Glogau [1]. Il aurait été mieux avisé de laisser ses renforts arriver jusqu'à lui et, en attendant, de manœuvrer avec les quinze ou seize mille hommes qu'il avait sous la main, pour recueillir Poniatowski et Reynier. Sa précipitation à quitter Posen est peu excusable.

Certes, cette position n'était pas bonne depuis que Schwarzenberg avait disparu de Pultusk et de Varsovie. Mais elle était importante à conserver; car, de là, on couvrait Dresde et Berlin, on imposait au pays allemand, et on protégeait les levées d'hommes et de chevaux dans une grande partie de la Posnanie; il aurait donc fallu ne battre en retraite que devant un grand déploiement de forces, une nécessité prouvée et non sur des bruits vagues et l'apparition de quelques troupes légères de l'armée ennemie.

Eugène expédia aussi à Bülow l'avis de sa retraite, y ajoutant l'ordre de se replier sur Stettin; mais, cette fois, il en reçut une réponse qui montrait qu'il n'y avait décidément à compter ni sur son concours, ni même sur son obéissance [2].

Il quitta Posen dans la nuit du 11 au 12 février, y

1. Lettre d'Eugène à Napoléon, Posen, 9 février.
2. Lettre d'Eugène à Napoléon, 15 février.

laissant un millier de malades non transportables; Rechberg, revenant de Gnesen, y arriva le jour suivant et en sortit le 13. Depuis quelques jours, ce général avait sans cesse été attaqué à ses avant-postes par les cavaliers de Tchaplitz; et il en avait encore quelques-uns sur ses pas, à sa sortie de Posen.

Il lui était prescrit de se rendre directement à Crossen et de s'y établir, gardant le pont sur l'Oder. Il y arriva le 16 février après avoir cheminé bien gratuitement à marches forcées. Il laissait, lui aussi, beaucoup de malades en arrière et n'avait plus que deux mille quatre cents hommes sous les armes [1].

Eugène, avec tout le reste de ses forces, suivait la grande route qui conduit de Posen à Berlin par Francfort-sur-l'Oder. Czernichef voltigeait sur ses flancs et ses derrières. Dans la nuit du 12 au 13 février, il surprit à Zirke les deux faibles régiments de cavalerie lithuaniens du prince Gedroitze et en prit la moitié. Ce fut le seul incident notable de cette retraite.

La température s'était adoucie, le dégel était général.

Le 18 février, Eugène arriva à Francfort. Pendant la route, il s'était laissé aller à croire, sur des rapports bien faux ou bien mal interprétés, que les Russes exécutaient un grand mouvement sur sa gauche [2]; et cette illusion l'inquiétait déjà beaucoup, quand des nouvelles vinrent l'assaillir qui achevèrent de le troubler. Il apprit que des Cosaques avaient franchi audacieusement l'Oder, sur la glace, à Zellin, le 17 février, la veille même de la

---

1. *Kriegsgeschichte von Bayern unter König Maximilian Joseph I.*
2. Lettre d'Eugène à Napoléon, datée de Bythin, le 12 février.

débâcle de ce fleuve, et qu'ils avaient attaqué et enlevé, tout près de là, à Wriezen, un bataillon westphalien arrivant de Westphalie et se rendant à Stettin. On lui assura qu'une colonne d'infanterie russe venait de passer à Königsberg, et qu'à Schwedt, le pont sur l'Oder, gardé par un détachement de la garnison de Stettin, avait été forcé. Enfin, il sut que le coup de main des Cosaques sur Wriezen avait causé une grande émotion à Berlin; et il reçut une lettre du maréchal Augereau qui le prévenait, de Berlin même, que des Cosaques avaient paru non loin de cette capitale.

Il n'y avait de vrai, en tout cela, que la venue de quelques Cosaques à quelques lieues de Berlin et la prise du bataillon westphalien à Wriezen, bataillon qui, sous l'excitation des gens du pays, de l'exemple d'York, du patriotisme germanique, n'avait pas voulu se battre contre les Russes libérateurs de l'Allemagne. Mais Eugène n'en vit pas moins dans les rapports qui lui parvenaient de nouveaux et sûrs indices d'un grand mouvement des Russes sur son flanc gauche[1].

Quant à la force même de l'ennemi, cause de tant d'alarmes, elle se réduisait aux Cosaques de Czernichef, de Benkendorf, de Tettenborn, rejoints tout récemment par quelques faibles escadrons de hussards et de dragons et ne formant pas avec ceux-ci plus de cinq mille cinq cents hommes[2]. Le premier venait de passer l'Oder

---

[1]. Lettre d'Eugène à Napoléon. Francfort-sur-l'Oder, 19 février.

[2]. Czernichef avait deux mille hommes, Benkendorf en avait autant; Tettenborn n'en avait que quinze cents. (Rapport du quartier-maître général Diebitsch, du 11 février, cité par Bogdanowitch.)

à Zellin, le second près de Francfort, le dernier un peu au-dessus de Schwedt. Il battait le pays par détachements et n'était pas soutenu, car Woronsof était resté à la garde de Posen peu disposé pourtant à s'insurger ; Tchaplitz avait rallié l'armée du Danube ; cette armée elle-même était toujours à Bromberg et devant Thorn, et celle de Wittgenstein dans la Prusse occidentale.

Eugène s'était fait précéder sur l'Oder par le maréchal Gouvion Saint-Cyr, et il l'avait nommé commandant d'un corps d'armée formé de la division Lagrange et de la division Grenier, de laquelle il avait fait, d'après les instructions de Napoléon, deux divisions, l'une sous les ordres de Grenier lui-même, l'autre sous ceux de Charpentier. Au moment de son arrivée à Francfort, Grenier et Charpentier étaient sur ce point même et sur Cüstrin, et la division Lagrange dans Berlin et auprès, à l'exception de deux bataillons mal à propos retenus à Stettin.

Croyant, et croyant sans motifs fondés, on le voit, à un grand mouvement des Russes sur sa gauche et estimant, par suite, que Berlin était immédiatement menacé de ce côté, Eugène se hâta de prendre des mesures pour couvrir cette ville. Il prescrivit à Gouvion Saint-Cyr de faire descendre le long de l'Oder, de Cüstrin à Wriezen et Freinwald, la division Charpentier, et de porter, en arrière d'elle, de Francfort sur Wernenchen et Strausberg, la division Grenier.

Mais bientôt ces dispositions mêmes lui parurent insuffisantes pour atteindre son but ; et, envoyant la division Girard sur Cüstrin, laissant celle de Gérard à Francfort, il partit de cette dernière ville avec la division

Roguet et la cavalerie de la garde pour se rapprocher de Berlin.

Il en était à deux marches, quand un rapport d'Augereau vint lui apprendre que, le 20 février au point du jour, le colonel Tettenborn, à la tête de ses Cosaques, avait pénétré dans Berlin en évitant Lagrange, qui en occupait les abords. En peu de temps, cet audacieux coureur avait été repoussé par la garnison, car la population, contre son attente, ne l'avait pas soutenu : les femmes seules lui avaient fait accueil en agitant leurs mouchoirs aux fenêtres [1], mais l'alarme n'en était pas moins grande au quartier général d'Augereau. Ce maréchal demandait instamment à Eugène des renforts et surtout de la cavalerie. Il n'avait, en effet, que deux escadrons de dragons du grand-duché de Würzburg.

Sur ce rapport, sans plus attendre, Eugène gagna Berlin, dans la journée du 22 février, avec la cavalerie de la garde, c'est-à-dire avec un millier de chevaux ; et des reconnaissances poussées de là, aussitôt, suffirent pour rejeter assez loin Tettenborn et Czernichef, qui était venu l'appuyer. Mais, pendant qu'ils se retiraient au nord de Berlin, le général Benkendorf attaquait à Münchenberg, et enlevait, détruisait, à une poignée d'hommes près, le 4ᵉ régiment de chasseurs italiens composant, à lui seul, toute la cavalerie amenée d'Italie [2] ; et à peine était-

---

[1]. Lettre de Tettenborn à Stein, dans *Das Leben des Ministres Freiherrn von Stein, von Pertz.*

[2]. Lettre d'Eugène à Napoléon, 24 février. — « Il n'est revenu (du 4ᵉ chasseurs italien) que le colonel, dix officiers et trente-trois soldats. » (Lettre d'Eugène à Napoléon, 8 mars.)

on instruit à Berlin de cet accident si fâcheux à cause de notre pénurie de cavalerie, qu'on y recevait l'avis que la ville de Fürstenwalde et son pont sur la Sprée venaient d'être livrés, sans coup férir, au même général Benkendorf, par les vélites piémontais sous les ordres du commandant Cicéron.

Ces mésaventures décidèrent Eugène à se concentrer davantage. Il laissa la division Lagrange sur Berlin ; il réunit Grenier, Charpentier et Roguet un peu en avant de cette ville, sur Kopenick, occupant principalement, chose étrange, la rive gauche de la Sprée ; il expédia à Girard l'ordre de venir le rejoindre, en laissant à Cüstrin, pour en compléter la garnison, les deux régiments westphaliens dont il l'avait renforcé récemment en les retirant à Gérard ; il écrivit à ce dernier d'évacuer Francfort après en avoir brûlé le pont, et de se replier jusqu'à Müllrose, sur le canal qui relie la Sprée à l'Oder ; enfin, il prescrivit à Rechberg de quitter Crossen avec ses Bavarois, après y avoir aussi détruit le pont sur l'Oder, de rétrograder sur Guben et d'y attendre les instructions de Reynier, sous les ordres duquel il le mettait et qui, en ce moment, rentrait en Saxe. Il aurait fait mieux d'attirer à lui Rechberg et Reynier.

Il renonçait donc complétement à faire de l'Oder sa ligne de défense. Il y renonçait lorsque cette rivière était libre de glace, lorsqu'il en possédait les trois places fortes et en tenait tous les ponts sous la main ; il y renonçait déconcerté par les courses bruyantes de quelques milliers de Cosaques..

A la rigueur, on le comprend, si l'on ne peut l'excuser,

quand il se retire précipitamment de Posen jusqu'à l'Oder, n'étant encore poussé par aucune force ennemie et n'attendant, ne ralliant pas Reynier et Poniatowski ; on le comprend, car la Wartha n'était pas une bonne ligne de défense ; mais quand, de l'Oder, il prolonge cette retraite jusqu'aux abords de Berlin, et pour y venir prendre une position insignifiante, il devient inintelligible.

Sans doute, l'attitude de la population prussienne, certaines mesures que venait de décréter le roi de Prusse, et que nous aurons bientôt à dire, ne furent pas étrangères à la précipitation que mit Eugène à rétrograder. Sa correspondance avec Napoléon en témoigne, il redoutait un soulèvement du peuple. Mais ces craintes, si légitimes qu'elles fussent, ne le justifient pas, car il aurait été plus fort sur l'Oder, à Cüstrin, que sur la Sprée, à Kopenick ; et puis, à moins de rétrograder jusqu'au Rhin, il n'avait pas à espérer de trouver nulle part des populations moins hostiles qu'en Prusse. Partout, en effet, dans les pays germaniques, l'acte audacieux d'York, la nouvelle de l'occupation de Varsovie, du passage de la Vistule par les armées russes, et d'autres événements qui seront l'objet prochain de notre récit, échauffaient les cœurs, exaltaient les esprits contre la domination tyrannique de Napoléon.

Établi sur Cüstrin, en avant de Cüstrin, avec la masse de ses forces, Eugène, les événements le prouvèrent, aurait pu se maintenir longtemps sur l'Oder inférieur, y attendre même les premiers renforts que devait lui envoyer Napoléon. Mais il ne sut tirer aucun parti de cette forteresse. Napoléon le lui reprocha durement et justement. « Elle n'a pas plus servi à vos opérations que si elle n'eût pas existé, » lui écrivit-il [1]. Et, revenant sur ce sujet, il ajouta « qu'un général expérimenté n'aurait pas agi ainsi [2]. »

Cette faute de n'avoir pas gardé l'Oder, Eugène l'aggrava tout aussitôt. Le 27 février, il abandonna Kopenick et alla se poster sur Schönberg, un peu en arrière de Berlin, n'ayant plus qu'une avant-garde dans cette ville. Pour nous servir encore des expressions de Napoléon à ce propos, rien n'était moins militaire que ce nouveau mouvement rétrograde et cette nouvelle position. Après avoir renoncé à l'Oder, Eugène aurait dû s'établir en avant de Berlin : non pas toutefois à Kopenick, position insignifiante, nous le répétons, mais plus loin et occuper un camp où il aurait pu attendre l'arrivée des nouvelles légions formées par Napoléon, un camp « où il n'aurait pu être attaqué que par de grandes dispositions qu'il aurait forcé l'ennemi de prendre [3]. »

Or, ces grandes dispositions, les armées russes ne les prenaient pas.

Réduit à onze ou douze mille hommes, comme nous l'avons dit, et ayant réglé ses mouvements sur les ordres successifs de Koutousof, Wittgenstein était resté immobile à Preussisch-Stargard, jusqu'au 14 février, s'était mis en mouvement ce jour-là même, pour s'approcher de l'Oder, avait passé par Konitz, par Filehne, en cheminant avec

---

[1]. Lettre de Napoléon à Eugène, du 5 mars.
[2]. Lettre de Napoléon à Eugène, du 9 mars.
[3]. Lettre de Napoléon à Eugène, du 19 mars.

lenteur, avait atteint Driesen le 27 février, et n'avait pas encore l'ordre de se porter plus loin. Il avait pris pourtant sur lui de lancer en avant le général Repnin avec quatre mille hommes, pour la plus grande partie, de cavalerie, afin d'appuyer Czernichef, Benkendorf et Tettenborn.

A Driesen, Wittgenstein était encore à vingt-cinq lieues de l'Oder, à plus de cinquante lieues de Berlin. A cause de la distance, il n'était donc pas bien menaçant pour Eugène; et, à cause de sa faiblesse numérique, il ne l'était pas du tout.

L'armée du Danube, où Barclay de Tolly, relevé d'une disgrâce imméritée, venait de remplacer Tchitchagof démissionnaire, était toujours devant Thorn, qu'elle devait assiéger, et sur Bromberg, et elle occupait encore Posen par la colonne volante de Woronzof. Elle, non plus, n'était donc pas menaçante pour Eugène.

Les autres fractions des armées russes ne l'étaient pas beaucoup plus, on va le voir.

Débarrassé de toute inquiétude sur sa gauche par la convention faite avec les Autrichiens, par leur retraite, par celle de Reynier et de Poniatowski, le czar avait dirigé sur Kalisch, d'abord Wintzingerode, puis, peu après, Miloradowitch, et lui-même avait pris la direction de cette ville.

Il y était attiré moins par un calcul militaire que par des motifs politiques que nous exposerons bientôt; cependant, la concentration de ces trois colonnes sur ce point devait évidemment décider Eugène à abandonner Posen, s'il n'était pas soutenu.

Mais, ayant appris en route que Reynier et Poniatowski, au lieu de se retirer directement sur Posen, allaient passer par Kalisch, Wintzingerode avait forcé sa marche, voulant inquiéter leur retraite et espérant même leur couper la voie.

Il avait passé la Wartha à Konin, ce qui, on l'a vu, avait donné à croire à Eugène que des masses russes allaient fondre sur Posen ; et, de Konin, il avait poussé droit sur Kalisch.

Reynier y était arrivé le 13 février ; mais Poniatowski, profondément découragé[1], abandonnant à regret son pays, voulant donner le temps à ses détachements de recrues de le rejoindre, avait cheminé si lentement qu'il se trouvait alors à cinq ou six marches du général français.

Réduit à ses propres forces, ce dernier avait les Saxons, qui n'étaient plus que six mille dans le rang[2], la division française de Durutte, qui était descendue même au-dessous de cet effectif[3], et trois mille Polonais, cavaliers et fantassins, conscrits pour la plupart, rencontrés en route, trouvés à Kalisch même et mal organisés, plus mal équipés encore.

---

1. « Le prince Poniatowski était parti de Petrikau pour Kalisch. Il était dans le plus grand découragement. » (Lettre d'Eugène à Napoléon, 15 février.)

2. *Die Feldzüge der Sachsen*, etc.

3. Cette division, formée en trois brigades, comptait dix-neuf bataillons, dont seize étaient tirés des régiments disciplinaires de Belle-Isle, de l'île de Rhé, etc., et dont trois appartenaient au grand-duché de Würzburg. Une situation d'effectif, datée du 2 novembre 1812, la porte à treize mille cinq cent quatre-vingt-douze hommes.

Depuis quatre ou cinq jours, sa colonne de gauche était inquiétée par des Cosaques et même par de la cavalerie régulière, il aurait donc dû se précautionner contre une surprise. Cependant, il avait fait prendre à ses troupes des quartiers éloignés les uns des autres.

Sa négligence lui avait coûté cher.

Le jour même de son arrivée à Kalisch, comme son corps d'armée achevait de s'établir dans ces quartiers imprudemment choisis, la cavalerie de Wintzingerode, lancée à toute bride, y avait pénétré à l'improviste et porté, en un instant, une grande confusion. Elle était forte de six mille chevaux; elle était conduite avec vigueur par le général Lanskoy; elle avait enlevé aux Saxons un général, six bouches à feu, deux drapeaux, leur avait blessé, tué, pris deux mille hommes et en avait rejeté loin de Kalisch quinze cents à qui il n'était resté, ainsi qu'à un des bataillons de Durutte, d'autre moyen de salut que de chercher à se rallier à Poniatowski.

Pendant cette rude exécution, Wintzingerode avait poussé son infanterie, dès qu'elle avait paru, contre Kalisch même. C'était six mille baïonnettes. Le prince Eugène de Wurtemberg les commandait.

Après avoir quelques instants canonné la ville avec deux batteries, il avait attaqué avec beaucoup d'ardeur; mais son attaque avait échoué devant la résistance énergique de Durutte et des Saxons revenus sur Kalisch, et il s'était retiré, à la nuit noire, ayant perdu quatre ou cinq cents hommes. Lanskoy avait dû en perdre autant.

A minuit, Reynier avait évacué Kalisch, et, marchant

avec une rapidité peu nécessaire et fort pénible pour ses troupes, laissant même en arrière une partie de ses bagages enfoncés dans la boue, et bien des traînards, il était arrivé le 18 février sur Glogau, sans avoir été inquiété par Wintzingerode. Il n'y avait trouvé aucune trace de ce corps qui, suivant une lettre de Napoléon à Eugène, vieille d'un mois déjà, s'y réunissait par l'ordre du roi de Saxe; et, après un repos de quatre jours, obéissant aux ordres d'Eugène, il avait poursuivi tranquillement sa retraite, était parvenu à Bautzen, le 1er mars, s'était établi en cantonnements sur ce point, et avait prescrit à Rechberg, qui passait sous son commandement, de se retirer de Guben sur Kalau, le mettant ainsi à peu près à sa hauteur et à celle d'Eugène.

En battant Reynier à Kalisch, Wintzingerode avait atteint un autre résultat que de lui infliger une perte fort sensible en hommes : il l'avait complétement séparé de Poniatowski. A la première nouvelle de cette mésaventure de Kalisch, le général polonais s'était, en effet, regardé comme dispensé de faire aucune tentative pour rejoindre Reynier, pour gagner Glogau. Il s'était porté sur Czentoschau, avait recueilli tout auprès les deux mille Saxons et Français coupés du corps de Reynier; et, laissant, bien à tort, dans cette mauvaise petite place une garnison de douze cents Polonais, il s'était rendu, en même temps que les Autrichiens, vers Cracovie, dans la zone neutralisée par leur armistice avec les Russes. Retraite excentrique qui allait paralyser là un corps de douze mille hommes qui auraient été si utiles ailleurs!

CHAPITRE QUATRIÈME.

Cependant, Wintzingerode, après son succès, n'avait pas, nous venons de le dire, inquiété la retraite de Reynier. Il s'était reposé plusieurs jours à Kalisch; puis, obéissant aux instructions de Koutousof, il s'était acheminé lentement vers la frontière de Silésie, et, le 27 février, y avait pris des cantonnements autour de Rawitsch, à trois marches de Glogau, envoyant des coureurs au delà de l'Oder.

Dans cette position, il était, certes, assez loin d'Eugène pour ne pouvoir lui donner la moindre inquiétude.

Miloradowitch était dans le même cas. Parti de Varsovie le 12 février, il était venu, à la fin de ce mois, se mettre également en cantonnements sur la frontière de Silésie, près et à droite de Wintzingerode, aux environs de Gostyn.

Enfin, entraînant avec lui Koutousof, toujours disposé à s'arrêter, le czar, après une marche coupée de longs et fréquents repos, était arrivé de Plozk à Kalisch, le 24 février, avec la colonne de Tormasof, et l'avait fait entrer en quartiers de rafraîchissements entre cette ville, Rawitsch et Gostyn.

En se portant ainsi sur la frontière silésienne de la Prusse, le czar avait dû laisser Dokhtourof bloquant Modlin et surveillant Varsovie avec onze mille hommes, dont trois mille pris à Sacken; il avait envoyé Ratt, renforcé de trois mille hommes de milice, bloquer Zamosc, et il avait prescrit à Sacken de partir de Varsovie avec neuf mille hommes, le 9 mars, pour aller observer les Autrichiens et Poniatowski aux abords de la zone neutralisée.

En résumé, déduction faite de ces trois derniers corps indispensables dans le grand-duché de Varsovie et des forces nécessairement immobilisées devant Danzig et Thorn, il restait donc au czar, pour marcher à l'Oder, pour le franchir, d'une part Wintzingerode, Miloradowitch et Tormasof, c'est-à-dire quarante mille hommes au plus, dont quatre mille Cosaques, et de l'autre Wittgenstein avec douze mille hommes, précédés au loin par les Cosaques de Czernichef, de Tettenborn et de Benkendorf, forts de cinq mille.

C'était en tout cinquante-sept mille hommes, en comptant ces Cosaques et ceux des autres corps, et quarante-sept mille seulement en ne les comptant pas, et ces quarante-sept mille hommes étaient répartis en deux groupes qui laissaient entre eux une distance de cinquante lieues, et dont l'un était à cinquante lieues, et l'autre à quatre-vingts et plus de Berlin.

Nous y insistons : il n'y avait dans tout cela rien de dangereux, rien de menaçant pour Eugène, qui, avec les divisions Grenier, Charpentier, Lagrange et ce qu'il avait ramené de Posen, avait de trente-cinq à quarante mille hommes sous la main, et qui pouvait, de plus, se faire rejoindre par Rechberg, par Reynier et par le général Morand, stationné, avec environ trois mille hommes, dans la Poméranie suédoise; et c'est là ce qui rend injustifiable l'abandon qu'il fit de la ligne de l'Oder, sa retraite sur Berlin, en arrière même de Berlin; et cette retraite, il allait la prolonger encore !

C'était un grand succès pour le czar que cette marche, qui, en deux mois, avait fait tomber entre ses mains le grand-duché de Varsovie, et avait porté le drapeau russe du Niémen à l'Oder. Mais, persistant dans ses grands desseins, il était loin d'estimer ce résultat suffisant pour la gloire de ses armes, pour son ambition, pour la sécurité de son empire, c'est-à-dire pour les peuples qu'il voulait sincèrement alors, dans cette belle et si courte période de sa vie, rendre indépendants et libres. Il était résolu à avancer encore, à avancer toujours vers son but, en dépit des avis obstinés de Koutousof.

Continuant de tout juger du point de vue étroit du métier et d'une politique mesquine, le vieux maréchal, de plus en plus fatigué, altéré de repos, disait, redisait sans cesse qu'on avait tort de ne pas se contenter du pays conquis jusque-là; qu'il était imprudent de s'éloigner ainsi de sa base d'opérations, de ses renforts, de ses ressources, de s'en éloigner avec si peu de monde, en laissant derrière soi la Pologne mal soumise, en ayant sur son flanc l'Autriche pour le moins incertaine, et pas un allié, pas un appui sûr, tandis que déjà on entendait le pas des nouvelles légions qui venaient de France pour renforcer Eugène. Mais ces discours ne persuadaient pas plus Alexandre alors qu'auparavant, et une fois encore l'événement venait donner raison au czar contre l'entêtement égoïste de son lieutenant. Un peuple, un roi, se soulevaient et venaient à son aide. York avait donné l'exemple; la Prusse le suivait.

CHAPITRE CINQUIÈME.

Le major Henkel, envoyé au roi de Prusse par York, arrive à Potsdam. — Surprise, irritation, inquiétudes du roi. — Le 4 janvier 1813, la nouvelle officielle de la défection d'York parvient à Berlin. — Destitution d'York. — Mission du prince de Hatzfeld près de Napoléon. — Arrivée du major Thile, envoyé au roi par York immédiatement après la convention de Tauroggen. — Ses rapports. — Mission ostensible près d'York et mission secrète près du czar de l'aide de camp Natzmer. — Jeu double de Frédéric-Guillaume envers Napoléon et le czar. — Natzmer ne peut pénétrer jusqu'au camp d'York, il se dirige vers celui d'Alexandre. — État des esprits dans la Prusse au delà de la Vistule. — York se rend à Kœnigsberg. — Il y confère avec Wittgenstein. — Il prend le commandement de la province de Prusse. — Bülow ne veut pas se joindre à York. — Lettre de celui-ci à Bülow. — York veut se borner à augmenter l'effectif de son corps d'armée, éviter un soulèvement populaire. — Inertie calculée des fonctionnaires. — Mécontentement public. — York doute du succès de son entreprise. — Le baron de Stein arrive à Kœnigsberg. — Son caractère. — Son action politique jusque-là. — Ses pleins pouvoirs comme commissaire du czar. — Il fait convoquer les États de la province de Prusse. — Mesures qu'il prend. — Le gouverneur Auerswald lui refuse son concours. — Différends entre York et Stein. — Leur rupture. — Leur réconciliation. — Stein quitte Kœnigsberg. — Le 5 février, les états se réunissent à Kœnigsberg. — Leur ordonnance pour la formation de la landwehr et du landsturm dans la province. — Ils se séparent le 9 février. — La place de Pillau se rend aux Russes. — État des esprits dans les autres provinces de la monarchie. — Hardenberg. — Son caractère. — Partis qui s'agitent autour du roi de Prusse. — Pressé par l'opinion publique, le roi ordonne, dans la Marche et la Poméranie, le rappel des soldats de réserve, des soldats en congé, des levées de recrues et des réquisitions de chevaux. — Retour de Natzmer à Potsdam. — Le roi transporte sa résidence à Breslau. — Son indécision, ses perplexités. — Il se laisse persuader de mettre la Prusse sur le plus grand pied de guerre possible. — Le général Scharnhorst est chargé d'organiser cet armement. — Édit du 3 février 1813. — Édit du 9 février. — Opposition de M. de Saint-Marsan, ambassadeur de Napoléon, à l'armement de la Prusse. — Duplicité continue du roi. — Elle trompe encore Saint-Marsan. — Mission du colonel de Knesebeck près du czar. — Il ne parvient pas à s'entendre avec lui. — L'indécision du roi ne cesse pas. — Intervention de Stein. — Le czar l'envoie en plénipotentiaire à Breslau. — Il décide le roi à

CHAPITRE CINQUIÈME. 139

s'allier au czar. — Circonstances qui favorisent l'action de Stein. — Traité de Kalisch. — Détails sur l'armement de la Prusse. — Sacrifices empressés faits par les citoyens. — Dons volontaires. — Appel du roi au peuple prussien. — Édits royaux sur la landwehr et le landsturm. — Proclamations des généraux russes et prussiens. — Enthousiasme extraordinaire. — Action de la presse. — Pamphlets, chants. — Associations de femmes. — Forces de la Prusse au commencement d'avril. — Esprit de l'armée prussienne.

Après son premier pourparler avec Diebitsch, York, on l'a vu[1], avait voulu préparer le roi de Prusse à la nouvelle de l'acte audacieux auquel il était dès lors à peu près résolu. Il lui avait écrit qu'il était coupé de Macdonald, qu'il ne croyait pas pouvoir le rejoindre; et que, s'il se heurtait à un corps russe, il serait forcé de songer, avant tout, à conserver ses troupes[2]. De la part d'un soldat du caractère d'York, une telle déclaration était déjà bien significative; mais, afin d'en fixer mieux la portée, il avait confié à la mémoire du messager de sa lettre, le major Henkel, aide de camp du roi, les traits les plus importants de son entrevue avec Diebitsch, la dernière et si grave communication de Paulucci, enfin le projet même de convention qu'il roulait dans son esprit et qui était presque une résolution prise[3].

Le 2 janvier, Henkel arrivait à Potsdam et remplissait sa mission.

Lui-même l'a raconté[4], elle causa à son souverain

1. Chapitre II.
2. *Ibidem*.
3. « Le comte Henkel, aide de camp du roi..... étant arrivé ici avant-hier, a *seulement* rapporté que le général d'York croyait pouvoir se trouver dans le cas de ne pas percer et de capituler. » (Lettre de M. de Saint-Marsan à Berthier, Berlin, 4 janvier.)
4. *Erinnerungen aus meinem Leben, von Grafen Henkel von Donnersmark, k. p. Generallieutenant.*

une extrême surprise; et son récit montre assez que cette surprise fut très-pénible. Mais la vérité tout entière est qu'il s'y joignit une profonde irritation. Jamais Frédéric-Guillaume ne rendit à York la confiante faveur qu'il lui avait accordée jusqu'alors.

Il avait eu une secrète satisfaction à le savoir engagé dans des relations cachées avec les généraux russes.

C'était là, en effet, un moyen d'information précieux pour lui et périlleux uniquement pour York, qu'il se réservait, sans aucun doute, de désavouer, de frapper même, si ces relations étaient révélées à Napoléon, et si les circonstances l'exigeaient. Mais il n'avait pas cru, un seul instant, que, sans une autorisation formelle, York irait jusqu'à cette défection que Henkel venait annoncer comme imminente, presque comme un fait accompli. En d'autres termes, il avait été content d'avoir une porte ouverte sur le camp russe; et n'avait pas soupçonné un instant que le plus soumis peut-être de ses sujets, le plus respectueux pour le pouvoir royal, oserait y passer, de son chef, et y mener ses soldats. Maintenant, il était trop tard pour l'en empêcher, et Frédéric-Guillaume redoutait qu'York n'eût creusé un abîme où irait s'engloutir la monarchie. En Prusse, en effet, rien n'était préparé pour un changement de politique, d'alliance; et la puissance de Napoléon paraissait encore formidable. Il pouvait croire ou feindre de croire que le roi avait commandé la défection d'York et en prendre occasion de frapper d'un dernier coup les Hohenzollern et leur reste de royaume.

Frédéric-Guillaume recommanda à Henkel le silence,

et concerta avec le baron de Hardenberg, son premier ministre, aussi surpris, aussi effrayé que lui, la conduite à tenir quand arriverait la terrible nouvelle.

Elle tarda peu.

Le 4 janvier, elle parvint à Berlin. Un officier l'apportait, que Macdonald avait expédié, de Tilsit à Murat, et celui-ci de Königsberg à M. de Saint-Marsan, ambassadeur de Napoléon à la cour de Prusse.

Elle est communiquée à Hardenberg, au roi. Le ministre, aussitôt, rapporte au représentant de Napoléon que la conduite d'York étonne le roi et l'indigne.

Sans perte de temps, Saint-Marsan propose, Hardenberg accueille, le roi ordonne les mesures les plus rigoureuses contre le général infidèle.

York est destitué du commandement du contingent prussien. Le général Kleist, son subordonné, est nommé lieutenant général et le remplacera. Il le fera arrêter et conduire à Berlin pour y être traduit devant un conseil de guerre, et, si cette arrestation ne peut avoir lieu, York sera jugé par contumace.

Cet ordre souverain sera publié dans les journaux de Prusse et mis à l'ordre du jour de l'armée prussienne. Un aide de camp du roi, le major de Natzmer, ira, sans retard, le porter à sa destination, et passera par Königsberg afin d'y prendre les instructions de Murat pour Kleist.

Dans une des haltes de sa fuite à travers la Pologne et l'Allemagne, Napoléon a écrit au roi lui demandant de porter à trente mille hommes le contingent prussien [1].

---

1. Voir chapitre I.

Le roi s'est mis en devoir de satisfaire à cette demande.

Dès le 16 décembre, il a prescrit au général-major Bülow de réunir, sur la rive droite de la Vistule, un corps de réserve. Ce corps est déjà en formation. Il est mis à la disposition de Murat[1].

A ces témoignages de fidélité à l'alliance avec Napoléon, le roi ajoute une mission du prince de Hatzfeld à Paris. Hatzfeld est un de ces rares Prussiens qui, soit faiblesse d'esprit, soit manque de cœur, ne voient de salut pour leur pays que dans la continuité de son abaissement. A ce titre, il devra être bienvenu de Napoléon.

Il sera chargé de lui affirmer l'indignation de Frédéric-Guillaume contre York, et s'efforcera de détruire toute défiance à l'égard de la Prusse. Il rapportera au vainqueur d'Iéna les paroles mêmes du roi, et le roi a dit : « .....Je suis l'allié naturel de la France. En changeant de système, je ne ferais qu'empirer ma situation et donner à l'Empereur le droit de me traiter en ennemi... Pour des sacrifices pécuniaires, je ne puis plus en faire ; mais, s'il me donne de l'argent, je puis encore lever et armer cinquante à soixante mille hommes pour son service[2]..... »

Enfin, répondant à une idée récemment conçue par Napoléon, insinuée par Saint-Marsan à Hardenberg et transmise par celui-ci au roi, Frédéric-Guillaume se

---

1. Lettre datée d'Elbing, le 8 janvier et adressée, au nom de Murat, à Bülow par le général Monthion, chef de l'état-major du major général Berthier.

2. Lettre de Saint-Marsan à Maret, Berlin, 12 janvier 1813.

CHAPITRE CINQUIÈME.

montre disposé à unir l'héritier de sa couronne à une fille des Bonaparte, si de cette union il doit résulter « des avantages considérables et de nature à placer la monarchie prussienne dans un rang plus élevé que celui où elle se trouve [1]. »

Saint-Marsan demeure convaincu de la franchise du roi et de son ministre; ses rapports en témoignent hautement [2]. Le maréchal Augereau, commandant des troupes françaises en Prusse, partage cette conviction. « Il a la plus grande confiance, écrit-il, dans le dévouement que porte le roi à Napoléon [3]. »

Cependant le prince de Hatzfeld, l'aide de camp Natzmer, n'ont pas encore quitté Potsdam que le major Thile s'y présente. Il est parti de Tauroggen immédiatement après la signature de la convention d'York avec Diebitsch. Il remet au roi le texte même de ce terrible accord et la lettre où le général prussien expose à son souverain les prétextes militaires et les motifs politiques de sa conduite [4].

Thile a vu le frénétique enthousiasme des soldats et des officiers à l'annonce de la convention. Il a passé par le quartier général de Wittgenstein ; il y a reçu le plus cordial accueil, et il en rapporte l'assurance renouvelée que le czar a les meilleures dispositions à l'égard de la

---

[1]. Lettre de Saint-Marsan à Maret, Berlin, 12 janvier 1813. Napoléon avait sans doute en vue la fille aînée de son frère Joseph qui allait avoir douze ans. C'était en effet la plus âgée des filles de la famille Bonaparte.

[2]. Lettres du 4 et du 5 janvier adressées au major général Berthier.

[3]. Lettre datée de Berlin, le 12 janvier 1813, et adressée au major général Berthier.

[4]. Voir chapitre II, page 56.

Prusse et de son roi, et l'avis que les armées russes sont encore très-nombreuses, très-fortes, et vont arriver, sans tarder, sur la Vistule. Il a passé aussi par la ville de Gumbinnen, et le gouverneur de la Lithuanie prussienne lui a dit l'exaltation patriotique du peuple. Enfin, il a traversé le pays par où se sont écoulés les débris de l'armée française, et partout il y a trouvé la conviction qu'ils sont si faibles, si misérables qu'il n'y a plus à en tenir compte.

Interrogé avec une anxieuse ardeur, il raconte ce qu'il a ainsi vu et entendu. Il est homme de sens et d'expérience; ses récits font sur le roi et sur Hardenberg une impression fort vive, et d'autant plus forte qu'ils confirment des nouvelles, des rapports qui sont déjà parvenus à Potsdam.

Une voie semble s'ouvrir où Frédéric-Guillaume pourra échapper aux étreintes de Napoléon, où il sera suivi avec passion par la nation prussienne tout entière. Il se hasarde à y faire un pas.

Hatzfeld ira porter aux Tuileries les royales protestations d'amitié et de dévouement, ainsi que cela a été convenu avec Saint-Marsan. Natzmer partira aussi; mais, à côté de sa mission ostensible près de Murat et au quartier général d'York, il en reçoit une autre qui lui est recommandée, et qui se recommande assez d'elle-même « comme un secret d'État. » Quand il aura traversé les avant-postes français, il ira jusqu'au quartier général prussien si les Russes, ce qui n'est pas probable, le lui permettent, et il y signifiera les décisions du roi ; mais il se rendra aussi, ce que les Russes n'empêcheront certainement pas, près de l'empereur Alexandre, et il lui dira que la proposition d'alliance faite par l'intermédiaire de Paulucci et d'York, Frédéric-Guillaume est disposé à l'accepter si la Russie veut s'engager à poursuivre la guerre avec toutes ses forces et s'avancer sans retard vers la Vistule et l'Oder.

L'alliance de la Prusse et de la Russie est le vœu de tous les patriotes prussiens. C'est avec l'aide du czar que leur patrie, ils en sont convaincus, doit reconquérir son indépendance et sa puissance. Aussi, plutôt que de la combattre l'année précédente, une foule d'officiers sont sortis des rangs de l'armée, et, parmi eux, les plus ardents sont même allés se ranger sous les drapeaux russes.

L'alliance russe, Frédéric-Guillaume la désire comme ses sujets. Tout l'y pousse : sympathie pour Alexandre, malgré l'amer souvenir de Tilsit, haine contre Napoléon, ambition de se relever de la défaite, crainte d'exaspérer la nation prussienne par le maintien du pacte qui la lie au conquérant français.

Mais si, après les dépêches d'York, après les rapports de Henkel et de Thile, Frédéric-Guillaume ne peut douter de l'accueil que le czar fera à Natzmer et à son message, il n'a pas la certitude — et comment l'avoir ? — que ce souverain sera un allié assez puissant et assez persévérant. Les armées russes sont-elles réellement en état de pousser rapidement et sans délai jusqu'à la Vistule, jusqu'à l'Oder ? Ne peuvent-elles pas être devancées, au moins sur ce dernier fleuve, par des forces françaises considérables, supérieures même ? Le czar ne se lassera-t-il pas de la lutte, n'en sera-t-il pas même bientôt effrayé et n'y renoncera-t-il pas précipitamment comme il y renonça il n'y a pas six ans encore, abandonnant son allié à la vengeance de Napoléon, et s'enrichissant même de ses dépouilles[1]? La Prusse même peut-elle avoir une confiance absolue dans les dispositions qu'il montre à restaurer sa puissance? Et en voulant s'appuyer sur lui pour secouer le joug de Napoléon, ne s'exposera-t-elle pas à passer sous celui de la Russie?

Que de doutes! Et de la solution de chacune de ces questions dépendra l'existence même de la Prusse!

L'alliance tant souhaitée par les Prussiens et par leur roi est donc bien loin encore d'être scellée; et il n'est pas sûr qu'elle le soit jamais.

D'ailleurs, au moment même d'être conclue, elle pourrait bien trouver un obstacle insurmontable dans le caractère de Frédéric-Guillaume. Esprit timoré, toujours disposé à reculer devant une résolution définitive et violente, devant un suprême effort, il ne considère pas sans crainte la perspective d'une lutte contre Napoléon; et Hardenberg, son premier ministre, est non moins indécis et plus timoré que lui encore. Aussi est-ce presque une certitude si, au premier jour, Napoléon avait la vulgaire habileté de cesser d'opprimer la Prusse, s'il promettait de réparer, ne fût-ce qu'en partie, les maux qu'il lui a faits, s'il lui donnait des gages de bon vouloir assez évidents, sinon pour désarmer, au moins pour diminuer l'irritation populaire, Frédéric-Guillaume

[1]. A la paix de Tilsit, Alexandre reçut tout le district de Byalistok enlevé à la Prusse, comptant plus de deux cent mille âmes et de cent milles carrés allemands.

ne s'arrêterait pas un instant de plus à l'idée d'une rupture avec la France, estimant préférable, moins hasardeux d'attendre de la continuité de son alliance avec elle une restauration partielle de son royaume, que d'en chercher une plus ou moins complète avec l'aide de la Russie [1].

Quelles que soient ses sympathies pour l'un, ses haines contre l'autre, il va donc jouer bien réellement un jeu double avec le czar et avec Napoléon.

Ce jeu est plein de périls, surtout du côté de celui-ci.

Réduite à quarante-deux mille hommes par une convention humiliante, conséquence du traité de Tilsit, à la moitié de ce nombre par la défection d'York, et répartie en outre entre la Silésie, Graudenz, Colberg et Potsdam, en vertu même du traité d'alliance, l'armée prussienne n'a plus, pour ainsi dire, qu'une existence nominale. Les trois places de l'Oder, Berlin et Spandau, qui en est comme la citadelle, sont occupées par des garnisons françaises; Grenier approche de la Sprée avec vingt mille hommes. Le roi est à Potsdam, entouré seulement de deux ou trois mille soldats de sa garde; il est à la merci du plus facile coup de main. Au premier soupçon, Napoléon peut le faire enlever, lui et les siens, et se porter contre eux, contre la Prusse même, aux dernières extrémités.

[1]. Peu de jours avant la défection d'York, Hardenberg disait à Saint-Marsan, qui le rapporte dans une de ses dépêches à Maret : « Dans le cas où l'empereur Napoléon reconnaîtrait l'impossibilité de reconstruire en État indépendant l'ancienne Pologne, il pourrait peut-être concevoir le dessein de faire le roi de Prusse roi de Pologne. Les côtes et les territoires de la Prusse et de la Pologne présenteraient ainsi une masse compacte qui deviendrait une barrière formidable contre les envahissements de la puissance russe... »

Le 5 janvier, l'aide de camp Natzmer partit. Le 9, il trouva à Elbing Murat, qui le reçut avec empressement. Le lendemain, il traversa les avant-postes de Macdonald et se présenta en parlementaire à ceux des Russes, d'où il fut conduit au quartier général de Wittgenstein, à Heilsberg. Là, il se vit refuser le passage pour se rendre dans les cantonnements du contingent prussien; mais il n'eut qu'un mot à dire pour continuer sa route vers le czar. Accompagné d'un officier russe, il monta en traîneau et courut à la rencontre de ce souverain, qui s'approchait alors du Niémen [1].

Pendant qu'à Potsdam on s'engageait, la perplexité au cœur, dans la politique double qui pouvait aboutir soit au maintien, soit à la rupture de l'alliance avec Napoléon, et, par suite, à la condamnation définitive ou à l'approbation définitive de la convention de Tauroggen, la voix publique applaudissait à cet acte comme au signe du salut.

L'enthousiasme allait croissant à mesure que Murat et Macdonald prolongeaient leur retraite et que s'avançaient les Russes.

Au delà de la Vistule s'étend la Prusse orientale; des provinces de la monarchie prussienne, c'était celle-ci qui nourrissait contre Napoléon la haine la plus implacable. Aucune n'avait été, comme elle, foulée, accablée par la guerre; et, après la guerre, par les contributions, les réquisitions, les exactions du vainqueur. Elle avait vu, en 1807, sa population réduite d'un cinquième par la misère, résultat de la dévastation de ses villes et de ses

---

[1]. *Der Feldzug von 1812 in Russland, von Clausewitz.*

campagnes; et elle commençait à peine à se refaire quand l'armée de Napoléon, la traversant lentement pour aller envahir la Russie et mangeant, prenant, emportant sans compter, sans payer, l'avait replongée dans la plus affreuse détresse [1].

[1]. Les extorsions, les dévastations exercées en 1812, par l'armée de Napoléon, dans le royaume de Prusse, c'est-à-dire dans un pays ami, allié même, et en particulier dans la Prusse orientale, sont devenues un lieu commun historique, après avoir longtemps été niées par les écrivains bonapartistes. Nous croyons cependant bon de citer ici les témoignages de deux officiers dont l'un était attaché à l'état-major de Berthier et l'autre commandait un des régiments français du corps de Ney, au moment de l'entrée en campagne. « Cette capitale (Berlin), ainsi que tout le reste de la Prusse, était accablée de logements militaires et de *réquisitions de toute espèce*. On sait à quelles *vexations* étaient exposés les habitants des pays que traversaient *nos armées, mais jamais elles ne furent poussées plus loin qu'à cette époque*. C'était peu que l'obligation pour les habitants de *nourrir leurs hôtes* suivant l'usage constamment établi pendant notre séjour en Allemagne; *on leur enlevait encore leurs bestiaux;* on mettait en réquisition les chevaux et les voitures que l'on gardait *au moins* jusqu'à ce qu'on en trouvât d'autres pour les remplacer. J'ai rencontré *souvent* des paysans à cinquante lieues de leurs villages conduisant les bagages d'un régiment, et ces pauvres gens finissaient par se trouver heureux de pouvoir se sauver en abandonnant leurs chevaux. » (*Journal de la campagne de Russie en 1812*, par M. de Fézenzac, lieutenant-général)

« Le 15 mai, le 18e prit des cantonnements dans le cercle de Culm; *on lui donna plusieurs villages pour y faire ses vivres d'entrée en campagne.* Chaque corps de l'armée devait avoir, au passage du Niémen, du biscuit pour quinze jours et de la viande sur pied pour un mois; à cet effet, on fit une *razzia générale*. L'administration de l'armée n'intervint que pour faire sa part. *De la Vistule au Niémen, tout le pays fut ravagé.* » (*Souvenirs militaires et intimes du vicomte Pilleport, de 1793 à 1853.*)

Au reste, le grand-duché de Varsovie fut aussi maltraité que la Prusse, dans toute la région où il fut traversé par la Grande Armée. Le maréchal Gouvion Saint-Cyr, entre autres, en témoigne en termes saisissants dans ses remarquables *Mémoires*.

Le général du Taillis, commandant à Varsovie, écrivait le 31 octobre au

L'excès de la souffrance, la haine de celui qui l'avait causée, l'amour de la patrie et de l'indépendance, tout l'excitait donc à la vengeance, à l'insurrection. Mais, habituée de longue main à ne se mouvoir que par la volonté du gouvernement, elle en attendait le signal du soulèvement, et elle l'attendait à toute heure, persuadée qu'en traitant avec les Russes, York avait exécuté un ordre précurseur immédiat de la déclaration de guerre de la Prusse à Napoléon. Bientôt pourtant elle allait apprendre la spontanéité de l'acte d'York, le désaveu dont le roi le frappait, et, ainsi trompée dans son attente, se ranger en armes autour du général désavoué.

De Tauroggen, York avait gagné Tilsit. Là, il s'était préoccupé surtout des moyens de pourvoir aux besoins urgents de son corps d'armée et d'en augmenter l'effectif.

Il avait envoyé le général Kleist demander au czar une aide pécuniaire. Il avait écrit au général Bülow pour le presser de faire cause commune avec lui. Bülow n'avait rien répondu, avait quitté Königsberg en même temps que Murat, et, comme lui, se dirigeait vers la Vistule. Inquiet de ce silence et surtout de ce mouvement qui lui enlevait des soldats sur lesquels il avait compté, York avait appelé à lui, pour le consulter, Schön, gouverneur civil de la Lithuanie prussienne. Patriote dévoué, d'une capacité éminente, entouré d'une grande popularité, Schön venait de lui écrire : « ...Comme tout grand homme, vous avez saisi le destin aux cheveux.

général Reynier : « Il se commet des horreurs sur les derrières de vos armées..... » (*Archives du dépôt de la guerre, à Paris.*)

CHAPITRE CINQUIÈME.

Que Dieu vous bénisse[1]!... » Il était accouru à Tilsit et avait trouvé York très-rassuré relativement à la convention si audacieusement conclue[2]. Avec lui, il avait examiné ce qu'exigeait la situation, et tous deux s'étaient trouvés d'avis de ne pas exciter de soulèvements partiels dans la province de Prusse et de tout y mener administrativement, avec ordre, avec ensemble. En agissant ainsi, ils pensaient qu'on pourrait compléter, augmenter le corps d'York, satisfaire à tous ses besoins; et, au général qui, en ce moment, avait l'œil exclusivement fixé sur l'horizon militaire, cela paraissait suffisant.

York résolut, en conséquence, de sortir de la position un peu effacée où il s'était tenu depuis quelques jours.

Le 8 janvier il quitta Tilsit, et, la nuit suivante, escorté seulement de quelques hussards, il entra secrètement à Königsberg. Immédiatement il conféra avec Auerswald gouverneur civil de la Prusse orientale, et, ensuite, avec Wittgenstein, qui, pendant le mouvement de son armée, de Wehlau sur Elbing, était venu faire une courte apparition à Königsberg et y était l'objet des démonstrations les plus enthousiastes de la population.

Auerswald se montra disposé à coopérer avec York. Wittgenstein offrit au général prussien d'étendre, autant qu'il voudrait, le territoire neutralisé par la convention de Tauroggen, reçut de lui l'assurance d'être appuyé promptement, en cas de nécessité absolue, et, après cet accord, quitta Königsberg pour rejoindre son armée.

---

[1]. Lettre du 4 janvier 1813.

[2]. Note communiquée par Schön, en 1852, à Droysen et citée dans *Das Leben des Feldmarschalls Grafen York*, etc.

CHAPITRE CINQUIÈME.

On se rappelle qu'un ordre royal, du 20 décembre, avait conféré à York le gouvernement militaire de la province de Prusse à dater du jour où il y reviendrait avec ses troupes. Cet ordre avait été rendu public; et, on s'en souvient aussi, York l'avait reçu à Tauroggen même, des mains de Seydlitz revenant de Potsdam; mais il ne s'en était pas encore prévalu.

Il le fit servir à ses desseins.

Le 9 janvier, il annonça qu'il était à Königsberg; qu'il y établissait son quartier général, et qu'il entrait dans les fonctions que le roi lui avait conférées. En même temps, il rapprocha de Königsberg son corps d'armée et y fit entrer une garnison prussienne.

A ces nouvelles, la joie de la population fut extrême. Mais elle dura peu.

Le 10 janvier, la poste de Berlin, que Français et Russes laissaient encore passer, apporta des lettres particulières qui apprirent le désaveu de la convention de Tauroggen et les mesures décidées contre York.

En un instant, le bruit s'en répandit partout. Ainsi cet acte tant applaudi n'avait pas été ordonné par le roi! Ainsi le roi persistait à tenir la Prusse enchaînée à la tyrannie de Napoléon! Les fonctionnaires, race toujours servile, les timides s'éloignèrent du général désavoué, blâmé, placé sous le coup d'une accusation criminelle [1]. Mais dans les masses, mais chez

---

[1]. « York est très-abandonné et il en est très-douloureusement affecté. » (Lettre du conseiller Schultz au gouverneur Schön, datée du 18 janvier 1813 et citée par Droysen, dans *Das Leben des Feldmarschalls Grafen York*.)

les forts, sa popularité augmenta ; et on commença à dire que le roi n'était pas libre, que les ordres qu'il signait étaient dictés par les Français ; qu'on ne devait pas y obéir.

York fut surpris, attristé, non abattu.

Il attendit la signification officielle de la décision du roi, se promettant de n'en tenir aucun compte, l'aide de camp Natzmer, se réservant de l'éconduire.

Sur ces entrefaites, le général Kleist revint à Königsberg. Sa mission avait été heureuse. Le czar l'avait accablé de témoignages de sa sympathie pour lui, pour York, pour la Prusse, pour l'Allemagne, et avait promis cinq cent mille roubles d'argent [1] pour le corps prussien.

A ces avis favorables vint se joindre la réponse un peu différée de Bülow, aux instances faites pour l'amener sur le terrain de la convention de Tauroggen.

Il écrivit de Neuenburg, où il passait la Vistule, continuant sa retraite. Il assurait à York qu'il faisait cause commune avec lui, bien qu'il eût reçu l'avis officiel de sa destitution et l'ordre du roi de n'avoir plus, jusqu'à nouvel avis, aucune relation avec le contingent prussien [2].

Cette assurance avait beaucoup d'importance. Elle en aurait eu pourtant bien plus si le fait y eût été mieux conséquent. Bülow avait pu, il pouvait encore rejoindre le drapeau arboré à Tauroggen ; et il ne

1. Deux millions de francs.
2. La lettre adressée à Bülow, à ce sujet, par le département de la guerre, est datée de Berlin le 6 janvier.

l'avait pas voulu, et il se tenait à l'écart, faisant un compromis entre l'ordre du roi et les instances d'York.

Ils sont rares, les généraux qui osent ce que celui-ci avait osé.

York excita encore Bülow à sortir de sa demi-réserve, à brûler, lui aussi, ses vaisseaux, et en même temps il lui indiqua sa manière de voir et son plan de conduite.

Il lui écrivit[1] : « Quelles vues a-t-on à Berlin? Est-on déjà tombé si bas qu'on n'ose briser les chaînes de l'esclavage que nous portons si humblement depuis cinq ans? Maintenant ou jamais, c'est le moment de reconquérir l'honneur et l'indépendance... Quelle misérable politique quand on a toujours à la bouche ces vulgaires paroles : il faut gagner du temps. Nos retards sont temps gagné pour nos ennemis; et pour nous, tout moment perdu est perte irréparable. Le cœur déchiré, je brise les liens de l'obéissance et je fais la guerre de mon chef. *L'armée veut la guerre contre la France, le peuple la veut; le roi la veut; mais il n'est pas libre. L'armée* doit lui rendre la liberté. *Bientôt* je serai à Berlin et sur l'Elbe avec cinquante mille hommes. Et là, je dirai au roi : Sire, voilà votre armée; voilà ma vieille tête; cette tête, je l'offre volontairement à mon roi; mais York ne se laisse ni juger ni condamner par un Murat. J'agis hardiment, mais en serviteur fidèle, en vrai Prussien et sans intérêt personnel. *Vous, général*, et

---

[1]. Le 13 janvier.

tout loyal serviteur du roi, vous devez agir *maintenant* et vous montrer énergiquement... Nous voulons reconquérir notre *indépendance* par la victoire. *La recevoir, l'accepter comme un présent,* ce serait placer la nation au poteau du déshonneur, la livrer au mépris des contemporains et de la postérité.

« *Agissez,* général, cela est absolument nécessaire; autrement, tout est perdu à jamais. Croyez-moi, les choses ici vont très-mal. Si je m'en éloignais, mon corps d'armée tomberait en dissolution et *la Province serait en insurrection.* Où cela conduirait-il? On ne peut le prévoir[1]. »

Ainsi, considérer le roi comme n'étant pas libre; se hâter d'augmenter le corps prussien; puis le porter rapidement sur Berlin, sur l'Elbe, pour rendre au roi sa liberté; conquérir à la pointe de l'épée l'indépendance nationale et non la recevoir des Russes comme un présent, éviter l'insurrection populaire; tels étaient alors la politique et les desseins d'York.

La Province, dont il était le gouverneur militaire, se divisait en trois départements ou gouvernements civils : celui de la Lithuanie ou de Gumbinnen, celui de la Prusse orientale ou de Königsberg, celui de la Prusse occidentale ou de Marienwerder. Dès le lendemain de son arrivée à Königsberg, York avait demandé à ces trois départements de lui envoyer des délégués munis de pouvoirs suffisants pour aviser aux moyens de

---

1. *Leben des Generals Grafen Bülow von Dennewitz, von Varnhagen von Ense.*

subvenir aux besoins de son corps d'armée et d'en augmenter l'effectif.

Réunis, ces délégués délibéraient et s'arrêtaient aux petites mesures. De concert avec eux, York requérait des chevaux, appelait ceux des soldats en congé et de la réserve que Bülow n'avait pu emmener, et allait se renforcer ainsi de quelques milliers d'hommes et de chevaux. Mais qu'était-ce que cela quand il s'agissait d'entrer en lutte contre Napoléon, qui avait à sa disposition toutes les ressources de la France, quand l'heure pressait? Ce que l'opinion publique attendait, voulait, réclamait, c'était l'armement même du pays, la levée en masse.

Or, cet armement, cette levée, aucune autorité n'en prenait l'initiative.

Si hardi à Tauroggen, York parut bientôt timide à Königsberg; et il l'était, en effet. Il n'aurait eu qu'un signe à faire et toute la Province se serait soulevée[1], courant au-devant de tous les sacrifices; mais il ne voulait pas d'un mouvement populaire et n'y avait même aucune confiance[2]. Esprit méthodique, asservi à la règle, il se refusait à sortir du cercle de ses attributions militaires malgré les instances des patriotes les plus dévoués; il attendait tout de l'administration civile, ne voulait rien faire que par elle; et celle-ci restait à peu près dans l'inaction par peur de se compromettre. Elle faisait même incarcérer des

---

1. Lettre de Schulz à York, du 18 janvier 1813, dans *Das Leben des Feldmarschalls Grafen von York*, etc., *von Droysen*.

2. Même lettre de Schulz à York.

citoyens dont l'exaltation patriotique lui semblait dangereuse.

Les jours s'écoulaient dans cette vaine attente. L'opinion publique s'irritait; et, se laissant réduire à l'impuissance par l'inertie calculée des fonctionnaires, York commençait à douter du succès de sa grande entreprise, quand un homme parut qui allait l'assurer.

C'était le baron de Stein, le réformateur de la Prusse, le grand ministre sacrifié, naguère, par Frédéric-Guillaume, sur les injonctions de Napoléon.

Tête forte et savante, esprit philosophique et pratique, lumineux et hardi, caractère indomptable, il avait compris les profondes nécessités du temps. Lui, le noble de vieille et haute lignée, le descendant des fiers barons du Rhin, il avait, dans son inflexible logique, porté la main sur les priviléges de la noblesse, brisé le servage, émancipé la terre, l'industrie, le commerce, la commune, entrepris de régénérer la Prusse aux sources vives de 1789.

Interrompu dans son œuvre, insulté, spolié, banni par Napoléon, l'éclat de la persécution, plus encore peut-être que la grandeur de ses travaux, l'avait désigné aux patriotes allemands comme leur chef. La France alors était, en effet, tombée à ce point de déchéance morale, que les injures et les haines de son maître indiquaient sûrement aux nations qui elles devaient estimer et chérir.

Réfugié, ruiné, Stein était une puissance. Du fond de son exil il agitait les esprits, excitait les dévouements, échauffait les colères, dénonçait les lâches et les traîtres. Ses avis, ses paroles, ses projets confiés à des affidés intelligents, actifs, intrépides, couraient à travers le réseau d'espionnage et de délation jeté par Napoléon sur l'Allemagne, et entretenaient partout la foi et l'espérance. De partout aussi il recevait des révélations, des rapports sur les gouvernements, sur les personnes, sur les populations, sur les armées.

Son patriotisme embrassait l'Allemagne tout entière dans un même amour. « Je n'ai qu'une patrie, écrivait-il; elle s'appelle Allemagne. A elle, et non à une de ses parties, je suis dévoué de cœur [1]. »

Plein de mépris et de haine pour les princes de la Confédération du Rhin, « lâches qui vendaient le sang de leurs sujets pour prolonger une misérable existence [2], » il s'attachait à accumuler sur eux les flétrissures et l'aversion, à préparer la chute de leurs trônes déshonorés par la trahison et la servilité; et, persuadé à bon droit que, constituée comme elle l'était, l'Allemagne ne serait jamais indépendante ni de la France ni de la Russie, il voulait la donner à la Prusse, de la mer du Nord au Mein; à l'Autriche, du Mein à la la crête des Alpes; et, mieux encore, la réunir en un seul empire [3], sous un sceptre ou sous

---

[1]. Lettre de Stein au comte de Münster, écrite de Saint-Pétersbourg à la fin de 1812, et citée dans *Deutsche Geschichte vom Tode Friedrich des Grossen bis zur Gründung des Deutschen Bundes, von Ludwig Haüsser*.

[2]. Mémoire adressé par Stein à l'empereur de Russie, le 18 septembre 1812. *Das Leben des Ministers Freiherrn von Stein, von Pertz*.

[3]. *Ibidem*. Lettre au comte de Münster citée plus haut. Dans son Mémoire à l'empereur Alexandre, Stein admettait aussi qu'on pourrait, en divisant l'Allemagne en deux, laisser subsister quelques États, par exemple,

un autre, car les dynasties lui étaient alors indifférentes [1].

Il s'était élevé à l'idée de l'unité.

Mais que l'Allemagne formât deux États ou un seul, il voulait aussi qu'elle fût dotée des lois les plus libérales. Dans sa conviction, en effet, l'indépendance devait se conquérir aux cris de liberté, et ne pouvait se maintenir que par la liberté.

Habile à manier, à passionner les hommes, il conseillait sans cesse de se préparer, de s'organiser pour la lutte, afin de profiter de la première occasion favorable. Insurrections populaires, levées en masse, la guerre comme l'avaient faite récemment les Tyroliens, comme la faisaient les Espagnols, la guerre comme la Convention, la guerre des peuples plus encore que des armées, voilà ce qu'il proposait, et ce qu'il tenait pour irrésistible!

Dans la propagande incessante de ces idées, Stein avait un auxiliaire puissant dans les sociétés secrètes.

Effroi des conquérants, des tyrans, moyen d'entretenir, d'exciter contre eux l'esprit de révolte, de pré-

---

le Hanovre, en les confédérant avec l'Autriche et la Prusse. Mais, dans sa pensée, ce n'était là sans doute qu'une concession à faire, à l'occasion, à la famille royale d'Angleterre. Quant à l'ancienne constitution allemande, il écrivait : « Cette constitution n'est pas le résultat de la volonté d'une nation éclairée par l'expérience et la connaissance de ses véritables intérêts. Elle doit son origine aux funestes intrigues de papes ambitieux, à la déloyauté, à l'esprit de révolte des princes allemands, à l'influence des puissances étrangères. »

1. « *Mir sind die Dynastien in diesem Augenblick grosser Entwicklung vollkommen gleichgültig...* » (Lettre au comte de Münster, citée plus haut.)

parer leur chute, et parfois de la déterminer, les sociétés secrètes étaient le résultat naturel de la conquête et de l'oppression.

Fondées en Prusse après la paix de Tilsit, continuées après Wagram, elles avaient pénétré dans les armées, dans les universités, dans la noblesse, dans la bourgeoisie, dans le peuple des villes et des campagnes, depuis le Niémen jusqu'au Rhin.

Diverses de nom, d'organisation, de tendances politiques et sociales, elles avaient, pourtant, un symbole commun : l'indépendance de l'Allemagne, de la patrie germanique, comme elles disaient; la liberté, l'égalité de tous devant la loi; la haine de Napoléon et de la France sa complice, croyaient-elles. Bien des fois dans le réduit de l'étudiant, dans le manoir du noble, les affidés du *Tugendbund*, du *Deutschbund* et d'autres associations, désespérés des malheurs de l'Allemagne, avaient comploté de faire disparaître Napoléon à la manière antique.

Stein n'appartenait, paraît-il, à aucune de ces sociétés; mais il disposait, par intermédiaires, de leurs moyens d'action. Son nom y était vénéré, sa parole toute-puissante.

A l'approche de la guerre de Russie, Stein avait été invité par le czar à se rendre près de lui. Il s'y était rendu aussitôt, et n'avait pas tardé à prendre sur l'esprit de ce souverain une extrême influence. Il lui avait d'abord montré le salut de la Russie dans une résistance persévérante, obstinée, à outrance, contre l'invasion française, et sa meilleure sauvegarde, ensuite, dans une Allemagne affranchie et librement constituée. Alexandre n'avait cessé de prêter une oreille attentive au grand exilé. Il en avait suivi les conseils avec ténacité, et les armées françaises dispersées, détruites, évanouies, il avait poussé les siennes au delà du Niémen, il marchait vers la Vistule, décidé à poursuivre le rôle de libérateur du continent et comptait sur l'aide décisive des peuples prêts à s'insurger, Stein le lui assurait, dès que paraîtrait le drapeau russe.

Près du czar, Stein était comme le génie tutélaire de la Germanie, toujours veillant, parlant, agissant pour elle.

Resté quelque temps encore à Saint-Pétersbourg après le départ d'Alexandre pour Vilna, il l'avait rejoint le 16 janvier. Informé aussitôt de la situation des choses dans la province de Prusse, il avait vu ce qu'elle exigeait et il avait demandé au czar d'être envoyé dans ce pays, qu'il connaissait si bien, comme commissaire impérial avec les pouvoirs les plus étendus, « pour en utiliser les ressources en faveur de la bonne cause. » Ces pouvoirs, il les avait reçus, et le 22 janvier au soir il arrivait à Königsberg.

Il trouva le gouverneur Auerswald et York très-préoccupés d'un fait contre lequel ils avaient déjà protesté auprès du czar. Le général Paulucci, celui-là même qui avait tant excité York à la défection, était sorti de Riga avec deux mille hommes dès qu'il s'était aperçu de la retraite de Macdonald; et, pendant que le général Lewis cherchait en vain à atteindre le maréchal français, il s'était porté sur Memel et y était entré sans rencontrer aucune résistance; et pourtant il y avait fait prisonnier un bataillon prussien qui en formait la garnison; il avait pris possession de la ville au nom du czar; et depuis, il y agissait comme en un pays déjà annexé à la Russie, au mépris de la convention de Tauroggen et contrairement aux promesses publiques du czar.

Stein dissipa les inquiétudes causées par ces mesures, qui, en fait, ne prouvaient rien, si ce n'est que Paulucci était de l'avis de Kontousof sur le but à donner à la guerre. Il annonça que Paulucci venait d'être rappelé et tous ses actes annulés; et, en homme initié aux plus intimes desseins du czar, il affirma qu'on pouvait, qu'on devait se fier sans réserve à la politique impériale, toute favorable à la Prusse, à l'Allemagne.

Cela dit, il passa à l'objet de sa mission.

Auerswald, les deux autres gouverneurs de la Province et, après eux, toute l'administration avaient attendu et attendaient des instructions de Berlin. Il n'en arrivait pas; et York restait sans argent, sans ressources, volontairement confiné sur le terrain militaire, où il subissait même les refus du commandant de Graudenz, qui ne voulait ou plutôt n'osait laisser sortir des magasins de cette forteresse ni armes, ni munitions, ni effets militaires pour le corps prussien [1].

Stein montra ses pleins pouvoirs et ordonna.

Les trois départements de la province de Prusse avaient chacun une sorte de représentation connue

---

[1]. Un ordre royal du 28 janvier approuva sa conduite et lui prescrivit d'y persister.

sous le nom d'états. Ces états n'avaient que des attributions assez restreintes. Mais, en les réunissant dans ce moment d'effervescence, d'exaltation commune, ils devaient ne rien avoir de la craintive réserve des fonctionnaires, et, sous l'empire de la nécessité, ne pas hésiter à se donner les droits qui leur manquaient, à marcher directement au but que chacun désignait, voulait : l'armement du pays par le pays même.

Stein le comprit, et aussi la grandeur de l'effet moral d'un tel exemple.

Sur l'heure, et en vertu de sa commission impériale, il requit Auerswald de convoquer, pour le 5 février suivant, à Königsberg, en diète générale, les états des trois départements de la Province [1].

Patriote sincère, mais caractère timide, mal à sa place dans une telle crise, Auerswald se défendit de faire cette convocation que le roi seul avait le pouvoir d'ordonner. Il céda pourtant aux impérieuses instances de Stein.

Il convoqua les électeurs à un scrutin rapide, et les élus au jour et au lieu fixés par le commissaire du czar. Mais ses lettres circulaires n'étaient pas encore toutes parvenues à leur destination qu'il les modifia. Croyant ainsi moins se compromettre, moins empiéter sur le pouvoir royal, il notifia que les députés des états ne se constitueraient pas en diète générale et formeraient seulement une réunion dont la mission serait « d'écou-

[1]. Pour la Prusse occidentale, Stein demanda seulement ceux des députés de cette province à élire dans les districts situés sur la rive droite de la Vistule.

ter et de discuter les propositions qu'avait à leur faire le baron de Stein, investi des pleins pouvoirs du czar. »

Stein passa sur ce singulier scrupule. Peu importaient les termes de l'appel : l'essentiel était que les états se réunissent.

Cet appel, la présence de Stein, annonçaient enfin le terme de l'inaction administrative; les mesures promptes, décisives. Tous les regards se fixèrent sur Königsberg, sur le grand ministre qu'entourait le prestige des services rendus naguère à la Prusse, de l'exil souffert pour elle et de l'autorité du czar triomphant de Napoléon. De partout accoururent les émissaires des sociétés secrètes, les patriotes les plus actifs venant voir, écouter, venant demander des instructions, courriers rapides dont les rapports allaient redoubler, au loin, l'agitation des esprits et l'impatience de la lutte.

L'opinion publique ne se trompait pas. En des jours si critiques, Stein n'était pas homme à attendre dans l'inertie la réunion des états; et il ne l'attendit pas. Se réservant ou non de soumettre ses actes à leur approbation, il se hâta d'agir.

Il fit sortir de prison les patriotes dont Auerswald avait craint l'exaltation, mit la main sur les caisses publiques, leva pour la Province le blocus continental, cause de ruine pour tous. Il déclara abolis tous les édits subséquents qui s'y rapportaient et permise, suivant les anciens droits, l'exportation de tous les produits prussiens, à l'exception du seigle et de l'avoine. Il emprunta au patriotisme des négociants de Königsberg, d'Elbing et de Memel cinq cent mille thalers, qui durent être remboursés sur les premières recettes de la douane maritime, et qui, comptés immédiatement, furent une aide précieuse pour le corps d'York. Il séquestra les propriétés que les princes de la Confédération du Rhin possédaient dans la Province. Enfin, il décréta le cours forcé, d'après un tarif équitable, du papier-monnaie russe avec lequel le czar soldait ses armées.

A ces actes de souveraineté, Auerswald dut concourir par sa signature, malgré lui, sur les injonctions de Stein pressant, ordonnant, la parole haute et souvent dure. Mais au dernier, il se trouva à bout d'énergie; et, le 2 février, se déclarant malade et alité, il se refusa à toute responsabilité nouvelle.

« Il se met au lit parce qu'il a peur du retour des Français, » dit cruellement Stein à ce propos [1]; et sa rupture avec lui fut complète.

L'impérieux représentant du czar n'était pas en meilleurs termes avec York, à qui, pourtant, il ne pouvait attribuer une pareille frayeur.

Tout d'abord il avait voulu lui commander, disposer du corps prussien pour le réunir aux Russes; et il s'était heurté à la plus ferme résistance. Leurs relations s'en étaient aigries. Cependant, au milieu même de ce débat, York avait prouvé que, s'il ne voulait pas obéir au commissaire du czar, il n'était pas disposé à revenir sur ses pas.

Le 19 janvier, le *Journal de Berlin* avait fait la publication demandée par Napoléon, promise par le roi à

---

[1]. *Das Leben des Ministers Freiherrn von Stein*, von G. H. Pertz.

la première nouvelle de la défection d'York, et retardée le plus possible par crainte de l'opinion publique. A cinq jours de là, cette gazette était arrivée à Königsberg ; elle contenait une note rapportant l'indignation du roi, les mesures prescrites contre York, son remplacement par Kleist, l'envoi de l'aide de camp Natzmer au corps prussien, et la mission du prince de Hatzfeld à Paris.

Bien qu'elle ne fît que confirmer ce qu'on savait depuis quinze jours par des avis particuliers, cette publication, accueillie d'ailleurs par une explosion de colère générale, avait ébranlé certains officiers à ce point qu'ils avaient manifesté l'intention de ne plus obéir au général désavoué, signalé comme criminel. Mais York, ferme dans son dessein, avait affirmé son autorité de la manière la plus formelle. Au *Journal de Berlin* il avait répondu par l'intermédiaire du *Journal de Königsberg*, que l'aide de camp Natzmer n'ayant paru nulle part; qu'une gazette n'étant pas, en Prusse, une feuille officielle d'État; que les généraux prussiens n'ayant jamais reçu leurs ordres par la voie des gazettes, il conservait son commandement, sans hésiter, et en donnait avis public « pour éviter toute erreur. »

Cette attitude décidée avait calmé un peu l'irritation de Stein contre les refus d'York. Mais l'apaisement n'avait pas duré.

York ayant fait à Stein des observations sur l'omnipotence qu'il prenait, au nom du czar, dans l'administration même de la Province, Stein les avait repoussées; et la discussion s'emportant, York l'avait terminée en déclarant qu'il n'aurait plus aucune relation avec lui.

Les choses en étaient là, à la veille même de la réunion des états.

Objet d'une popularité sans égale, Stein était isolé du chef militaire de la Province et du monde administratif, car les fonctionnaires prenaient exemple sur York et Auerswald.

Cependant les députés arrivaient à Königsberg. Il fallait leur donner un président capable par sa position, par son expérience, de dominer, diriger, accélérer leurs débats. Légalement, si légalité il pouvait y avoir en pareille occurrence, Auerswald devait être ce président, car il joignait à son titre de gouverneur celui de commissaire royal près des états de la Lithuanie et de la Prusse orientale; mais, s'étant mis à l'écart, il désigna, pour le remplacer dans la présidence qu'il désertait à l'avance, M. Brandt, directeur du comité permanent des états de ces deux départements [1].

Stein ne tint pas compte de cette désignation. Il proposa la présidence à Schön, son ami de vieille date, gouverneur de la Lithuanie; et, celui-ci se défendant de l'accepter, il s'adressa à York. Oubliant ses différends avec lui, il l'adjura, dans une lettre éloquente et passionnée, de prendre la direction des états. « Nul, lui écrivait-il, ne pourrait les conduire au but mieux que vous qui, par votre forte et sage résolution, avez accéléré la fuite de l'ennemi et conservé au roi et à la patrie un corps de vaillants soldats pour la guerre de l'indépendance et de l'honneur. » Et il lui rappelait l'ur-

---

1. *Geschichte des Krieges in den Jahren 1813 und 1814*, etc., *von Carl Friccius.*

gence du moment : « La sagesse, le patriotisme, la vengeance, font une loi de ne pas perdre un instant, d'organiser la guerre populaire, de saisir les armes, de mettre toute force en action pour briser les fers de l'insolent oppresseur et laver notre honte dans le sang de ses exécrables bandes[1]. »

York repoussa la demande qui lui était ainsi faite. Il voulait ne pas sortir de son rôle militaire et surtout ne pas recevoir du commissaire d'Alexandre une position dominante dans une assemblée de laquelle il attendait comme une sanction à la convention de Tauroggen. Stein, alors, manifesta l'intention de présider les états, en sa qualité même de commissaire russe. Malgré l'éclat de son patriotisme, c'eût été leur enlever de leur caractère national, et risquer d'en éloigner, par là même, plus d'un député.

Effrayé des conséquences d'une telle résolution, frappé du mauvais effet produit sur les députés par ces dissentiments qui étaient le bruit et la préoccupation du pays, Schön essaya de s'entremettre et de détourner le péril.

Il détermina York à se rendre avec lui près de Stein.

Sur leurs observations, ce dernier renonça à l'idée de prendre la présidence des états, admit aussi qu'York, non plus, ne devait pas l'occuper et consentit à ce que Brandt en restât chargé. Ces points réglés, l'entretien suivait péniblement son cours, quand, sur une question secondaire, une scène violente éclata. Fougueux comme

---

[1]. Lettre datée du 4 février.

CHAPITRE CINQUIÈME.

à vingt ans, quoiqu'il en eût près de soixante, Stein, exaspéré par les objections, les scrupules sans fin de ses interlocuteurs, reprocha à York d'avoir commencé à Tauroggen une grande chose et de ne vouloir pas la terminer; et il le lui reprocha en termes si acerbes, si offensants, qu'York se leva et sortit sans prononcer un mot.

Schön suivit le général, mais sans renoncer à son rôle de conciliateur.

Persuadé que la réunion des états, si elle était encore possible, serait infructueuse, York, malgré la force de son caractère, eut un accès de désespoir. Il voulut partir secrètement pour l'Angleterre. Schön l'en détourna, puis, à quelques instants de là, retourna vers Stein.

Il le trouva, a-t-il dit, encore irrité, mais pourtant déjà plus maître de lui-même [1]. Il lui dépeignit le désastreux effet de sa violente scission avec York, fit appel à son patriotisme, à son dévouement pour la cause commune, et l'amena bientôt à aplanir de lui-même toutes les difficultés.

Stein fit plus. Ces pleins pouvoirs, qui avaient choqué York, effrayé les fonctionnaires jaloux de ne pas se compromettre, de sauvegarder l'autorité royale, cette mission de représentant du czar où tant de popularité l'accompagnait, il y mit fin sur-le-champ, et annonça à Schön que, sous deux ou trois jours, il retournerait près d'Alexandre. Il se retira, laissant à d'autres l'honneur d'accomplir ce qu'il avait préparé.

---

[1]. *Erinnerungen des Herrn Ministers von Schön. März 1849.* Publié dans l'appendice du tome III de *Das Leben*, etc., *von Pertz*.

« Jamais il ne m'a paru plus grand que dans ce moment d'abnégation », écrit Schön [1].

Cette abnégation ne fut pas exempte de douleur. Mais, en s'éloignant, Stein put se dire avec un légitime orgueil que c'était lui qui avait donné l'impulsion au soulèvement régulier du pays et une impulsion telle que, désormais, il était irrésistible. Par lui provoquée, exigée, la réunion des états de la province de Prusse fut le complément de la convention de Tauroggen. C'est là une des gloires de Stein ; l'histoire ne doit pas séparer son nom de celui d'York aux origines du mouvement qui emporta la Prusse, puis l'Allemagne, dans la lutte gigantesque où elles trouvèrent leur affranchissement.

En même temps qu'il avait fait convoquer les états, Stein avait pensé à leur présenter un plan d'armement du pays, dès le jour de leur réunion, car il ne voulait pas perdre un instant.

Sur cet armement, ses idées étaient à peu près arrêtées. Elles remontaient au temps même où, ministre, il travaillait à la réforme de la Prusse. Il voulait une landwehr ou milice provinciale comprenant, dans ses rangs, nobles et bourgeois, artisans et paysans, toute la population apte aux armes, sans exceptions, sans priviléges, depuis la jeunesse jusqu'à l'âge mûr ; et, derrière cette milice, le landsturm ou levée en masse.

Stein avait étudié de près la grande crise de la Révolution française. Il savait qu'il est des moments où les armées permanentes ne suffisent pas à l'œuvre du salut public.

1. *Erinnerungen des Herrn Ministers von Schön*, etc.

CHAPITRE CINQUIÈME.

Au reste, ce n'étaient pas là des idées qui lui fussent particulières. Elles étaient, au contraire, fort répandues comme les noms mêmes de landwehr et de landsturm. Une landwehr avait été organisée en Autriche dans la seconde moitié de l'année 1808 ; et, à quelques mois de là, la guerre ayant éclaté, cette milice avait déjà été assez utile à son pays pour que Napoléon eût cherché à la dissoudre par un ordre sauvage [1]. En Russie, une landwehr avait été organisée aussi et seulement après l'invasion de cet empire ; et ses druschines (bataillons) étaient, depuis plusieurs mois déjà, dans les armées du czar et y faisaient bonne contenance à côté des bataillons de la ligne.

Mais il s'agissait d'approprier cette institution aux circonstances, au caractère, aux mœurs, aux dispositions actuelles de la population prussienne, et de la formuler en un projet d'ordonnance qui pût être rapidement examiné, voté par les états.

---

[1]. Voici cet ordre : « I. La milice, ou autrement dit la landwehr, est dissoute. II. Une *amnistie* générale est accordée à ceux qui rentreront chez eux, quinze jours, au plus tard, après l'entrée des troupes françaises dans les localités auxquelles ils appartiennent. III. Les officiers qui n'y rentreront pas dans ce délai auront *leurs maisons brûlées ; et leurs meubles et toutes leurs propriétés seront confisquées.* IV. Les localités qui ont fourni des hommes à la landwehr sont tenues de les rappeler, et de livrer immédiatement les armes qu'ils ont reçues. V. Les commandants des diverses provinces prendront toutes les dispositions nécessaires pour l'exécution du présent ordre.

« Donné en notre camp impérial de Schönbrunn, le 14 mai 1809.

« Napoléon.

« Par ordre de l'Empereur, le prince de Neuchâtel, major général de l'armée.

« Alexandre. »

Stein avait chargé de ce soin le comte Alexandre Dohna. Ancien ministre de Frédéric-Guillaume et chef d'une des familles les plus considérables et les plus considérées de la province de Prusse, Dohna avait deux frères qui combattaient contre Napoléon, l'un en Espagne sous le drapeau anglais, l'autre sous le drapeau russe. Le mouvement des armées avait porté ce dernier à Königsberg. Le comte Dohna se l'était adjoint ainsi que son troisième frère Louis, officier distingué, retiré depuis la paix de Tilsit, et le savant lieutenant-colonel Clausewitz, dont le nom reste attaché à la convention de Tauroggen. Il leur avait présenté les bases du travail à accomplir sur l'invitation de Stein, en avait délibéré avec eux ; et, de ces délibérations était sorti un projet d'ordonnance qui, après avoir été revu, modifié par Stein, avait reçu l'approbation d'York.

Le 5 février, les états s'assemblèrent. Les députés qui les composaient, animés du même esprit, enflammés de la même passion que la population, riches pour la plupart, étaient résolus à tous les efforts, à tous les sacrifices pour le bien de la patrie, résolus aussi à suppléer énergiquement à l'inaction du gouvernement.

Ils allèrent droit au but. Ils voulurent ignorer le désaveu royal, la destitution, qui frappaient York ; et ils l'appelèrent au milieu d'eux en qualité même de gouverneur de la Province, l'invitant à leur donner conseil et direction.

Rendu à toute son énergie par cette démarche unanime, York vint ; et, à son aspect, tous se levèrent, battant des mains. Il rappela à grands traits les malheurs, les souffrances, l'abaissement, les humiliations de la Prusse, conseilla un grand armement, dit qu'il avait un plan tout fait sur la manière de l'opérer, et demanda qu'une commission fût nommée à qui il exposerait ce plan même et qui, ensuite, en ferait un rapport sur lequel l'assemblée délibérerait. « J'espère, ajouta-t-il, battre les Français là où je les rencontrerai ; je compte pour cela sur l'aide de tous les citoyens ; et si nous nous heurtons à une supériorité numérique par trop forte, nous saurons mourir glorieusement. »

Sur ces brèves paroles, il se retira, salué, de nouveau, par d'enthousiastes applaudissements.

Cette ovation, c'était la convention de Tauroggen sanctionnée ; le désaveu du roi effacé par les représentants de la première province affranchie du joug de Napoléon ; c'était la voix du peuple dominant celle du souverain.

Élue sur-le-champ, la commission demandée par York se rendit près de lui, le jour-même, et reçut communication du plan d'armement dont il avait parlé. Ce plan n'était autre que celui qui avait été élaboré sous la direction du comte Dohna, et qu'on voulait produire devant les états et le pays, sous l'autorité du nom d'York.

La commission y ajouta quelques détails, et, le 7 février, son président, le comte Alexandre Dohna lui-même, le présenta à l'assemblée sous le titre « d'Ordonnance sur la landwehr et le landsturm. »

La landwehr comprenait tous les citoyens de dix-huit à quarante-cinq ans aptes aux armes, à l'exception des repris de justice, des ministres des divers cultes et des instituteurs. Le contingent à fournir par elle se formait par les enrôlements volontaires, et, en cas d'insuffisance de ceux-ci, par le tirage au sort. Son uniforme était simple, ses exercices réduits au plus strict nécessaire. Le milicien recevait de l'État des armes et des munitions; de la commune son équipement, sa coiffure et son manteau. Il devait se procurer, à ses frais, les effets d'habillement proprement dit, qui pouvaient n'être que des vêtements civils; et, en cas de pauvreté, il était habillé par la commune.

La landwehr ne formait que de l'infanterie; et cette infanterie était divisée en compagnies, bataillons et brigades, correspondant aux lieux d'origine des miliciens.

La brigade était de quatre bataillons.

Les officiers de la landwehr sortaient de ses rangs mêmes. Leur nomination ne dépendait ni du pouvoir royal, ni de ses agents. Seule, celle des chefs de brigade était soumise à son approbation.

La landwehr ne recevait de solde qu'en présence de l'ennemi. Elle ne devait pas être employée hors de la province, réserve purement nominale qu'allaient, d'ailleurs, emporter les événements.

Au landsturm étaient appelés tous les hommes valides au-dessous de soixante ans, et n'appartenant ni à l'armée ni à la landwehr.

Le landsturm ne recevait qu'une ébauche d'organisation militaire et n'était mis en activité qu'au moment où l'ennemi approchait de la Province. Alors, il s'armait de fusils de chasse et autres, de piques, de faux, de haches, de tout outil propre à l'attaque, et se donnait pour but principal l'enlèvement des convois, la destruction des petits détachements, des traînards, des maraudeurs de l'ennemi.

Sur l'avis d'York, la commission fixait en même temps à trente mille hommes, dont dix mille de réserve, l'effectif du contingent de landwehr à mettre immédiatement sur pied, dans la province de Prusse, en deçà de la Vistule.

Depuis six semaines, cette contrée avait donné à Bülow et à York, avait envoyé aux bataillons de dépôt et de garnison trente mille soldats de réserve et recrues; et maintenant ses représentants lui demandaient, sans délai, trente mille miliciens. Elle était prête à les lever et à porter ainsi à soixante mille le nombre des combattants tirés de son sein en ces jours suprêmes. Et sa population dépassait à peine un million d'âmes [1] !

La mise à exécution de toutes ces dispositions était soustraite à l'administration, à ses hésitations devant toute responsabilité, à ses habitudes formalistes, à ses lenteurs hiérarchiques. Elle était confiée à un comité général de sept membres des états, élus par les états eux-mêmes, de concert avec York, et munis par eux de pouvoirs tels qu'il n'était retard qu'il ne pût faire cesser, ni difficulté qu'il ne pût lever promptement. Tous les fonctionnaires étaient tenus de lui obéir.

Les états divisaient le pays, jusqu'à la Vistule, en

---

[1]. Elle était exactement d'un million trois mille cinq cents âmes.

autant de districts qu'il y avait de brigades de landwehr à former ; et, dans chacun de ces districts, nobles, bourgeois et paysans-propriétaires élisaient un sous-comité qui devenait l'agent du comité général.

Chaque sous-comité nommait les officiers de la brigade de son district, sauf ratification par le comité général ; et ce dernier nommait les chefs de brigade, sauf ratification par le roi ou son représentant.

Telle était, dans ses traits principaux, « l'ordonnance sur la landwehr et le landsturm » destinée à un si grand retentissement. Elle répondait au vœu général résumé dans ce mot saisissant d'Alexandre Dohna aux états : « Nous voulons tous être soldats, mais rester citoyens[1]. »

L'assemblée des états l'adopta presque sans discussion et d'un vote unanime. Elle composa le comité général. Elle divisa la Province en districts. Enfin, elle ordonna encore la formation d'un régiment de cavalerie volontaire de mille hommes montés, habillés, équipés à leurs frais et aux frais de la Province.

Tout cela fut fait en quatre jours.

Ainsi Stein avait prévu juste. Les états n'avaient pas hésité à franchir le cercle étroit de leurs attributions légales. Ils avaient décrété la mise en action de toutes les forces de la Province, pris de véritables mesures de salut public, agi en souverain. Ils avaient mérité le titre de représentants de la nation[2] que la voix pu-

---

[1]. *Geschichte des Krieges in den Jahren 1813 und 1814*, etc., *von Carl Friccius*

[2]. « *Vertreter der Nation.* »

blique leur décernait, et dont York lui-même les saluait.

Et ils avaient la plus claire intelligence du péril de leurs actes. Alexandre Dohna avait dit en effet aux applaudissements de tous : « Nous armons, nous nous levons contre l'ennemi commun; si le succès nous manque, il ne faut pas nous le dissimuler, nous perdrons tout, nous serons chassés, persécutés, nous et les nôtres. »

Profondément monarchiques et animés d'un véritable amour pour Frédéric-Guillaume, malgré les faiblesses qu'ils reprochaient à sa politique, ils avaient cherché à couvrir des témoignages d'un entier dévouement à sa personne l'audace de leur conduite.

Ces témoignages, ils en avaient rempli les protocoles de leurs séances; et, à maintes reprises, ils y avaient déclaré que, bien que leur réunion eût été provoquée par un commissaire du czar, ils avaient délibéré, voté sous la seule préoccupation du salut de la patrie et de la monarchie, et sous la direction d'York, qu'ils appelaient « le plus fidèle sujet du roi. »

Mais tout cela leur parut insuffisant : ils votèrent encore une adresse au roi, où ils lui exprimaient leurs sentiments d'obéissance, de fidélité et expliquaient, justifiaient leurs actes « par les circonstances qui ne permettaient pas de recevoir assez rapidement ses ordres et par le danger extrême de toute perte de temps. »

Les états confièrent au major Louis Dohna, qui était un de leurs membres, la mission d'aller remettre cette adresse au souverain.

Ce fut leur dernier acte.

Le 9 février, ils se séparèrent, bien résolus, sans se l'avouer peut-être, à poursuivre sans le roi, s'il devait les désavouer comme York, leur grande et périlleuse entreprise.

Tout ce qu'ils avaient décidé, ordonné, fut accueilli par les acclamations de la Province, à laquelle ils demandaient tant d'efforts et de sacrifices; et, soudain, du Niémen à la Vistule, tout retentit du bruit de l'armement populaire.

C'était une fièvre inouïe de dévouement.

La reddition de la place de Pillau, connue en même temps que les actes des États, ajouta, s'il était possible, à l'effervescence générale.

Pillau fermait l'entrée du Frische-Haff, c'est-à-dire l'accès des ports de Königsberg et d'Elbing. Sa reddition, c'était le complément de l'abolition du blocus continental décrétée par Stein, la reprise du commerce maritime, des relations si longtemps interrompues avec l'Angleterre; c'était, en un mot, le retour aux jours de prospérité. De là, l'excitation qu'elle produisit.

Elle donnait, d'ailleurs, un nouvel exemple, et bien frappant, des sentiments qui animaient les soldats prussiens.

La place de Pillau était en bon état de défense, bien pourvue de vivres et de munitions; elle avait une garnison de mille neuf cents hommes; et pourtant, le général Castella qui la commandait avait capitulé sans coup férir, à la première sommation que lui avait adressée le général russe Siewers, campé devant lui avec des forces tout à fait insuffisantes pour un siége. Il avait capitulé, parce que la moitié à peu près de sa garnison se composait de Prussiens; et que ces Prussiens, appuyés sur la population de la ville, sur les vigoureux matelots du port, lui avaient formellement déclaré non-seulement qu'ils ne se battraient pas contre les Russes, mais encore qu'ils étaient bien résolus à faire cause commune avec eux.

Dans les provinces de la monarchie non encore affranchies par les armées russes, et menacées même par les garnisons françaises des places fortes et de Berlin, par les vingt mille hommes de Grenier occupant le Brandebourg, par le rassemblement formé à Posen sous Eugène, qui avait encore en avant de lui Reynier et Poniatowski, la population gardait une certaine réserve apparente, mais au fond n'était pas moins ardente, impatiente que de l'autre côté de la Vistule, et n'attendait qu'une occasion pour éclater à son tour.

Malgré cette ardeur, malgré cette impatience, Frédéric-Guillaume n'avait pas encore de parti arrêté : il ne savait s'il devait persévérer dans l'alliance française ou se jeter dans l'alliance russe. Depuis l'envoi de son aide de camp Natzmer à Alexandre, il avait fait, il est vrai, des pas qui le rapprochaient de celle-ci, qui l'éloignaient de celle-là; mais il les avait faits poussé par la passion populaire, plus que par sa propre volonté. En outre, il se préoccupait beaucoup de l'offre faite, à Paris, par l'Autriche, d'intervenir pour la paix entre Napoléon et Alexandre[1]; et il se demandait, sans bien se rendre

---

1. « Vous sentirez, du reste, que les objets principaux que vous devez

compte, sans doute, de la différence de position de ses États et de ceux de l'empereur François, s'il ne devait pas suivre la politique de ce souverain qui l'excitait à prendre exemple sur lui.

Dirigeant sous le titre vague de chancelier d'État les ministères de l'intérieur, des finances et des affaires étrangères, et à peu près celui de la justice, conseiller toujours interrogé et écouté avec la plus grande confiance, le baron de Hardenberg ne faisait en ces graves circonstances qu'ajouter ses indécisions à celles du roi. Esprit distingué et pénétré de la vérité et de l'irrésistible puissance des principes de la Révolution française, il avait, dès le lendemain de la défaite de la Prusse, conseillé les réformes au roi[1]. Il avait applaudi à l'œuvre commencée par Stein, l'avait continuée,

---

suivre en ce moment, sont la médiation offerte par la cour de Vienne..... » (Instructions du roi pour le comte de Krusemark, 31 décembre 1812.)

1. De Riga, où il s'était réfugié un moment, Hardenberg adressa au roi, avant que Stein eût entamé la réforme de la Prusse, un mémoire fort détaillé. Il y faisait remarquer que l'illusion qu'on avait eue de pouvoir résister à la Révolution en maintenant fermement l'ancien ordre de choses et pourchassant les principes de celle-ci avait contribué au mieux à les développer et à les propager ; et il disait : « La puissance de ces principes est si grande ; ils sont si généralement reconnus et répandus, que l'État qui ne les accepte pas doit ou s'attendre à la ruine ou à être forcé de les accepter; même la rapacité, l'ambition de Napoléon et de ses aides les plus favorisés, sont soumises à cette puissance, et cela restera ainsi contre leur volonté. On ne peut nier que, malgré le despotisme de fer avec lequel il gouverne, il suit néanmoins ces principes en beaucoup de choses essentielles; au moins il est forcé d'y obéir en apparence. Donc, une révolution dans le bon sens, conduisant directement au grand but du perfectionnement de l'humanité par la sagesse du gouvernement et non par l'impulsion venant de l'intérieur ou de l'extérieur, tel est notre but, notre principe dirigeant. Principes démocratiques dans un gouvernement monarchique, ceci me paraît la forme appropriée à l'esprit du temps. » (*Hardenbergs Leben und Wirken. Berlin, 1864.*)

développée et voulait l'agrandir de plus en plus. En 1811, il avait annoncé officiellement l'établissement prochain d'états généraux. Mais il n'avait rien de la fermeté, de la résolution, de l'audace de son grand prédécesseur. Étranger comme lui à la Prusse par sa naissance, sa famille, son éducation, il la servait depuis près d'un quart de siècle dans les plus hautes fonctions avec un profond dévouement; mais il lui manquait cette haine implacable de Napoléon, cet amour passionné de la patrie germanique, qui illuminaient l'esprit et enflammaient le cœur de Stein. C'était avec bien plus de bonne foi qu'on ne l'a dit en plus d'un livre, qu'il parlait, en ce moment encore, d'une alliance de famille entre les Hohenzollern et les Bonaparte, et de son espoir de voir Napoléon relever la Prusse pour « en former la barrière du Nord, » toutes paroles qui auraient fait bondir Stein d'indignation et de fureur.

Dans les conseils de Frédéric-Guillaume, Hardenberg était une faiblesse. Stein y aurait été une force, une puissance.

Autour du roi s'agitaient deux partis.

L'un, numériquement insignifiant, mais remuant, plein d'intrigues, était dévoué à Napoléon et demandait ses inspirations à l'ambassadeur du conquérant près la cour de Prusse. On l'appelait le parti français. Il avait pour chef un personnage considérable, le feld-maréchal comte Kalkreuth, et comprenait la plupart des membres de la haute noblesse qui s'étaient montrés le plus hostiles aux réformes faites dans l'État, et quelques patriotes sincères, éblouis par la gloire militaire de Napoléon, tremblants, même après ses désastres, à la seule idée d'une lutte contre lui, et croyant ou s'efforçant de croire qu'en persévérant dans son alliance, la Prusse allait récupérer une partie de ce qu'il lui avait pris.

L'autre parti, c'étaient les meilleurs serviteurs de la patrie et du roi, c'était toute la nation, moins cette poignée d'hommes égoïstes, pusillanimes, inintelligents. Il se qualifiait à bon droit de parti prussien.

Frédéric-Guillaume détestait le premier mais le craignait, lui faisait bon accueil et affectait de le consulter. Naturellement, il aimait le second, mais il redoutait son exaltation et se tenait en garde contre ses imprudences. Confident intime de la pensée du roi, Hardenberg l'imitait dans sa manière d'être à l'égard de ces deux partis; mais il se montrait attentif près de Saint-Marsan et lui témoignait une déférence pleine d'égards qui allaient jusqu'à l'obséquiosité.

Dès que la convention de Tauroggen avait été connue, le parti prussien avait pris la parole haute; et son assurance avait grandi depuis que la ruine absolue de l'armée française était devenue un fait public, avéré, raconté à tout le pays par les malheureux échappés au désastre.

Il avait demandé un grand armement, la rupture avec Napoléon, l'alliance russe. Il avait jeté les hauts cris au désaveu de la convention de Tauroggen, aux mesures décidées contre York et surtout à la publication qui en avait été faite. A ces demandes, à ces récriminations, Frédéric-Guillaume avait reconnu qu'il fallait donner un sujet d'apaisement à l'opinion irritée, sous peine de voir les populations se jeter dans des entreprises subites et extrêmes [1].

Il avait donc ordonné dans la Prusse, dans la Poméranie et dans la Marche, le rappel de tous les soldats de réserve, de tous les soldats en congé, des levées de recrues et de chevaux ; et, à ces provinces, il avait demandé d'habiller, d'équiper à leurs frais ces recrues, de payer et d'équiper aussi ces chevaux. Un édit royal, daté du 19 janvier, avait prescrit, en outre, l'émission de billets du trésor pour une valeur de 10 millions de thalers à cours forcé [2].

A Saint-Marsan, au parti français on avait dit, il est vrai, que tout cela avait pour but de remplacer le corps d'York qu'on n'espérait plus voir rentrer dans le devoir, et de former le contingent de trente mille hommes promis à Napoléon ; mais, en même temps, on avait fait courir le bruit qu'on armait pour secouer le joug ; et ce bruit avait été accueilli avec avidité.

Les choses en étaient là quand Natzmer était revenu de sa mission auprès du czar. Il avait rapporté l'avoir trouvé en marche vers la Vistule, charmé de la proposition d'une alliance avec la Prusse et prêt à la sceller aux conditions que le roi y mettait ou pourrait y mettre encore [3].

1. Dès le 12 janvier, Augereau écrivait de Berlin à Berthier : « Ce pays-ci n'est maintenu que par le calme de son souverain, qui est parfaitement secondé par son premier ministre. Le reste ne voudrait voir que *désordre*. Il faut la sagesse et la prudence d'un tel roi pour avoir maintenu l'ordre jusqu'à ce jour. »
2. Le cours forcé n'a duré que jusqu'au mois de mars suivant.
3. *Das Leben des Feldmarschalls Grafen York*, etc., *von Droysen*. Droysen affirme qu'il écrit cela sur des documents complètement authentiques.

Après une pareille ouverture et une pareille réponse, il semblait que Frédéric-Guillaume n'eût plus qu'à envoyer au czar un plénipotentiaire chargé de traiter et de conclure, sur l'heure, avec lui. Mais il avait reculé devant cette décision.

Pressé pourtant, de plus en plus, par l'opinion publique, qui ne voulait pas le croire libre à Potsdam, qui aurait déjà voulu le savoir au camp d'York ou à celui d'Alexandre, fort désireux, d'ailleurs, de se mettre à l'abri des atteintes de Napoléon, qui pouvait, à chaque instant, surprendre des indices de sa duplicité, et, sans cela même, s'emparer de sa personne pour mieux maîtriser la nation, il s'était déterminé à exécuter le projet, déjà mûri avec Hardenberg, de transporter sa résidence en Silésie, à Breslau. En Silésie se trouvaient huit à neuf mille hommes de troupes prussiennes et pas d'autres forces françaises que la faible garnison de Glogau. A Breslau et dans une grande zone alentour, dans toute la Silésie supérieure, il ne pouvait y avoir, en vertu même du traité d'alliance avec la France, ni passage, ni séjour de troupes françaises et autres ; et, de là, il devait être plus facile que de Potsdam de continuer les relations entamées avec le czar.

Communiqué à Saint-Marsan, et à peine coloré d'un prétexte, ce projet n'avait été de sa part l'objet d'aucune objection, d'aucun soupçon[1]. Piémontais fort zélé

---

[1]. En annonçant ce projet au major général Berthier, le 17 janvier, Saint-Marsan écrivait : « En général, il n'y a aucune hésitation dans la marche de ce gouvernement. » Et, à trois jours de là, il ajoutait : « La marche du gouvernement est franche et loyale, l'esprit public mauvais. »

pour le conquérant de sa patrie, Saint-Marsan était un de ces diplomates comme l'Empire en compta beaucoup. Il ne savait ni voir, ni prévoir, ni avertir. Son mérite était sa servilité.

Le 22 janvier, le roi était donc parti; et, emmenant avec lui le prince héréditaire, il était arrivé, le 25, dans la capitale de la Silésie, où sa famille, Hardenberg, les ambassadeurs de France et d'Autriche et les troupes de la garde royale l'avaient bientôt rejoint.

A la nouvelle du voyage du roi, la joie avait été grande dans les populations. Le roi libre, en sûreté, ne pouvait plus, à leur sens, tarder un instant à briser le pacte détesté, à donner le signal du soulèvement. Son départ avait été, il est vrai, appris à la nation par une proclamation de Hardenberg, qui n'était pas de nature à provoquer une pareille espérance. Dans cette pièce, en effet, il était dit que le roi était accompagné à Breslau par l'ambassadeur de France; qu'il exhortait tous ses sujets, et en particulier les bourgeois de Berlin, à se conduire, en toutes circonstances, envers les militaires français, ainsi qu'il convenait envers des alliés, et que l'exigeait l'accord amical existant entre la Prusse et l'empereur Napoléon; et il était annoncé qu'une commission supérieure du gouvernement était établie à Berlin, laquelle avait pour devoir essentiel de maintenir la bonne intelligence avec les autorités militaires françaises, et était chargée de prendre les mesures administratives que nécessiteraient les circonstances pendant l'éloignement du roi. Mais, dans tout cela, l'opinion publique n'avait voulu voir qu'une ruse politique, un mensonge habile; et elle s'était attendue à un éclat immédiat.

Cette attente avait été trompée.

A Breslau comme à Potsdam, Frédéric-Guillaume était resté perplexe entre sa haine et sa crainte de Napoléon, entre l'ambition de relever sa couronne et la peur de la perdre à jamais. Il se rappelait toujours avec effroi les jours d'Iéna et de Friedland et Tilsit qui les avait suivis. Il n'avait pas oublié Alexandre lâchant pied au premier revers, et, vaincu, recevant sans scrupule une part des dépouilles de la Prusse; et il doutait de sa persévérance dans la poursuite de la guerre. Il croyait à Napoléon d'immenses ressources encore, de bien moindres au czar; il s'inquiétait de la lenteur des armées russes, de certains rapports qui les représentaient comme bien moins nombreuses qu'on ne le lui avait dit d'abord; et il craignait que, chez le peuple prussien, le dévouement ne fût pas au niveau de l'exaspération, et surtout, que la constance manquât pour soutenir l'effort de Napoléon, pour en triompher.

Alors, comme tout homme faible de caractère, il avait cherché des prétextes pour reculer l'heure de la décision; tantôt il caressait la chimère d'une médiation armée de la Prusse et de l'Autriche, bien que celle-ci, changeant de langage, lui conseillât maintenant de s'allier au czar; tantôt il prêtait l'oreille à de vagues confidences de Saint-Marsan sur l'intention qu'aurait manifestée enfin Napoléon de restaurer la puissance prussienne pour s'en faire un rempart contre la Russie.

Inquiété, excité cependant par les rapports représentant les provinces de Prusse et de Poméranie comme contenues à grand'peine par les autorités, comme les foyers d'une insurrection prochaine si l'alliance française était maintenue ; jugeant par lui-même de l'esprit impatient de la Silésie ; d'ailleurs exhorté par le cabinet de Vienne, circonvenu, prié, supplié par les personnages les plus considérables du royaume et les plus dévoués à la monarchie, Frédéric-Guillaume s'était laissé promptement convaincre que, sans préjuger le parti qu'il adopterait, il était urgent de mettre la Prusse sur le plus grand pied de guerre possible.

Pour opérer un tel armement, un homme était désigné par ses vertus civiques, par ses talents, par ses services ; et le roi lui en avait confié le soin en le nommant quartier-maître général de l'armée. C'était le général Scharnhorst.

Hanovrien de naissance, plébéien d'origine, lentement parvenu, Scharnhorst était le savant et hardi réformateur des institutions et des mœurs militaires de la Prusse. Ami persévérant de Stein, partageant ses idées, ses projets, ses espérances ; aussi passionné mais plus contenu que lui ; activement mêlé aux trames des sociétés secrètes ; plein de foi dans l'énergie, dans le dévouement du peuple, sa vie, depuis six ans, n'était que travail et conspiration pour l'affranchissement de la Prusse et de l'Allemagne.

L'année précédente, au moment même où s'était conclue l'alliance avec la France, il s'était retiré du service actif.

A peine en fonction, il avait étendu à la Silésie les

ordres donnés, les demandes faites de Berlin à la Prusse, à la Poméranie et à la Marche pour augmenter l'effectif de l'armée. Déjà on avait appris que, dans ces provinces, tout ce qui avait été prescrit, demandé, s'accomplissait avec une promptitude inouïe, au milieu d'un concours empressé et général. Le même fait s'était produit aussitôt en Silésie, à Breslau même sous les yeux du roi.

Scharnhorst en avait pris occasion de déterminer ce souverain à décréter des mesures qui allaient donner à l'armée des éléments de force inappréciables et inconnus jusque-là dans ses rangs.

Malgré les réformes profondes qu'elle avait subies, la législation militaire avait conservé à la partie la plus éclairée, la plus riche de la population, des priviléges qui, en fait, l'exemptaient du service des armes. Scharnhorst pensait, avec raison, qu'il fallait l'y attirer et qu'on l'y attirerait en lui assurant certains avantages qui, en d'autres temps, auraient été, sans doute, peu appréciés, mais dont les circonstances ne pouvaient manquer de faire un puissant stimulant. Il avait en conséquence proposé au roi, et le 3 février le roi avait approuvé un édit portant création d'un détachement de chasseurs-volontaires à la suite de chaque bataillon d'infanterie et de chaque régiment de cavalerie de l'armée. Ces volontaires devaient s'habiller, s'équiper, et dans la cavalerie se monter à leurs frais, porter un uniforme de couleur spéciale et être dispensés de certaines corvées et de certains services. Pendant les deux ou trois premiers mois, ils devaient être commandés par des officiers et des sous-officiers empruntés à l'armée, mais ensuite ils devaient former eux-mêmes les cadres de leurs détachements par l'élection; et, plus tard encore, fournir dans l'occasion des sous-officiers et des officiers aux bataillons et escadrons auxquels ils seraient attachés.

L'édit ajoutait que tout volontaire qui se distinguerait par le courage, le zèle, le patriotisme, serait l'objet de la considération du pouvoir en rentrant dans la vie civile; et que tout individu de dix-sept à vingt-quatre ans accomplis, apte au service, qui, la guerre continuant, ne servirait pas au moins un an, soit comme chasseur-volontaire, soit comme soldat, ne pourrait obtenir ni emplois, ni dignités, ni distinctions.

Cet appel à l'enrôlement volontaire était motivé par « les dangers qui menaçaient l'État et exigeaient une prompte augmentation de l'armée, tandis que la situation des finances ne permettait aucun surcroît de dépenses. »

Frédéric-Guillaume ne s'était pas décidé sans peine à adresser cet appel à la classe aisée. Il redoutait de n'en être pas entendu. Si convaincu qu'il fût de son exaspération contre la domination étrangère, de son impatience du joug, il doutait d'elle comme du peuple, craignait que son dévouement ne fût pas à la hauteur de ses haines. Ce doute était sans fondement; on allait en avoir la preuve. Mais ce qui était à craindre et ce qu'on avait craint en effet, c'était que la persévérance officielle, patente dans l'alliance avec Napoléon, ne paralysât l'élan de beaucoup de citoyens.

Ardent partisan de l'égalité devant la loi, Scharnhorst s'était empressé de mettre cette crainte à profit pour ruiner le privilége même qui avait échappé à ses réformes. Il avait obtenu du roi un nouvel édit supprimant toutes les exemptions du service militaire, hormis celles que commandait l'intérêt social, et déclarant que tout Prussien de dix-huit à vingt-quatre ans accomplis, apte aux armes, et affranchi jusque-là du recrutement, était tenu de s'enrôler, sous huit jours, dans un détachement de chasseurs-volontaires ou dans l'artillerie, s'il ne voulait être à la disposition de l'autorité, qui pourrait, à la première levée, l'incorporer dans un des corps de l'armée comme une recrue quelconque.

Coïncidence remarquable, le roi signa cet édit le 9 février, le jour même où les états de la province de Prusse se séparaient, ayant décrété que tous les citoyens, sans distinction de naissance, de rang, de fortune, étaient mis à la disposition de la patrie pour sa défense.

A Breslau comme à Königsberg, la détresse commune frayait la voie à l'un des plus grands principes affirmés par la Révolution française.

Ces deux édits furent publiés l'un le 9, l'autre le 13 février. Succédant au rappel des soldats de la réserve et en congé, aux levées de recrues, aux réquisitions de chevaux, ils éveillèrent enfin les soupçons de Saint-Marsan. Les traités à la main, il demanda des explications sur ces armements et signifia même une vive opposition à ce qu'ils fussent portés au delà de ce qui était nécessaire pour fournir le contingent de trente mille hommes promis à Napoléon[1].

Hardenberg s'efforça de le rassurer sur les senti-

---

[1]. Lettre de Saint-Marsan à Eugène, Breslau, 18 février.

ments du roi ; et le roi lui-même intervint pour confirmer les paroles de son premier ministre.

« La retraite de l'armée française sur l'Oder, dit-il à Saint-Marsan, laisse entièrement à découvert la Silésie et l'asile que je m'y suis choisi avec l'approbation de votre souverain ; il faut que je me mette en état de me défendre au besoin : les Russes paraissent déjà en forces en deçà de la Vistule. D'ailleurs, les mesures que je prends, je les dois à mon peuple. Il est urgent que je donne une impulsion et une direction à mes sujets pour en rester le maître. Si je me tenais dans l'inaction et l'apathie, je courrais le risque de les voir entraînés *malgré moi et contre moi* à l'approche de l'ennemi [1]. »

Sur ces paroles, le roi protesta de nouveau de sa persévérance dans l'alliance française, de son ferme dessein de fournir le plus tôt possible le contingent promis ; et Saint-Marsan resta convaincu que « si Napoléon voulait faire *quelque chose pour la Prusse, il serait très-facile malgré l'exaspération de la nation*, de retenir Frédéric-Guillaume dans la ligne qu'il avait suivie jusque-là [2]. »

Mais Napoléon était moins confiant que son ambassadeur ; et, au moment même où celui-ci exprimait cette conviction dans ses dépêches, Eugène recevait l'ordre, d'impossible exécution, de faire cesser *partout* le recrutement de l'armée prussienne [3].

Les nouvelles protestations et assurances, si bien

---

1. Lettre de Saint-Marsan à Eugène ; Breslau, 18 février.
2. Lettres de Saint-Marsan à Maret, ministre des relations extérieures, et à Eugène ; Breslau, le 15 et le 18 février.
3. Lettre de Napoléon à Eugène ; Paris, le 10 février.

accueillies par Saint-Marsan, avaient un caractère de duplicité bien plus prononcé que toutes celles qui les avaient précédées.

Le roi, en effet, venait de faire un pas de plus, un grand pas vers le but où le poussait l'opinion publique avec une violence redoublée.

Le 9 février, c'est-à-dire trois semaines après le retour de Natzmer du camp impérial russe, trois semaines passées dans ces fluctuations, ces anxiétés que nous avons dites, il avait enfin envoyé au czar un négociateur, le colonel de Knesebeck, chargé de traiter des conditions de l'alliance déjà offerte et acceptée en principe.

Après un long détour nécessaire au mystère de son voyage, qu'on ne voulait pas avouer encore et dont on se réservait de cacher le but sous le vain prétexte d'une négociation à ouvrir pour obtenir que la Russie reconnût, comme Napoléon, la neutralité d'une partie de la Silésie, Knesebeck trouva le quartier impérial russe à Klodawa, le 15 février.

Parti de Plozk depuis quelques jours, le czar marchant avec la colonne des réserves, se portait sur Kalisch, où Wintzingerode et Miloradowitch le précédaient. Il se rapprochait ainsi de Breslau afin d'être mieux en position de communiquer rapidement avec la cour de Prusse; et il allait réunir quarante mille hommes sur la frontière de Silésie pour augmenter l'excitation des Silésiens et peser sur la volonté indécise de Frédéric-Guillaume.

Kalisch venait de tomber au pouvoir des Russes; et, hormis les quatre forteresses de Thorn, Modlin, Czentoschau et Zamosc, le grand-duché de Varsovie n'était plus disputé à leurs armes; car, on l'a vu, Eugène se retirait précipitamment alors de Posen sur l'Oder, Reynier gagnait rapidement Glogau; Schwarzenberg, suivi de Poniatowski, se repliait sur la frontière d'Autriche, et la population restait témoin impassible des événements.

Alexandre était fixé sur ce qu'il ferait de ce grand lambeau de la vieille Pologne. Par ses ordres, ses généraux, ses troupes traitaient les Polonais avec les plus grands égards, « en amis et en frères, » suivant ses propres expressions; il cherchait parmi eux un parti, et il s'en formait un sous le flot discret et doré de ses promesses d'autonomie et de liberté. Despote à Saint-Pétersbourg, le czar devait être à Varsovie le roi constitutionnel d'une Pologne indépendante et libre.

Dans sa pensée ambitieuse, ce projet hybride se liait indissolublement au plan d'affranchir l'Allemagne de la domination française. Cet affranchissement, plus que jamais d'ailleurs, il voulait le poursuivre. Il le voulait par vengeance contre Napoléon, et par mûre conviction de la nécessité de ruiner la puissance de son ennemi pour la sécurité de la Russie, pour le repos du monde. Il le voulait par entraînement généreux vers le grand rôle de libérateur.

Mais, de jour en jour, il sentait mieux aussi que les forces dont il disposait étaient insuffisantes pour atteindre son but; qu'il lui fallait une aide puissante fournie promptement par l'Allemagne elle-même.

Tels étaient ses résolutions, ses desseins, ses pensées, lorsqu'il reçut le colonel de Knesebeck.

La venue lui en était annoncée. Il le connaissait, il savait qu'il exerçait sur le roi une grande influence et en possédait la confiance. C'était Knesebeck qui, l'année précédente, envoyé par Frédéric-Guillaume et couvert par une mission publique officielle, était venu à Saint-Pétersbourg lui montrer le salut de la Russie « dans la guerre de l'espace et du temps[1]. »

Il lui prodigua tout d'abord les meilleures assurances, exprimant le plus ardent désir de voir la Prusse se relever de ses défaites et disant que « le plus beau jour de sa vie serait celui où Frédéric-Guillaume recouvrerait sa puissance perdue. »

Sur une telle déclaration, il semblait que la négociation devait aboutir sur-le-champ; mais quand Knesebeck pria le czar de préciser comment il entendait que serait reconstitué le royaume de Prusse, elle se perdit dans d'infinis détours.

Knesebeck apportait de Breslau l'idée prise dans l'entourage et peut-être même dans le cabinet du roi, qu'Alexandre jetait des regards de convoitise sur la Prusse orientale; ce qui était vrai, on l'a vu, d'une grande partie de l'état-major russe, non du czar; et, en revanche, il soupçonnait à peine les intentions arrêtées de ce souverain sur le grand-duché de Varsovie. Le czar, en effet, les avait communiquées seulement à quelques nobles polonais, complices charmés de ses

---

[1]. C'est du moins ce que Knesebeck, devenu feld-maréchal, a affirmé dans une lettre adressée, le 20 mai 1844, à son ami le feld-maréchal Müffling et publiée dans les *Mémoires posthumes* de ce dernier. (Voir *Aus meinem Leben, F. C. Ferdinand Freiherr von Müffling*).

desseins, et se gardait d'en faire aucun aveu officiel de peur d'attiédir la Prusse et de jeter l'Autriche dans les bras de Napoléon [1]. Avec ces arrière-pensées, ces sous-entendus réciproques, l'accord ne pouvait se produire sur le terrain où se tenait Knesebeck. Les pourparlers se succédaient, se prolongeaient sans aboutir.

Informé de ces difficultés, de ces lenteurs, Frédéric-Guillaume ne lui envoyait aucune instruction assez précise pour y mettre un terme.

On retrouve là ce roi et ses indécisions toujours aux prises avec ses aspirations même les plus vives.

Il n'était pas fâché d'avoir comme un motif nouveau d'éloigner encore le moment de la résolution capitale. Même pendant ces jours de négociations, il n'avait pas complétement renoncé à la futile imagination d'une médiation austro-prussienne armée, et à tout calcul basé sur un retour de Napoléon à des sentiments meilleurs et efficaces envers la Prusse. Il était frappé d'une dépêche qui venait de lui parvenir et dans laquelle son ambassadeur à Paris rapportait que, dans une conversation, Napoléon lui avait dit « qu'il désirait la paix ; que, pour la faire, il consentirait à des *compensations* prises dans le duché de Varsovie et dans une partie du royaume de Westphalie, si la paix n'était que continentale ; mais que si elle était générale, il consentirait à de

[1]. Voir la lettre d'Alexandre au prince Adam Czartoriski publiée dans les *Souvenirs d'un diplomate, par le baron Bignon*. Paris 1864. (Ouvrage posthume.)

Bignon avait déjà publié un long extrait de cette lettre dans son *Histoire de France depuis le 18 brumaire jusqu'à la deuxième Restauration*, longue apologie du règne de Napoléon.

plus grandes modifications de son système [1]. » Tout ne semblait donc pas désespéré du côté de la France ; et, bien que Frédéric-Guillaume sût, comme le monde entier, combien peu on pouvait compter sur les paroles de Napoléon, il se demandait s'il ne valait pas mieux risquer de s'y fier que de se lancer dans les terribles hasards d'une guerre contre lui.

Il avait trouvé encore un prétexte de retard : il voulait, disait-il, répondant aux instances des plus ardents patriotes, il voulait avant de se déclarer contre Napoléon, « le mettre dans son tort. » Et cela aurait pu mener loin. Par ces mots, en effet, il faisait surtout allusion au règlement de comptes qu'il ne cessait de réclamer depuis deux mois, du reste de la contribution de guerre dont il était redevable, et des fournitures que la Prusse avait faites à la Grande Armée avant et pendant la campagne de Russie ; et Napoléon était bien décidé à ne pas donner de sitôt une réponse précise à ces réclamations par la raison, pour lui décisive, que le règlement demandé devait le laisser débiteur de la Prusse pour une somme considérable, surtout si, comme l'équité l'exigeait, comme cela aurait dû être fait depuis longtemps, il réparait les dommages causés dans ce malheureux pays par les réquisitions exorbitantes, désordonnées, par les extorsions que la Grande Armée y avait opérées, au printemps de l'année précédente.

Mais heureusement pour la Prusse et aussi pour la

---

[1]. Dépêche de Krusemark, du 9 février.

Russie, le baron de Stein, revenu de Königsberg, avait rejoint le czar. Instruit de tout, il intervint et montra avec sa promptitude, sa netteté d'esprit habituelle, la solution des difficultés. « Envoyez-moi au roi avec pouvoir de traiter directement avec lui, dit-il à Alexandre; et je nouerai rapidement l'alliance que Knesebeck ne sait pas nouer ici. »

Alexandre l'écouta; et, le 24 février, Stein, malade, souffrant de la goutte, mais maîtrisant la souffrance, montait dans une mauvaise carriole et partait secrètement pour Breslau.

Arrivé le lendemain, il se rend à la demeure du roi sans prendre une minute de repos, et il annonce tout à la fois son arrivée et sa mission à Frédéric-Guillaume en se présentant devant lui.

Avec l'assurance d'une conviction puisée dans sa mission à Königsberg, dans ses relations plongeant si avant dans les masses, il lui expose que persister dans l'alliance française, c'est se mettre en opposition avec l'opinion du pays, et vouloir susciter un conflit qui sera funeste au trône; et il ajoute que, de Napoléon, la Prusse ne peut rien attendre si ce n'est la continuation de son abaissement, l'aggravation de ses malheurs; que, d'ailleurs, la force de cet homme est ébranlée au point de faire douter qu'il puisse quelque chose contre la Russie; que la Prusse ne saurait régler sa conduite sur celle de l'Autriche, car cette puissance est dans une position tout autre que la sienne; enfin, que combattre la Russie, ce serait se jeter dans le plus extrême des périls.

L'empereur Alexandre, il le sait, il l'affirme, est animé des meilleures intentions : il veut sincèrement la restauration de la Prusse; il veut la faire plus grande qu'elle n'a jamais été. Mais il s'agit, en ce moment, non de discuter comment elle sera restaurée, agrandie, mais si elle le sera; et, pour qu'elle le soit, il faut saisir l'occasion. Trop de temps a été perdu, il ne faut pas en perdre encore, répéter les fautes du passé. On fixera le sort des pays polonais conquis quand Napoléon aura été mis dans l'impossibilité de venir jamais les disputer. La coalition de la Prusse et de la Russie se grossira bientôt de tous les États de l'Allemagne et finira par le terrasser.

Dans l'emportement de son zèle pour la patrie allemande, Stein va jusqu'à dire au roi que, s'il ne rompt pas promptement l'alliance française, le czar est résolu d'annexer, sans délai, à la Russie la province de Prusse jusqu'à la Vistule [1].

Tout en reconnaissant les immenses services rendus à sa couronne et à la Prusse par Stein, Frédéric-Guillaume n'avait pour lui ni affection, ni penchant. Il redoutait son génie novateur, son impatiente énergie; et, de plus, il savait à quel point de hardiesse son ancien ministre poussait, depuis l'exil, la théorie du salut pu-

---

[1]. *Geschichte des Krieges in den Jahren 1813 und 1814, mit besonderer Rücksicht*, etc., von Carl Friccius. *Geschichte des deutschen Freiheitskrieges*, etc., von H. Beitzke.

Robert Wilson, dans son *Tableau de la puissance politique et militaire la Russie* (1817), dit que Frédéric-Guillaume ne consentit à l'alliance russe que « sous l'intimation qu'un gouvernement provisoire pourrait bien être établi dans son royaume. »

blic, appliquée à l'Allemagne. Mais, dans ce moment suprême, il subit, comme autrefois, son influence. Stein eut sur lui cette action, pour ainsi dire magnétique, qui manque rarement à l'homme fort, convaincu, résolu, en présence d'un caractère faible et indécis. Il le persuada, l'entraîna.

Ses discours, ses conseils, ses rudesses même, se trouvaient, d'ailleurs, singulièrement appuyés par les faits qui, d'heure en heure, parlaient plus haut et plus clairement à l'esprit du roi.

La nouvelle du soulèvement unanime, de l'armement de la province de Prusse, nouvelle répandue par les journaux de ce pays, propagée par des émissaires sans nombre, la retraite prolongée d'Eugène, les courses des Cosaques sur la rive gauche de l'Oder, aux portes de Berlin, leur apparition jusque dans cette capitale, avaient produit partout alors une indicible émotion. En dépit des instructions du gouvernement, les autorités municipales se refusaient à fournir des vivres aux troupes françaises ; les paysans s'enfuyaient à leur approche pour ne pas les nourrir ; les bourguemestres indiquaient leurs mouvements aux Cosaques, et la gendarmerie escortait publiquement les prisonniers faits par ceux-ci [1]. Les officiers, les soldats français isolés étaient souvent l'objet de mauvais traitements. On craignait une prise d'armes de Berlin. A Breslau même, les propos les plus audacieux se tenaient aux oreilles de la police, qui ne les réprimait plus. Un souffle d'insurrection traversait le pays. A la

1. Lettre d'Eugène à Napoléon, datée de Francfort-sur-l'Oder, le 18 février.

moindre étincelle, l'incendie allait éclater partout [1]. Malgré la défense d'Eugène, malgré ses efforts pour les empêcher, les levées d'hommes, les enrôlements se continuaient partout avec rapidité. Du balcon de son palais, le roi, un jour, avait vu quatre-vingts voitures chargées de jeunes gens échappés de Berlin, qui venaient s'inscrire dans les détachements de chasseurs-volontaires. « Votre Majesté, lui avait dit alors Scharnhorst, croit-elle maintenant au dévouement de son peuple ? » Frédéric-Guillaume s'était tu ; il pleurait.

Enfin, ce qui avait fait sur lui une impression encore plus profonde, c'était la récente arrivée du major Louis Dohna, l'envoyé des états de la province de Prusse, apportant les procès-verbaux des délibérations de ces « représentants de la nation, » et leur adresse au roi.

Monarque absolu, Frédéric-Guillaume avait été très-péniblement ému, d'abord, à la nouvelle qu'une des provinces de son royaume s'était insurgée, emparée de toute autorité. Il y avait là, en effet, comme un mouvement à l'espagnole qui avait déjà sa junte populaire, prête à gouverner, administrer, guerroyer pour son compte, « en l'absence et pendant la captivité du roi [2]. » Les familiers de la cour, qui avaient le mieux la pensée du souverain, allaient disant avec amertume que sans doute les états de la province de Prusse voulaient établir une monarchie citoyenne au bénéfice d'York.

---

1. « L'incendie est tout prêt à éclater. » Lettre d'Eugène à Napoléon, datée de Kopenick, le 24 février.

2. Formule des décrets rendus par les cortès d'Espagne.

CHAPITRE CINQUIÈME.

Aussi, le major Louis Dohna avait dû attendre plusieurs jours une audience du roi, et en avait reçu un accueil froid et sévère. Mais après l'émotion, si dure qu'elle fût, la réflexion était venue; et reconnaissant les sacrifices énormes que s'imposaient ses sujets de la rive droite de la Vistule; calculant les forces que lui donnerait, mesuré à l'échelle de ce dévouement, le patriotisme des autres provinces, Frédéric-Guillaume s'était senti une confiance qu'il ne s'était jamais connue.

En outre, Napoléon achevait tout à point de l'exaspérer.

Sans lui demander son assentiment, sans même lui en donner avis, le despote français venait d'ordonner aux garnisons des forteresses de l'Oder et de Spandau de former leurs approvisionnements de siège aux dépens des pays environnants; cet ordre commençait à s'exécuter et Frédéric-Guillaume entendait les cris de désespoir de ses sujets, victimes de ces nouvelles et ruineuses réquisitions. Et, ce qui était bien autrement grave, il apprenait que dans son discours au Corps législatif, Napoléon venait d'annoncer solennellement la ferme résolution de maintenir à tous ses alliés l'intégrité de leurs États. En d'autres termes, Napoléon contredisait absolument ce qu'il avait dit si récemment à Krusemark de *compensations* qui, pour faire la paix, seraient prises dans le duché de Varsovie et le royaume de Westphalie; il déclarait que la Prusse n'avait rien à attendre, à espérer de lui, que l'obligation continuée de verser son sang au service de son ambition.

Stein avait donc surpris Frédéric-Guillaume au moment le plus favorable pour l'arracher à ses dernières mais encore tenaces hésitations.

Singulière et grande destinée de ce puissant esprit! A Königsberg, il avait donné l'impulsion définitive au peuple; à Breslau, il la donnait au roi.

Celui-ci, l'histoire doit le dire, ne la reçut pas sans amertume. Il n'eut pour Stein ni un signe de bienveillance, ni une marque d'attention. En proie à des douleurs aiguës, obligé de taire son nom et de cacher sa présence aux espions de Saint-Marsan et du parti français, l'homme qui venait de déterminer une politique qui allait changer les destinées de la Prusse et de l'Europe, dut, en prenant congé de Frédéric-Guillaume, aller à l'aventure chercher un gîte à travers Breslau encombré d'hôtes étrangers, et s'estimer heureux d'en trouver un dans le plus mauvais réduit d'une auberge de bas étage.

Sa résolution prise, Frédéric-Guillaume en pressa les conséquences.

Le conseiller d'État Anstett avait été adjoint par le czar à la mission de Stein. Frédéric-Guillaume chargea sur l'heure Hardenberg d'établir, de concert avec lui, le traité qui devait unir la Prusse et la Russie, et le munit d'instructions assez larges pour éviter tous nouveaux retards. On les évita si bien que, le surlendemain même de l'arrivée de Stein, le 27 février, le traité recevait la signature d'Hardenberg et d'Anstett, était remis le 28 au czar, à Kalisch, par Scharnhorst, et signé ce jour-là même par ce général et par Koutousof.

D'après ce traité, les deux puissances contractantes

formaient une alliance offensive et défensive dont le but final était l'indépendance de l'Europe, et le but immédiat la reconstitution de la Prusse dans des conditions qui lui garantissent paix et sécurité. Elles devaient ne faire séparément ni paix, ni trêve, ni convention quelconque, et s'efforcer, d'un commun accord, de gagner l'Autriche à leur cause. Elles s'engageaient à employer toutes leurs forces au service de l'alliance; mais le contingent immédiat de la Russie était fixé à cent cinquante mille hommes, et celui de la Prusse à quatre-vingt mille, non compris les garnisons des places fortes. La Russie promettait d'assister de toute son influence sa nouvelle alliée dans les démarches à faire pour obtenir des subsides de l'Angleterre.

Dans les articles secrets de ce traité, Alexandre promettait de ne pas poser les armes tant que la Prusse, au point de vue géographique, statistique et financier, ne serait pas rétablie dans une situation équivalente à celle où elle était avant la guerre de 1806; mais il ne spécifiait pas les territoires qui serviraient à ce rétablissement. Il assurait, néanmoins, que les provinces de Prusse et de Silésie seraient reliées convenablement entre elles, ce qui emportait la cession de la Posnanie à la Prusse, et il se taisait, d'ailleurs, sur le sort réservé à tout le reste du grand-duché de Varsovie, conquête actuelle de la Russie et possession, pour la moitié, de la Prusse avant Tilsit.

Les conseils de Stein étaient suivis : Frédéric-Guillaume acceptait le vague de ces dispositions, et s'en rapportait au czar et à la fortune du soin de les préciser davantage. Six semaines, un mois plus tôt, il en aurait sans doute obtenu de bien meilleures. La Prusse porta la peine des longues indécisions de son souverain.

Après l'événement, on a beaucoup discuté la question de savoir à qui était le plus utile, le plus nécessaire, le traité de Kalisch au moment où il fut conclu. La vérité est qu'il était également indispensable à la Prusse et à la Russie.

Sans la Russie, la Prusse aurait été écrasée en voulant lutter contre Napoléon; et, en restant fidèle à son alliance avec lui, elle aurait été maintenue dans l'abaissement et la ruine.

Sans la Prusse, le czar non-seulement n'aurait pu continuer d'avancer avec ses armées réduites, depuis le passage du Niémen, à une cinquantaine de mille hommes par les détachements envoyés devant les forteresses et à la suite du corps autrichien et de Poniatowski, mais encore il aurait été obligé de se replier sur la rive droite de la Vistule; et là même, la suite le prouvera, il n'aurait pu réunir, à temps, assez de forces pour disputer victorieusement à Napoléon le duché de Varsovie. Quant à la paix avec lui, elle n'aurait été possible qu'au prix de l'abandon de cette conquête, Napoléon lui-même venait d'en faire la déclaration retentissante, nous l'avons indiqué; et une telle paix consacrant l'asservissement de l'Allemagne, la domination continentale de Napoléon, aurait mis la Russie en prise plus que jamais à l'ambition insatiable du despote français.

Sans doute l'enjeu de Frédéric-Guillaume au traité de Kalisch était bien plus fort que celui d'Alexandre, car il risquait et sa couronne et l'existence même de la

Prusse; mais, s'il ne se fût pas décidé alors à la lutte contre Napoléon, quand l'aurait-il entreprise? Ne pas s'allier avec Alexandre en février, en mars, c'eût été l'obliger à la retraite, nous le répétons, l'y obliger avant deux mois; c'eût été reléguer dans un avenir indéfini toute tentative sérieuse d'affranchissement de la Prusse, car les Russes une fois derrière la Vistule et Napoléon sur leurs pas avec des forces considérables, comme celles avec lesquelles il allait bientôt reparaître, il n'aurait plus été possible à la Prusse de continuer ses levées, de s'organiser pour la guerre; et l'Autriche, peu résolue, lente dans ses armements, n'aurait certainement pas trouvé que la circonstance fût favorable pour se déclarer contre le conquérant français.

Il faut dire, au surplus, que Frédéric-Guillaume et Alexandre auraient été impuissants, l'un à retenir plus longtemps le peuple prussien dans l'alliance française, l'autre à faire accepter à l'armée et à la nation russes exaspérées de l'invasion, enivrées de leurs succès, une paix sans compensations à des maux effroyables, à des pertes inouïes. Lorsque Koutousof et la plupart des généraux russes insistaient pour la paix, ils entendaient, en effet, que la paix assurerait à la Russie la Prusse jusqu'à la Vistule, et le grand-duché de Varsovie au moins jusqu'à ce fleuve, et telle était aussi la manière de voir de ceux qui soit dans l'aristocratie, soit dans le peuple, souhaitaient le plus ardemment la fin de la guerre. Or, Napoléon se déclarait, par avance, contre toute stipulation de ce genre.

En s'unissant contre lui, c'est-à-dire en prenant le

parti le meilleur pour la Prusse et pour la Russie, les souverains de ces deux pays prirent donc aussi le seul qui assurât l'entière obéissance de leurs sujets.

Il est des moments dans la vie des nations où les souverains les plus absolus ne sont que les premiers serviteurs de l'opinion publique.

Peu de temps après la signature du traité par lequel elles s'alliaient, la Russie et la Prusse posèrent, dans une convention spéciale, quelques règles pour leur conduite envers l'Allemagne et pour l'action à y exercer en commun.

Conclue, le 19 mars, à Kalisch, cette convention était tout empreinte de l'esprit de Stein.

Elle portait, d'abord, qu'un appel serait adressé, au nom des deux puissances contractantes, aux princes et aux peuples de l'Allemagne pour les inviter à coopérer à l'affranchissement de la patrie et pour menacer de dépossession tout souverain qui, dans un délai fixé, ne répondrait pas à cette invitation; et, après cette disposition menaçante pour les princes esclaves de Napoléon, elle stipulait l'institution d'un comité central d'administration muni de pouvoirs illimités et chargé d'établir des organisations provisoires dans les États qu'occuperaient les armées alliées, d'y prendre les mesures nécessaires pour en utiliser les ressources au profit de la cause commune, et notamment d'y former des troupes de ligne, une landwehr et un landsturm.

Stein fut d'abord un des membres, puis le président de ce comité central.

Malgré l'urgence des circonstances, Frédéric-Guillaume voulut retarder sa déclaration de guerre à la France, et tenir secret pendant bien des jours encore son traité d'alliance avec le czar; et le czar dut y consentir. La capitale de la Prusse était encore au pouvoir des Français, et Frédéric-Guillaume craignait qu'elle ne fût victime de quelques mesures de vengeance. Pour jeter le masque, il voulut attendre qu'Eugène l'eût évacuée, qu'il eût prolongé jusqu'à l'Elbe sa retraite, ce qui paraissait très-prochain, et que des forces russes et prussiennes d'effectif un peu respectable se fussent avancées pour combattre au besoin un retour offensif de sa part.

Le secret fut si bien gardé que Saint-Marsan ne se douta de rien. Le 2 mars, s'adressant au ministre Maret, il écrivait encore que, si on faisait *quelque chose* pour le roi, on le retiendrait sans doute dans l'alliance française.

Cependant, les préparatifs militaires de la Prusse continuaient, se développaient avec une activité, un emportement qui aurait dû dessiller les yeux les plus obstinément fermés.

Nous avons indiqué les principales mesures ordonnées jusqu'ici par Frédéric-Guillaume pour armer son royaume. Nous devons y revenir pour en préciser la valeur, pour en montrer l'ensemble et le résultat ; nous devons dire comment elles avaient été de longue main rendues possibles, comment elles furent étendues, complétées, et comment le dévouement populaire atteignit au niveau des plus extrêmes sacrifices.

Cela est nécessaire pour évaluer le poids que la

Prusse va jeter dans la balance de la guerre, pour faire comprendre le rôle qu'elle jouera dans la Coalition qui vient de se former, et qui, bientôt, aura recruté toute l'Europe. Cette Prusse tombée de neuf millions d'habitants à quatre millions et demi, réduite à un petit territoire sans frontières militaires, dévastée par la guerre, ruinée par la paix, cette Prusse si longtemps courbée sous le joug se relève, s'est relevée et sera la cause décisive de la destruction de la puissance monstrueuse de Napoléon et malheureusement aussi de la légitime grandeur de la France. Quand la Coalition, troublée par d'éphémères revers, désunie par ses succès mêmes, sera tentée de s'arrêter, de traiter avec cet homme funeste, une voix s'élèvera toujours retentissante, implacable, vengeresse, qui repoussera transactions, compositions, ajournements; qui criera « en avant! » qui se fera écouter; et cette voix sera celle de la Prusse.

Une convention signée à Paris et conséquence du traité de Tilsit, défendait à la Prusse, avons-nous dit, d'entretenir un état militaire de plus de quarante-deux mille hommes.

Mais Scharnhorst, placé, dès la paix, à la tête de l'administration militaire de ce royaume, avait trouvé dans son esprit fécond en ressources le moyen d'éluder cette obligation humiliante, caution de la faiblesse future du vaincu.

Il avait réduit des trois quarts les cadres de l'infanterie, des deux tiers ceux de la cavalerie, et, dans des proportions moindres, ceux des autres armes. Il avait renvoyé dans leurs foyers des milliers de sous-officiers et de soldats qui n'auraient pu entrer dans les cadres conservés, sans que l'effectif fixé par la convention de Paris eût été dépassé ; et il les avait choisis parmi les plus instruits, les mieux exercés. Mais le congé qu'il leur avait donné n'était pas définitif. Tous, ils restaient à la disposition de l'État pour être rappelés, au besoin, à son service. Scharnhorst avait créé ainsi une réserve précieuse, et il l'avait augmentée graduellement. A plusieurs reprises, il avait mis en congé un certain nombre de soldats suffisamment formés et les avait remplacés par des recrues qui, une fois instruites, avaient été remplacées à leur tour, sous les drapeaux, par de nouvelles recrues et étaient allées également grossir la réserve.

En janvier 1813, ce système avait si bien fructifié qu'on estimait à soixante-dix mille le nombre de ces soldats élevés en silence par la prévoyante habileté de Scharnhorst et toujours prêts à rentrer dans l'armée.

C'étaient eux qu'aux appels successifs du roi on avait vus accourir empressés, ardents, aux lieux de rassemblement indiqués. Pour y parvenir, beaucoup avaient dû échapper à la surveillance des troupes françaises. Marchant de nuit, faisant de longs détours, par la neige, par le froid, par la pluie, couverts seulement de leurs pauvres habits de paysans, sans autres moyens de subsistance que ceux que leur fournissait à la hâte le patriotisme des villes, des villages où il se présentaient à l'improviste, rien ne les avait rebutés ; tous, ils avaient reparu sous le drapeau.

De ces militaires revenus de congé on fit deux parts. La première et la plus faible servit à mettre sur le pied de guerre les corps existants. Avec la seconde, on créa d'autres corps.

La Prusse avait, à la fin de 1812, onze régiments d'infanterie, à trois bataillons chacun ; cinq bataillons de grenadiers ; trois de chasseurs ; cinq de garde royale ; vingt régiments de cavalerie, dont deux de garde, chacun à quatre escadrons ; quarante-cinq compagnies d'artillerie ; six de pionniers, et quelques bataillons dits de garnison.

Chaque bataillon fut porté à huit cent vingt-cinq hommes [1] ; chaque escadron à cent soixante hommes et cent cinquante chevaux [2] ; chaque compagnie d'artillerie à cent soixante-dix hommes ; chaque compagnie de pionniers à cent hommes.

Les cadres existants ainsi remplis, on créa un douzième régiment d'infanterie ; on ajouta à chaque régiment de cavalerie un cinquième escadron ; on créa cinquante-deux bataillons de réserve au complet de huit cent vingt-cinq hommes, vingt compagnies d'artillerie à deux cents hommes ; on porta le nombre des bataillons de garnison à vingt-quatre et l'effectif de chacun à huit cent vingt-cinq hommes ; on créa aussi quelques compagnies de pionniers.

Au moyen de ces nouveaux cadres, on put incorporer non-seulement tous les soldats revenus de congé qui ne furent pas nécessaires pour mettre sur le pied de guerre les anciens corps, mais encore vingt et quelques mille recrues. Ces recrues, on les leva, et elles rejoignirent les dépôts avec la plus grande rapidité.

1. Officiers compris.
2. Idem.

Dans le temps où il avait préparé la nombreuse réserve qui, maintenant, semblait sortir de dessous terre, Scharnhorst avait assuré à l'armée un moyen rapide de remontes extraordinaires. Tous les chevaux de selle et de trait, propres à la guerre, existants en Prusse, avaient été annuellement recensés, de sorte qu'au premier avis on pouvait promptement les requérir. On usa de ces réquisitions; et la cavalerie et l'artillerie reçurent, en un clin d'œil, les chevaux réclamés par l'accroissement de leur effectif.

Scharnhorst avait pensé aussi, et, à force d'industrie et d'économie, malgré l'épuisement du trésor public, il était parvenu à réparer, du moins en partie, les pertes énormes de matériel subies par l'armée prussienne en 1806 et 1807. Il avait mis plus de cent mille fusils en magasin, quatre cents bouches à feu de campagne sur affûts.

Mais l'argent lui avait manqué pour faire une réserve d'habillements et d'équipements; et, au moment où l'on rappela les soldats en congé, où on leva des recrues, où on requit des chevaux par milliers, l'argent manquant encore, le roi, nous l'avons rapporté, demanda aux provinces de prendre à leur charge l'habillement, l'équipement de ces soldats et recrues, l'équipement de ces chevaux.

Cette demande, elles y satisfirent avec zèle, avec enthousiasme. Draps, toiles, cuirs, etc., furent requis, achetés, payés par elles et mis en œuvre à leurs frais. Les villes se transformèrent en ateliers où les ouvriers travaillaient jour et nuit à la confection des effets nécessaires aux défenseurs de la patrie.

Les chevaux requis, le trésor public ne pouvait les

payer. Les provinces lui vinrent également en aide et les payèrent pour lui.

A la voix du souverain, il se fit plus encore. Le soldat fut logé chez l'habitant; et l'habitant se chargea de le nourrir sans indemnité aucune.

Pour donner des officiers à tous les corps de nouvelle formation, on épuisait les anciens cadres, on fouillait jusqu'au fond la classe des sous-officiers, on rappelait tout ce qu'il y avait de bon, de vigoureux parmi les officiers qui, après Tilsit, avaient pris ou reçu leur congé, tous ceux qui, l'année précédente, étaient sortis de l'armée afin de ne pas combattre à côté des Français pour Napoléon; on provoquait le retour de ceux-là même qui, au grand mécontentement du roi, étaient allés porter en Russie leur épée et leur patriotisme indigné.

Mais ces ressources suffisaient à peine aux besoins du moment. Il fallait songer à l'avenir; et c'était en vue de l'avenir que Scharnhorst avait proposé au roi les deux édits que nous avons rapportés, qui avaient pour but de faire accourir dans les rangs de l'armée les fils de la classe la plus aisée de la population, exemptés jusque-là du service militaire par une injuste disposition de la loi. Ce que Scharnhorst attendait de ces édits, ce n'était pas seulement, en effet, un renfort numérique pour l'armée. Ces milliers de chasseurs-volontaires qui arrivaient habillés, équipés, montés à leurs frais dans tous les régiments, étaient les jeunes gens les plus instruits du pays; il comptait sur eux principalement pour en faire bientôt une pépinière de sous-officiers, d'officiers. Ils justifièrent son attente.

Attentif à utiliser toutes les forces, à n'en laisser perdre aucune, Scharnhorst persuada au roi de consentir à l'organisation de corps francs qui se recruteraient surtout de volontaires étrangers à la Prusse et ne coûteraient rien à son trésor. Plusieurs officiers ouvrirent aussitôt des registres d'engagements et virent affluer, pour s'y inscrire, des patriotes de tous les pays allemands.

Dès la mi-février, à Breslau, sous les yeux mêmes de l'ambassadeur de Napoléon, un ancien compagnon de l'héroïque Schill, le major Lützow, commença l'organisation d'un corps franc qu'il devait commander, qui devait prendre son nom et qui était destiné à une célébrité légendaire.

A tant et de si énormes sacrifices demandés, offerts, accomplis avec une incomparable ardeur, les populations en ajoutèrent simultanément d'autres encore.

De tous côtés des comités se formèrent qui provoquèrent des dons patriotiques; et les dons affluèrent. Les uns donnèrent du numéraire, de l'argenterie, des armes, du fer; les autres du drap, des toiles; ceux-ci des chevaux, des bestiaux; ceux-là des grains, des fourrages. Les femmes apportèrent leurs bijoux, l'anneau même de leurs fiançailles et reçurent, en échange, un anneau de fer où étaient gravés ces mots : « J'ai donné de l'or pour du fer, 1813; » souvenir aujourd'hui encore religieusement conservé au foyer domestique.

Au moment où se signa le traité d'alliance de la Prusse avec la Russie, le peuple prussien était donc saisi de cette fièvre d'enthousiasme, de dévouement, qui rend légères toute charge supportée pour le salut de la patrie, toute œuvre faite pour elle, et qui ne laisse plus reconnaître ni difficultés, ni obstacles, ni impossibilités.

Mais cette fièvre redoubla, atteignit son paroxysme quand Frédéric-Guillaume, s'adressant à la nation même, lui annonça « qu'uni au czar il déclarait la guerre à Napoléon. »

Ce fut le 17 mars. Depuis plusieurs jours alors, nous aurons à le dire, l'armée française avait évacué Berlin, était derrière l'Elbe et n'avait plus pied en Prusse que par les garnisons confinées dans les trois places de l'Oder et de Spandau.

Pour la première fois, en Prusse, le souverain parlait sans intermédiaire « à son peuple. » La nécessité chassait enfin la vieille étiquette. Le moment était suprême; la parole de Frédéric-Guillaume fut simple et mâle.

Il rappela aux Prussiens les maux dont les avait accablés Napoléon. Il les avertit qu'il aurait à leur demander encore d'énormes sacrifices, des sacrifices proportionnés à la grandeur de son entreprise, aux forces, aux ressources de son ennemi. Mais « pensez, leur disait-il, aux exemples que nous ont donnés les Russes, nos puissants alliés, et les Portugais et les Espagnols. Plus d'une fois de petits peuples ont triomphé d'ennemis puissants; souvenez-vous de l'héroïsme des Suisses et des Néerlandais. » Et il ajoutait : « C'est une lutte décisive que nous avons à soutenir pour *notre indépendance, notre liberté, notre existence;* une lutte qui n'a pour issue qu'une paix honorable ou un trépas glorieux. »

Frédéric-Guillaume adressa aussi à son armée une

brève et ferme allocution, et lui annonça qu'il ne la quitterait pas; qu'il combattrait avec elle, et que tous les princes de sa maison seraient à ses côtés.

Le jour était venu de mettre non plus seulement l'armée, mais la nation entière sur le pied de guerre. Deux édits furent publiés, prescrivant l'un l'organisation immédiate de la landwehr dans tout le royaume, l'autre l'organisation du landsturm ou levée en masse, dès que la première serait terminée.

Ces édits, Scharnhorst les avait ébauchés au temps même où, de concert avec Stein, il travaillait au grand œuvre de la régénération de la Prusse. Plus tard, il les avait achevés et soumis au roi, qui les avait secrètement approuvés.

On y retrouvait les dispositions générales de l'ordonnance rendue cinq semaines auparavant par les états de la province de Prusse, sauf que les limites d'âge étaient abaissées de dix-huit et quarante-cinq ans à dix-sept et quarante. Mais l'autorité royale s'y était substituée à celle des états pour la constitution du comité général provincial, à celle des citoyens pour la formation des sous-comités ou comités de districts; d'où il résultait, entre autres conséquences, que le roi se réservait pour lui-même ou ses délégués la nomination des officiers de tous grades.

Par un ordre spécial, Frédéric-Guillaume reconnut pourtant l'organisation décrétée à Königsberg et déjà terminée. Il se contenta de changer la légende inscrite autour de la croix de plomb fixée au bonnet du milicien : « Sans armes, sans honneur, » avaient dit les états, adoptant la devise due à Stein fort peu préoccupé de ménager les faiblesses de l'esprit monarchique ; le roi voulut ces mots : « Avec Dieu, pour le roi et la patrie. »

En un temps moins profondément agité, on aurait été blessé sans doute des modifications faites à l'œuvre de l'assemblée de Königsberg ; œuvre popularisée déjà par la presse, par les sociétés secrètes, et acclamée par tous les patriotes de Prusse et d'Allemagne. Mais dans les transports tumultueux de l'opinion publique, ces altérations passèrent inaperçues. On n'avait qu'une pensée, qu'un vœu, saisir le fusil et s'en servir au plus vite.

Les sacrifices que s'était si spontanément imposés la province de Prusse servaient au roi à mesurer la grandeur de ceux qu'il pouvait demander aux autres provinces. Il y ajoutait même la formation d'une landwehr à cheval.

Pour tout le royaume, la landwehr dut comprendre cent trente-deux bataillons à huit cent vingt-cinq hommes, et cent escadrons d'une force moyenne de cent chevaux, c'est-à-dire que, derrière l'armée, il allait se former une réserve de cent vingt mille hommes. Les fusils allaient manquer. En attendant ceux qu'on demandait à l'étranger, aux manufactures d'armes de Prusse redoublant d'activité, le roi ordonna de fabriquer des piques et d'en armer une partie des miliciens.

L'édit sur le landsturm développait, en un grand nombre d'articles, les dispositions sommaires prescrites par l'assemblée de Königsberg. Mais il respirait une véritable fureur patriotique. Dans son préambule, il donnait encore en exemple l'énergie sauvage des Espagnols; il semblait dicté par le plus implacable de leurs chefs de guérillas.

« A l'approche de l'ennemi, dit-il, les masses du landsturm doivent emmener tous les habitants des villages avec leurs bestiaux et leurs effets, emporter ou détruire les farines, les grains, faire couler les tonneaux, brûler les moulins et les bateaux, combler les puits, couper les ponts, incendier les moissons approchant de la maturité. L'État indemnisera les citoyens après la retraite de l'ennemi... Les villes ne seront pas abandonnées. Mais la surveillance d'une garde bourgeoise sous l'influence ennemie est défendue ; car les désordres que la populace peut commettre nuisent moins que de laisser l'ennemi maître de disposer de toutes les troupes en campagne... Dans les villes occupées par l'ennemi, les bals, les fêtes, les mariages même sont interdits. » Mais le landsturm doit aussi combattre, et l'édit ajoute : « Le combat auquel tu es appelé *sanctifie tous les moyens*[1]. Les plus terribles sont les meilleurs[2]. Non-seulement tu harcèleras continuellement l'ennemi, mais tu détruiras et anéantiras les soldats isolés ou en troupes[3], tu feras main basse sur les maraudeurs. »

Ordres cruels, barbares, a-t-on dit; oui, mais qui devraient être le catéchisme de tout peuple en proie aux violences de la conquête et de la tyrannie. La conquête

---

[1]. « Alle Mittel heiligt. »
[2]. « Die schneidensten sind die vorzüglichsten. »
[3]. « Einzeln und in Trupps vernichten. »

est barbare, la tyrannie est barbare. On ne leur doit pas une guerre courtoise. D'ailleurs, au point de vue philosophique et moral, en quoi la lutte en bataille rangée, la destruction en masse, diffèrent-elles de la guerre de détail, de la destruction partielle?

Pour moi, je le dis sans détours, si ma patrie devait subir une fois encore le choc d'une invasion, je lui souhaiterais un gouvernement capable de signer cet édit sur le landsturm, et des citoyens capables de l'exécuter.

Rien ne déconcerte l'esprit de guerre et de conquête comme l'aspect d'un peuple résolu de lutter, non-seulement en batailles plus ou moins savamment ordonnées par ses généraux, mais encore sous la conduite de son dernier maire de village.

A ces proclamations, à ces édits de la royauté prussienne, égalant mais ne dépassant pas la frénésie populaire, viennent se joindre les proclamations, les ordres du jour des généraux russes et prussiens annonçant l'alliance de leurs souverains, de leurs nations. Ils s'adressent aux Allemands et font de véritables manifestes. Ils parlent une langue inconnue depuis la République française. Dans leur bouche, les droits des peuples priment les intérêts des souverains. Ils arment les peuples des principes de Liberté, d'Égalité pour les précipiter contre Napoléon.

La liberté, Koutousof la promet au nom des deux monarques alliés. En leur nom aussi, il proclame la dissolution de la Confédération du Rhin, « chaîne qui sert à l'esprit d'usurpation pour garrotter l'Allemagne disloquée; » il demande aux princes qui la forment coopération fidèle et entière, et menace d'anéantir par les armes celui d'entre eux qui sera parjure à la cause de la patrie germanique[1].

Sorti de sa retraite volontaire, chef d'un corps d'armée formé en Silésie, un Prussien, général déjà renommé en Allemagne et destiné à un renom universel, dit aux Saxons : « Levez-vous, réunissez-vous à nous, levez l'étendard de l'insurrection contre l'usurpation étrangère; soyez libres; » et, comme inspiré, il s'écrie : « Nous marchons vers les contrées que nous montre le doigt de la Providence... nous vous apportons l'aurore d'un jour nouveau; » et il annonce la liberté sans laquelle aucune liberté n'existe : « La liberté de la presse[2]. »

Allemand d'origine[3], entouré des membres des sociétés secrètes, Wittgenstein a la parole plus résolue encore. « Qui voudra rester en repos, dit-il, je ne le reconnaîtrai pas pour Allemand. Qui n'est pas pour la liberté est contre elle. Il faut choisir entre mon affection fraternelle et mon épée[4]... Voyez les Prussiens; toute la nation se lève en masse; le fils du paysan marche à côté de celui du prince... Il n'y a plus d'autre distinction que celle du talent et du zèle pour la cause sacrée. La liberté ou la mort, tel est le mot d'ordre donné par Frédéric-Guillaume... Saxons, Allemands, nos arbres généalogiques finissent avec l'année 1812. Les exploits de nos aïeux sont effacés par l'avilissement de leurs descen-

---

[1]. Proclamation de Koutousof, 25 mars 1813.
[2]. Proclamation de Blücher, 23 mars 1813.
[3]. Il était né en Russie, mais son père était Allemand.
[4]. Proclamation du 23 mars.

dants. La délivrance de l'Allemagne fera seule renaître des races nobles[1]... »

Du haut de la chaire, dans les temples et les universités, du haut de la tribune subitement élevée pour la presse, retentissaient les mêmes enthousiasmes pour la patrie allemande, les mêmes menaces aux faibles et aux traîtres, les mêmes excitations au dévouement de tous, et mille voix annonçant « l'aurore du jour nouveau, » l'ère nouvelle, l'ère d'indépendance, de liberté, d'égalité ; et, du sein de ce grand tumulte éclatait un continuel anathème contre Napoléon, et malheureusement aussi contre le peuple français, car le patriotisme ulcéré des maux passés, impatient de venger ses injures, voyait un complice là où la raison ne trouvait qu'un instrument et une victime.

L'arène était ouverte à la liberté. Elle s'y précipitait à l'attaque de la conquête et de la tyrannie.

Maurice Arndt avait donné le signal de la lutte nouvelle. Écrivain déjà renommé, affilié dès longtemps aux sociétés secrètes, tout imbu de principes démocratiques, ami ardent de Stein et son compagnon d'exil, il était arrivé avec lui à Königsberg et y avait publié aussitôt deux pamphlets restés à bon droit fameux[2]. La passion

---

[1]. Proclamation du 30 mars.

[2]. Le premier de ces deux pamphlets a pour titre : « *Katechismus für den deutschen Kriegs-und Wehrmann, Worin gelehrt wird wie ein christlicher Wehrmann seyn und mit Gott in den Streit gehen soll.* » Cela signifie : « Catéchisme pour le soldat et le milicien allemands, où l'on enseigne ce que doit être un guerrier chrétien et comment il doit aller avec Dieu au combat. » Le second pamphlet est intitulé : « *Was bedeutet Landsturm und Landwehr?* » « Que signifie le Landsturm et la Landwehr? »

de la liberté, la fureur patriotique, la rage de la vengeance, en débordent mêlées à des sentiments religieux exaltés, à des axiomes de toute justice et de toute moralité, à des préceptes, à des conseils bons à méditer, à suivre par tout peuple qui voudra briser ses chaînes. Napoléon, l'armée, la nation française, y sont couverts d'outrages, d'exécrations. Contre lui, contre elle, Arndt appelle à la guerre populaire [1], à la guerre sainte [2], tous les Allemands. Il prédit la victoire à l'implacable soulèvement des masses et ne limite leur effort qu'à la reprise des plus anciennes frontières de l'Allemagne, de tout le pays au delà du Rhin « où Dieu est adoré en langue allemande [3]. »

1. « Volkskrieg. »
2. « Heiliger Krieg. »
3. « Soweit Gott in deutscher Zunge angebetet wird. »

On aura une idée de la violence d'Arndt par ces quelques lignes de son *Catéchisme pour le soldat et le milicien allemands* :

« SIXIÈME CHAPITRE

« *Du grand Tyran.*

« Et l'abîme s'est ouvert, dit le Seigneur, et l'enfer a vomi son poison et lâché ses serpents venimeux.

« Et un monstre est né, et une abomination souillée de sang s'est dressée.

« Et son nom est Napoléon Bonaparte, un nom de désolation, un nom de malheur, un nom de malédiction pour les veuves et les orphelins, un nom qui retentira parmi les cris de désespoir, au jour du jugement.

« Et pourtant, beaucoup l'ont adoré et en ont fait l'idole de leur âme ; et ils l'ont nommé le Sauveur, le Libérateur, l'homme qui vient au nom du Seigneur pour racheter le monde.

« Et pourtant je ne le connais pas, dit Dieu, et je l'ai réprouvé et le réprouverai ; et il n'y a en lui ni félicité, ni salut, ni liberté...

« Mais il est devenu puissant par le mensonge, et il a édifié son trône

Telle était la violence de la réaction produite par les conquêtes insensées et la tyrannie de Napoléon. L'Allemand voulait arracher à la France les limites du Rhin acquises par la grande République et reconnues par toute l'Europe et les limites mêmes de la vieille monarchie !

Passant de main en main, courant avec les émissaires des sociétés secrètes, « avec les frères allemands » à travers les polices décontenancées de Napoléon et des princes-esclaves, emportés à tous les vents du ciel, ces pamphlets d'Arndt s'étaient promptement répandus dans toute l'Allemagne et partout avaient trouvé des lecteurs avides, enthousiastes.

Maintenant Arndt chantait ; et, poëte inspiré, ses chants plus encore que ses pamphlets, excitaient, soulevaient les passions populaires. Sa poésie a, parfois, les accents farouches de notre *Marseillaise*. C'est la poésie de la guerre, du combat et du carnage. Elle faisait tressaillir tous les cœurs et enfantait des soldats.

A la suite d'Arndt, pamphlétaires et poëtes étaient accourus en foule. Chaque jour, chaque heure entendait un nouvel appel aux armes, de nouvelles imprécations contre Napoléon et la France, de nouvelles invocations à la Liberté, à l'Égalité ; et ce qui achève de caractériser

---

par le meurtre et la trahison ; et c'est un signe du temps et la marque du péché des enfants des hommes, et cela prouve combien ils s'éloignent du sentier de la justice qu'ils ont appelé délivrance l'esclavage et estimé le crime vertu de souverain.

. . . .

« Debout, Peuples ! tuez-le, car je l'ai maudit ; détruisez-le, car c'est un destructeur de la Liberté et du Droit. »

l'époque, c'est que poëtes et écrivains poursuivaient de leurs colères, dénonçaient à la vindicte publique non-seulement le conquérant insatiable, l'oppresseur de l'Allemagne, mais encore le destructeur des libertés de la France et l'usurpateur de ses droits [1].

De tous ces tribuns de la presse, de tous ces Tyrtées populaires, ceux-là seuls ne joignaient pas l'exemple à l'excitation qui n'avaient pas la constitution physique nécessaire au soldat. Les autres saisissaient le fusil du volontaire, du partisan, du milicien, et se vouaient au service de la patrie. Il le demanda à Lützow, il prit l'uniforme « des chasseurs-noirs, » cet enfant de la Saxe déjà sacré par la muse, ce Körner qui tomba sitôt sur le champ de bataille, génie subitement grandi au feu de la guerre, poëte presque accompli à vingt-trois ans à peine. Le jour même où il s'enrôlait sous la bannière déployée par Lützow, il adressait sur sa demande un appel énergique aux Saxons pour les conjurer de venir grossir « le corps noir, le corps de la vengeance. »

« Que cette grande époque ne trouve pas de petits hommes, s'écriait-il ! » Et, en quelques jours, cinq cents jeunes gens répondaient à sa voix.

Qui aurait résisté à ce torrent de passions déchaînées ? faibles et forts, il entraînait tout. Le comptoir,

[1]. Cet anathème contre l'homme de Brumaire, l'homme du Consulat et de l'Empire, Fichte le formula avec une incomparable hauteur dans un discours public où son sujet : *Ueber den Begriff des wahrhaften Krieges* (De l'Idée d'une véritable guerre) le conduisit à tracer le portrait de Bonaparte. Le lecteur qui ne sait pas l'allemand trouvera une excellente traduction des paroles de Fichte dans le remarquable livre de M. Jules Barni : **Les martyrs de la libre pensée.** (*Genève* 1862.)

l'atelier, la ferme, étaient abandonnés pour les armes. Les universités, les classes supérieures des gymnases [1] étaient désertes : professeurs et élèves avaient revêtu le harnais de guerre. Les premiers ils s'étaient jetés dans la croisade de l'indépendance et de la liberté, ceux dont le rude Jahn avait fortifié et assoupli les corps, et ceux que l'immortel Fichte avait nourris du suc de sa mâle doctrine, des principes du stoïcisme moderne.

La Prusse n'était plus qu'un camp : ici, les soldats, et, à leurs côtés, les chasseurs-volontaires, les corps francs prêts à entrer en ligne ; là, la landwehr organisant ses bataillons, ses escadrons ; et en arrière d'elle, le landsturm amorçant le fusil du braconnier, aiguisant la faux du paysan. Les femmes, à leur tour, s'étaient formées en associations. « Au nom de la patrie en danger [2], » elles provoquaient, recueillaient des dons de toute sorte, faisaient de la charpie, cousaient la chemise qu'attendait le sac du chasseur-volontaire et du chasseur-noir. Quelques-unes même, déguisant leur sexe, endossaient l'uniforme du volontaire [3].

C'était l'enthousiasme de la France aux jours de 1792 et de l'an II, quand les Prussiens, obéissant, eux aussi, à un despote, ils auraient dû s'en souvenir, s'avançaient précédés du manifeste de Brunswick pour nous subju-

[1]. Colléges.

[2]. Ces mots sont les premiers d'un appel adressé de Berlin aux femmes prussiennes, le 23 mars, par un comité que présidait la princesse Wilhelmine de Prusse et où siégeaient sept autres princesses.

[3]. Les écrivains allemands citent les noms de plusieurs de ces enrôlées volontaires qui parvinrent au grade de sous-officier dans les régiments de ligne et de landwehr.

guer, pour relever le trône abattu, pour restaurer un ordre politique et social abhorré.

Sous l'influence fécondante des grandes réformes entreprises par Stein et continuées par Hardenberg, sous l'action prolongée des sociétés secrètes, sous les excès sans nombre de la tyrannie napoléonienne, un peuple nouveau était né, avait grandi sur le sol de la Prusse. Attaché à son roi qui avait appelé les ministres réformateurs, qui les avait soutenus contre les partisans des priviléges, ce peuple était profondément agité, en même temps, par les principes de liberté et de démocratie; et là était sa force. Il ramassait le flambeau de la Révolution éteint, foulé aux pieds par Napoléon, le rallumait et le secouait en gerbes de feu sur l'Allemagne. Aussi dévoué maintenant à sa patrie qu'il l'était peu au milieu des revers d'Iéna et d'Auerstaedt, il est fanatiquement résolu de tout sacrifier pour elle, de périr jusqu'au dernier homme, pour la sauver, pour l'affranchir. L'armée prussienne peut être vaincue; mais sa défaite ne mettra pas fin à la guerre. Il faudra vaincre aussi, terrasser, écraser le peuple prussien, qui est debout derrière elle. La lutte contre Napoléon prend, en effet, un caractère tout nouveau, ce n'est plus avec lui querelle de rois, mais querelle de peuples. A l'imitation des Français dans leur ère héroïque, tout Prussien porte la cocarde noire et blanche, la cocarde nationale. C'est le signe d'un engagement pris par lui. Cela signifie qu'il est prêt à s'armer du fusil qui échappera à la main du soldat frappé sous le drapeau, et que toute brèche faite dans les rangs des défenseurs de la patrie sera immédiatement réparée.

Dégageons notre esprit des vieilles rancunes et des vieilles haines. Rendons justice à tant de patriotisme, à tant de dévouement; et de l'exemple grandiose que nous offre la Prusse à cette heure solennelle, sachons tirer cette leçon, déjà inscrite dans les annales de la France républicaine, que l'amour de la patrie, quand il a été éteint au cœur des nations de notre âge par le privilége et le despotisme, se rallume au foyer de la liberté et de l'égalité. Les peuples réellement invincibles, éternellement rebelles à la conquête, au joug, sont ceux qui ne comptent que des citoyens égaux et libres.

Grâce à tant d'efforts, la Prusse, dans les premiers jours d'avril, avait en première ligne cinquante-six mille hommes et deux cents bouches à feu[1]; en deuxième ligne quarante-quatre mille hommes[2] de troupes en partie formées, en partie en formation; et en troisième ligne, tant dans les places fortes que dans les dépôts, vingt-huit mille hommes[3], c'est-à-dire que, sans compter quelques milliers de volontaires des corps francs, elle avait, en deux mois et demi, porté à cent vingt-huit mille hommes l'effectif de son armée, descendue à trente-cinq mille à la suite de la campagne de Russie. A ces forces allaient venir se joindre, d'abord, vingt mille miliciens de la province de Prusse, à qui Alexandre venait d'envoyer quinze mille fusils fran-

---

1. Cinquante-six mille trois cent cinquante hommes compris dans cinquante-cinq bataillons, soixante et onze escadrons et vingt-cinq batteries.
2. Quarante-trois mille huit cents.
3. Vingt-sept mille six cent dix hommes.

çais, dépouilles de notre grand désastre, et qui se mettaient déjà en marche pour passer la Vistule, et puis, à deux mois de là, ou un peu plus, cent mille hommes de la landwehr des autres provinces de la monarchie.

Toutes ces forces une fois sous le drapeau, la Prusse, qui compte quatre millions cinq cent mille âmes, aura donc levé, équipé, armé, organisé deux cent cinquante mille hommes. Ce sera comme si la France d'alors avec ses quarante-cinq millions d'habitants mettait deux millions cinq cent mille hommes sous les armes.

Réformée dans ses institutions et ses mœurs par Scharnhorst, cette armée de la Prusse ne connaît plus ni états-majors luxueux, ni grades inutiles, ni pompeux uniformes, ni lourds bagages. Elle est simple et alerte comme les armées de notre grande République aux jours glorieux où Bonaparte n'en avait pas encore altéré le caractère et détruit les vertus; et ce qui, en elle, n'est à comparer aussi qu'aux légions enfantées par notre Révolution, c'est l'esprit qui l'anime. Tous, dans ses rangs, du premier général au dernier soldat, tous sont passionnés jusqu'au fanatisme pour la cause de leur patrie et brûlent de venger ses vieilles injures. Si cette armée est battue, si, par impossible, elle est mise en désordre, on peut en être sûr, elle se reformera d'elle-même et retournera au combat.

Jetons maintenant nos regards sur la France. Elle aussi organise ses armées. Elle nous donnera, par son contraste avec la Prusse, le plus décisif des enseignements.

CHAPITRE SIXIÈME.

Napoléon abandonne les débris de son armée en déroute. — Mystère de son voyage. — Il s'arrête quelques heures à Varsovie. — Scène étrange. — Sa halte à Dresde. — Son entrevue avec le roi de Saxe. — Ses lettres à l'empereur d'Autriche et au roi de Saxe. — Il poursuit sa route vers Paris. — Publication du vingt-neuvième bulletin de la Grande Armée. — Douleur, exaspération générale. — Origine du pouvoir de Napoléon. — Instruments de règne. Napoléon arrive à Paris. — Scène arrangée par lui. — But de cette scène. — Ses allocutions au Sénat et au Conseil d'État. — Leur résultat. — Ses ressources pour la création et l'organisation d'une nouvelle et formidable armée. — Les cohortes dites de garde nationale. — La conscription de 1813. — La nouvelle de la défection d'York arrive à Paris. — Sénatus-consultes ordonnant une levée de cent mille hommes sur les classes de 1812, 1811, 1810, 1809, et une levée de cent cinquante mille hommes sur celle de 1814. — Offres de cavaliers montés faites à Napoléon, sous ses suggestions, par les conseils communaux. — Illégalité des taxes perçues pour réaliser ces offres. — Achats, réquisitions de chevaux. — Organisation des cohortes en régiments de ligne. — Compagnies de réserves départementales. — Artillerie de marine. — Création de quatre corps d'observation sur l'Elbe, le Rhin et l'Adige. — Effectif de l'infanterie qu'ils doivent avoir. — Réorganisation de l'infanterie de la vieille garde et de la jeune. — Réorganisation du 1er et du 2e corps d'armée. — Effectif de l'infanterie qu'ils doivent avoir. — Réorganisation de la cavalerie de ligne. — Formation de trois corps de réserve de cavalerie. — Réorganisation de la cavalerie de la garde. — Réorganisation de l'artillerie de ligne et de celle de la garde. — Forces que Napoléon peut espérer avoir sur l'Elbe, le Rhin et le Danube à la fin d'avril. — Pénurie du trésor public. — Spoliation de plusieurs milliers de communes. — Discours de Napoléon à l'ouverture du Corps législatif. — État de l'opinion publique. — Irritation des soldats échappés au désastre de Russie et des conscrits. — Confiance de Napoléon. — Il reçoit la déclaration de guerre de la Prusse. — Faux calcul qu'il fait sur les forces que cet État lui opposera. — Il apprend l'insurrection de la 32e division militaire et la défection des deux duchés de Mecklemburg. — Sénatus-consultes ordonnant une conscription de quatre-vingt mille hommes sur les classes de 1807 à 1812, la levée de dix mille gardes d'honneur et l'organisation de cohortes de gardes nationales pour la défense des côtes et des principaux ports de l'Empire. — Mise hors la constitution de la 32e division militaire

— Le maréchal Davout est chargé d'y réduire l'insurrection. — Décrets ordonnant la formation prochaine d'un corps de réserve en Italie et de deux autres en Allemagne.

Abandonnant son armée, réduite à une poignée d'hommes et en pleine déroute, Napoléon partit de Smorgoni, le 5 décembre, dans les premières heures de la nuit. Couvert d'épaisses fourrures, couché dans une voiture soigneusement fermée et posée sur un traîneau, ayant à ses côtés son grand écuyer Caulincourt, devant lui, à l'extérieur, son mamelouk Rustan et un interprète polonais, et, pour toute suite, Duroc et un autre général, il courut sur Vilna, n'y entra pas, eut, tout auprès, dans une maison abandonnée, une courte entrevue avec Maret, le ministre des relations extérieures de l'Empire, et se dirigea, de là, par Marienpol, sur Varsovie. Il allait avoir à traverser l'Allemagne tout entière, l'Allemagne opprimée, frémissante, couverte de sociétés secrètes prêtes à s'armer du poignard de Brutus. Il s'enveloppait donc de mystère, caché sous un nom d'emprunt, attentif à éviter les regards.

A Varsovie, il s'arrêta tout un jour. Descendu dans une auberge, il y fit appeler, en grand secret, son ambassadeur l'archevêque de Pradt, le président du conseil des ministres, et le ministre des finances du grand-duché polonais ; et ce fut là, dans une salle basse, aux volets à demi fermés, que se passa la scène étrange retracée par M. de Pradt en traits ineffaçables.

Les dernières nouvelles venues de Vilna, la brusque arrivée de Napoléon en si modeste équipage, le mystère de son voyage, tout terrifiait ses interlocuteurs. Il voulut d'abord les rassurer. Mais il se laissa aller à un flux de paroles mal appropriées à son dessein. Il semblait pris de vertige.

Il vanta l'excellence de sa santé ; dit que les Russes n'étaient plus les soldats d'Eylau et de Friedland, qu'en toute rencontre il les avait battus ; qu'ils n'osaient pas *tenir* devant son armée ; qu'elle était *superbe* et *tiendrait à Vilna* ; que, néanmoins, il allait chercher trois cent mille hommes, parce qu'il aurait deux ou trois batailles à livrer aux Russes sur l'*Oder*, mais que, dans six mois, il serait encore sur le *Niémen*. C'était se contredire. Il ne s'en aperçut pas. Il avoua même qu'il avait fait de grandes pertes ; mais, ajouta-t-il, « tout ce qui arrive n'est rien ; c'est un malheur, c'est l'effet du climat ; l'ennemi n'y est pour rien ; je l'ai battu partout.... je ne peux pas empêcher qu'il gèle en Russie ; » et à tout cela il mêla des façons de proverbes : « du sublime au ridicule, il n'y a qu'un pas ; qui ne hasarde rien n'a rien, » et d'affreuses plaisanteries sur les chevaux, sur les hommes qui « ne résistaient pas à plus de neuf degrés de glace..... Je vis dans l'agitation, dit-il encore trivialement ; plus je tracasse, mieux je vaux ; il n'y a que les rois fainéants qui engraissent dans leurs palais ; moi, c'est à cheval et dans les camps ; » et, derechef, il vanta sa force, sa santé ; puis, par une contradiction nouvelle, il fit l'éloge des Russes et eut même des paroles d'admiration pour l'incendie de Moscou.

Entrecoupé de digressions sans nombre, chargé de

continuelles redites, ce discours sans suite et sans dignité dura deux heures. Napoléon le continua en disant aux deux ministres polonais qu'il fallait que leur pays fit un grand effort contre l'ennemi commun. Il leur exposa les mesures militaires qu'il voulait qu'on y prît; il insista principalement sur la nécessité de reformer promptement le corps de Poniatowski et de lever dix mille cavaliers légers qu'on appellerait Cosaques polonais et qui seraient destinés à arrêter les Cosaques de Russie dans leurs courses audacieuses; et, à l'observation persévérante des deux ministres polonais que les finances du Grand-Duché étaient épuisées, qu'elles ne pourraient subvenir aux frais de nouveaux armements, il répondit en mettant à la disposition de ce pays ruiné quelques ressources insignifiantes, et en promettant de lui en fournir de considérables dans un avenir dont il se garda de préciser la date. Alors, il demanda son traîneau, y monta, et, répétant que jamais sa santé n'avait été meilleure, il s'éloigna laissant ses auditeurs dans la stupéfaction [1].

Le lendemain, il fit une nouvelle halte dans un bourg polonais; et il y dicta une lettre à Maret par

1. *Histoire de l'ambassade dans le grand-duché de Varsovie, par M. de Pradt, archevêque de Malines*, alors ambassadeur à Varsovie.
Dans ses *Mémoires sur la Pologne et les Polonais, depuis 1788 jusqu'à la fin de 1815*, Michel Oginski emprunte textuellement le récit de cette étrange scène au livre de M. de Pradt, puis il ajoute : « Le comte Stanislas Potoski, président du Conseil des ministres, et le ministre des finances Matuszewic, que j'eus l'honneur de voir en 1815, et de questionner sur leur conversation avec Napoléon, au moment où ils vinrent se présenter à lui à son passage à Varsovie me répétèrent presque mot à mot ce que j'ai cité ci-dessus de l'ouvrage de M. de Pradt. »

laquelle il destituait de Pradt de ses fonctions, ne le jugeant pas à la hauteur des circonstances. A Glogau, qui avait une garnison française, il prit aussi quelque repos; et, vers le milieu de la nuit du 13 au 14 décembre, il s'arrêtait à Dresde devant la porte de son ministre, M. de Serra. Il eut grand'peine à se la faire ouvrir.

Appelé sur-le-champ, le vieux roi de Saxe, qui de sa vie n'était entré dans une maison particulière, accourut tout ému près de celui qu'il était habitué à servir comme le vassal son suzerain. Napoléon tenait à le rassurer pour qu'il rassurât autour de lui. Il le reçut couché[1] et lui fit le roman de sa désastreuse expédition, se gardant bien d'en raconter l'histoire. Il lui annonça son prochain retour à la tête de forces considérables, l'excita néanmoins à augmenter autant que possible l'état militaire de la Saxe et du grand-duché de Varsovie, lui recommanda d'observer attentivement les dispositions des cours allemandes, celles surtout de la cour d'Autriche, et de l'informer de ce qu'il en apprendrait, lui prescrivit le secret, plus indispensable que jamais, sur son passage à travers les populations germaniques, et le congédia sinon absolument convaincu au moins sans très-graves inquiétudes.

Un soin plus important l'occupa dans cette station à Dresde. Il écrivit à l'empereur d'Autriche et au roi de Prusse, ses alliés, dont les contingents, presque intacts, flanquaient, à droite et à gauche, les tristes

---

1. *Mémoires du comte de Senfft, ancien ministre de Saxe.*

restes de l'armée par lui abandonnés aux approches de Vilna.

A l'empereur François, que, suivant un ridicule formulaire, il appelait « Monsieur mon frère et mon très-cher beau-père, » il présentait son retour en France comme un fait sans grande signification. Il parlait de la Grande Armée comme si elle eût encore existé. Il en avait laissé, disait-il, le commandement à Murat, en Lithuanie, et allait passer les mois d'hiver à Paris pour vaquer aux affaires les plus importantes. Il insinuait d'y envoyer « quelqu'un » pour remplacer le feld-maréchal Schwarzenberg, « dont la présence à l'armée était utile [1]; » et il exprimait le vif désir que le contingent autrichien fût porté à soixante mille hommes.

Au roi Frédéric-Guillaume, il demandait d'augmenter celui de la Prusse de dix mille hommes, et il adressait, en même temps, de vives félicitations sur la conduite des troupes prussiennes depuis le commencement de la guerre.

Ces dépêches respiraient une grande confiance dans la fidélité des deux souverains à l'alliance française. Mais celles qui furent expédiées aux ambassadeurs français à Vienne et à Berlin eurent sur ce point un caractère de réserve marqué. Elles étaient faites pour exciter leur vigilance [2]. Si enivré qu'il fût de sa puis-

---

[1]. Schwarzenberg était resté titulaire de l'ambassade autrichienne à Paris.

[2]. On lit dans la dépêche adressée de Dresde à l'ambassadeur français à Vienne : « ..... Il est donc nécessaire que l'Autriche fasse un grand effort pour le triomphe de la cause commune, *à moins qu'elle ne voulût changer de système,* ce qui ne serait conforme ni au caractère de l'empereur Fran-

sance, quelle que fût son infatuation, Napoléon ne pouvait guère se dissimuler, en effet, que l'Autriche et la Prusse avaient été trop durement humiliées, dépouillées par lui, pour n'être pas de ces alliés qu'on ne conserve qu'à la condition d'être toujours le plus fort, qui ont au cœur le désir passionné de se relever de leurs défaites et ne cessent d'en épier l'occasion.

De Dresde, se cachant toujours et toujours ignoré; ayant, d'ailleurs, pour plus de sûreté, deux sous-officiers de la garde royale saxonne postés sur son traîneau[1], Napoléon gagna promptement Erfurt, place forte occupée par les Français. Il y rencontra M. de Saint-Aignan, son ministre près la petite cour de Weimar, ne le surprit pas moins par sa venue qu'il n'avait surpris MM. de Pradt et de Serra, se donna quelques heures de repos, dicta plusieurs lettres pour exciter les princes de la Confédération du Rhin à se hâter de reformer leurs contingents, et, échangeant son traîneau contre la voiture de M. de Saint-Aignan, il prit la route de Paris par Mayence.

A Smorgoni, il avait écrit, en le datant de Malodezno, le trop fameux vingt-neuvième bulletin, le dernier de sa folle expédition. Confié à un officier d'ordonnance et adressé à Cambacérès, l'archichancelier de l'Empire, l'âme de la tyrannie en l'absence de l'empereur,

çois, ni aux premières idées d'une saine politique, puisque, de ce moment, elle deviendrait partie principale et le théâtre nécessaire de la guerre. »

1. « M. de Serra ne put s'empêcher de dire qu'il y avait sans doute en Allemagne bien des gens qui, s'ils savaient ce que renfermait ce léger véhicule, seraient tentés de lui jouer quelque mauvais tour. » (*Mémoires du comte de Senfft, ancien ministre de Saxe.*)

ce bulletin parvint à Paris le 16 décembre. La marche en avait été calculée de manière qu'il pût y arriver et être publié un peu avant le retour de Napoléon aux Tuileries.

La France alors ne savait de l'expédition de Russie que ce qu'il avait convenu à ce dernier de lui en dire; et il ne lui en avait rien dit qui pût lui inspirer de grandes alarmes. Cependant elle était inquiète, car, depuis trois semaines, elle n'avait reçu aucune nouvelle de l'armée en retraite, et l'hiver sévissait, dans toute l'Europe, avec une rigueur inaccoutumée.

Ce fut dans ces anxiétés que vint la surprendre le récit composé par Napoléon au dernier gîte qu'il eût pris au milieu des misérables débris de ses légions affamées, gelées, pourchassées, débandées. Mélange artificieux d'aveux sincères et de mensonges, compte rendu arraché par la nécessité de motiver les sacrifices qui allaient être imposés pour réparer le désastre, ce récit confessait l'énormité des pertes en chevaux et en matériel, et se taisait sur l'immense destruction d'hommes. Mais cette réticence en était à peine une. La lacune se comblait en quelque sorte d'elle-même, et il était facile de comprendre que l'armée française avait péri presque tout entière.

Dissimulant les fautes énormes commises dans la conception, dans les calculs, les préparatifs et la conduite de la campagne, Napoléon, ici comme à Varsovie, comme à Dresde, attribuait ses malheurs aux seules rigueurs d'un froid excessif et prématuré. Le fait était, au contraire, que le froid avait seulement achevé l'œuvre de dissolution et de mort presque accomplie par l'ennemi, les fatigues, la misère, et surtout par la faim. Mais la vérité, en telle occurrence, ne se révèle que sous les gouvernements libres. Les causes réelles de la ruine de notre armée qui devaient devenir un des lieux communs de l'histoire, quelques-uns seulement les soupçonnèrent, la masse les ignora.

A la terrible et soudaine révélation du journal officiel de l'Empire, la France fut saisie de stupéfaction et de douleur [1]. Il ne fut pas une famille qui n'eût au cœur le deuil d'un parent ou d'un ami; et, tout aussitôt, ont dit les contemporains, se mêlèrent à ce deuil des imprécations contre l'ambition de Napoléon, contre le général qui reprochait à ses soldats brisés par des souffrances surhumaines « d'avoir perdu leur gaieté, » contre le despote qui, pour toute consolation à une nation pleurant un demi-million de ses enfants, lui jetait ces paroles d'un égoïsme cruel : « Je ne me suis jamais mieux porté [2]. » Malheureusement, douleurs et colères restèrent confinées au foyer domestique. Depuis treize ans, courbée sous le joug, la France, pour parler comme le grand historien latin, avait pris l'habitude de la patience servile.

Comme s'il eût prévu, pourtant, cette révolte des cœurs, comme s'il en eût redouté l'explosion, Napoléon

---

1. « A la réception de ce vingt-neuvième bulletin, le deuil couvrit toute la France, » a dit un des apologistes les plus outrés de Napoléon, Norvins, dans *Le portefeuille de 1813*.

2. « La santé de Sa Majesté n'a jamais été meilleure. » (Derniers mots du vingt-neuvième bulletin.)

avait voulu que la publication du vingt-neuvième bulletin fût immédiatement suivie de celle d'une note annonçant son très-prochain retour à Paris.

Il avait altéré, détruit les institutions de la Révolution, et construit sur leurs débris une monarchie héréditaire. Procédant tout à la fois de l'absolu pouvoir des derniers rois de France et de l'autocratie fastueuse des despotes de l'Orient et des Césars de Rome, cette monarchie était sans analogue dans notre histoire. En apparence, elle était fondée par la souveraineté populaire, limitée par des assemblées, contenue par des lois. En réalité, elle était une création de la ruse et de la force; c'était Napoléon lui-même qui s'en était fait le chef et qui la gouvernait à son gré, sous l'unique et constante suggestion de ses passions, de son immense égoïsme.

Un Sénat, un Corps législatif, un Conseil d'État, muets et serviles, sans autres fonctions que le soin de formuler en décrets les ordres du maître, de réglementer la servitude populaire; une force armée rompue en tout à l'obéissance passive; une administration rapace centralisée à l'excès, agissant avec la précision impitoyable d'une mécanique sous l'impulsion du moteur; une magistrature asservie; des tribunaux d'exception plus asservis encore; un code hérissé de peines barbares; une police infatigable, pénétrant partout, jusqu'au sein même de la famille, par la délation, par l'espionnage, par la violation du secret des correspondances; les lettres de cachet, de relégation, d'exil; les prisons d'État; le monopole de la presse périodique; la censure des livres; l'enseignement public façonnant rudement au joug les jeunes générations; la religion catholique dotée, faite, de nouveau, institution d'État, et imposant l'obéissance sous la menace de peines éternelles [1]; tels étaient les instruments de règne de Napoléon, l'appareil constitutionnel de sa tyrannie.

Mais, pour maintenir l'homme en servitude, ce n'est pas assez de le terrifier, il faut encore le corrompre.

A l'administration simple et économique de la France républicaine, Napoléon avait donc substitué des corps de fonctionnaires sans nombre et fortement rétribués; il avait détruit l'égalité des camps par la création d'une garde fastueuse et privilégiée; aux états-majors, naguère de tenue si sévère, de solde si

---

[1]. « Le catéchisme qui a été reçu dans toutes les églises pendant le règne de Bonaparte, menaçait des peines éternelles quiconque n'aimerait pas ou ne défendrait pas la dynastie de Napoléon. Si vous n'aimez pas Napoléon et sa famille, disait ce catéchisme (qui, à cela près, est celui de Bossuet), que vous en arrivera-t-il? Réponse : alors nous encourrons la damnation éternelle. »

A ces lignes de ses *Considérations sur la Révolution française*, Mme de Staël ajoute un extrait du catéchisme en usage sous l'Empire, où on lit : « Quelles sont les devoirs des chrétiens à l'égard des princes qui les gouvernent, et quels sont en particulier nos devoirs envers Napoléon Ier, notre Empereur? — Les chrétiens doivent au prince qui les gouverne et nous devons en particulier à Napoléon Ier, notre Empereur, l'amour, le respect, l'obéissance, la fidélité, le service militaire, les tributs ordonnés. . . . . . *Honorer et servir notre Empereur est donc honorer et servir Dieu même.* »

. . . .

« — Que doit-on penser de ceux qui manqueraient à leurs devoirs envers notre Empereur? — Selon l'apôtre saint Paul, ils résisteraient à l'ordre établi de Dieu même, et *se rendraient dignes de la damnation éternelle.* »

modeste, il avait donné un luxe inouï, attribué des grades, des dignités de son invention ou renouvelés de l'ancienne monarchie, inutiles, nuisibles et richement, somptueusement dotés ; il avait formé une cour dont la domesticité remplissait l'ancien palais des rois de France d'une foule dorée qui se partageait plus de charges et d'emplois, plus de salaires et de prodigalités que le pompeux entourage de Louis XIV ; il avait rétabli les ordres de chevalerie, les titres de noblesse, titres à vie, titres héréditaires, avec tout le vieux cortége des fiefs, des dotations, des majorats, des substitutions, des blasons et de la main-morte ; il avait exhumé, remis en vigueur l'étiquette de Versailles [1] ; il avait refait le livre rouge des faveurs monarchiques et en alimentait les profusions avec les revenus d'une liste civile plus riche que celle d'aucun souverain de l'Europe, avec les immenses trésors d'un domaine privé et d'un domaine extraordinaire, ravis à la fortune publique ou extorqués à l'étranger ; il avait interdit à la philosophie, aux lettres, aux arts, le culte public du beau, du vrai, du grand ; il entretenait à sa solde des écrivains chargés de dénaturer, de bafouer les principes de la Révolution, les droits et

---

1. « On exhuma de la poudre des bibliothèques tous les livres sur la matière. Un vieux gentilhomme, ancien page du roi, fut appelé de la province pour donner les traditions de Versailles... On parvint, avec son aide, à retrouver les lois de l'ancienne étiquette, et à en composer un volume aussi considérable que celui du Code civil. » (*Opinions de Napoléon sur divers sujets de politique et d'administration, recueillies par un membre de son Conseil d'État, et Récit de quelques événements de l'époque, par le baron Pelet (de la Lozère)*).

les devoirs qu'elle a proclamés, et jusqu'à l'idée même du progrès moral dans l'humanité; de toutes manières, en un mot, il s'était efforcé de ressusciter les préjugés, d'exciter la vanité, la convoitise, d'allumer dans les cœurs la soif de l'or, l'ambition des places, la passion du luxe, des jouissances matérielles, d'abaisser les esprits, d'obscurcir les intelligences; et les mœurs nationales en avaient reçu de profondes, de funestes atteintes. Nul plus que lui n'a démoralisé les Français, si ce n'est pourtant ceux qui, plus tard, l'ont glorifié et ont donné au monde le spectacle de son apothéose.

Remontant ainsi le cours du temps, reconstruisant le passé, Napoléon avait transformé un peuple de citoyens en une agglomération de sujets réduits à la plus absolue servitude, habitués à trembler sous sa main.

On conçoit donc la redoutable signification qu'avait pour ceux-ci la nouvelle de son prochain retour dans la capitale de son empire, au centre de tous ses moyens d'oppression, de corruption, de terreur.

Le 17 décembre, le *Moniteur* avait publié le vingt-neuvième bulletin. Le surlendemain, il annonça la présence de Napoléon à Paris. Au milieu de la nuit précédente, le fugitif de Smorgoni, ayant traversé la France furtivement comme l'Allemagne, était, en effet, arrivé aux Tuileries. On ne l'y attendait pas à cette heure, et il n'avait pu y pénétrer qu'en forçant les consignes.

Durant sa longue route, il avait imaginé l'appareil

d'une grande solennité destinée, tout à la fois, à réchauffer chez les agents de son pouvoir le zèle pour sa personne et pour sa dynastie, et à détourner de l'immense désastre l'attention et la douleur publiques.

Depuis l'établissement de l'Empire, lorsque le Sénat, le Conseil d'État, le Corps législatif, les chefs des grandes administrations, étaient admis aux Tuileries, ils adressaient de brèves et très-humbles félicitations à Napoléon; celui-ci leur répondait par quelques paroles de satisfaction hautaine, et le pays n'était pas mis dans la confidence des banalités ainsi échangées. Contrairement à cet usage, Napoléon ordonna qu'à l'occasion de son retour, le monde officiel vînt le saluer en grand apparat sur son trône et le haranguer en des discours qui seraient livrés à la publicité, ainsi que les réponses qu'il y ferait. Ces discours, il en concerta le thème avec Cambacérès; et celui-ci l'indiqua aux orateurs qui durent les prononcer.

Au moment même où Napoléon quittait si tardivement les ruines de Moscou, une des victimes des lettres de cachet impériales, républicain inflexible, tête forte, cœur héroïque, le général Malet, avait tenté de renverser l'Empire. Audacieuse, profondément combinée, son entreprise, après avoir touché au succès, avait malheureusement échoué; mais en échouant, elle avait mis à nu la faiblesse radicale de ce gouvernement qu'on croyait et qui se croyait très-fort, parce qu'il était tyrannique [1]. La fausse nouvelle

---

[1]. « La France morale est ébranlée par cette conspiration qu'on appelle si légèrement une équipée. » (Lettre de Fiévée, maître des requêtes au

de la mort de Napoléon, un décret supposé du Sénat avaient suffi pour mettre à la disposition de Malet une partie notable de la force armée de Paris, pour déterminer celle-ci à arrêter et conduire en prison le ministre de la police et le préfet de police, et pour décider le préfet de la Seine à faire préparer à l'Hôtel de Ville une salle pour les séances d'un gouvernement provisoire.

Napoléon mort, il avait paru tout naturel à ce magistrat, à ces officiers, à ces soldats, qu'un autre gouvernement remplaçât l'Empire, et parmi ces militaires beaucoup s'en étaient réjouis, voyant dans la fin de l'Empereur le retour de la République [1].

Conseil d'État, à Napoléon, Paris, 23 octobre 1812, dans *Correspondance et relations de J. Fiévée avec Bonaparte, premier consul et empereur.*) Six semaines plus tard, Fiévée écrivait encore à Napoléon : « La prolongation du mouvement opéré dans les esprits par la journée du 23 octobre est vraiment étonnante... » (*Ibidem.*)

Fain, l'apologiste imperturbable de l'Empire et de Napoléon, a écrit : « Malet a donc révélé un secret fatal, celui de la faiblesse de la nouvelle dynastie. » (*Manuscrit de 1813.*)

1. « ... Les vétérans mis en mouvement par Malet ne s'agitaient pas pour disposer de l'Empire, mais *pour le détruire et rappeler la République*. Les soldats n'étaient là que pour commencer l'action ; l'action une fois engagée, les vieux de la Révolution se seraient chargés de la conduire à un but fixe. Ils n'auraient pas substitué un homme à un homme, mais *le gouvernement de plusieurs à celui d'un seul*. Malet a fait agir en républicains ceux qu'il trompait, parce que l'état de la France est encore tel, malgré les apparences, que peuple ou soldats, grands ou petits, quiconque aura la pensée d'attaquer le gouvernement impérial, ne le tentera jamais qu'*au nom de la République*, eût-il d'autres pensées. » (Lettre de Fiévée à Napoléon, Paris, novembre 1812.) — On trouve dans le compte rendu du procès du général Malet et de ses co-accusés une preuve surabondante de la justesse de l'opinion émise par Fiévée. Un des membres du Conseil de guerre dit au lieutenant Régnier : « Lorsque vous vous êtes rendu dans la maison de

CHAPITRE SIXIÈME.

A l'enfant, à la femme de Napoléon, aucun n'avait songé; et, dans les groupes populaires qu'avait attirés la marche de la conspiration, non seulement on n'y avait pas pensé davantage, mais encore on avait manifesté des opinions démocratiques, des désirs républicains, on avait proféré des paroles offensantes pour l'Empire et son chef. Napoléon en avait été instruit par des rapports sûrs [1]; et peut-être cette révélation fut-elle la

---

M. le comte Réal, vous avez dit, lorsqu'il s'est annoncé comme M. le comte Réal : *Il n'y a plus de comtes.* » — Et l'accusé Régnier répond : « Permettez-moi. D'après ce que nous avait dit le général Malet que *toutes* les dignités étaient abolies, il (Réal) est venu; et j'ai dit : Je ne puis pas laisser passer; d'ailleurs *ma consigne de ce matin est qu'il n'y a plus de comtes.* »

On trouve aussi dans les pièces du procès un rapport d'un inspecteur général de police, Veyrat, où on lit ces mots : « Sans pouvoir indiquer personnellement aucun militaire de la garde de Paris et du poste de la préfecture, nous pouvons affirmer, Monsieur le Préfet, en avoir entendu *la majeure partie tenir d'odieux propos sur la mort prétendue de l'Empereur, et que ces malheureux insultaient déjà à sa mémoire...* »

« Les soldats aussi n'étaient pas *sans quelques rêves,* a écrit l'un des principaux fonctionnaires de la police politique de l'Empire. Une personne envoyée au ministère pour s'informer de ce qui se passait, s'annonça de sa part du comte de Réal : — *Ah! il n'y a plus de comtes,* lui répondit-on *de la cohorte.* » (*Témoignages historiques ou quinze ans de haute police sous Napoléon, par Desmarest, chef de cette partie sous le Consulat et l'Empire.*)

1. « ... Là (sur la place Vendôme), il est incontestable que la foule s'est montrée *républicaine dans ses désirs, offensante au plus haut degré dans ses expressions.* » (Lettre de Fiévée à Napoléon, Paris, novembre 1812, dans *Correspondance et relations,* etc.)

« En voyant son préfet si souple, qu'on juge par là de ce qu'aurait fait la population de Paris. On peut s'en faire une idée par une anecdote que je tiens de M. de Ségur. Il passait sur la place Vendôme, ignorant le sujet de grand rassemblement qui s'y était formé. Il s'approche d'un ouvrier et lui dit : — Savez-vous, *monsieur,* ce qu'il y a? — *Citoyen,* l'Empereur est

cause la plus déterminante de son retour précipité à Paris.

Quoi qu'il en soit, la faiblesse de ses fonctionnaires dans la crise de la conspiration l'avait fortement inquiété et irrité; il voulait leur donner une leçon retentissante; l'oubli généralement fait de son fils était d'un fâcheux augure pour sa dynastie; il voulait rappeler solennellement l'existence de cet enfant affublé du titre de roi de Rome, préparer même l'opinion publique à le voir couronner dans son berceau, et en donnant grand éclat à de telles préoccupations, il prétendait aussi rejeter dans l'ombre le désastre de Russie, le réduire, dans l'esprit de tous, aux proportions d'un événement secondaire.

C'était pour cela qu'il appelait aux Tuileries ces corps politiques qu'il qualifiait grands et faisait si petits, et les cours de justice et les chefs des principales administrations.

Leurs orateurs devaient lui donner la réplique. Il la reçut telle qu'elle leur avait été indiquée dans les instructions intimes de Cambacérès.

L'orateur du Sénat et celui du Conseil d'État [1] se confondirent en témoignages ampoulés de fidélité, de dévouement « à l'Empereur et à la quatrième dynastie »; ils affirmèrent que toute la nation était pénétrée d'amour pour le roi de Rome, et que chaque Français voyait « dans cet auguste enfant la sûreté des siens,

---

mort et on va proclamer la République. » (Lettre de Fiévée à Napoléon, Paris, 23 octobre 1812, dans *Correspondance et relations*, etc.)

[1]. Le Corps législatif n'était pas réuni.

la sauvegarde de sa fortune, un obstacle invincible aux bouleversements politiques »; ils demandèrent « qu'une couronne fût placée sur sa tête comme le gage de son autorité future et le symbole de la perpétuité du gouvernement »; ils jetèrent l'injure à la mémoire de Malet et de ses compagnons d'entreprise; ils insultèrent la nation russe qui « avait mal connu le cœur de Napoléon », et ils ne parlèrent de la désastreuse retraite que pour affirmer que les récits du vingt-neuvième bulletin étaient une cause nouvelle « d'admirer le plus auguste caractère....., le génie tutélaire de la France qui avait su prévenir *les effets de pertes imprévues et en faire l'occasion d'une gloire nouvelle.* »

Jamais l'esprit d'adulation et de servilité n'était descendu plus bas. La vulgarité de la forme égalait l'abjection de la pensée.

Napoléon répondit au Sénat : « J'ai fondé sur les ruines des factions et de l'anarchie ce trône auquel sont attachées désormais les destinées de la patrie.

« Des soldats timides et lâches perdent l'indépendance des nations, mais des magistrats pusillanimes détruisent l'empire des lois, les droits du trône et l'ordre social lui-même..... Le plus grand besoin de l'État est celui de magistrats courageux.

« Nos pères avaient pour cri de ralliement : *Le Roi est mort, vive le Roi!* Ce peu de mots contient les principaux avantages de la monarchie. »

Napoléon indiqua, ensuite, qu'il réfléchirait au vœu qu'il s'était fait adresser pour le couronnement de son enfant.

Il affirma n'avoir pas voulu proclamer la liberté des serfs en Russie pour ne pas y exciter une guerre sociale, et ne prononça sur le désastre de ses armes que ces laconiques paroles, qui étaient comme une consigne donnée et qu'allaient répéter tous les échos du monde administratif : « Mon armée a essuyé des pertes, mais c'est par la rigueur prématurée de la saison. »

Au Conseil d'État, il dit : « Si le peuple montre tant d'amour pour mon fils, — ce fils si bien oublié ! — c'est qu'il est convaincu par sentiment des bienfaits de la monarchie. » Puis, sans transition, il lança cette apostrophe fameuse : « C'est à *l'idéologie*, à cette ténébreuse métaphysique qui, en recherchant avec subtilité les causes premières, veut sur ces bases fonder la législation des peuples..... *qu'il faut attribuer tous les malheurs de la France.* Ces erreurs devaient amener et ont effectivement amené *le régime des hommes de sang.* Et, en effet, qui a proclamé le principe d'insurrection comme un devoir ? Qui a adulé le peuple en le proclamant *à une souveraineté qu'il était incapable d'exercer ?* Qui a détruit la sainteté et le respect des lois en les faisant dépendre non des principes sacrés de la justice, de la nature des choses, mais seulement de la volonté *d'une assemblée composée d'hommes étrangers à la connaissance des lois civiles, criminelles, administratives, politiques et militaires ?*

« Lorsqu'on est appelé à régénérer un État, ce sont des *principes constamment opposés qu'il faut suivre...* »

Jamais Napoléon n'avait mieux mis d'accord sa parole et son règne. Jamais il n'avait dit, avec une plus audacieuse netteté, que son principe n'était pas celui de l'humanité, mais un égoïsme impatient et sans bornes. Jamais il n'avait proclamé avec plus d'audace que sa politique c'était la Contre-Révolution en tout, pour tout, à son bénéfice. Mais, en se livrant à ces emportements froidement calculés, préparés [1], en prodiguant ces outrages à la raison, au droit, à la science, à l'histoire, à la France, il allait, sans s'en apercevoir, contre son intérêt personnel même.

Rappeler « le cri de ralliement » de l'ancienne monarchie, vanter l'excellence de l'hérédité du pouvoir suprême, lancer la malédiction aux grandes assemblées de la Révolution et aux principes proclamés par elles, nier la souveraineté du peuple, condamner le droit d'insurrection, c'était, en effet, faire le procès à la Révolution tout entière, justifier les théories et les anathèmes de l'émigration, dire à la France qu'elle avait commis une faute et un crime en détruisant la vieille royauté, c'était, en un mot, reconstruire les bases morales de la monarchie des Bourbons, déclarer légitime et nécessaire la res-

1. La pensée de couvrir du bruit d'une sortie publique contre l'*idéologie*, c'est-à-dire contre les principes de la Révolution, le retentissement de l'entreprise de Malet, avait sans doute été inspirée à Napoléon par Fiévée, son observateur et rapporteur secret et soldé. On lit, en effet, dans une de ses lettres à Napoléon (novembre 1812), ces conseils : « Des témoignages de satisfaction à qui les mérite ; une disgrâce simple mais inévitable pour le préfet de la Seine, et du reste un peu d'humeur de premier abord dans les termes vagues d'*idéologues* et de *métaphysiciens politiques* qui ne signifient que ce qu'on veut, puis reprendre les affaires... »

tauration des princes exilés; car la faute, le crime exigent repentir et réparation. Certes, Napoléon entendait bien qu'on ne tirât pas de ses discours une telle conclusion[1], mais la logique n'admet pas de pareilles prétentions.

Usurpateur devant le droit populaire, usurpateur devant le droit monarchique, il se marquait lui-même avec éclat du sceau de cette double illégitimité; il ébranlait donc son trône au lieu de le raffermir; et il ne s'en apercevait pas! Dans l'infatuation de son pouvoir, il avait perdu la clairvoyance.

Quant au double but qu'il poursuivait dans cette scène arrangée à l'avance, il lui échappa complétement. Les contemporains et l'histoire même du renversement de l'Empire en témoignent : sénateurs, conseillers d'État, fonctionnaires, restèrent disposés à pactiser avec tout gouvernement qui se substituerait à l'Empire en ménageant leurs intérêts; et la France ne se laissa pas détourner du désastre de Russie, ne cessa pas de maudire au fond du cœur le maître ambitieux à qui sa douleur l'imputait justement.

Ce désastre, il fallait le réparer, du moins dans ce qu'il avait de réparable. Napoléon s'y employa

1. « Il croyait les Bourbons oubliés pour toujours et feignait de les oublier lui-même. Son horreur des révolutions et le danger de leur exemple lui faisaient désirer d'être considéré comme l'héritier direct et naturel de l'ancienne dynastie. On ne pouvait, sans lui déplaire, se servir devant lui de cette expression : Depuis la Révolution. Il semblait que c'était la reconnaître et lui donner une consécration nouvelle. *Il aurait voulu en effacer jusqu'au nom.* Ce n'était pas les royalistes qu'il redoutait, mais les idéologues et les républicains. » (*Opinion de Napoléon,* etc., *par le baron Pelet (dev) Lozère.*)

CHAPITRE SIXIÈME.

avec un esprit infini de ressources, une activité, une fermeté prodigieuses, et aussi avec toute la dureté de son despotisme.

Dans le premier chapitre de ce récit, nous avons énuméré les forces qui lui restaient dans le nord à la fin de décembre; il faut les rappeler.

Il y avait dans cette région vingt-deux mille hommes, en grande partie Prussiens, sous Macdonald, se retirant alors des abords de Riga sur le Niémen.

Quarante-cinq mille hommes, dont vingt-cinq mille Autrichiens, quinze mille Saxons et Français, cinq mille Polonais, sous Schwarzenberg et Reynier, couvrant le grand-duché de Varsovie vers Pultusk et Wengrow; vingt-cinq mille hommes de troupes fraîches : Français, Westphaliens, Bavarois en partie réunis, en partie à réunir, en quelques jours, sur Königsberg.

En un mot, on avait alors à opposer aux Russes plus de quatre-vingt-dix mille hommes, une véritable armée en excellent état.

En outre, pour appuyer cette armée on pouvait, sous deux mois, porter immédiatement en arrière d'elle la brigade de jeune garde qui se trouvait sur l'Oder, la division de Grenier qui faisait halte en Franconie, quinze mille Polonais qui seraient fournis par le grand-duché de Varsovie, une vingtaine de mille hommes, les uns échappés au désastre de Russie, les autres isolés ralliés au retour en Prusse, qu'on s'occupait de vêtir, d'équiper, d'armer, de réorganiser, et enfin dix mille Prussiens, dont Frédéric-Guillaume avait ordonné d'augmenter son contingent; soit, en tout, soixante-dix mille hommes.

Ainsi, quatre-vingt-dix mille hommes déjà en ligne, soixante-dix mille pouvant aller les renforcer sous deux mois, telles étaient les forces sur lesquelles Napoléon pouvait réellement compter, à condition, pourtant, que Prussiens et Autrichiens continueraient de combattre pour lui, que l'Allemagne pourrait être abandonnée à elle-même, et que le duché de Varsovie ne serait pas occupé par les Russes. Or, comme il était bien loin de prévoir la défection d'York; comme il ne redoutait pas une volte-face ou du moins une volte-face prochaine de la Prusse et de l'Autriche, et moins encore de la Confédération du Rhin; comme il croyait les armées russes hors d'état de franchir le Niémen et le Bug, sa position lui semblait assez stable pour lui donner le temps de former, avec les ressources de son vaste empire, une nouvelle armée.

Et cette armée, il la voulait formidable, car il ne renonçait pas, l'homme funeste, à ses prétentions à la domination universelle. Il persistait même à vouloir conquérir ce pays qu'il avait envahi, attaqué avec une déloyauté, une perfidie dignes des temps barbares, cette indomptable Espagne où périssaient chaque année cent mille soldats français, et où venaient échouer sans cesse les plans politiques et stratégiques qu'il dressait lui-même pour la subjuguer. Pareil à ce Conseil aulique de Vienne, constant objet, autrefois, de ses justes moqueries, il prétendait, en effet, diriger de Paris la guerre que faisaient ses lieutenants au delà des Pyrénées.

L'année qui finissait y avait été, pour les armées françaises, une année de revers et de revers considérables; mais cette leçon nouvelle à son orgueil, à son ambition, restait stérile. Il avait deux cent cinquante mille hommes dans la Péninsule; il ordonna qu'ils y resteraient avec la mission continuée et si malheureuse jusqu'alors de lutter contre Wellington et ses Anglo-Portugais, contre les armées espagnoles, contre les guérillas, contre le patriotisme espagnol, partout présent, partout armé, partout implacable. La seule concession que lui arracha le désastre de Russie, ce fut qu'il se décida à tirer des corps qu'il laissait ainsi en Espagne quelques ressources qui, sans diminuer leurs forces d'une manière bien sensible, lui seraient très-utiles dans la formation de l'armée destinée à remplacer celle qu'il venait de perdre sur la route de Moscou.

Des éléments qui devaient servir à constituer cette armée nouvelle, les uns existaient déjà, comme ceux qu'il voulait prendre aux corps d'Espagne; les autres étaient à créer.

Au moment où allaient s'achever les préparatifs de l'expédition de Russie, au mois de mars 1812, Napoléon, mû par une pensée de prévoyance, mais de prévoyance bien insuffisante eu égard aux risques de son entreprise, avait fait rendre un sénatus-consulte qui mettait à la disposition du ministre de la guerre cent cohortes dites de garde nationale, d'effectif indéterminé et recrutées parmi les hommes non mariés et non atteints par les levées faites sur les classes de la conscription de 1807, 1808, 1809, 1810, 1811 et 1812. A la suite de ce sénatus-consulte si élastique, était immédiatement venu un décret impérial ordonnant l'organisation de quatre-vingt-huit de ces cohortes, fixant l'effectif de chacune à huit cent quatre-vingt-huit hommes[1], non compris le cadre. D'après ce décret, ce cadre devait être choisi, en tout ou en partie, par des agents du pouvoir exécutif, parmi les militaires retraités ou réformés et parmi les gardes nationaux anciennement mobilisés qui demanderaient à reprendre du service; et il devait être complété, en cas d'insuffisance de pareilles demandes, par les soins du ministre de la guerre, c'est-à-dire au moyen d'emprunts faits à l'armée.

Soumises, d'ailleurs, à la loi militaire, les cohortes n'avaient donc de la garde nationale que le nom. Comme les autres institutions de la Révolution, la garde nationale avait subi les mortelles atteintes de Napoléon.

Chaque cohorte avait été composée de sept compagnies actives, dont une d'artillerie, et d'une compagnie de dépôt.

Levées mi-partie en avril, mi-partie en mai, les quatre-vingt-huit cohortes ainsi organisées avaient donné, cadres compris, quatre-vingt-quatre mille hommes d'infanterie et neuf mille d'artillerie; et,

---

1. Des quatre-vingt-huit cohortes, cinq durent recevoir neuf cent quatre-vingt-huit hommes.

pour les maintenir à cet effectif, on avait versé dans leurs rangs, à la fin du mois d'octobre suivant, dix-sept mille hommes pris sur la conscription de 1813.

A la fin de décembre, elles présentaient donc quatre-vingt-dix mille hommes environ ayant, à part les conscrits incorporés, de sept à huit mois d'instruction. C'était une ressource précieuse.

Il en existait une autre, mais beaucoup moins préparée que celle-ci, qui, elle-même, l'était bien imparfaitement.

Un sénatus-consulte du 1ᵉʳ septembre 1812 avait ordonné, sur la conscription de 1813, une levée de cent vingt mille hommes indépendamment des dix-sept mille hommes versés dans les cohortes. Appelés et mis en marche plus de deux mois après, les conscrits de cette levée n'avaient rejoint, en moyenne, leurs dépôts que dans les derniers jours de novembre. Ils avaient donc eu à peine le temps de recevoir leur habillement et quelques rudiments d'instruction. En outre, il se trouvait dans les dépôts une quarantaine de mille hommes, la plupart cavaliers et artilleurs, reste de la conscription de 1812, dont la masse avait été absorbée de bonne heure par les armées actives. En conscrits de cette dernière année et de 1813, Napoléon avait donc, dans l'intérieur de la France, cent soixante mille hommes qui, joints aux quatre-vingt-dix mille des cohortes, formaient un effectif de deux cent cinquante mille hommes, les uns médiocrement, les autres infiniment peu instruits.

Cet effectif, il ne le jugea pas suffisant.

Il voulut encore cent mille hommes, qui seraient pris au moyen d'un nouveau retour sur les classes de 1812, 1811, 1810 et 1809, et un appel de cent cinquante mille hommes sur celle de 1814. Ce dernier appel, qui, régulièrement, n'aurait dû avoir lieu qu'en 1815, ne devait fournir que des soldats peu propres à supporter les fatigues des armes. Mais telle était cette prévoyance de Napoléon tant vantée par ses apologistes : après avoir gaspillé les vieilles légions de la République, il avait si bien gaspillé le nouveau sang de la France que, depuis six années, il appelait les conscrits à dix-neuf ans, et en était réduit, enfin, à les appeler à dix-huit!

Le 10 janvier, il fit signifier ses volontés au Sénat; et le Sénat s'y conforma avec sa servilité accoutumée, après avoir écouté un rapport de Maret, ministre des relations extérieures, et un discours de Regnault de Saint-Jean-d'Angely, ministre d'État.

La nouvelle de la défection d'York était arrivée la veille aux Tuileries. Elle défraya la faconde des deux ministres. Elle fut présentée comme la cause des levées extraordinaires nécessaires à Napoléon. Cela n'était pas; pourtant l'acte audacieux d'York méritait cet honneur, car il était un symptôme, un exemple, une excitation redoutables. Mais, puisqu'on mettait en scène le général prussien, on aurait dû en parler avec quelque dignité. Au contraire, on l'injuria, on ne craignit pas de le dire corrompu par l'or de l'Angleterre. On enveloppa dans la même calomnie les patriotes allemands coupables de méditer, de vouloir l'affranchissement de leur pays ; on accusa l'Angleterre d'avoir causé la guerre de Russie et « d'allumer des volcans destructeurs » de l'ordre social européen ; et cette phraséologie de diffamation fut publiée au *Moniteur,* ce pilori auquel Napoléon attachait depuis treize ans tout prince, tout ministre, tout citoyen, tout peuple, rebelle à sa tyrannie.

Quand la presse est esclave, le mensonge est souverain.

En même temps qu'il vota ce nouveau contingent de deux cent cinquante mille hommes, le Sénat décréta que les quatre-vingt-huit cohortes dites de garde nationale, précédemment levées, pourraient être employées hors de l'Empire. Le sénatus-consulte, qui les avait instituées, avait déterminé, en effet, qu'elles n'en sortiraient pas. Mais ce n'était qu'un de ces leurres familiers à Napoléon et destinés à tromper un moment le pays. Il avait toujours compté se servir des cohortes comme d'une troupe de ligne quelconque. L'heure venue, il voulait l'employer comme telle.

Pour colorer un peu la disposition nouvelle, on avait suggéré aux chefs de cohorte de la provoquer au nom de leurs soldats. A cause des distances, quelques-uns seulement avaient pu répondre à ces suggestions, et ils y avaient répondu de la façon voulue. On se passait de la réponse des autres, d'ailleurs fort prévue.

Le Sénat, a-t-on dit, ne pouvait faire autrement que de voter ainsi, sans conditions, sans réserves aucunes, tous les contingents exigés par Napoléon ; une assemblée libre aurait fait comme lui ! Pour l'honneur des assemblées libres, il faut protester contre une telle assertion. Avant de livrer au chef du gouvernement les dernières ressources du pays, une assemblée libre lui aurait imposé une politique réglée sur ses véritables intérêts et la légitime grandeur de la nation ; et ces intérêts, cette grandeur, repoussaient le système napoléonien de conquête et de tyrannie, qui nous avait rendus odieux à l'Europe et allait la soulever tout entière contre nous.

En janvier 1813, quand les Russes, attaqués par Napoléon contre tout droit et toute justice, étaient encore loin, bien loin de nos frontières, et incapables de venir les insulter ; quand l'honneur de nos armes n'était pas en question, car leur désastre n'était imputable qu'aux fausses combinaisons et à l'imprévoyance d'un homme, une assemblée libre, si toutefois on peut supposer qu'elle se fût laissé abuser jusque-là, aurait compris, enfin, qu'il fallait en venir à un changement absolu de politique, et que le moment était aussi favorable pour l'opérer que la nécessité en était urgente. Par précaution, elle aurait décrété des levées d'hommes ; mais elle en aurait nettement, sévèrement déterminé l'emploi [1].

1. Un bon juge en pareille matière, le maréchal Gouvion Saint-Cyr, a écrit à ce propos : « Il (Napoléon) reçut les félicitations du Sénat, et, *sous prétexte* qu'il s'agissait de venger l'honneur de la France, *qui n'avait cependant point jusque-là reçu d'atteinte,* aucun sacrifice ne parut trop pénible : les corps constitués se hâtèrent de lui accorder hommes, chevaux, argent ; de mettre ainsi à sa disposition les dernières ressources de l'État, qui

Telle est la vérité.

Les peuples, au surplus, ne sont pas toujours solidaires de leurs gouvernements. Ils ne doivent pas l'être surtout, quand ces gouvernements procèdent de l'usurpation et les jettent dans des entreprises folles ou criminelles. En face d'un chef qui ruine leur fortune, qui met leur moralité en échec aux yeux du monde, leur intérêt, le droit, le devoir, l'honneur leur commandent de ressaisir l'exercice de la souveraineté et de confier à de plus dignes le soin de leurs destinées. Agir autrement, c'est persévérer dans la voie qui conduit aux abîmes.

Qui approuve le Sénat de Napoléon, glorifie la politique qui livre à l'invasion la patrie affaiblie, épuisée, démoralisée, impuissante.

Au vote du Sénat qui lui donnait ainsi, sans conditions, sans réserves aucunes, nous le répétons, les hommes à profusion, Napoléon voulut joindre d'autres votes qui lui assureraient des hommes encore et surtout des chevaux, et qui, de plus, simuleraient une manifestation de l'opinion publique en sa faveur.

La commune créée, constituée indépendante dans le cercle de ses intérêts par la Révolution, n'avait pas échappé au système d'asservissement général de l'Empire. Partout, les officiers municipaux étaient nommés par l'Empereur ou les préfets. Dans la plu-

---

jamais ne devraient être employées qu'à la défense du sol de la patrie, et non à celle des contrées éloignées, si étrangères à *ses véritables intérêts.* » (*Mémoires pour servir à l'histoire militaire sous le Directoire, le Consulat et l'Empire, par le maréchal Gouvion Saint-Cyr.*)

part des villes, l'empereur nommait aussi les conseillers communaux, grâce à un mécanisme électoral trompeur, dont le jeu était assuré par l'esclavage de la presse; et, dans les autres villes comme dans les communes rurales, la nomination de ces mêmes conseillers était remise aux préfets. Napoléon avait donc la commune à sa discrétion. Pour en obtenir ce qu'il désirait, il lui suffisait d'indiquer l'objet de son désir. Il l'indiqua par intermédiaire.

Le 15 janvier, un membre obscur du conseil municipal de Paris, proposa à ce corps *d'offrir à l'Empereur*, comme il disait, cinq cents cavaliers recrutés par la ville et montés, habillés, équipés à ses frais. Séance tenante, la proposition fut acceptée; et une adresse boursouflée fut votée à Napoléon, qui se hâta de la faire publier. C'était le signal. Les préfets aidant, il fut compris partout. De toutes les grandes villes, de toutes les cités seulement un peu notables, adresses et dons affluèrent immédiatement. Rome offrit deux cent quarante cavaliers; Lyon, cent vingt; Strasbourg, Bruxelles, Brême, Hambourg, Amsterdam, cent; Bordeaux, quatre-vingts; Turin, soixante; Rennes, Nantes, Lille, Gand, Liége, cinquante; Marseille, Toulouse, Livourne, trente; Versailles, Clermont-Ferrand, Genève, vingt; Chartres, dix; Saint-Quentin, Soissons, Spire, huit; Chambéry, quatre; Melun, deux; les offres des autres villes furent dans ces proportions. Mais on voulait aussi des offres et des adresses des communes rurales. On suggéra donc aux maires de chaque canton de se réunir au chef-lieu de celui-ci

CHAPITRE SIXIÈME.

et d'y voter, en son nom et à ses dépens, phrases adulatrices, cavaliers et chevaux; et ils les votèrent.

Un mois durant, le *Moniteur* fut rempli de ces témoignages venus de toutes les parties de l'Empire.

Dans un pays libre, dans un pays où la commune aurait été représentée dans son conseil par ses propres élus, toutes ces adresses, tous ces sacrifices pécuniaires auraient eu une haute signification, auraient passé, à bon droit, pour un acte d'adhésion du peuple à la politique du gouvernement; mais dans la France impériale où les officiers municipaux et leurs conseils n'étaient que les humbles délégués du despote, tremblant sous la verge des préfets [1], le vote d'une assemblée communale ne signifiait moralement rien de plus qu'un vote du Sénat. Nul ne pouvait s'y tromper.

C'était le malheur et la punition de Napoléon, que l'hypocrisie, le mensonge des institutions qu'il avait imposées à la France, fussent pénétrés par l'œil de tous.

Mais, à défaut du succès moral, il eut le succès matériel; et celui-ci fut important.

Les offres de cavaliers montés et équipés, faites par les villes et les cantons, atteignirent le chiffre de seize mille. En outre, les chefs des grandes administrations, le conseil de l'université, celui des mines, celui des ponts-et-chaussées, la cour des comptes, les cours de justice, les tribunaux, les chambres d'avoués, de notaires, etc., etc., beaucoup de fonctionnaires

---

[1]. « Les officiers municipaux ne furent que des agents impériaux. » (*Loi des Communes*, introduction par Dupin aîné, avocat.)

isolés, entre autres des évêques et quelques particuliers, offrirent six mille chevaux équipés, les uns montés, les autres non montés.

Les communes n'avaient, dans leurs budgets, aucun fonds pour faire face aux dépenses si docilement votées par les agents impériaux qui leur étaient imposés sous le titre de conseillers, d'adjoints et de maires. Ces mêmes agents, dans chaque commune, décidèrent que leurs libéralités seraient payées par les citoyens reconnus les plus aisés, d'après un tableau de répartition qu'ils établirent sur l'heure. En présence même de la loi impériale si bien calculée pour l'arbitraire, cette décision était illégale ; mais on ne comptait pas avec les illégalités quand le maître les désirait.

La taxe ainsi frappée était considérable : dans certaines communes elle s'éleva à quinze cents francs par citoyen taxé ; mais elle n'en fut pas moins perçue avec rigueur. Çà et là, des citoyens se refusèrent à la payer. Ils furent dénoncés aux préfets par les maires ; et les préfets les forcèrent à fléchir en leur envoyant de ruineux garnisaires à héberger, nourrir et payer [1], ou bien en les reléguant dans l'intérieur de

---

[1]. Voici un exemple, entre bien d'autres, à l'appui de ce que nous disons là : « Je refusai le *don volontaire* qu'on exigeait pour la fourniture des chevaux à l'armée française après les désastres, offrant de payer ma contribution si l'autorité municipale m'en donnait *l'ordre par écrit*. On n'en fit rien, mais on m'envoya un *garnisaire* ; et je payai. » (*Souvenirs biographiques du baron de Capellen, ministre d'État et ancien gouverneur des colonies néerlandaises dans les Indes orientales.*)

Le décret impérial du 24 juin 1811 prescrivait que l'allocation pécuniaire et *journalière* à payer par les citoyens ou les communes aux garnisaires

l'Empire, loin de leurs affections et de leurs intérêts. Tel était, en effet, le pouvoir des préfets sous ce régime impérial que présentent comme un modèle les écrivains superficiels, ignorants ou d'un cœur servile.

L'argent indispensable obtenu, les maires cherchèrent autour d'eux les hommes et les chevaux à donner. Grâce à des primes plus ou moins considérables qu'ils allouèrent, grâce surtout à la faculté qui leur fut accordée de puiser dans la dernière levée de cent mille hommes, ils trouvèrent, à peu près, les seize mille volontaires offerts par leurs adresses; et, soit par marchés de gré à gré, soit par le moyen arbitraire des réquisitions, ils complétèrent exactement le nombre des chevaux offerts aussi. Mais les administrations, les fonctionnaires, les particuliers ne purent, pour la plupart, réaliser leurs offres que quant aux chevaux : les cavaliers leur manquèrent.

Les communes firent confectionner, les unes sur place, les autres dans les villes de leur voisinage, les effets d'habillement et d'équipement nécessaires.

En d'autres temps, et surtout si Napoléon n'eût pas persisté à imposer sa domination à l'Europe, vingt-deux mille chevaux de cavalerie eussent été un contingent énorme. Mais alors ils étaient loin de suffire aux besoins.

Malgré les cruelles leçons reçues en Portugal et en Espagne, la prévoyance de Napoléon en était venue à

serait de six francs par officier, cinq francs par sous-officier, quatre francs cinquante centimes par caporal, quatre francs par soldat.

ne guère admettre dans ses calculs que les succès et pas du tout les revers.

Au commencement de janvier 1813, il n'existait dans les dépôts que trois mille chevaux, et il en revenait de Russie quinze cents à peine. Napoléon n'avait pas *un seul* escadron prêt pour aller rallier les débris de l'armée.

La cavalerie était tout entière à reconstituer, à créer.

Aux derniers moments de la retraite de Russie, Napoléon s'était avisé, enfin, d'ordonner de passer des marchés de chevaux dans le grand duché de Varsovie, dans la Prusse, dans le Mecklenburg. Mais la ressource était précaire : elle dépendait de la marche des armées russes, de la conduite que tiendraient les populations de ces pays; et, surtout, il fallait du temps pour la réaliser; il ordonna donc par un simple décret, dès le 4 janvier, une réquisition, en France, de quinze mille chevaux de selle de toutes armes. Aux termes mêmes de ses lois, il n'en avait pas le droit. Mais la légalité, c'était toujours sa volonté; et cette volonté ne rencontra pas d'obstacle. Il voulut bien pourtant payer ce qu'il prenait; mais il ne le paya qu'au prix fixé par lui-même.

Ainsi, après treize ans de durée, ce gouvernement si vanté pour sa prévoyance, nous·y insistons, qui, plus que tout autre, aurait dû toujours avoir en réserve de grands moyens de guerre en tout genre, car, pour lui, la guerre était une véritable industrie, et, plus que cela, une condition essentielle d'existence,

CHAPITRE SIXIÈME.

ce gouvernement en était réduit à recourir aux mesures employées vingt ans auparavant, quand la France, prise au dépourvu, dans l'enfantement d'une société nouvelle, avait à défendre sa Révolution et son existence contre les rois coalisés et de formidables insurrections.

En même temps qu'il décrétait cette réquisition, Napoléon faisait passer en France des marchés qui devaient lui procurer encore sept ou huit mille chevaux de selle ; et il en prenait trois ou quatre mille à la gendarmerie.

De plus, il avait calculé, d'abord, que les achats ordonnés dans le grand-duché de Varsovie et en Prusse, lui fourniraient au delà de vingt mille chevaux. Des marchés avaient même été conclus, qui semblaient en assurer la livraison assez prochaine. Mais les Russes étaient venus l'empêcher presque tout entière ; et la retraite d'Eugène avait bientôt tellement rétréci le cercle des achats, qu'on pensait ne pouvoir plus retirer des pays outre-Rhin que douze ou treize mille chevaux de selle, quelles que fussent, et elles étaient grandes, l'activité et l'habileté du général Bourcier, ramené des bords de la Vistule à Hanovre par les événements, et chargé de cette remonte.

Ainsi trois mille chevaux existant dans les dépôts, vingt-deux mille provenant des dons des communes et des fonctionnaires, quinze mille de la réquisition, sept ou huit mille des marchés passés en France, trois ou quatre mille de la gendarmerie, et douze mille des achats du général Bourcier, soit en tout soixante mille chevaux, telles étaient les ressources sur lesquelles comptait Napoléon pour reformer sa cavalerie. Mais ces chevaux ne pouvaient arriver dans les dépôts qu'assez lentement, eu égard à l'urgence des circonstances; et, pour la plupart, ils n'étaient pas dressés.

Pour leur équipement, les moyens de le confectionner à temps ne devaient pas manquer dans les dépôts et les ateliers civils, à condition, toutefois, qu'on ne tînt pas trop à la qualité du travail. C'est là, en effet, l'inévitable défaut de toute improvisation de ce genre : la rapidité de l'exécution se paye par l'imperfection de l'œuvre.

Les chevaux de trait avaient eu, en Russie, le sort des chevaux de selle : ils y avaient tous péri. Pour les remplacer, il n'en existait pas dans les dépôts; et il en fallait au moins vingt mille pour l'artillerie calculée à six cents bouches à feu seulement et quinze mille pour les équipages militaires.

Ici encore, Napoléon eut recours à la réquisition. Il demanda douze mille cinq cents chevaux à ce dur moyen. Il fit passer des marchés en France pour dix mille de plus, et le reste il l'attendit des achats du général Bourcier, qui, dès la mi-janvier, annonça qu'il avait de quatre à cinq mille chevaux de cette espèce à Posen, Glogau et Berlin.

Les harnais nécessaires furent confectionnés, comme l'équipement des chevaux de cavalerie, partout où cela fut possible.

Les armes à feu et les armes blanches ne manquaient pas; mais le matériel de l'artillerie et celui des équipages militaires existants en magasins étaient insuffisants, non en bouches à feu, mais en affûts et voitures. On en fit construire à grands renforts d'ouvriers civils appelés dans les arsenaux de terre et même dans ceux de la marine.

Toutes ces dispositions, les unes prises, les autres près de l'être, Napoléon, saisissant d'un coup d'œil profond le parti à tirer des ressources présentes et des ressources plus ou moins prochaines, en ordonna l'emploi.

La moins mal préparée était celle qu'offraient les quatre-vingt-huit cohortes dites de garde nationale. Composées, presque en totalité, d'hommes de vingt à vingt-six ans, c'est-à-dire très-vigoureux, et ayant, pour la plupart de sept à huit mois d'instruction, ces cohortes, pour rendre tous les services qu'on attendait d'elles, avaient besoin d'une organisation plus solide. On la leur donna rapidement. Leurs compagnies d'artillerie furent versées dans les dépôts des régiments de cette arme. Les cadres de leur infanterie, dans lesquels on avait reçu un très-grand nombre d'officiers en retraite et en réforme, laissaient, par cela même, beaucoup à désirer. On en élimina tout ce qui manquait de force, d'activité, d'énergie, de capacité; et les vacances ainsi produites furent remplies de sujets de choix, les uns pris dans les débris du désastre de Russie et dans les cadres existants dans l'Empire, les autres demandés à Eugène, à Grenier, et tous appelés en poste à leur nouvelle destination. Mais, sans les attendre, on forma avec les cohortes ainsi débarrassées de leurs canonniers et épurées de leurs mauvais officiers¹, vingt-deux régiments, chacun de quatre bataillons de guerre à six compagnies et de quatre compagnies de dépôt. On attribua à ces régiments des numéros à la suite des régiments de ligne ; on leur envoya l'ordre de marcher immédiatement les uns sur l'Elbe, les autres sur le Rhin, d'autres encore sur l'Adige; et des colonels éprouvés les rejoignirent en route.

Ayant au départ huit cent quarante-sept hommes par bataillon, officiers compris, ils devaient offrir en ligne de soixante-dix à soixante-quinze mille hommes médiocrement instruits, non aguerris, mais bien encadrés et très-propres par leur âge, par leur développement physique à résister aux fatigues de la guerre.

La conscription de 1813, avons-nous dit, était arrivée dans les dépôts vers la fin de novembre 1812. Forte de cent vingt mille hommes, elle en donnait à l'infanterie quatre-vingt-dix mille, compte tenu des déchets ordinaires, de ce qui restait de la conscription de 1812 et des enrôlés volontaires assez peu nombreux.

Ces quatre-vingt-dix mille hommes, à quelques milliers près, avaient eu à peine le temps de recevoir une capote et un fusil et d'apprendre un peu le maniement d'armes ; un certain nombre même n'avait aucune instruction². Ils n'avaient que dix-neuf ans. Napoléon

---

1. Nous avons sous les yeux le rapport fait par le général Bertrand sur l'épuration des huit cohortes qui se trouvaient en Italie. Il en résulte qu'il fallut remplacer la moitié de leurs officiers.

2. Nous lisons dans un rapport adressé à Napoléon par le général Ber-

n'hésita pourtant pas à s'en servir comme de soldats exercés, de jeunes gens faits. Il comptait sur l'esprit militaire, le courage, l'amour-propre innés dans notre race et sur la facilité des Français à se transformer en soldats; facilité dont il avait déjà abusé et dont il allait multiplier l'abus en le grossissant sans mesure. Pour former rapidement, guider, maintenir, exciter ces adolescents, il comptait aussi sur les cadres dans lesquels il ordonna de les placer, car il en avait de bons, les uns sous la main, dans les dépôts des divers régiments, surtout dans ceux des régiments d'Espagne; les autres appelés de ce pays même et pouvant arriver dans quelques semaines; d'autres encore qu'on allait extraire des débris de l'armée de Russie.

Napoléon calculait qu'en mars ou avril les bataillons qui allaient être ainsi organisés seraient rendus, partie sur l'Elbe et le Rhin, partie sur l'Adige, à côté des régiments formés avec les cohortes, et y présenteraient, cadres compris, près de quatre-vingt-dix mille combattants. Il ordonna, d'ailleurs, de les acheminer vers leur destination au fur et à mesure de leur organisation, les premiers prêts n'attendant pas les autres, et tous continuant leur instruction en route, autant, du moins, que le leur permettrait la fatigue. Il prescrivit en même temps de leur enseigner rapi-

---

trand le 18 mars 1813, de Vérone : « Les sept cents conscrits, que le régiment (le 23ᵉ de ligne) a reçus quarante-huit heures avant de partir de Bassano, sont faibles. Ils ont été habillés au dépôt à Genève, le jour qu'ils y sont arrivés, et en sont partis le lendemain : ils n'ont conséquemment *aucune instruction.* »

dement les exercices et les manœuvres les plus indispensables ; et il eut soin de préciser lui-même ce qu'il entendait par là [1].

En 1811, Napoléon avait imaginé de détacher quatre-vingt-dix-huit compagnies des dépôts de quatre-vingt-dix-huit régiments d'infanterie, pour tenir garnison à bord des navires de guerre immobiles dans nos ports bloqués par les Anglais. Ces quatre-vingt-dix-huit compagnies n'y étaient pas indispensables ; il les fit remettre à terre, former en bataillons de marche et diriger immédiatement sur les places de l'Oder dont elles durent augmenter les garnisons. C'était un renfort de quatre à cinq mille soldats ; mais

---

[1]. « Recommandez aux généraux qui commandent vos divisions qu'on fasse faire aux troupes l'exercice à feu deux fois par semaine ; que deux fois par semaine elles tirent à la cible, et aussi que trois fois par semaine elles fassent des manœuvres. On leur fera faire les colonnes d'attaque par bataillon ; on les fera charger en colonnes d'attaque en se déployant sous le feu de la première division, et faisant feu tout en arrivant sur la ligne de bataille. On formera également la colonne d'attaque, tandis que la division du centre commencera le feu de file, et on la déploiera sous le feu de file. Après cela on fera une charge de cent pas, battant la charge simplement sans fion ni variante, et on fera faire feu de file à tous les pelotons à mesure qu'ils viendront se former sur la ligne de bataille.

« Vous ordonnerez aussi qu'on fasse souvent la manœuvre de se mettre promptement en bataillon carré, en ployant derrière la dernière division du bataillon à distance de peloton et faisant feu de file. C'est la manœuvre qu'il est le plus nécessaire que les colonels connaissent bien, car la moindre hésitation peut compromettre la troupe. Enfin, ordonnez que chaque compagnie de voltigeurs soit instruite à former promptement le bataillon (*sic*) carré et à faire sur-le-champ feu de file, afin qu'étant en tirailleurs ils puissent promptement se réunir et résister à la cavalerie... Annoncez que ce sont ces manœuvres plus particulièrement que je ferai exécuter devant moi. » (Lettre de Napoléon au général Bertrand, commandant le corps d'observation d'Italie.)

la retraite d'Eugène fut si rapide que le tiers à peine de ce nombre trouva le passage libre au delà de l'Elbe.

Napoléon tira aussi parti des compagnies de réserve départementale. Instituées dès la première année de l'Empire, ces compagnies, sorte d'auxiliaires de la gendarmerie, étaient généralement composées de vieux soldats. On leur en prit trois mille qui furent envoyés sur Mayence où ils durent recevoir des officiers et former un régiment à quatre bataillons.

Un autre et plus considérable contingent de vieux soldats fut fourni par l'artillerie de marine.

Créé en 1792[1], accru, trois ans plus tard, jusqu'à recevoir un effectif de vingt-cinq mille hommes[2], ce corps était instruit au double service de l'artillerie et de l'infanterie, soit à bord, soit à terre. Mis pendant quelque temps, au plus fort des luttes de la République, à la disposition du département de la guerre, ayant ensuite fourni trois mille hommes à l'armée qui vainquit à Marengo, il avait prouvé qu'on pouvait l'employer avec autant de confiance sur terre que sur mer. Napoléon s'en souvint. Malheureusement, depuis plusieurs années, il avait réduit beaucoup l'effectif de cette belle troupe. Au 1er janvier 1812, elle ne comptait plus que quatorze mille hommes ; et elle n'était remontée à l'effectif de dix-huit mille que par l'incorporation faite le mois suivant de quatre mille conscrits. Avec ces dix-huit mille hommes, elle ne pouvait pas en mobiliser plus de treize ou quatorze mille. Elle

---

1. Loi du 14 juin 1792.
2. Loi du 25 octobre 1795.

était formée en quatre régiments. Napoléon résolut de les employer comme infanterie et ordonna de les diriger sur Mayence. L'armée n'en compta pas de plus solides.

La levée de cent mille hommes décrétée le 11 janvier sur les classes de 1812, 1811, 1810, 1809, devait donner des conscrits forts et vigoureux, tels que ceux des cohortes. Mais, quoi qu'on pût faire, il fallait un mois ou deux avant qu'ils fussent tous rendus dans les dépôts. Napoléon en destina soixante-dix mille à l'infanterie; et il voulut s'en servir comme des conscrits de 1813, c'est-à-dire en renforcer l'armée active, dès qu'ils auraient passé un mois ou six semaines dans les dépôts, temps indispensable pour les vêtir, les armer, les dégrossir un peu et les former en bataillons de guerre. Eux aussi auraient à continuer, durant leur marche vers le théâtre des hostilités, leur instruction à peine commencée. On désigna pour les recevoir des cadres existants en France ou formés des débris échappés de Russie et surtout des cadres rappelés d'Espagne.

Quant aux cent cinquante mille hommes de la conscription de 1814, Napoléon décida qu'ils ne seraient appelés dans les dépôts qu'au commencement d'avril, époque à laquelle ceux-ci seraient à peu près vides et auraient les moyens de les instruire, de les habiller et de les équiper.

Pendant que les mesures que nous venons de rapporter se réglaient, s'ordonnaient et commençaient même à s'exécuter, Napoléon décrétait la formation des corps d'armée qui devaient recevoir tous ces jeunes et ces vieux soldats et qui, se joignant aux phalanges éprouvées d'Eugène, devaient, avant six mois, croyait-il, rétablir sa fortune et reporter l'aigle impériale au delà du Niémen [1].

Il créa quatre corps d'observation : un sur l'Elbe, deux sur le Rhin, un sur l'Adige.

Composé de douze des vingt-deux régiments formés avec l'infanterie des cohortes, le corps d'observation de l'Elbe fut constitué en quatre divisions, chacune de trois régiments, c'est-à-dire chacune de douze bataillons. Il devait avoir quarante mille hommes au départ. Il reçut pour chef le général Lauriston.

Homme de beaucoup d'esprit et d'instruction, sorti de l'artillerie où il s'était distingué, longtemps aide de camp de Napoléon, ambassadeur à Saint-Pétersbourg à la veille encore de la guerre de Russie, Lauriston n'avait jamais commandé de corps d'armée. On fut surpris de sa nomination, et plusieurs en furent froissés.

On lui donna quatre bons généraux de division ; et, dès la mi-février, il eut son quartier général à Magdeburg, où son artillerie devait le rejoindre, et où ses régiments commençaient à arriver, car on avait eu soin de les former avec les cohortes qui stationnaient dans la France d'outre-Rhin et dans les départements voisins.

Le corps de Lauriston allait être déjà un puissant

---

[1]. « Vous devez dire et vous devez être bien convaincu que, la campagne prochaine, je chasserai l'ennemi au delà du Niémen. » (Lettre de Napoléon à Eugène, 29 janvier 1813.)

secours pour Eugène qui, à cette époque, revenait sur l'Oder et allait bientôt reculer jusqu'à Berlin.

Le 1er corps d'observation du Rhin comprit quatre divisions françaises.

Ces divisions furent formées de huit des régiments organisés avec les cohortes et de vingt-quatre bataillons de conscrits de 1813.

Ces conscrits, encadrés comme nous l'avons indiqué, se trouvaient appartenir à divers régiments. Ceux qui étaient isolés furent groupés deux par deux en régiments provisoires, mauvaise organisation rendue nécessaire par la dislocation persévérante et inconsidérée de nos corps de troupes à travers le continent. Ceux au contraire qui appartenaient à un même régiment, tantôt au nombre de deux, tantôt à celui de trois, furent réunis sous le numéro de ce corps et le commandement d'un major ou d'un major en second, rarement sous les ordres de leur chef naturel, leur colonel.

Ainsi constitué, le 1e corps d'observation du Rhin ne devait pas avoir moins de quarante-cinq mille fantassins au drapeau.

Napoléon en confia le commandement au maréchal Ney que la guerre de Russie venait de grandir au-dessus de tous.

Dans les premiers jours de février, la première division de Ney, celle de Souham, se réunissait en avant de Francfort, sur Hanau. Mais les autres divisions étaient encore en retard et ne pouvaient rejoindre celle-ci avant la mi-mars.

Le 2e corps d'observation du Rhin devait être de

quatre divisions, et recevoir, pour les former, quinze bataillons d'artillerie de marine, le régiment de quatre bataillons composé des détachements des compagnies départementales, et, à côté de ces vieilles troupes, trente-deux bataillons de conscrits de 1813 organisés en régiments comme ceux du corps de Ney, plus un faible bataillon espagnol d'une fidélité très-douteuse, paraît-il, car Napoléon recommandait de le surveiller sévèrement.

On comptait que ces cinquante-deux bataillons commenceraient à arriver sur Mayence dans la dernière quinzaine de mars, y seraient tous réunis dans les premiers jours d'avril et présenteraient alors quarante mille hommes sous les armes.

Napoléon appela le maréchal Marmont à la tête du 2ᵉ corps du Rhin.

Esprit richement doué, d'une instruction variée et fort étendue, sorti depuis longtemps de l'artillerie dont il avait été premier inspecteur général, excellent organisateur, fort aimé du soldat, Marmont, le plus jeune des maréchaux de l'Empire, avait commandé, non sans talent, au milieu des plus grandes difficultés, l'armée dite de Portugal; mais il portait la responsabilité, à moitié méritée, de la perte de la bataille des Arapiles où il avait reçu une très-grave blessure dont il n'était pas encore complétement guéri. Longtemps à l'avance il prédit, dans sa perspicacité, le désastre final de nos armes dans la Péninsule [1]. Aux jours de paix, il devait

---

1. Notamment dans une longue lettre adressée à Berthier au mois de février 1812.

écrire des Mémoires précieux pour l'histoire et utiles aux hommes de guerre.

Le corps d'observation d'Italie dut comprendre trois divisions fournies par le royaume d'Italie. Le 4 janvier, les premiers ordres pour sa formation partaient de Paris et annonçaient au général Bertrand, gouverneur des provinces illyriennes, qu'il était chargé de l'organiser et qu'il en conserverait le commandement.

Officier du génie fort distingué, constructeur, à la veille de Wagram, des célèbres ponts sur le Danube, Bertrand n'avait encore exercé aucun commandement du genre de celui qui lui était inopinément confié. Aussi sa nomination, autant que celle de Lauriston, excita-t-elle des jalousies et des critiques. Mais il lui était réservé de les désarmer, sinon par le talent, du moins par la modestie, le zèle et la plus ferme persévérance aux jours les plus difficiles de la guerre.

Les troupes mises à sa disposition se trouvaient presque toutes dans l'Italie française, dans le royaume d'Italie et dans les provinces illyriennes. C'était, en fait d'infanterie, deux régiments des cohortes, vingt-cinq autres bataillons français, treize italiens, deux croates, trois napolitains, soit, en tout, cinquante et un bataillons, qui devaient compter au départ, chacun, huit cent quarante-cinq hommes sous les armes. Déduction faite des bataillons napolitains formés de vieux soldats et des régiments de cohortes, la moitié environ de ces fantassins se composait de conscrits de 1813, l'autre moitié de soldats ayant un an de service et plus, mais très-inégalement répartis entre les divers corps ; et, de tous ces bataillons, dix seulement, y compris les Croates, étaient isolés et devaient être groupés en régiments provisoires.

Napoléon recommanda à Bertrand la plus grande activité dans l'accomplissement de sa tâche. Le 4 février, il lui écrivait qu'il était nécessaire que ses quatre divisions fussent réunies, le 1er mars, à Bassano, Vicence, Vérone et Brescia; et, à la veille de ce dernier jour, il le pressait de les faire filer par Trente sur Augsburg à mesure qu'elles seraient prêtes.

Le jour où le corps que Bertrand va organiser ainsi passera les Alpes, il ne restera pour défendre et contenir la Péninsule que l'armée napolitaine d'une part, et, de l'autre, des cadres français et italiens remplis de la veille ou même non remplis encore de conscrits; et les provinces illyriennes d'où Bertrand va retirer cinq ou six bataillons français, les seuls de notre pays qui s'y trouvent, ces provinces fort hostiles au conquérant ne seront plus gardées que par quelques troupes italiennes et les troupes indigènes, en qui on ne peut avoir grande confiance. Mais cette perspective ne trouble pas Napoléon. L'Italie et l'Illyrie ne sont encore en prise qu'aux tentatives de l'Angleterre, trop fortement engagée en Espagne pour être bien redoutable ailleurs; et, quant à leur soumission, elle dépendra de l'issue de la guerre en Allemagne. C'est donc là, bien plus qu'en deçà et au delà de l'Izonzo, qu'il importe à Napoléon d'être fort.

Tout en prenant ces dispositions pour la création des deux corps d'observation du Rhin, de celui de l'Elbe et de celui d'Italie, il en prenait aussi pour utiliser le plus rapidement possible les débris de l'infanterie échappés de Russie et les employer à la formation d'autres corps d'armée.

On a vu, dans le troisième chapitre de ce récit, qu'après la formation, à Posen, de deux bataillons de garde impériale, d'un bataillon de garde royale italienne, et à Stettin, Cüstrin, Glogau, Spandau, de onze bataillons français et italiens assez faibles, il n'était plus resté de valides dans les débris de l'infanterie française et italienne échappés de Russie, que six ou sept mille officiers et hommes de cadres. Dans ce nombre, on l'a vu aussi, ceux qui appartenaient à la garde impériale, dirigés d'abord sur Fulda, avaient été transportés, de là, en poste sur Paris; ceux qui appartenaient aux trois premiers corps d'armée avaient été envoyés à Erfurt; et ceux enfin qui appartenaient au 4ᵉ corps avaient dû se rendre à Augsburg et de là en Italie, d'où ils étaient venus.

Avec les débris qui lui revenaient à Paris, avec ce qui y était resté, en rappelant d'Espagne vingt-cinq hommes d'élite par bataillon d'infanterie et en puisant dans tous les cadres, dans tous les dépôts, dans les compagnies départementales, dans celles des vaisseaux, dans les quelques vieux bataillons destinés au corps de Bertrand, Napoléon entreprit de reconstituer l'infanterie de la vieille garde sur le pied où elle était avant la campagne de Russie, sauf qu'il en supprima un régiment.

Pour celle de la jeune garde, non-seulement il en reforma tous les cadres disparus, mais encore il y ajouta ceux de dix régiments nouveaux; et il ordonna de remplir les uns et les autres avec les quelques milliers d'hommes qui se trouvaient dans les dépôts de ce corps; avec quelques emprunts faits aux cohortes, et avec un énorme prélèvement sur les conscriptions des quatre dernières classes qui devait donner des conscrits de choix sous le rapport de la vigueur physique.

Ce ne fut qu'après quelques hésitations et demi-contradictions causées par les lenteurs obligées de la correspondance entre Paris et Posen, que Napoléon arrêta les mesures relatives aux quatre premiers corps d'armée.

En Russie, le 1er corps avait compté dix-sept régiments français; le 2e, neuf; le 3e, sept; le 4e, huit; et chacun de ces régiments était à quatre ou à cinq bataillons. Napoléon prescrivit que le 1er corps serait reformé à seize régiments, et resterait sous les ordres du maréchal Davout; que le 2e et le 3e seraient fondus en un seul, qui prendrait le N° 2, aurait douze régiments et serait commandé par le maréchal Victor. Il décida, en outre, que les régiments de ces deux maréchaux seraient de quatre bataillons chaque; et il pourvut aux moyens de les recomposer, de les recruter.

Dès la fin de janvier, il expédia à Erfurt, au-devant des débris qui s'y rendaient de Stettin, de Cüstrin, de Spandau, le général Doucet, officier rompu à la pratique administrative; et, en même temps, il fit partir aussi pour Erfurt, de chacun des dépôts des vingt-huit régiments à recomposer, un détachement d'environ sept cents conscrits de 1813. Doucet devait prendre, parmi les débris arrivant dans cette place, de quoi former un cadre de bataillon pour chacun de ces vingt-huit régiments, le remplir avec le détachement de conscrits venus du dépôt correspondant, et renvoyer rapidement en France tous les officiers et hommes de cadre superflus.

Les bataillons ainsi constitués devaient recevoir le N° 2 dans leurs régiments respectifs, être réunis, deux par deux, en régiments provisoires commandés par des majors, et être acheminés, au fur et à mesure de leur formation, sur Magdeburg. Là, les maréchaux Davout et Victor, prenant ceux qui étaient destinés à leurs corps d'armée, devaient en former chacun sa première division, et entrer de suite en ligne avec elles s'il était nécessaire.

Cette organisation pouvait être achevée au commencement de mars et mettre sous la main d'Eugène, qui aurait déjà été renforcé alors par le corps de Lauriston, un nouveau renfort de plus de vingt mille baïonnettes.

Pour donner aux vingt-huit régiments de Davout et de Victor leurs bataillons N°s 4, 3 et 1, car c'est dans cet ordre qu'on voulut les créer, bataillons qui devaient constituer les deuxièmes, troisièmes et quatrièmes divisions des corps d'armée de ces deux

CHAPITRE SIXIÈME.

maréchaux, Napoléon décida qu'on emploierait des conscrits des quatre dernières classes, les débris que le général Doucet n'aurait pas utilisés à Erfurt et aurait renvoyés en France[1], et des cadres qui reviendraient d'Espagne, où l'on allait expédier l'ordre de former tous les bataillons à huit cents hommes, et de renvoyer en France les cadres rendus inutiles par cette formation.

On calculait que les bataillons N° 4 paraîtraient sur le Rhin à la mi-mars, et les bataillons N° 3 cinq ou six semaines plus tard. Leur route était tracée d'avance par la nécessité de montrer des troupes aux populations d'outre-Rhin, faites françaises par un odieux abus de la force, et aux contrées placées sous le sceptre exécré de Jérôme Bonaparte. Organisés en régiments provisoires, ils devaient aller passer le Rhin à Wesel et se porter, de là, sur le Weser, puis sur l'Elbe inférieur pour y rejoindre Davout et Victor. Cette jonction une fois opérée, tous les régiments provisoires devaient être dissous, et les bataillons d'un même régiment être réunis sous le numéro propre et le drapeau de celui-ci.

Quant aux bataillons N° 1, Napoléon ne prévoyait pas qu'ils pussent franchir le Rhin avant la fin de mai, car il ne pouvait disposer pour eux que des derniers cadres qui arriveraient d'Espagne.

---

[1]. Ces débris renvoyés en France se réduisaient à bien peu de chose. Eugène écrivait à ce propos à Napoléon : « Je dois représenter à Votre Majesté que les régiments sont *bien loin* de pouvoir fournir les cadres de *deux* bataillons. » (Lettre du 4 février.)

Les trois premiers anciens corps d'armée, avonsnous dit, avaient compté en Russie trente-trois régiments français. Les deux corps de Davout et de Victor, destinés à les remplacer, n'étant reconstitués qu'à vingt-huit, laissaient donc sans emploi les débris de cinq régiments et les ressources des dépôts de ceux-ci. Le général Doucet reçut l'ordre de retenir ces débris à Erfurt, de les joindre à quelques centaines d'officiers et de sous-officiers qu'on lui expédia de divers côtés, et de former avec tout cela dix cadres de bataillons dans lesquels il verserait quatre mille conscrits de 1813 qu'on lui envoyait des dépôts. Les dix bataillons ainsi organisés devaient être complétés un peu plus tard avec des conscrits des quatre dernières classes, et, jusqu'à nouvel ordre, n'appartenir à aucun corps d'armée, rester en station à Erfurt et y former une division.

Le 4ᵉ corps d'armée fut dissous. En Russie, il avait eu six régiments français et un certain nombre de régiments italiens. Les uns et les autres ayant leurs dépôts en Italie, Eugène avait, on l'a vu[1], fait diriger les débris de leurs cadres de Glogau sur Vérone. Mais Napoléon modifia cette disposition en faisant arrêter à Augsburg de quoi former six cadres de bataillon français, c'est-à-dire un cadre par régiment. Ces six cadres devaient être remplis par autant de détachements, chacun de sept cents conscrits de 1813, envoyés immédiatement des dépôts; et les

---

[1]. Chapitre III.

six bataillons résultant de cette organisation, réunis deux à deux, en régiments provisoires, furent réservés au corps d'observation d'Italie.

Enfin, pour ne rien oublier de ce qui a trait aux quatre premiers corps détruits en Russie, car ici tout est instruction pour le militaire, il fut prescrit que leurs régiments feraient figurer, chacun à son bataillon de dépôt, la compagnie ou les compagnies qui avaient été tirées de leurs restes à Stettin, Cüstrin, Glogau et Spandau, pour former les onze bataillons provisoires laissés à la garde de ces places.

Quant aux autres corps d'armée qui avaient pénétré plus ou moins avant en Russie, ils furent bientôt supprimés officiellement ainsi que les quatre premiers. Mais, comme ils étaient complétement étrangers, à l'exception du 7ᵉ qui avait la division Durutte, laquelle était en ligne contre les Russes, à l'exception aussi du 9ᵉ qui avait eu la division Partouneaux et l'avait laissée prisonnière à la Bérésina, Napoléon n'avait rien à faire à leur sujet, si ce n'est de presser de ses lettres et par ses envoyés tous les princes ses alliés de remplacer au plus vite leurs contingents dévorés par la guerre. Cependant, des dépôts des régiments français de l'ancienne division Loison ou Marchand qui avait dû renforcer le 9ᵉ corps vers Vilna et qui était bloqué à Danzig, il tira cinq bataillons, et on en forma une brigade qui reçut bientôt le nom de brigade de Hambourg.

Parallèlement au grand travail de reconstitution

de l'infanterie, Napoléon s'occupait avec non moins d'activité de recréer les autres armes.

En Russie, la cavalerie française qui était, à peu près, la moitié de celle de la Grande Armée, avait compté cinquante-six régiments de ligne, six de garde, c'est-à-dire plus de quarante mille hommes et plus de quarante mille chevaux.

Tout compte fait, tous les traînards ralliés, il se trouvait que, de tout cela, la ligne avait sauvé une douzaine de mille hommes valides, c'est-à-dire un peu plus qu'on n'avait calculé d'abord, et à peine quelques centaines de chevaux à demi ruinés, et la garde un millier d'hommes montés et un nombre un peu plus grand de démontés.

On a vu, antérieurement, comment Eugène avait disposé de ces débris, d'après les instructions de Napoléon.

Il avait dirigé sur Brunswick et Hanovre tous les cavaliers de la ligne, organisé et gardé pour sa petite armée cinq escadrons composés des hommes montés de la garde, renvoyé à Fulda ceux qui étaient à pied; et, à Fulda, on avait encadré ces derniers en cinq escadrons encore, puis on avait fait partir en poste, pour Paris, les officiers et les hommes de cadre superflus.

A Hanovre et à Brunswick on fit comme à Fulda : on conserva pour chaque régiment autant de compagnies[1] qu'on trouva de fois cent hommes dans ses débris; et on renvoya aux dépôts tout ce qui n'entra

---

1. L'escadron dans la garde et dans la ligne était alors formé de deux compagnies.

pas dans cette première organisation. Ce départ ne laissa guère que de dix à onze mille hommes à Hanovre et à Brunswick.

Les cinquante-six régiments de cavalerie de ligne avaient formé des divisions attachées aux corps d'armée et des corps de réserve. Napoléon supprima ces corps et divisions et ordonna d'organiser, avec les rassemblements de Hanovre et de Brunswick, deux corps sous les N°ˢ 1 et 2, le premier de quatre divisions, le deuxième de trois. En suite de cet ordre, chacune de ces divisions fut composée de huit régiments qui comptèrent, chacun, un escadron en moyenne, et furent organisés en quatre régiments provisoires.

Mais, pour reporter ces escadrons en ligne, il fallait les vêtir, les équiper, les armer, car ils n'avaient plus rien de leur tenue militaire; il fallait les monter et équiper leurs montures.

Les vêtements, les équipements, les armes, on fut obligé de les demander en France, les magasins antérieurement établis à Hanovre en étant mal pourvus. On croirait qu'en recevant cette demande, Napoléon n'eut qu'un ordre à donner pour qu'il y fût immédiatement satisfait. Elle le prit pourtant au dépourvu. Des armes, il en avait encore dans les arsenaux; mais il n'avait pas d'approvisionnements d'effets d'habillement et d'équipement. Il dut attendre, pour en faire expédier, que les dépôts des régiments et les entrepreneurs en eussent confectionné.

Chargé des remontes dans la Basse-Allemagne et spécialement de celle des deux corps de cavalerie qui s'organisaient à Hanovre et à Brunswick, par ses soins et sous la direction du général Belliard, le général Bourcier, à force d'activité et d'argent comptant, et en se montrant facile sur l'âge et certains défauts des chevaux, en avait déjà reçu plus de dix mille à la mi-mars; mais, à la même date, ces deux corps n'avaient encore que trois mille hommes à cheval, faute d'effets d'équipement, notamment faute de selles et de brides; et, par le même motif, il n'était pas à espérer que cet effectif fût doublé avant un mois ou six semaines. Et encore faut-il dire que Bourcier lui-même, mettant en œuvre les ressources du pays où il était, suppléait un peu à la lenteur des expéditions de France, en faisant confectionner sur place le plus d'effets qu'il pouvait.

Toute négligence dans l'administration des armées se paye par une perte de forces. Si Napoléon n'eût pas laissé vides des magasins qui auraient dû être pleins, le général Belliard aurait pu envoyer, dès le milieu du mois de mars, dix mille cavaliers éprouvés à Eugène qui se plaignait, non sans raison alors, de manquer de cavalerie, en présence d'un ennemi qui en avait une fort nombreuse. « Donnez-vous du mouvement pour la cavalerie, écrivait Napoléon à Eugène. L'administration est si lente que rien ne marche si on ne se donne des soins infinis. » Le conseil en soi était bon, mais de recommandation un peu oiseuse ici; car l'administration, quoi qu'elle fît, ne pouvait réparer en un instant l'imprévoyance de Napoléon.

Le 1er corps fut mis sous les ordres du général

Latour-Maubourg, officier de grand mérite ; le 2ᵉ fut confié au général Sébastiani, fort brave mais peu vigilant, de beaucoup de littérature mais de capacité médiocre.

Sachant que Bourcier allait se procurer promptement encore de deux à trois mille chevaux de cavalerie, et que ces deux corps n'avaient que dix mille et quelques cents hommes, Napoléon leur envoya des dépôts de France dans le courant de mars, deux mille six cents cavaliers à pied habillés et équipés, ce qui leur assurait douze à treize mille hommes dans le rang, pour le jour où ils recevraient enfin les effets d'habillement et d'équipement qui leur manquaient.

Mais ces cavaliers de renfort, ce n'étaient pas de vieux soldats comme ceux qu'ils allaient rejoindre ; c'étaient des conscrits n'ayant pas une année de régiment. Et Napoléon n'avait pu en choisir de meilleurs !

Là, en effet, éclatait un autre et plus grave résultat de son imprévoyance. Il n'avait que des cavaliers novices pour remplacer les excellents cavaliers perdus en Russie. Les dépôts ne contenaient plus que des conscrits, les uns de 1812, les autres de 1813. On ne pouvait absolument pas se servir de ces derniers encore incapables de se tenir à cheval, mais on employait les premiers comme si leur instruction eût été complète. Et Napoléon ne se borna pas à mêler deux mille et quelques cents de ces jeunes gens aux vieux soldats de Latour-Maubourg et de Sébastiani, il voulut s'en servir aussi pour former un troisième corps de cavalerie qui, à lui seul, serait aussi fort que les deux autres ensemble; mieux valait avoir, pensait-il avec raison, cette cavalerie, quelque médiocre qu'elle dût être, que d'en manquer absolument. Il revenait, on l'a vu, de Hanovre et de Brunswick dans les dépôts des cinquante-six régiments ruinés en Russie, des débris de cadres assez notables. Napoléon y ajouta quelques cadres rappelés d'Espagne depuis un an, un nombre assez considérable d'officiers et de sous-officiers pris dans la gendarmerie, la plupart par avancement, une grande promotion d'élèves de l'école de cavalerie, et il ordonna d'organiser avec tout cela dans chacun des cinquante-six dépôts, les cadres de deux ou trois compagnies suivant les ressources; de les remplir de conscrits de 1812, d'hommes habitués au cheval pris parmi les cavaliers offerts par les villes, et de les diriger sur Mayence dès qu'on aurait pu les mettre à cheval. Il comptait que les compagnies ainsi organisées y arriveraient dans le courant d'avril. Elles devaient alors être placées sous les ordres du général Lebrun qui les formerait en deux divisions, chacune de quatre régiments de marche, la première comprenant toutes les compagnies fournies par les dépôts des régiments du 1er corps de cavalerie, la deuxième les compagnies fournies par ceux des régiments du 2e corps.

Ces deux divisions devaient être ensemble de douze à treize mille hommes. Napoléon, à la première circonstance favorable, se réservait de les dissoudre, de renforcer avec elles les régiments des deux premiers corps, en donnant à chacun les compagnies venues de son dépôt; et, cela fait, de partager les cinquante-six régiments ainsi reconstitués entre Latour-Maubourg, Sébastiani et Lebrun. Mais, en attendant, il entendait que l'organisation provisoire faite sur Mayence fût assez solide pour servir à la guerre.

Il méditait, en outre, avec ce qui lui restait des conscrits de 1812, avec ce qu'il aurait de moins mal instruit en cavaliers offerts par les villes, même en conscrits de 1813, avec des cadres qu'il allait rappeler d'Espagne, de former un peu plus tard, également sur Mayence, un rassemblement pareil à celui que Lebrun y aurait formé en avril.

Quant à la cavalerie de la garde, il la reconstitua, non à six régiments mais à cinq; et il la recruta parmi les débris renvoyés de Hanovre et de Brunswick, dans tous les dépôts où se trouvèrent d'anciens soldats, dans la gendarmerie et dans les armées d'Espagne, auxquelles il retira vingt-cinq hommes d'élite par régiment. Il se hâta d'expédier aux cinq escadrons démontés restés à Fulda, tout ce qui leur était nécessaire, à l'exception des chevaux que devaient leur amener de France les escadrons même qui iraient les rejoindre pour entrer en ligne avec eux. Cette jonction, Napoléon voulait qu'elle eût lieu à Francfort-sur-le-Mein. Il se réservait de demander à Eugène d'y envoyer de son côté, dès qu'il pourrait s'en passer, toute la partie de la garde à cheval qu'il avait conservée près de lui; et là, devait s'opérer la réorganisation définitive de ce corps d'élite. Il pensait qu'elle lui donnerait cinq mille hommes à cheval; mais ce ne pouvait être que dans le courant d'avril.

Outre la cavalerie française, il y avait à reformer plusieurs régiments polonais passés à la solde de la France et ruinés en Russie. Le général Dombrowski fut chargé de ce soin; mais, à cause de la difficulté du recrutement, on ne pouvait guère obtenir ainsi plus de deux mille cavaliers.

Enfin, de l'autre côté des Alpes, on créait à Turin et à Florence deux régiments de cavalerie légère, on reconstituait les quatre régiments français et italiens ruinés en Russie avec le 4e corps d'armée; on complétait deux régiments qui n'avaient pas fait la campagne, et on avait sous la main un régiment napolitain, de sorte que Napoléon comptait que Bertrand partirait d'Italie avec quatre mille cavaliers, qui seraient bientôt suivis de quatre mille autres.

Tout en reconstituant de la sorte l'infanterie et la cavalerie, il s'occupait avec non moins d'activité, de reconstituer le personnel de l'artillerie; et il prenait ses mesures pour que ce personnel fût plus nombreux qu'il n'avait jamais été; car fantassins, cavaliers, allaient être bien jeunes, et il voulait appuyer leur courage novice par de formidables batteries : il voulait donner à chaque corps d'armée vingt-quatre bouches à feu par division d'infanterie, douze par division de cavalerie; il voulait, de plus, en avoir un grand nombre en réserve générale [1].

---

[1] « Il faut beaucoup d'artillerie dans cette guerre. » (Lettre de Napoléon à Marmont, datée de Saint-Cloud, le 14 avril.)

CHAPITRE SIXIÈME.

Il revenait de Russie de quoi former à peine une vingtaine de cadres de compagnies d'artillerie à pied, plus un petit nombre d'officiers et un millier de canonniers. On réunit tout cela à Magdeburg; il s'y trouvait déjà quelques compagnies incomplètes de cette arme; on y en fit venir quelques autres également incomplètes et inutiles dans les places de l'Oder; on y envoya de France cinquante-deux compagnies d'artillerie des cohortes, comptant près de cinq mille hommes et n'ayant plus qu'une partie de leurs officiers, par suite de l'épuration qu'elles avaient subie, comme les cohortes elles-mêmes; et, avec tous ces éléments, le général Sorbier fut chargé d'organiser le personnel nécessaire pour augmenter l'artillerie d'Eugène, déjà considérable cependant, et pour servir celle de Lauriston, de Ney, de Marmont, et des premières divisions de Davout et de Victor.

En France, avec ce qui restait de l'artillerie des cohortes, avec les ressources des dépôts en conscrits de 1812, avec quelques cadres, les uns vides, les autres à moitié pleins, avec quelques centaines de vieux soldats, d'officiers, de sous officiers, pris à l'artillerie de marine, avec un emprunt de dix hommes fait sur chaque compagnie d'artillerie des armées d'Espagne, avec des promotions extraordinaires faites à l'école d'application de Metz, et, ce qui n'avait jamais eu lieu, à l'école de Saint-Cyr, on reforma l'artillerie de la vieille et de la jeune garde, on augmenta cette dernière, les deux ne devant pas avoir moins de vingt-six batteries, y compris celles de l'artillerie à cheval, et on mit sur pied plus de soixante compagnies de ligne. On utilisa aussi pour le service des parcs un certain nombre de compagnies tirées des bataillons d'ouvriers de la marine.

L'artillerie à cheval fut reformée en partie à Magdeburg, en partie en France, par des moyens analogues.

Les canonniers qui entrèrent dans toutes ces organisations étaient, presque en totalité, des soldats de sept à huit mois de service, c'est-à-dire d'instruction bien défectueuse. Mais, à défaut d'autres, il fallait bien les employer. Ici encore, il faut le remarquer, la prévoyance de Napoléon n'avait pas été jusqu'à s'assurer, deux ou trois ans d'avance, une réserve d'artilleurs exercés.

Ce défaut d'instruction fut plus sensible encore dans l'artillerie à cheval, dont le service exige des cavaliers fort lestes et rompus au cheval.

Le matériel de campagne était, à cette époque, conduit par un corps dit train d'artillerie et subordonné aux officiers d'artillerie. Entré en Russie avec treize bataillons de la ligne et deux de la garde, ce corps en était revenu réduit à peu près à rien. Il était à reconstituer en entier. Il avait peu de monde dans les dépôts; et ce qu'il y en avait ne se composait que de conscrits de 1812 et de 1813. On s'en servit pour former, tout de suite, quelques compagnies de guerre; on fit passer dans ses rangs des soldats d'infanterie, et on le compléta avec des conscrits des quatre dernières classes. Réorganisé à Magdeburg, à Hanovre, en France, le train fut prêt aussitôt que l'artillerie même ; mais, comme elle, il n'eut guère que des soldats inexpérimentés ; et, cependant, son service exige beaucoup d'adresse et d'ensemble.

Le train des équipages militaires français avait mené en Russie dix-sept bataillons, y compris les deux bataillons de la garde, les uns à quatre, les autres à six compagnies, c'est-à-dire attelant les uns quatre cents, les autres six cents voitures. Il y avait perdu chevaux et voitures et n'en avait sauvé que des débris de cadres et un millier de soldats. Il y avait rendu peu de services à cause de la manière désordonnée dont la guerre avait été conduite; mais il n'en était pas moins indispensable de reformer son personnel disparu.

Napoléon ordonna donc que les deux bataillons de la garde, dix de la ligne, seraient réorganisés, et que les autres seraient dissous. Il pensait n'avoir pas besoin d'autant d'équipages en Allemagne qu'en Russie. Pour les bataillons de la garde, pour six des bataillons de la ligne, la réorganisation devait se faire dans la France en deçà du Rhin et dans la France au delà des Alpes; pour les quatre autres, entre l'Elbe et le Rhin. On y employa des hommes qui avaient eu des doigts gelés et surtout des conscrits des quatre dernières classes.

Si on récapitule toutes les dispositions que nous venons d'indiquer, on trouve que Napoléon pouvait espérer avoir, vers la fin d'avril, sur l'Elbe, le Rhin et le Danube, Lauriston avec quarante-huit bataillons,

Davout avec quarante-huit aussi, Victor avec trente-six, Latour-Maubourg et Sébastiani avec six mille chevaux, Ney avec soixante bataillons, Marmont avec cinquante-deux, Lebrun avec douze mille chevaux, Bertrand avec cinquante et un bataillons et quatre mille chevaux, enfin la garde impériale avec soixante bataillons et cinq mille chevaux; soit, en tout, trois cent cinquante-cinq bataillons, vingt-sept mille chevaux et plus de six cents bouches à feu, auxquels viendraient s'ajouter les forces réunies déjà sous Eugène et tous les contingents alliés dont on pressait la formation et qui devaient s'élever à cent mille hommes, sans compter ceux de la Prusse et de l'Autriche et le corps de Poniatowski.

Au mois d'avril, les conscrits de 1814 devaient arriver dans les dépôts et servir à réparer les pertes qu'éprouveraient les armées en ligne [1].

Pour ce vaste armement de la France, il fallait de l'argent, beaucoup d'argent; il en fallait aussi pour entretenir l'armée une fois qu'elle serait sur pied, bien que Napoléon n'eût pas l'intention de renoncer à son habitude de la faire vivre, autant que possible, aux dépens des pays qu'elle occuperait, amis ou ennemis; habitude productive d'économie, mais encore plus productive de haines et dont la France, à son tour, ne devait malheureuse-

---

[1]. Tous les détails qu'on vient de lire sur l'organisation de l'armée qui allait entrer en ligne plus ou moins prochainement, sont extraits de la correspondance de Napoléon avec le ministre de la guerre, avec Eugène, avec les maréchaux et les généraux, chefs des divers corps d'armée.

ment pas tarder à connaître les terribles rigueurs.

Mais, bien qu'alimentés par les impôts iniques et vexatoires que Napoléon avait établis, par l'immoral trafic des licences maritimes, par des confiscations odieuses de marchandises qui avaient ruiné des milliers d'individus, par des contributions de guerre que l'étranger devait nous reprendre un jour, les derniers budgets de l'Empire non-seulement n'offraient aucun excédant de recette applicable à des besoins imprévus, mais encore se soldaient par un déficit de quatre-vingt-quatre millions; et on évaluait, à cause de ces besoins mêmes, le déficit du budget de 1813 à cent quarante-neuf millions. Il fallait donc se procurer deux cent trente-trois millions de recettes extraordinaires.

Cette somme considérable, Napoléon aurait pu la mettre à la disposition de ses ministres sans qu'il en coûtât rien à personne, sans faire autre chose qu'une restitution au pays.

A la façon des despotes de l'Orient, il avait un trésor dans son palais, un trésor en numéraire d'or et d'argent, riche de cent soixante millions; et, de plus, il possédait une quarantaine de millions en actions, obligations et valeurs diverses facilement réalisables. Ces deux cents millions constituaient, conjointement avec d'autres valeurs très-considérables, mais non réalisables immédiatement, ce qu'il appelait son domaine extraordinaire et son domaine privé. Création monstrueuse de ce règne, le premier se composait de certaines contributions de guerre imposées, des confiscations mobilières et immobilières opérées en pays étranger; le second, des économies faites sur une liste civile audacieusement portée jusqu'à un revenu annuel de quarante millions de francs. Il aurait donc été fort naturel et fort juste que, dans ce moment de pénurie, les deux cents millions qu'il avait accumulés aux Tuileries, Napoléon les fît reporter au Trésor public d'où il les avait détournés; et si à cette restitution il eût bien voulu ajouter, ce qui était possible sans une générosité surhumaine, trente millions à prendre sur sa liste civile, en 1813, le déficit des budgets précédents aurait été immédiatement comblé et le service des dépenses de l'année courante assuré. Mais Napoléon n'était pas homme à se dessaisir ainsi de richesses qui étaient, entre ses mains, un instrument de règne. Il ne voulut pas, non plus, aliéner les forêts qu'il avait annexées à sa couronne, qui lui rapportaient annuellement quatre ou cinq millions et se seraient vendues promptement cent cinquante ou deux cents millions.

Ces deux moyens écartés, il en restait d'autres : une vente de forêts de l'État, une augmentation d'impôts, un emprunt. Sans doute il aurait été désavantageux à Napoléon qu'on pût dire qu'il diminuait le domaine de l'État; sans doute, quand on prenait à la population tous ses enfants pour la guerre, quand on lui faisait payer des millions sous prétexte de dons volontaires, quand on lui prenait ses chevaux par réquisitions, le moment n'était pas très-favorable pour lui imposer un accroissement de taxes; sans doute encore, si on faisait appel au crédit, le crédit, suivant sa coutume, lorsqu'il traite avec un emprunteur dépourvu des deux qualités qu'il recherche avant tout, l'exactitude et la bonne foi, se ferait payer cher et d'autant plus cher que tout récemment la prise de possession de la Hollande avait été inaugurée par une banqueroute générale de soixante-sept pour cent[1]; mais, malgré ces inconvénients, il semblait que Napoléon dût se résoudre à demander les ressources financières qui lui manquaient à un de ces moyens ou à tous les trois ensemble, quand tout à coup Maret, son ministre des relations extérieures, lui en montra un autre[2].

Outre les bois, pâtis, pâturages, tourbières, dont leurs habitants jouissaient en commun, quelques milliers de communes, sur les soixante mille que comprenait l'Empire, possédaient des terres, des prairies, des maisons, des usines qu'elles affermaient ou exploitaient par régie et dont les revenus passaient dans leur budget. Ces terres, maisons, usines, étaient évaluées à trois cent soixante-dix millions, tandis que leur produit annuel n'était que de huit à neuf millions. Maret proposa de s'emparer de ces biens, de les vendre et de donner en échange aux communes dépossédées des inscriptions au grand-livre de la dette publique d'une valeur de huit à neuf millions de rente, lesquelles seraient achetées sur le marché. Au taux où était le cinq pour cent, ces inscriptions ne

---

1. Décret du 9 juillet 1810. A cette occasion, Napoléon raya purement et simplement du grand-livre de la dette publique hollandaise les créances du prince de Hesse et d'Orange, c'est-à-dire confisqua leur propriété.
2. *Mémoires d'un ministre du trésor public.* (M. Mollien.).

représenteraient que cent trente millions en capital, les communes en perdraient donc deux cent quarante aussi en capital; deux cent quarante millions qui entreraient en numéraire dans les caisses de l'Etat et y combleraient le déficit des années précédentes et celui qui était prévu pour l'année 1813.

Spoliation, tel était donc le mot de la proposition de Maret.

Napoléon l'adopta.

La République, au plus fort de ses périls et de ses détresses, avait respecté la propriété communale [1]; Napoléon la violait sans avoir l'excuse de la nécessité absolue.

Il fut décidé que la caisse d'amortissement serait chargée de la vente des biens enlevés aux communes; et comme cette vente devait être retardée par les formalités à remplir, comme on sentait la nécessité d'accorder aux acheteurs certains délais de payement, il fut résolu aussi que cette caisse émettrait immédiatement des billets pour une somme égale à celle qui devait passer dans les mains de l'État; billets portant intérêt, remboursables à époques déterminées, et « admissibles en payement des biens communaux » qu'on allait vendre.

Napoléon se réservait de prendre de ces excellentes valeurs en échange d'une partie de son trésor des Tuileries, comptait en faire aussi acheter par la

---

1. La Convention avait décrété le partage de certains biens communaux entre les habitants d'une même commune, mais elle s'était bien gardée d'en distraire la moindre parcelle.

Banque de France, par certaines caisses publiques, et espérait que les fournisseurs et entrepreneurs des divers ministères les accepteraient en payement de leurs livraisons, que même les particuliers les regarderaient comme un bon placement de leurs capitaux.

Tous les détails de cette spoliation des communes ayant été ainsi réglés dans plusieurs conseils où assistaient Maret, Gaudin ministre des finances, et Mollien ministre du trésor public, Napoléon ne voulut pas en assumer l'odieux sur lui seul. Il appela le Corps législatif à en prendre une part.

Dans le mécanisme constitutionnel de la tyrannie impériale, cette assemblée était destinée à figurer une sorte de représentation nationale votant, contrôlant les recettes et les dépenses de l'État. Mais, suivant la juste et cynique définition de Napoléon, elle était sans yeux, sans voix, sans oreilles. Napoléon lui faisait indiquer ses volontés par des agents de son pouvoir, et elle les sanctionnait de ses votes avec une servilité qui n'avait d'égale que celle du Sénat. Elle était présidée par un des chambellans des Tuileries. Charles XII envoyait sa botte pour occuper le siège du président au Sénat suédois.

Napoléon ne respectant pas même, selon sa coutume, la constitution qu'il avait imposée à la France, n'avait pas réuni le Corps législatif en 1812. Il avait réglé, par décret, le budget de cette année ; et pour le décider à ne pas régler de même celui de 1813, il ne fallait rien moins que son désir de se décharger, en partie, de l'odieux de la grande mesure spoliatrice de plusieurs milliers de communes. On dirait que, dès lors, il sentait comme un ébranlement de son autocratie.

Convoquant le Corps législatif, il en prit occasion de faire un manifeste politique destiné à tromper la France sur sa situation vis-à-vis de l'Europe et à imposer à celle-ci.

Le 14 février, il parut donc en grande pompe, avec ce cérémonial théâtral qu'il affectionnait, au milieu de ceux qu'il qualifiait « députés des départements au Corps législatif »; et le visage hautain, la voix impérieuse, il lut un discours où il affectait une satisfaction absolue du présent et où respirait la prétention absolue aussi de régler l'avenir à son gré : un discours écrit de ce style nerveux, incisif qu'il rencontrait souvent.

Il commençait par répéter le thème convenu du froid, seule cause des pertes, des calamités subies en Russie; et il l'ornait de cette imagination nouvelle que les dévastations opérées sur les routes de nos armées étaient l'œuvre « d'un essaim de Tartares » qui avaient assouvi ainsi leur vieille haine contre « les infortunés Moscovites. »

Il affirmait que *ses* peuples du royaume d'Italie, ceux de l'ancienne Hollande et des départements réunis rivalisaient avec les anciens Français *d'amour* pour sa personne, « d'attachement à l'intégrité de l'Empire, » et il disait que les malheurs récemment éprouvés faisaient « ressortir la grandeur et la solidité » de cet Empire même. Il accusait l'Angleterre de propager chez tous nos voisins l'esprit de révolte contre les souverains, d'y pousser à l'anarchie et à la guerre civile ; mais, disait-il avec une singulière assurance : « La Providence l'a elle-même désignée pour être la première victime de l'anarchie et de la guerre civile. »

Il annonçait qu'il avait signé directement avec le pape un Concordat terminant tous ses différends avec lui.

Il faisait ces orgueilleuses déclarations : « *La dynastie française règne et régnera en Espagne.* Je suis satisfait de la conduite de *tous* mes alliés. Je n'en abandonnerai aucun ; *je maintiendrai l'intégrité de leurs États.* Les Russes rentreront dans leur affreux climat. » Et il ajoutait : « Je désire la paix ; elle est nécessaire au monde. »

Jamais il n'avait plus abusé du droit qu'il s'était arrogé de parler seul, de parler sans contradicteur, pour insulter à la vérité, pour propager le mensonge ; jamais, non plus, sa parole n'avait été plus grosse d'ambition, de tempêtes, de catastrophes.

Ces anciens Français dont il vantait l'amour pour sa personne, le zèle pour sa dynastie, avaient au cœur le deuil de leurs enfants tués, abandonnés, morts de faim et de froid sur la route de Moscou ; ils étaient exaspérés contre son ambition ; ils étaient las des chaînes dont il les avait chargés.

Ces nouveaux Français avaient accueilli avec une joie farouche la nouvelle du désastre de Russie. Ils frémissaient de rage au souvenir de leur nationalité ravie.

Ils n'attendaient que l'occasion de se soulever contre le ravisseur ; et l'occasion approchait.

Ce Concordat signé avec le pape n'était que le pacte d'un souverain injustement prisonnier avec celui qui l'avait mis et le retenait en prison par un odieux abus de la force ; et déjà le prisonnier, reprenant conscience de lui-même, rétractait la signature surprise à sa faiblesse [1].

Ces alliés, dont on se disait satisfait, hésitaient pour la plupart dans leur alliance. Le plus puissant d'entre eux, l'empereur d'Autriche, retirait son contingent du théâtre de la guerre au moment le plus critique, livrait aux armées russes le grand-duché de Varsovie et con-

---

1. Pie VII n'est digne d'aucun intérêt. En consacrant aux yeux des croyants du catholicisme les parjures, les usurpations de Napoléon, en répandant l'onction sainte, suivant la langue catholique, au front de celui qui, la veille encore, outrageait le droit des gens à Ettenheim et assassinait à Vincennes, ce prêtre des prêtres avait révolté la conscience publique. A l'approche du sacre, un fervent et célèbre catholique, le comte Joseph de Maistre lui-même, n'en jugeait pas autrement. Il écrivait : « Le voyage du pape et le couronnement sont, dans ce moment, le sujet de toutes les conversations... Les forfaits d'un Alexandre VI sont moins révoltants que cette hideuse apostasie de son faible successeur. » Et, une autre fois, revenant sur ce sujet, il ajoutait : « Je n'ai point de termes pour vous peindre le chagrin que me cause la démarche que va faire le pape. S'il doit l'accomplir, je lui souhaite de tout mon cœur la mort, de la même manière et pour la même raison que je la souhaiterais à mon père s'il devait se déshonorer demain. » (Lettres datées de Saint-Pétersbourg, dans *Mémoires politiques et Correspondance diplomatique du comte Joseph de Maistre*.)

Si Pie VII s'est déshonoré par le sacre de Napoléon, la conduite de Napoléon envers lui n'en est pas moins odieuse. S'emparer par fourberie et violence de la personne et des États d'un souverain qu'on a reconnu, s'en emparer en pleine paix et retenir ce souverain en captivité, ce sont là des actes que la morale flétrit et qui ne sauraient échapper à la réprobation de l'histoire.

CHAPITRE SIXIÈME.

cluait un armistice avec elles ; et le roi de Prusse, ne remplaçant pas le corps enlevé à l'alliance par la défection d'York, armant à force, prenait une attitude si équivoque qu'on venait d'expédier à Eugène l'ordre de s'opposer à ses armements.

Cette dynastie française, qui régnait et devait régner en Espagne, ne pouvait s'aventurer sans un corps d'armée hors des barrières de Madrid ; et les armées françaises, depuis cinq ans au delà des Pyrénées, n'étaient jamais maîtresses que de l'emplacement de leurs mobiles bivacs.

Enfin, ce désir de paix affiché par Napoléon lorsqu'il déclarait implicitement qu'il ne consentirait à aucune paix non basée sur l'asservissement de l'Europe à sa volonté, c'était l'annonce certaine d'une guerre terrible et sans terme à prévoir.

Cette allocution n'avait fait qu'une allusion fort vague à la mesure financière extraordinaire, à la spoliation des communes, que devait voter le Corps législatif. Elle fut exposée seulement lors de la présentation du budget ; et le conseiller d'État Molé, chargé de la justifier, ne trouva rien de mieux que d'invoquer la nécessité de ne pas laisser des propriétés en mainmorte. Singulier argument dans la bouche d'un serviteur du souverain qui fondait et s'évertuait à fonder partout des majorats !

Pour donner une haute idée des ressources de son Empire qu'on devait croire bien diminuées, bien compromises par tant de guerres, et surtout à la vue de la spoliation exercée sur les communes au bénéfice du Trésor public, Napoléon fit présenter au Corps législatif et publier sous le titre « Exposé de la situation de l'Empire, » une sorte de statistique générale de la France pour les années 1811 et 1812. C'était le tableau le plus riant qu'on pût imaginer, un de ces tableaux que tout gouvernement peut présenter quand il a supprimé tout moyen de contrôle de ses discours et de ses actes, toute liberté de discussion. Nous n'avons pas à l'examiner ici ; mais pour indiquer jusqu'à quel point il méritait la confiance publique, il nous suffira de dire qu'on y lisait ces deux assertions : que la conscription avait contribué à l'accroissement de la population, et qu'une des causes principales de « la prospérité de l'Empire, c'étaient les lois libérales qui le régissaient. » Ce tableau portait la signature de Montalivet ministre de l'intérieur, un des cœurs les plus bas dans cette génération d'administrateurs courtisans façonnés à la bassesse par Napoléon.

Il ne paraît pas que l'étalage ainsi fait et plus ou moins contestable des ressources de l'Empire produisît sur l'opinion publique l'impression espérée. A l'étranger, on tourna en ridicule Montalivet et son œuvre. En France, on était trop cruellement aux prises avec la réalité pour se payer de paradoxes, pour se laisser bercer d'assurances de prospérité imaginaire.

Séduites, égarées un moment par la gloire militaire, mais désabusées par le guet-apens de Bayonne, par la guerre criminelle faite aux Espagnols, par les annexions incessantes opérées contre tout droit et toute raison au territoire français, par la guerre follement portée en Russie et suivie d'un désastre sans pareil, les populations de l'Empire voyaient enfin clairement que l'égoïste ambition de Napoléon était la cause du trouble permanent de l'Europe et de leurs malheurs; et, nous le répétons, elles étaient ulcérées contre lui. C'est un fait que ses apologistes eux-mêmes n'ont guère osé nier, car les preuves en abondent.

Les réquisitions de chevaux s'opéraient, les dons dits volontaires se payaient; en d'autres termes, les impôts les plus illégaux se percevaient de Brest à Rome, de Bayonne à Hambourg et Lübeck, sans autres difficultés que de rares protestations individuelles promptement réprimées par le dur arbitraire des préfets. Cela est vrai.

La transformation des cohortes en troupe de ligne, les levées de conscrits se faisaient, il est encore vrai, avec un succès réel, malgré quelques émeutes, malgré des désertions, des insoumissions nombreuses[1], et bien qu'il fallût employer souvent le barbare moyen des garnisaires.

Mais tant de sacrifices étaient cruellement sentis.

Au deuil jeté sur la France par le désastre de Russie, venait se joindre la douleur de ces trois ou quatre cent mille familles à qui on prenait leurs enfants pour les pousser sur les champs de bataille,

1. Un des plus intrépides apologistes de Napoléon, Fain, dans le *Manuscrit de 1813*, écrit sous l'inspiration et sur les notes de Maret, dit: « Les états de la conscription présentent un total de *cent soixante mille* conscrits qui ne sont plus dans leurs familles, mais qui n'ont pas rejoint leurs drapeaux.

où chacun comprenait que nous n'étions pas appelés pour la querelle de la patrie. Le tirage au sort, le départ des conscrits donnaient lieu presque partout aux scènes les plus déchirantes, non-seulement au foyer domestique, mais aussi sur la place publique. A la vue des jeunes gens frappés par le sort, partant pour cette guerre dont nul ne revenait ou ne revenait que mutilé, les parents, les amis fondaient en larmes, éclataient en sanglots ; et leurs lamentations trouvaient des échos retentissants, tristement sympathiques au sein de la foule, au cœur surtout de ceux qui avaient à leurs côtés leurs fils enfants ou hommes faits. La conscription, en effet, frappant maintenant en avant et en arrière de la vingtième année, paraissait ne devoir plus épargner personne pour peupler les camps de Napoléon, « pour approvisionner de victimes, comme on l'a dit, l'antre du lion[1]. » Dans les provinces, la pitié, le secours étaient assurés au conscrit insoumis, réfractaire, au déserteur. Là où le pays était d'accès difficile, dans les montagnes du centre de la France alors mal percées de routes, dans les bois épais de la Vendée, dans les vastes landes de Bretagne, sur les flancs des Pyrénées, il n'était même pas rare que la gendarmerie en quête de sa proie, que les garnisaires chargés de ruiner les parents pour amener la soumission des fils, fussent assaillis, maltraités, repoussés, et cherchait-on à instruire le procès de ces violences, personne ne voulait en avoir été témoin.

---

1. *Histoire des guerres de la Péninsule*, par le général Foy.

A Paris, la douleur, l'exaspération n'étaient pas moindres. Elles s'étaient attaquées à Napoléon lui-même. Passant à cheval dans le faubourg Saint-Antoine, il avait été apostrophé en termes injurieux par un jeune homme que réclamait la conscription; et des agents de police ayant voulu saisir cet audacieux, la foule s'y était opposée. Plusieurs fois, sur divers points de la capitale, le peuple, ameuté par les cris des conscrits, que traînait en prison la force publique, s'était rué à leur secours et les avait délivrés ou avait tenté de le faire[1]... « Les esprits s'échauffent, écrivait dans un rapport le préfet de police Pasquier; et, en plein jour, on affiche des placards injurieux contre l'Empereur. »

Dans les classes bourgeoises, la tristesse, l'irritation étaient grandes aussi et se traduisaient en propos violents. Parmi les hauts fonctionnaires et même parmi les courtisans des Tuileries, le mécontentement gagnait, et on avait de sombres pressentiments. « L'Empereur n'est pas changé, disait aux Tuileries mêmes le directeur général des postes Lavalette, à Mollien ministre du trésor. La leçon du malheur est perdue; quand finira la guerre s'il retrouve sa fortune? Et quelle sera la paix s'il succombe[2]? » Créature de Napoléon, Lavalette était alors et fut depuis l'un de ses plus dévoués serviteurs.

[1]. Nous empruntons ces faits à l'*Histoire du Consulat et de l'Empire*, par M. Thiers, qui les a recueillis, dit-il, dans les bulletins de la police impériale adressés à Napoléon.

[2]. *Mémoires d'un ministre du trésor public* (M. Mollien).

Un autre agent moins élevé mais tout aussi zélé de la tyrannie impériale, a résumé longtemps après, en un mot adouci, l'opinion de la France à cette malheureuse époque : « On était fatigué de la guerre, on trouvait pesant le joug de Napoléon[1]. »

Ce joug, malheureusement, on n'eut pas l'énergie de le briser. Treize années de despotisme effréné, de corruption systématique, de politique contre-révolutionnaire, avaient détruit la vertu civique. La France était comme l'esclave au cœur de qui fermente la révolte sous l'excès de ses maux, et qui n'ose pourtant saisir le glaive de Spartacus. Elle n'osa pas reprendre le pouvoir usurpé sur elle au 18 Brumaire et en l'an XII. Elle continua de déserter le soin de ses destinées.

Depuis longtemps déjà, les demeurants du parti de la Révolution étaient bien justifiés dans leurs pronostics sur Bonaparte et dans leurs haines de l'usurpation et de l'usurpateur; mais, chaque jour, les événements allaient les justifier mieux encore.

L'exaspération de la nation se retrouvait silencieuse chez les conscrits qu'on acheminait sur l'Elbe, le Rhin et l'Adige, sans avoir eu le temps de les former à la discipline, de leur inspirer le respect, le culte du drapeau et l'oubli de leurs familles éplorées, souvent réduites à la misère par leur départ. Mais elle se manifestait avec une âpreté de langage public inouïe parmi les débris échappés de Russie. Les géné-

---

[1]. *Le Consulat et l'Empire*, par *Thibaudeau*.

raux, les officiers tenaient des discours presque séditieux; et on avait entendu des hommes de cadres rentrant en France par Mayence, dire à des conscrits en route pour rejoindre leurs corps : « Où allez-vous donc?... à l'armée?... Attendez au moins que l'Empereur vous y mène lui-même[1]. » Allusion sanglante au départ précipité de Smorgoni!

Napoléon savait tout cela : sa double police civile et militaire, répandue partout et aidée de la délation qu'il encourageait fort, le lui racontait dans des rapports multipliés et assez fidèles. Mais il n'en était pas ému. Persuadé d'avoir énervé la nation française jusqu'à la rendre incapable de revendiquer sa souveraineté, il en méprisait les douleurs et les colères. On l'entendait dire, répéter dans l'insolence de son orgueil, que, « pour être *digne de lui*, la France devait s'abstenir de vœux pusillanimes, que le premier de ses vœux devait être de venger sa gloire offensée, que la seule paix qui lui convînt était celle qu'elle commanderait par de nouvelles victoires et qui lui laisserait toutes ses conquêtes[2]... »

D'ailleurs, il était prêt à étouffer dans le sang toute tentative de résistance à sa loi. Le sang! il ne le versait pas par goût, par cruauté folle comme certains tyrans; mais il ne l'épargnait pas quand il s'agissait de servir son intérêt personnel et de main-

[1]. Nous empruntons ce trait à l'*Histoire du Consulat et de l'Empire*. M. Thiers dit l'avoir recueilli dans les rapports militaires mis sous les yeux de Napoléon.

[2]. *Mémoires d'un ministre du trésor public* (M. Mollien).

tenir la terreur de son nom. Pour en témoigner, il suffit de rappeler les assassinats juridiques du duc d'Enghien et du libraire Palm, des onze officiers compagnons de l'héroïque Schill; mais que de victimes tombées sous le plomb impérial sans retentissement historique et sacrifiées au même but, dans l'Empire et hors de l'Empire! L'année précédente, Napoléon avait fait fusiller à Caen trois hommes et trois femmes, jugés, condamnés en quelques heures par une commission militaire, à la suite d'une émeute causée par la cherté extraordinaire du blé; une émeute où personne n'avait péri, n'avait été blessé! Et tout récemment, des troubles s'étant produits dans le grand-duché de Berg[1] à propos du recrutement, on avait saisi quarante malheureux; on les avait conduits attachés deux à deux à Düsseldorf; et là, on en avait fusillé les trois quarts.

Sans inquiétude sérieuse sur la soumission de la nation, il ne doutait pas non plus de la conduite future de ses anciens soldats et de ses conscrits. Une fois sur le terrain du combat, ceux-ci, il y comptait à bon droit, ne devaient pas mentir à notre race légère dans ses haines comme dans ses affections, toute pétrie d'amour-propre et de courage, amoureuse jusqu'à la témérité des hasards de la guerre; et,

---

1. Ces troubles avaient commencé à Solingen le 23 janvier, jour du tirage au sort pour la conscription, et s'étaient étendus rapidement à Lennep, Wipperfürth, Ronsdorf, Barmen, Elberfeld, etc. Ceux qui y prirent part et qui étaient fort nombreux, n'avaient pu se procurer d'autres armes que des bâtons. On les appela dans le pays « Knüppelrussen » (Russes à bâtons).

CHAPITRE SIXIÈME.

quant à leurs aînés, si exaspérés aussi, un repos de quelques semaines, des soins, des secours matériels, la vue enfin de leur général leur montrant l'ennemi, ne pouvaient manquer de les lui ramener soumis, repentants, prêts à courir à sa suite de nouvelles aventures; à poursuivre même la plus folle de toutes, celle de la conquête de l'Europe.

Certain d'avoir des hommes, de l'argent, des chevaux, des armes, un matériel considérable, Napoléon regardait comme assurés la victoire, le succès définitif. De ce ton fatidique qu'il affectionnait toujours, malgré tant et de si cruels démentis donnés à ses oracles par le Portugal, l'Espagne et la Russie, il s'écriait dans le *Moniteur universel* : « Aussitôt que l'hiver sera passé, les Russes seront chassés et renvoyés d'autant plus vite qu'ils se seront avancés davantage. » Nouvel oracle qui, après avoir un instant semblé se réaliser, devait être confondu par d'épouvantables catastrophes.

Pendant qu'avec une présence d'esprit imperturbable, une fécondité d'imagination inépuisable, une activité sans relâche, pressant ses ministres, ses lieutenants, ses administrateurs et les populations de toute la force de son impatience et de son despotisme, Napoléon créait, organisait tout pour la guerre qu'il prétendait faire terrible, foudroyante, il dirigeait sa politique extérieure sans aucune habileté ou plutôt avec la résolution entêtée de ne modifier en rien son système de domination, d'oppression universelles; et, le 27 mars, l'ambassadeur de Frédéric

Guillaume, à Paris, signifia officiellement au cabinet des Tuileries le premier résultat de cette obstination barbare, la déclaration de guerre de la Prusse à la France.

C'était un événement bien grave que cette défection pour quiconque savait, et on ne l'ignorait pas aux Tuileries, qu'elle se produisait moins encore par la volonté réfléchie du souverain de la Prusse que par la révolte unanime du peuple prussien contre les excès de la conquête. Mais Napoléon n'en jugea pas ainsi. Cette nouvelle guerre qui était grosse de sa perte, il la réduisit, avec son matérialisme habituel, à une question de chiffres, d'effectifs militaires. « La Prusse, dit-il à Maret, en apprenant qu'elle se déclarait contre lui, a quatre millions cinq cent mille âmes; elle pourra m'opposer quarante mille hommes dans deux mois, et jamais plus de soixante-quinze mille[1]. C'est peu de chose. » Son calcul était grossièrement inexact. C'est que, dans sa longue trahison de la Révolution, il avait oublié, lui, l'ancien Jacobin, le contemporain des luttes de l'an II et de l'an III, ce que peut un peuple soulevé par l'amour de la patrie,

1. Peu de jours avant, le 14 mars, Napoléon, écrivant à Eugène, formulait à peu près la même appréciation : « N'oubliez pas, disait-il, que la Prusse n'a que quatre millions de population. Dans les temps les plus prospères (quand elle avait neuf millions d'habitants), la Prusse n'avait pas plus de cent cinquante mille hommes, qu'elle ne manquait pas d'exagérer et de porter à trois cent mille. Malgré tous les efforts du roi, certainement il n'aura pas au mois de mai quarante mille hommes, sur lesquels *vingt-cinq mille* au plus seront disponibles, par suite de la nécessité de garder la Silésie, les places de Graudenz, Colberg, Pillau, et d'avoir des troupes pour la police du pays. »

le fanatisme de l'indépendance : il ne comptait plus pour rien la force morale.

Une autre nouvelle lui arriva en même temps, qui avait en soi, qui recevait aussi de la défection de la Prusse une signification fort inquiétante et qui, pourtant, ne jeta pas, non plus, un rayon de lumière dans son esprit. Il apprit que Lübeck, Hambourg, les trois départements formant la 32° division militaire s'insurgeaient, que les deux duchés de Mecklenburg se détachaient de la Confédération du Rhin pour se joindre à la coalition de la Russie et de la Prusse ; et il n'en fut pas ému. Il ne vit là qu'une ébullition éphémère.

Si peu de cas qu'il fît des Prussiens et des autres Allemands du nord qui secouaient le joug, il jugea pourtant, qu'à des ennemis nouveaux, il fallait opposer des forces nouvelles ; et il prit aussitôt des dispositions pour ajouter quatre-vingt-dix mille hommes à l'effectif de l'armée et pour organiser la défense des ports et du littoral de l'Empire en y employant très-peu de troupes de ligne. Ce fut l'objet d'un projet de sénatus-consulte qu'il envoya au Sénat le 1ᵉʳ avril, en lui communiquant quelques pièces diplomatiques relatives à la déclaration de guerre de la Prusse.

D'après ce projet, quatre-vingt mille hommes devaient être levés sur les classes de 1807, 1808, 1809, 1810, 1811, 1812, déjà frappées de tant de recrutements ; dix mille hommes devaient être pris parmi les jeunes gens de dix-neuf à trente ans que le tirage au sort ou le remplacement avait soustraits jusque-là au service militaire et qui seraient jugés assez riches pour se monter, s'habiller et s'équiper à leurs frais ; enfin, dans six arrondissements maritimes comprenant ensemble quarante-huit départements, il devait être organisé des cohortes de garde nationale composées d'hommes de vingt à quarante ans, destinées à fournir des détachements mobiles pour la garde des côtes ; et, de plus, il devait être formé des cohortes dites urbaines dans les principaux ports de l'Empire, depuis Flessingue jusqu'à Toulon.

Le Sénat vota toutes ces mesures avec sa servilité ordinaire. Instituée pour donner une forme légale aux actes du despote, pour aduler, pour approuver, non pour discuter, contrôler, éclairer, redresser, cette assemblée, honte de notre histoire, type achevé d'avilissement, restait fidèle à sa mission. Pas une voix ne sortit de son sein, ni pour blâmer la politique qui imposait encore de si pénibles sacrifices à la patrie épuisée, ni pour réclamer un terme aux prétentions de Napoléon à la domination du continent.

La nouvelle conscription de quatre-vingt mille hommes sur les classes de 1807 à 1812 devait s'opérer comme les précédentes, c'est-à-dire en suivant la liste primitive du tirage au sort, et en maintenant au riche la faculté de se faire remplacer ; et la condition réservée à ces conscrits était la condition même de ceux qui étaient entrés avant eux dans la carrière : soldats au départ ils devaient rester soldats ou avancer de grade en grade selon leur capacité, leurs services et les chances de la guerre.

Mais il devait en être tout autrement pour les dix mille hommes destinés à parfaire l'effectif de quatre-vingt-dix mille exigé par Napoléon.

Pour ceux-là, le sénatus-consulte regardait comme non avenus la décision du sort ou le remplacement qui les avait déjà exonérés du service : les préfets les désignaient, et une fois désignés, ils devenaient soldats du fait même de cette désignation arbitraire, ne pouvaient se faire remplacer, étaient tenus de se monter, de s'équiper, de s'habiller à leurs frais, et recevaient l'assurance qu'après douze mois de campagne ils auraient tous le brevet d'officier.

D'une part une iniquité, de l'autre un privilége.

Que nul ne soit exempt du service militaire, que nul ne puisse faire tuer, à sa place, un de ses semblables sous le drapeau, rien de plus juste, de plus moral, de plus avantageux au bien public; mais autoriser le remplacement pour annuler cette autorisation quand le remplacement a été payé à grands frais, et l'annuler au gré d'un fonctionnaire; mais décréter que le tirage au sort fera règle pour l'obligation ou la dispense du service militaire, et puis retirer à ceux-ci, conserver à ceux-là le bénéfice de cette disposition légale, encore suivant le caprice d'un fonctionnaire, c'est un de ces procédés autocratiques que Napoléon seul, dans son mépris des principes les plus augustes, pouvait imaginer en France.

Le sénatus-consulte donnait le nom pompeux de gardes d'honneur à ces dix mille jeunes gens dont la désignation était remise à l'arbitraire des préfets; et il décidait qu'ils seraient formés en quatre régiments.

Dans le singulier exposé des motifs de cette levée, Napoléon faisait annoncer la création prochaine de compagnies de gardes du corps, qui étaient nécessaires au trône, disait-il, et qui se recruteraient parmi les gardes d'honneur. C'était encore une institution de la vieille monarchie, un corps privilégié et de la pire espèce, qu'il voulait rétablir.

Il faut remarquer ici à quels courants contraires la Prusse et la France étaient livrées à ce moment. En Prusse, la formation des volontaires était un pas fait vers le principe de l'égalité devant la loi ; en France, la formation des gardes d'honneur faisait reculer vers le principe opposé.

L'organisation des gardes nationales prescrite par le sénatus-consulte devait s'opérer d'après la législation en vigueur. Or, cette législation, œuvre de l'Empire, était la négation même des principes sur lesquels les assemblées de la Révolution avaient fondé la garde nationale. On retrouve là cette tactique perfide, habituelle à Napoléon : conserver de nom une institution de la Révolution; et, de fait, en changer la nature. D'après sa loi, c'étaient des comités formés d'agents de son pouvoir qui désignaient les gardes nationaux ; et c'était lui-même qui en nommait les officiers. De la garde nationale il faisait ainsi quelque chose d'assez semblable aux milices provinciales de l'ancienne monarchie. Il regardait toujours vers le passé. Il se réservait, au reste, de n'armer ces gardes nationales qu'au fur et à mesure des besoins.

Muni du vote du Sénat, il expédia immédiatement les ordres les plus pressants pour la levée rapide des quatre-vingt mille nouveaux conscrits ; et il décréta les mesures d'exécution pour la formation des gardes d'honneur.

Son décret fixait un certain nombre de catégories de citoyens dans lesquelles ces gardes devaient être choisis ; mais il autorisait les préfets à admettre parmi eux les volontaires qui, en dehors des catégories fixées, s'engageraient à se monter, s'habiller et s'équiper à leurs frais ; et il ordonnait que la liste du contingent assigné à chaque département fût établie avant le 1er mai.

Chacun des quatre régiments de gardes d'honneur dut avoir un effectif de deux mille cinq cents hommes réparti en dix escadrons, un colonel du grade de général de division ou de brigade, et un corps d'officiers pris dans l'armée. En Prusse, les chasseurs-volontaires élisaient eux-mêmes leurs officiers.

Ces régiments furent classés dans la cavalerie légère. Ils durent être habillés, équipés, armés à la hussarde, montés sur des chevaux de hussards ; et on leur assigna pour lieu de formation Tours, Versailles, Lyon et Metz.

On a dit[1] que Napoléon, en levant les gardes d'honneur, avait non-seulement voulu se procurer, sans aucune dépense, dix mille cavaliers, mais encore et surtout des otages dont la présence dans ses camps lui

---

[1]. Mollien, dans ses *Mémoires*, Thibaudeau, dans son *Histoire du Consulat et de l'Empire*, et beaucoup d'autres écrivains. Thibaudeau était préfet en 1813.

répondrait de la soumission de leurs familles dans l'intérieur de l'Empire. Si cette allégation est vraie, comme nous le croyons, il fut bien déçu dans son attente, car, grâce à la vénalité de la plupart des préfets, à la partialité de quelques autres, les plus considérables familles de l'ancienne noblesse et de la bourgeoisie qu'il aurait voulu, assure-t-on, atteindre, surent généralement lui soustraire leurs enfants ; et la levée porta principalement sur la moyenne bourgeoisie qui n'avait ni assez de fortune, ni assez d'influence pour se rendre les préfets favorables, et sur les fonctionnaires publics « qui, craignant de perdre leurs places ou espérant en obtenir de meilleures [1]. », s'empressèrent d'inscrire leurs fils comme volontaires ou n'osèrent aucune démarche pour les faire échapper à la désignation officielle [2].

Des instructions confidentielles donnaient, d'ailleurs, aux préfets des moyens de coercition terribles contre les récalcitrants : ils pouvaient les reléguer au loin, les incarcérer et les retenir en prison indéfiniment. Sous l'Empire, la liberté individuelle était, on le sait, garantie comme sous Louis XV.

Il faut dire, cependant, que dans beaucoup de départements de l'ancienne France, notamment dans ceux de l'est, il y eut, en nombre notable, des jeunes gens qui s'inscrivirent volontairement comme gardes

---

[1]. *Mémoires d'un ministre du trésor public* (M. Mollien).

[2]. On descendit si bas dans la hiérarchie des fonctionnaires et employés pour y recruter les gardes d'honneur, qu'on désigna des fils de commissaires de police, de maîtres de poste, etc.

d'honneur, les uns attirés par l'assurance de recevoir bientôt le brevet d'officier, les autres poussés par la crainte d'être compris dans la levée des quatre-vingt mille hommes. Mais ces enrôlements volontaires furent une occasion nouvelle d'exactions. Ceux qui les contractèrent étaient, en général, peu fortunés, hors d'état de s'habiller, de s'équiper, de se monter. Les préfets imaginèrent d'ouvrir des souscriptions pour suppléer à ce manque de fortune, forcèrent en sous main à souscrire et, dans certains départements, allèrent même jusqu'à imposer à quelques-uns de leurs administrés la charge de payer toute la dépense nécessaire. La propriété des citoyens était, comme leur personne, à la merci des agents de la tyrannie impériale.

Cette conscription des gardes d'honneur si nouvelle, si excessive en tout, et qui, de plus, semblait ne pas devoir rester isolée, porta le mécontentement dans une catégorie de citoyens restés jusque-là dévoués à l'Empire, les uns par intérêt personnel, les autres par crainte pusillanime du retour de la liberté; et elle redoubla l'irritation des ennemis que comptait Napoléon dans l'ancienne noblesse et dans la bourgeoisie. Il n'y avait plus désormais une seule famille qui pût espérer soustraire ses fils au meurtrier service d'une ambition insatiable. Parmi ceux qui avaient aidé, applaudi, consenti à l'usurpation de Brumaire, combien de regrets alors! Tous les orages de la liberté n'étaient-ils pas préférables à une servitude constamment troublée par des guerres où s'engloutissaient les jeunes générations, non-seulement sans utilité pour la patrie, mais encore au plus grand détriment de sa grandeur et de son prestige moral dans le monde?

Sous d'autres points de vue, il y eut beaucoup de mécomptes dans la conscription des gardes d'honneur. On comptait sur dix mille de ces cavaliers; on calculait qu'ils seraient tous réunis dans leurs dépôts à la fin de juillet ou au commencement d'août; qu'ils auraient d'excellentes montures; et il se trouva que beaucoup de départements purent fournir à peine les trois quarts ou même les deux tiers de ceux qui leur avaient été demandés; que, parmi ceux qu'ils fournirent, un certain nombre rejoignit les dépôts fort tard; et que beaucoup ne furent montés que sur des chevaux de rebut[1].

Mais tels quels, les uns réellement volontaires, les autres conscrits par la force, ces jeunes gens, une fois dans les camps, furent des soldats alertes et du plus intrépide courage.

Telles furent les mesures militaires que suggérèrent à Napoléon la défection de la Prusse et l'insurrection de la Basse-Allemagne. Extrêmement dures pour la France épuisée de sang, elles n'étaient pas propor-

---

[1]. Le 27 janvier 1813, le préfet du Puy-de-Dôme écrivait au général Saint-Sulpice, commandant le régiment de gardes d'honneur en formation à Lyon : « L'extrême rareté des chevaux et le prix inouï où ils s'élèvent, me mettent dans l'impossibilité de procurer aux gardes d'honneur des chevaux distingués. Quelques-uns sont *réformés.* »

Nous ajouterons ici que le contingent du Puy-de-Dôme était fixé à cent quarante-deux gardes d'honneur, et que ce département n'en fournit que quatre-vingt-dix-sept.

tionnées à la gravité de ces événements, la politique de Napoléon restant immuable.

Elles furent accompagnées de la mise hors la constitution des trois départements de la 32º division militaire, c'est-à-dire des départements des Bouches-de-l'Elbe, des Bouches-du-Weser et de l'Ems supérieur.

L'exposé des motifs du sénatus-consulte présenté, à ce propos, au Sénat, affirmait que la réunion de ces pays à l'Empire français avait été uniquement causée par l'Angleterre, et que, d'ailleurs, elle était dans leur intérêt; et il concluait de là que leur insurrection était criminelle au premier chef. A cette argumentation puissante, le rapporteur d'une commission, ancien régicide, renégat de la Révolution, affublé par Napoléon d'un titre féodal, ajouta force injures contre les insurgés. C'étaient, assura-t-il, « des êtres vils, entraînés par l'appât d'un sordide intérêt... mis en mouvement par des hommes factieux par essence qui, ayant tout à gagner, rien à perdre dans un bouleversement, ne se plaisaient que dans le désordre et le chaos »; et sur cet exposé si lumineux, sur ces accusations bien fondées, car elles s'adressaient, on le verra plus tard, aux premiers négociants de l'Allemagne, à ses citoyens les plus honorables, à des patriotes dévoués, le Sénat vota, d'une voix unanime, la mesure qui lui était proposée.

Être mis hors la loi, hors la constitution, ne signifiait pas grand'chose, pas plus pour un département que pour un citoyen, car le jury était un vain mot, les cours spéciales militaires étaient d'institution permanente et les commissions militaires entraient en fonctions à la moindre émeute, au plus petit tumulte. Mais ce qui eut une terrible signification, c'est que le maréchal Davout, l'agent impitoyable des répressions impériales, reçut la mission de réduire les départements insurgés.

En même temps qu'il ordonnait tout pour la formation rapide des gardes d'honneur, qu'il expédiait les instructions les plus urgentes pour la levée des quatre-vingt mille conscrits des six dernières classes, Napoléon déterminait l'emploi qui serait fait de ces nouvelles ressources et des cent cinquante mille conscrits de 1814, dont l'appel, on s'en souvient, avait été décrété au mois de janvier précédent.

L'ordre de diriger ceux-ci sur les dépôts avait été donné avant la déclaration de guerre de la Prusse, et, au commencement d'avril, ils étaient en marche pour s'y rendre. Dans le principe, on avait eu l'intention de les y laisser, au moins pendant quelques mois : excessivement jeunes, ils avaient grand besoin, avant d'aller figurer sur des champs de bataille lointains, de se rompre aux habitudes, aux exercices du métier. Mais, en face des nécessités de la situation, il fallut renoncer à ce projet. On considéra ces jeunes gens imberbes comme devant être disponibles pour la guerre, dès leur arrivée aux dépôts, ceux du moins qui étaient assignés à l'infanterie; et ils entrèrent à ce titre dans les calculs de Napoléon.

A plus forte raison en fut-il ainsi des quatre-vingt mille conscrits des six dernières classes qui étaient dans leur plein développement physique. On comptait, d'ailleurs, qu'ils seraient rendus dans les dépôts à la fin de mai ou au commencement de juin.

Napoléon décida que la plus grande partie de ces derniers serait destinée à remplir les premiers vides que les combats et les fatigues feraient dans les troupes en ligne ou sur le point d'y entrer, vides qui seraient d'autant plus grands que ces troupes étaient plus jeunes et moins aguerries; que l'autre partie s'ajouterait à quatre-vingt-dix mille conscrits de 1814 pour former un corps d'armée de réserve en Italie et deux en Allemagne; et que le reste de cette dernière classe demeurerait pour la garde des ports et des côtes.

Les cadres nécessaires à l'organisation des nouveaux bataillons arrivaient chaque jour d'Espagne, où, comme nous l'avons dit, on avait réduit les cadres au strict nécessaire; et, dès leur entrée en France, ils voyageaient en poste, c'est-à-dire sur des voitures de réquisitions qui leur faisaient parcourir deux ou trois étapes par jour.

Cadres excellents, soldats d'un jour destinés à apprendre le métier, à recevoir leur première instruction en face même de l'ennemi, tels étaient les éléments avec lesquels Napoléon continuait d'organiser des corps d'armée.

Mais cette dernière levée de quatre-vingt mille hommes et celle des cent cinquante mille conscrits de 1814 se ressentirent de l'état de l'opinion publique : elles présentèrent un grand déficit, un déficit qui, proportionnellement, dépassa beaucoup celui de la levée précédente, déjà très-sensible. La correspondance des préfets témoigne de graves anxiétés à ce sujet. L'un d'eux écrivait confidentiellement à ses sous-préfets que, sur ces trois levées, le nombre des conscrits insoumis était *très-considérable*; et que, de plus, la désertion, en route, avait pris un *prodigieux accroissement*. Et il ajoutait : « Cet état de choses ne peut pas durer sans compromettre la sûreté de l'Empire. »

C'était un bien grave symptôme que ce refus obstiné de tant de jeunes Français de rallier le drapeau, d'entrer dans la carrière où, vingt ans auparavant, leurs aînés s'étaient précipités à l'envi, en flots tumultueux et irrésistibles. Mais il ne fut d'aucun enseignement pour Napoléon. Son esprit était fermé depuis longtemps à l'intelligence du cœur humain. Les fumées de l'orgueil obscurcissaient sa vue. Il n'aperçut qu'un dépit passager là où il y avait un découragement incurable ou une irritation réfléchie; qu'un incident sans importance là où il y avait un fait énorme qui allait grandir encore et se développer sans mesure.

Il croyait la France, non pas passionnée pour ses conquêtes, il ne s'aveuglait pas jusque-là, mais intéressée à les conserver; et ses conquêtes lui étaient indifférentes, sinon odieuses. Il la savait mécontente, mais il était persuadé que ce mécontentement se dissiperait à la première victoire. Il avait cru faire œuvre de génie en dépouillant les Français de tous droits politiques, en les déshabituant du gouvernement de soi-même; et ils étaient prêts maintenant à le laisser tomber sous les armes de l'étranger sans une aide populaire, sans un coup de tocsin. Il croyait les avoir disciplinés; il les avait énervés, émasculés. Il avait remplacé le code immortel de 89 par la théorie de l'école de bataillon, proclamé la tactique des batailles comme l'évangile de l'humanité; et il ne comprenait pas que les plus fiers bataillons devaient crouler, que la tactique la plus savante devait être confondue sous la mitraille des idées libérales.

L'Espagne s'était soulevée contre le joug qu'il voulait lui imposer; il l'avait traitée en rebelle, il avait jeté sur elle cent mille, deux cent mille, trois cent mille hommes, les plus belles troupes du monde; elle les dévorait; et il prétendait toujours la réduire par la force.

Il avait voulu soumettre la Russie à sa loi; il l'avait inondée de soldats; le sol de la Russie avait bu, sucé leur sang jusqu'à la dernière goutte, et il prétendait encore la subjuguer.

La Prusse tout entière, son roi, ses nobles, ses prêtres, ses bourgeois, ses paysans, s'insurgeaient contre lui, l'Allemagne du nord se soulevait, tout le pays germanique était enfiévré de liberté, d'indépendance; et il prenait cela pour un simple fait de guerre qu'il maîtriserait en ajoutant des bataillons à des bataillons. Un peuple n'était pour lui qu'un pion sur le vaste échiquier de sa stratégie.

Mais cet échiquier, déjà il voyait le moment où il

serait obligé de l'étendre encore. L'Autriche, son alliée par la politique, par le sang, se détachait de son alliance et prenait une attitude qui allait gravement influer sur les calculs qu'il dressait avec ardeur.

CHAPITRE SEPTIÈME.

Hostilité de toutes les classes de la population autrichienne contre Napoléon. — François Ier et Metternich conservent l'espoir d'obtenir de Napoléon la restitution de quelques provinces, espoir en vue duquel ils ont livré Marie-Louise et conclu l'alliance contre la Russie. — Metternich. — Son caractère et sa politique. — Il est détesté en Autriche comme partisan de l'alliance française. — Après la guerre de Russie, l'opinion se prononce de plus en plus pour une alliance immédiate avec Alexandre. — François Ier et Metternich veulent profiter des circonstances pour relever l'Autriche, soit avec l'aide de Napoléon, s'il se prête à des concessions, soit avec l'aide de ses ennemis. — Premières ouvertures de Metternich à Otto sur la difficulté de maintenir l'alliance française. — Aveugle sécurité d'Otto. — François Ier, dans une lettre autographe, offre son entremise à Napoléon. — Napoléon accepte cette entremise, mais pose à la paix des conditions impossibles et n'offre à l'Autriche aucun avantage sérieux. — Metternich se hâte d'entrer en relations officielles avec l'Angleterre et la Russie. — Négociations secrètes avec la Prusse et les principaux États de la Confédération du Rhin, en vue de la médiation armée. — Rappel du corps de Schwarzenberg. — Metternich demande la suppression du grand-duché de Varsovie. — Napoléon ne veut rien céder. — Convention de Kalisch. — Ses conséquences politiques et militaires. — Narbonne à Vienne. — Il est chargé de demander à l'Autriche sa médiation et, si elle n'aboutit pas, son alliance effective; et dans ce cas, de lui proposer le démembrement de la Prusse. — Metternich ne répond pas à cette dernière proposition, mais accepte la médiation. — En conséquence, il déclare qu'il ne peut mettre le contingent autrichien à la disposition de Napoléon, mais que l'Autriche sera avec lui s'il accède à des propositions raisonnables. — Vif désir de François Ier et de Metternich d'amener Napoléon à faire des concessions. — Napoléon perd l'alliance autrichienne par son obstination.

Les peuples de l'empire d'Autriche, Slaves, Hongrois, Allemands, étaient unanimement hostiles à Napoléon. Ils l'étaient en haine de son ambition turbulente, du blocus continental, de sa domination chaque jour plus exigeante, plus dure. Ils l'étaient par le souvenir amer de la défaite, des charges, des misères qu'elle avait accumulées sur eux. Ils l'étaient par le ressentiment des humiliations infligées à la patrie commune et des atteintes profondes portées à sa puissance. L'aristocratie, le clergé catholique, très-influents par leurs richesses, par leurs vieux priviléges, échauffaient ces haines populaires ; car, chez le noble et le prêtre, le patriotisme était très-vif aussi, et, en outre, l'un voyait dans Napoléon un usurpateur de trônes et, par une singulière inintelligence, un continuateur de la Révolution française, et l'autre le détestait pour avoir traîtreusement dépouillé et séquestré le pape.

Faible de santé, esprit sans culture, indolent, mesquin, fermé à toute idée de progrès, caractère soupçonneux, dissimulé, effacé, mais susceptible d'une certaine persévérance égoïste, homme et souverain aussi incapable d'affections que de répulsions un peu vives, l'empereur François Ier ne partageait pas les passions de ses sujets. Deux fois depuis la paix de Lunéville, sous les excitations des grands seigneurs de sa cour, des membres de sa famille, sous la pression de l'opinion publique et des circonstances, il s'était laissé entraîner à lutter, mais fort à regret, parce qu'il doutait du succès, parce que la guerre troublait son repos, contre l'ambition conquérante, contre la domination de Napoléon débordant au delà des Alpes, du Rhin et des Pyrénées ; et, deux fois battu, il avait vu son vainqueur s'enrichir de ses dépouilles et en doter les États limitrophes de l'Autriche. Réduit alors à vingt millions de sujets, à un trésor chargé de dettes excessives et de lourdes contributions de guerre, déjà résolu à une banqueroute énorme et prochaine [1], il n'avait pas demandé, comme Frédéric-Guillaume III, à des réformes profondes le rétablissement de ses finances, l'espoir de la restauration de son empire : la défaite était restée, pour lui, sans enseignement. Il avait laissé les populations de la monarchie, comme son armée, soumises aux coutumes, aux lois, aux iniquités d'un régime à demi féodal ; et il avait cherché, près de Napoléon lui-même, une garantie pour les possessions qui lui restaient, et quelques chances de recouvrer une partie de ce qu'il avait perdu, ou de recevoir quelques compensations à ses pertes.

Napoléon avait à peine répudié cyniquement Joséphine, que François lui avait livré sa jeune fille, l'archiduchesse Marie-Louise, pour remplacer dans le lit des Tuileries la créole vieillie et stérile. C'était un abaissement inouï de l'orgueil des Habsbourg. La famille impériale, l'aristocratie, l'armée, le peuple, en avaient été blessés, indignés. Cette réprobation générale avait dans l'impératrice, femme de beaucoup d'esprit et de grâce, et de cœur très-haut, un organe convaincu et véhément ; et François y avait été d'autant plus sensible qu'imbu, non moins que les siens, de tous les préjugés de naissance et de race, il était réellement mortifié de la mésalliance qu'il contractait. Mais, souverain absolu, il avait passé par-dessus l'opinion, l'irritation de sa famille et de ses sujets, comme par-dessus ses propres sentiments ; et, son sacrifice accompli, il

---

[1]. Cette banqueroute fut décrétée le 20 février 1811. Elle s'éleva à plus de deux milliards de francs, et s'opéra par la réduction à vingt pour cent des billets de banque en circulation.

ne s'était plus préoccupé que des avantages à tirer de ce mariage, objet de tant de répulsion [1].

Il avait ainsi obtenu un délai pour payer le reliquat de la contribution de guerre de 1809, et l'annulation de la clause secrète du traité de paix de la même année qui

[1]. Le manifeste de l'Autriche du 12 août 1813 avoua assez nettement le calcul qui avait déterminé l'empereur François à livrer sa fille à Napoléon. On y lit, en effet : « La marche et les résultats de cette guerre (celle de 1809) avaient donné à Sa Majesté la complète conviction que, dans l'impossibilité évidente où on était de remédier radicalement et immédiatement à la situation politiquement désastreuse de l'Europe, les tentatives armées que feraient les États isolément pour se sauver, au lieu de mettre un terme au malheur commun, n'auraient d'autre effet que d'user inutilement les ressources restantes, de précipiter la chute générale et de détruire même l'espoir de temps meilleurs. Cette conviction conduisit Sa Majesté à reconnaître que ce serait un avantage capital que d'arrêter, au moins par une paix assurée pour plusieurs années, le torrent jusque-là irrésistible d'une puissance dont la prépondérance croissait chaque jour, de procurer à sa monarchie le repos indispensable pour la restauration des finances et de l'armée, et aux États voisins une période de repos qui, mise à profit avec prudence et activité, pourrait préparer la voie à des jours plus heureux.

« Dans les circonstances pleines de péril où on se trouvait alors, une telle paix ne pouvait être obtenue que par une résolution extraordinaire. L'Empereur le sentit et prit cette résolution. Pour la monarchie, pour le plus saint intérêt de l'humanité, comme garantie contre des maux infinis, comme gage d'un meilleur ordre de choses, Sa Majesté *livra ce qui était le plus cher à son cœur*. Ce fut dans ce sentiment bien élevé au-dessus des scrupules ordinaires et en s'armant *contre les fausses interprétations du moment*, qu'on serra un nœud qui, après les désastres d'une lutte inégale, devait restaurer la partie faible et souffrante par le sentiment de quelque sécurité, et porter la partie forte et victorieuse à la modération et à la justice... » .

Nous ferons remarquer, à ce propos, que Napoléon n'osa pas publier ni même communiquer à son Sénat le texte exact de ce manifeste ; qu'il le tronqua, le falsifia avec une mauvaise foi sans égale ; et qu'il en fit disparaître, notamment, toute la partie que nous venons de transcrire.

Fain, dans son imperturbable apologie, publiée en 1824 sous le titre de *Manuscrit de 1813,* a donné pour le texte authentique le texte tronqué, falsifié par Napoléon. Norvins, autre apologiste, a fait comme Fain.

limitait l'effectif de son armée à cent cinquante mille hommes [1]. Mais de ces deux concessions obtenues de Napoléon, l'une n'avait qu'une bien petite importance, et l'autre n'était qu'une satisfaction d'amour-propre donnée au monarque autrichien, car il ne redevait plus à son vainqueur que douze millions de francs, et la situation de ses finances ne lui permettait qu'un état militaire fort modeste.

Plus tard, cependant, ayant vu Napoléon décidé à attaquer la Russie, se trouvant obligé de devenir l'auxiliaire de son terrible gendre, croyant d'ailleurs au succès de la guerre, il avait cherché à obtenir des concessions réelles, notables : il s'était fait promettre, par traité, « des indemnités et des agrandissements de territoire, » pour le cas où Napoléon réussirait dans son entreprise.

Mais en livrant sa fille à Napoléon, comme en se joignant à lui contre la Russie, il s'était bien réservé, au fond de l'âme, de ne pas lier à toujours sa fortune à la sienne. Alliance matrimoniale, alliance de guerre, étaient, dans sa pensée, tout à fait subordonnées à ses propres intérêts. Souverain dépouillé d'États qu'il regardait comme son patrimoine, son vœu le plus cher était de les recouvrer ; et ce vœu, quels que fussent la faiblesse, l'indécision de son caractère, son amour du repos, il n'était pas homme à laisser échapper une occasion décidément favorable de l'accomplir, soit en servant Napoléon, soit en le combattant [2].

1. Lettre de Napoléon à l'empereur François, 4 septembre 1810.
2. Au moment où Napoléon allait être renversé de son trône éphémère,

Dans son indolence, il ménageait si bien ces deux chances, qu'après avoir conclu le traité de coalition contre la Russie, il avait fait dire à Saint-Pétersbourg qu'il ne l'avait conclu que par l'impossibilité absolue d'agir autrement; et, nous l'avons dit antérieurement [1], il avait envoyé au czar sa parole de ne diriger contre lui que le contingent de trente mille hommes promis à Napoléon, de ne pas mettre en mouvement la masse de ses forces et de ne faire la guerre à la Russie que sur un point, si le czar consentait à ne pas attaquer l'Autriche sur le reste de ses frontières [2]. Le czar y avait consenti; et François avait tenu son engagement.

L'inspirateur et le ministre de la politique inaugurée par le mariage de l'archiduchesse Marie-Louise avec Napoléon et poursuivie par l'alliance contre la Russie, était le comte de Metternich.

Issu d'une des familles les plus anciennes et les plus considérables de la noblesse rhénane, marié à une

---

François lui écrivit : « L'expérience des siècles a prouvé combien, chez les puissances, les rapports de famille sont subordonnés aux intérêts des individus. » (Lettre datée de Chaumont, le 27 février 1814. Elle est toute entière dans les *Lebensbilder aus dem Befreiungs-Kriege, d'Hormayr.*)

1. Chapitre IV, p. 109.

2. « L'Autriche m'a fait dire que ce n'est que la nécessité absolue seule et l'impossibilité dans laquelle elle se trouve, vu son état intérieur, de pouvoir tenir à Napoléon un langage ferme, qui l'ont forcée à signer son traité d'alliance avec lui; mais qu'elle se bornera à ne faire agir que les trente mille hommes stipulés contre nous, et que, si nous évitons de l'attaquer de tout autre côté, la guerre ne se fera que sur *un seul point, et qu'elle nous assure la tranquillité pour tout le reste de nos frontières, en s'engageant à ne pas remuer la grande masse de ses forces...* J'ai répondu à ces ouvertures que la conduite de l'Autriche déciderait la mienne. » (Lettre d'Alexandre à l'amiral Tchitchagof, Vilna, le 7/19 juin 1812, donnée dans les *Mémoires* de celui-ci.) Nous avons déjà cité cette lettre à la page 109.

petite-fille du célèbre prince de Kaunitz, Metternich avait parcouru dans la diplomatie autrichienne une carrière rapide. A vingt-trois ans ambassadeur à la cour de La Haye, il était allé occuper, à trente-trois, en 1806, l'ambassade de Paris, la plus difficile de ce temps. D'une beauté séduisante, d'une élégance de manières incomparable, d'une avidité sans bornes, d'une prodigalité sans mesure, menant de front les plaisirs et les affaires, ne craignant pas de faire servir, dans l'occasion, une intrigue d'amour à un intérêt politique, il avait la parole insinuante, dorée, l'esprit observateur, pénétrant, mais plus orné que solidement pourvu. Tour à tour souple et ferme, mêlant avec un art infini la réserve et l'abandon, la franchise et la duplicité, nul mieux que lui n'a surpris, deviné, joué un adversaire au jeu trop souvent déshonnête de la diplomatie.

Mais, chez lui, comme il arrive souvent, l'homme de gouvernement, l'homme d'État, était infiniment au-dessous du diplomate. L'idéal de sa politique atteignait tout juste au niveau de la réalité qu'offrait l'Autriche : un souverain absolu, un gouvernement arbitraire, une noblesse et un clergé riches et privilégiés, une administration immobile dans la routine bureaucratique, un peuple en tutelle, supportant à peu près seul toutes les charges de l'État et soigneusement tenu dans l'ignorance politique nécessaire à la conservation d'un pareil état de choses. La grande explosion de 1789, qui avait illuminé l'esprit de Stein, n'était, à ses yeux, qu'une révolte criminelle. Metternich, en un mot, était un des adeptes de la doctrine qui déclare d'ordre divin que princes et nobles naissent pour le commandement et la jouissance; bourgeois et paysans, pour l'obéissance et la peine.

Mais, si pénétré qu'il fût des préjugés de sa caste, il en était venu à juger Napoléon tout autrement qu'elle et plus justement. Dans le destructeur de la République, du gouvernement populaire en France, en Hollande, en Italie, dans l'auteur du Concordat, dans le restaurateur du trône, de la noblesse héréditaire, des ordres de chevalerie, des fiefs, des majorats, des substitutions, des lettres de cachet, des prisons d'État, de l'esclavage des noirs, dans le proscripteur de tout libre écrit, de toute libre pensée, dans le contempteur de la philosophie, dans le corrupteur de la vertu civique, il voyait, en effet, non un révolutionnaire, mais un ennemi prodigieusement puissant et habile de la Révolution, un ennemi implacable qui en avait déjà détruit l'œuvre presque tout entière et ne pouvait manquer d'achever bientôt cette destruction. Un tel service rendu à la cause du vieil ordre social européen valait bien, pensait-il, qu'on oubliât un peu l'illégitimité de la couronne de cet homme extraordinaire; et il avait pour lui un véritable penchant, malgré le souvenir de certaines rudesses dont il avait eu à souffrir vers la fin de son ambassade à Paris.

A trente-six ans de là, fugitif devant la Révolution et arrivant en Belgique, pays parfois hospitalier aux proscrits, il s'écriait : « Quel malheur que Napoléon ait forcé l'Europe par son insatiable ambition à le combattre, à le renverser! S'il eût duré dix ans de plus, la société aurait été remise, pour toujours, dans le même état qu'avant 1789. »

En butte aux sarcasmes, à l'animosité même de l'aristocratie autrichienne et de la famille impériale pour l'opinion qu'il avait de Napoléon et dont il faisait montre, impopulaire par l'alliance de famille et par l'alliance de guerre auxquelles, nul ne l'ignorait, il avait déterminé l'empereur François, Metternich, appuyé sur la faveur de son maître, supportait facilement le poids de la défaveur de la cour et de la nation. Son maître, en effet, avait passé sous sa dépendance morale, et ne pensait, n'agissait guère que sous son inspiration.

Les premières nouvelles du désastre de Russie avaient accru l'animadversion dont Metternich était l'objet. Les reproches, les accusations les plus acerbes étaient dans toutes les bouches contre le ministre qui avait lié l'Autriche à Napoléon, qui l'avait compromise à sa suite, contre les Russes, dans une guerre qui aboutissait à la défaite de l'insatiable conquérant. En haine de celui-ci, la nation s'était faite russe de sentiment. Elle aurait donc voulu que la politique du gouvernement fût devenue immédiatement et ouvertement russe. L'empereur François avait été assailli des instances de sa femme et de ses parents, des grands seigneurs de sa cour, des généraux le plus en crédit, lui insinuant, lui disant, chacun avec le ton que comportait son rang, sa position, que le moment était venu de se venger, de se relever, et lui demandant la destitution de Metternich et son remplacement par le comte de Stadion, ennemi déclaré, persévérant, de Napoléon et de l'alliance française. Ces instances avaient redoublé quand de nouveaux avis étaient venus révéler dans toute son étendue le désastre de nos armes. Mais François n'y avait pas cédé, et il avait continué d'accorder la même confiance à son ministre favori et de subir son influence.

L'un et l'autre avaient trop peu de passion, trop de sang-froid pour rien précipiter en pareille occurrence. Ils estimaient très-haut encore les ressources de la France; ils redoutaient le génie militaire de Napoléon; ils ignoraient quelles forces restaient aux Russes à la fin de cette terrible campagne; et l'Autriche n'était que faiblement armée. C'était plus de motifs qu'il n'en aurait fallu, même à des hommes d'État passionnés, pour se faire une loi de la prudence. Ils s'étaient donc décidés à laisser gronder l'impopularité du jour; et, ne tenant compte d'aucune considération autre que la raison d'État, ils avaient tracé la ligne de conduite à suivre dans les circonstances si nouvelles qui se présentaient, ligne tortueuse que la position géographique de l'Autriche, relativement au théâtre de la guerre, leur permettait de suivre assez longtemps, et qu'ils espéraient pouvoir faire aboutir à une restauration considérable de la puissance de l'Empire, soit par la diplomatie, soit, au besoin, par les armes.

Dès ce moment, il avait donc été convenu entre l'empereur François et son ministre qu'on se dégagerait le plus doucement possible des liens du traité conclu avec Napoléon contre la Russie; qu'on se rapprocherait, en même temps, un peu du czar, qu'on lui parlerait d'alliance, qu'on parlerait à Napoléon de la nécessité de la paix, d'une paix basée sur des concessions faites à l'indépendance de l'Europe; que, pendant ce temps, on armerait le plus vite et le mieux possible; et que, au moment favorable, on se porterait médiateur entre les belligérants, se réservant bon prix pour son office si la médiation acceptée conduisait à la paix, et, dans le cas contraire, se jetant, l'épée au poing, du côté de celui qui aurait le plus de chances de succès durable et promettrait le plus.

Les premiers actes de cette nouvelle politique avaient été prompts. Dans la première quinzaine de décembre, le gouvernement autrichien avait envoyé un agent secret près du czar et expédié à Schwarzenberg l'ordre promptement exécuté, on se le rappelle, de ménager soigneusement le contingent sous son commandement, d'éviter toute affaire sérieuse avec les Russes, d'en venir même à un armistice verbal avec leurs généraux, en attendant mieux.

En même temps, l'attitude, le langage de Metternich avec M. Otto, ambassadeur de Napoléon à Vienne, changeaient singulièrement. Si prodigue, jusque-là, de protestations de fidélité, de dévouement inaltérable à l'alliance, Metternich avait l'air, tout à coup, de craindre pour elle, de redouter d'être débordé par l'opinion publique; il se laissait aller à dire que, si l'Autriche prenait un autre parti, elle verrait, en peu de temps, plus de cinquante millions d'hommes se ranger de son côté, que toute l'Allemagne, toute l'Italie, se déclareraient pour elle. Il donnait à entendre qu'en ne se tournant pas contre Napoléon, elle lui faisait une faveur particulière. Il insinuait que déjà *on* offrait à l'empereur François, pour son concours, les provinces illyriennes, l'Italie, la suprématie de l'Allemagne, la restauration, à son profit, du vieil empire allemand [1].

Ces propos, fort graves en eux-mêmes, empruntaient une signification plus grave encore à la présence à Vienne d'agents secrets de la Russie et de l'Angleterre : ils indiquaient assez clairement que le cabinet de Vienne sentait toute la valeur de son alliance et voulait la faire sentir ; aussi excitaient-ils la surprise et les soupçons d'Otto. Les dépêches qui les rapportaient arrivèrent à Paris presque en même temps que Napoléon. Ils n'étaient pas d'accord avec la demande adressée, de Dresde, par ce dernier à l'empereur François, de porter à soixante mille hommes le contingent autrichien ; et le désaccord fut tout aussitôt confirmé par la réponse même faite à cette demande.

Loin, en effet, d'y accéder, François donnait à son gendre le conseil de faire la paix le plus tôt possible, conseil écrit de sa propre main sous la dictée évidente de Metternich. A la vérité, sa lettre était affranchie de toute insinuation menaçante, elle abondait même en assurances de fidélité à l'alliance, d'intérêt cordial, d'amitié dévouée. Jamais, disait François, je ne me séparerai de la monarchie française ; j'aurai toujours pour la dynastie de Napoléon la même sollicitude que pour la mienne. Mais l'exagération de la parole ne dissimulait

---

[1]. Lettres d'Otto au ministre Maret, du 9 et du 16 décembre 1812.

pas un refus qui, pour n'être pas formulé, n'en était pas moins positif.

Pensant s'être suffisamment fait comprendre par les discours récemment tenus à Otto, la politique autrichienne changeait ainsi, de nouveau, de langage sans changer de but.

Chargé d'aller remettre à Napoléon cette lettre de François, le général de Bubna, un des rares Autrichiens qui passaient encore pour partisans de l'alliance française, devait remplacer momentanément, dans l'ambassade de Paris, Schwarzenberg, retenu à l'armée. Il avait pour mission de ne s'engager sérieusement en aucune négociation sur la demande d'augmentation du contingent autrichien, de ne prendre aucun engagement, d'observer, d'écouter, de parler de paix, d'en parler beaucoup au ministre Maret, à Napoléon lui-même, de leur en représenter la nécessité pour l'Allemagne, pour l'Autriche, pour tout le monde, y compris la France, engagée dans une guerre terrible au midi, dans une guerre épouvantable au nord, d'offrir surtout de nouveau, mais cette fois avec insistance, l'entremise du cabinet de Vienne pour entamer des négociations avec les puissances belligérantes[1], et de tâcher de démêler à quelles conditions Napoléon serait disposé à traiter. Tout cela devait être fait, dit, présenté, avec les plus grands ménagements, et entouré de vives et continuelles protestations de dévouement à l'alliance.

1. Le cabinet de Vienne avait offert son entremise dès qu'il avait appris le commencement de la retraite de Moscou ; mais on lui avait à peine répondu.

A Vienne, Metternich, il est inutile de le dire, avait retrouvé promptement, dans ses rapports avec Otto, l'expression de ses plus ardentes sympathies pour l'alliance et de son admiration pour Napoléon; mais il y mêlait obstinément ces mêmes conseils de paix, ces mêmes offres d'entremise que Bubna portait à Paris, et le même refus d'augmenter le contingent autrichien. Cela avait suffi, néanmoins, pour dissiper les soupçons, les inquiétudes, récemment conçues par Otto, pour lui rendre sa confiance première.

« La guerre, écrivait ce diplomate peu doué de perspicacité, est impopulaire en Autriche; mais le gouvernement a eu assez de fermeté pour maintenir le système de l'alliance, et l'on peut dire que les derniers revers *n'ont servi qu'à confirmer ses dispositions*. Le rétablissement de la paix est actuellement le vœu le plus cher de l'Autriche. » Otto n'était pas moins affirmatif sur les dispositions personnelles de l'empereur François. Il le représentait comme inébranlable au milieu de l'effervescence générale des esprits contre la France, ne cherchant que le repos, disposé à tout faire pour l'obtenir et fort préoccupé de la consolidation de la dynastie de Napoléon [1].

Napoléon fut très-contrarié de ne recevoir que des paroles de sympathie et de dévouement et des conseils de paix, en échange de sa demande d'une coopération plus considérable à la guerre. Cependant, il dissimula son mécontentement, ce qui était fort sage; mais ce qui ne le fut guère, c'est qu'il ne voulut pas, malgré l'évi-

---

[1]. Lettres au ministre Maret, du 3 janvier 1813 et du 28 décembre 1812.

dence, reconnaître la signification du refus qu'il éprouvait. Il ne voulut pas voir que le désastre de Russie créait une situation nouvelle dont l'Autriche entendait tirer parti ; et que, pour lui, le moment était venu de faire des concessions sérieuses, sous peine de n'avoir plus de son côté la cour de Vienne, de l'avoir même bientôt pour ennemie et d'avoir, avec elle, bien d'autres nouveaux ennemis encore. Il feignit de ne voir dans ses offres d'entremise que le désir impatient d'une paix, pour ainsi dire, quelconque ; et il les accepta, mais en posant, par avance, des conditions absolues telles qu'elles ne pouvaient manquer de rendre infructueuses les démarches de la diplomatie autrichienne. Pendant que les agents de l'entremise courraient vers le czar et vers le cabinet de Saint-James, pendant que s'échangeraient les notes et contre-notes diplomatiques, échanges forcément très-longs, Napoléon se réservait de pousser activement ses armements, et quand il les aurait achevés, l'Autriche, pensait-il, serait saisie de frayeur, se cramponnerait à son alliance et s'empresserait à le servir aussi efficacement qu'il le voudrait. Il lui convenait, d'ailleurs, de faire parler de paix autour de lui, pendant les premiers moments d'irritation et de douleur de la France.

Ce fut Napoléon lui-même qui annonça à son beau-père qu'il agréait ses offres d'entremise et qui lui indiqua les bases sur lesquelles il admettrait des négociations.

Il aurait été impossible d'imaginer rien de moins conciliant, de plus haut, de plus impérieux que la lettre qu'il lui écrivit. Elle aurait été une extravagance s'il eût pensé sérieusement à la paix.

Après avoir dit quelques mots, de la façon convenue avec lui-même, de ses désastres en Russie, c'est-à-dire après en avoir attribué la cause aux seules rigueurs du froid ; après avoir fait le tableau le plus imposant et, à beaucoup d'égards, très-fidèle de ses ressources militaires et financières ; après avoir affirmé que, dans la prochaine campagne, il battrait les Russes et, avec eux, quiconque aurait eu l'imprudence de se joindre à leurs drapeaux, seconde assertion qui semblait bien être une réponse retardée et menaçante aux propos tenus au commencement de décembre par Metternich à Otto ; après avoir offert les subsides nécessaires à l'entretien des trente mille hommes qu'il désirait toujours voir ajouter au contingent autrichien, et les avoir offerts comme s'il eût pensé que le refus opposé à sa première demande n'avait eu d'autre motif qu'une gêne financière ; après avoir dit qu'il désirait la paix, mais qu'il n'était pas de sa dignité de faire aucune démarche pour la négocier « parce que les dernières circonstances avaient tourné à l'avantage de la Russie, » Napoléon donnait, en termes assez dédaigneux, son consentement à ce que l'Autriche agît près des cabinets de Saint-Pétersbourg et de Londres dans l'intérêt de la paix, et « agît comme elle le jugerait convenable ; » mais, tout aussitôt, il circonscrivait si étroitement autour d'elle le champ des négociations, qu'il lui rendait tout mouvement impossible.

A l'égard de la Russie, il déclarait, en effet, ne vouloir pas souffrir qu'elle reçût le moindre accroissement de territoire sur aucune de ses frontières, et être inébranlablement résolu « à ne pas abandonner un seul village du duché de Varsovie. » Tout ce qu'il consentait à accorder à cet empire qui venait d'être ravagé, de subir des pertes immenses, c'était la suppression des articles du traité de Tilsit qui le liaient naguère au blocus continental, traité détruit à jamais par les flammes de Moscou. Quant à l'Angleterre, il prétendait être envers elle dans la même position qu'avant la guerre de Russie ; et il maintenait absolument les bases sur lesquelles il lui avait proposé alors de négocier[1]. Or, une de ces bases essentielles était la reconnaissance de la royauté de Joseph Bonaparte ; et elle avait été péremptoirement et justement repoussée par le cabinet britannique[2].

De telles et de si absolues prétentions formaient d'insurmontables obstacles à toute tentative d'accommodement. Mais, comme s'il eût craint qu'elles n'y laissassent encore quelque accès, Napoléon ajouta qu'il était un point qui devait être tenu pour invariable, duquel il ne se départirait jamais : c'était qu'aucun des territoires réunis à l'Empire par des sénatus-consultes n'en serait séparé.

Et commentant immédiatement avec son emphase habituelle la parole outrecuidante du maître, Maret écrivit à Metternich : « Une telle séparation serait considérée comme une dissolution de l'Empire même : il faudrait, pour l'obtenir, que cinq cent mille hommes environnassent la capitale et fussent campés sur les hau-

1. Lettre de Maret à lord Castlereagh, du 17 avril 1812.
2. Lettre de lord Castlereagh à Maret, du 23 avril 1812.

teurs de Montmartre; Hambourg, Münster, Oldenburg, Rome, sont unis à l'Empire par des liens constitutionnels; *ils y sont unis à jamais* [1]..... »

Napoléon ne laissait donc à l'Autriche aucun élément sérieux de négociations. Quant à elle-même, il lui faisait entrevoir la possibilité de récupérer les provinces illyriennes, de recevoir même Corfou, cette clef de l'Adriatique, mais au cas seulement où la paix aurait lieu et où l'Angleterre consentirait à des restitutions envers la France [2].

Ainsi, au moment même où, suivant le rapport d'Otto [3], *on* faisait à l'Autriche les offres les plus magnifiques pour l'entraîner à tourner ses armes contre son allié, celui-ci lui donnait à peine une promesse et en subordonnait la réalisation à la conclusion d'un traité de paix que, par avance, il rendait impossible.

Metternich n'en éprouva pas moins une joie sincère à la lecture des lettres de Napoléon et de Maret; et cette joie, il en outra l'expression auprès d'Otto, jusqu'à qualifier « très-généreuses » les bases proposées pour la paix. Mais ce qui le ravissait, ce n'étaient pas ces bases qu'il savait inacceptables; ce n'était pas davantage la demi-promesse conditionnelle faite à l'Autriche et fort mesquine, eu égard du moins à l'importance de sa situation nouvelle, à ses désirs, à ses prétentions tacites; c'était l'autorisation donnée d'entrer officiellement en relations suivies avec la Russie et l'Angleterre, sans

---

1. Lettre du 8 janvier.
2. Ibidem.
3. Lettre du 16 décembre à Maret.

aucun contrôle du cabinet des Tuileries : « L'Empereur (Napoléon), écrivait Maret, n'entend aucunement figurer dans la négociation qui va s'ouvrir ; c'est la cour de Vienne qui en a pris l'initiative ; c'est à elle de la diriger et de la conduire à bien[1]. »

Cette autorisation frayait au mieux, en effet, la voie à cette politique double de laquelle Metternich et son souverain attendaient une restauration de la puissance de l'Autriche. Ils s'y étaient déjà engagés par l'entente secrète avec Alexandre, à l'approche de la guerre de Russie, par les ordres récemment expédiés à Schwarzenberg et par la mission de Bubna à Paris ; ils continuèrent à y marcher.

L'empereur François et le roi de Prusse étaient en relations continuelles. Battus, rançonnés, dépouillés l'un et l'autre par Napoléon, la communauté d'infortune avait créé entre eux une sorte d'intimité dans laquelle avait momentanément disparu l'ancien antagonisme des maisons de Prusse et d'Autriche. Metternich en profita pour communiquer au gouvernement prussien les projets de médiation armée de l'Autriche ; il lui dit, lui répéta que son intérêt serait de se joindre à elle sur le terrain de cette médiation quand le jour serait venu de la déclarer ; et, en attendant, il l'exhorta à faire les armements les plus considérables et les plus rapides possible, à se mettre en mesure d'exercer une action efficace.

Il ne s'en tint pas là. Persuadé que plus il diminue-

---

[1]. Lettre de Maret du 8 janvier, déjà citée.

rait les forces auxiliaires de la France et augmenterait l'armée de la médiation future, plus Napoléon se relâcherait de ses prétentions et serait disposé à attacher de valeur à l'alliance de l'Autriche, à la payer cher, il s'adressa, mais non avec la franchise dont il usait avec la Prusse, aux principaux États de la Confédération du Rhin, à la Saxe, à la Bavière, au Wurtemberg, à Bade. Il leur insinua, en grand secret, l'idée d'une médiation, mais d'une médiation absolument pacifique, toute bienveillante pour Napoléon, à exercer en commun avec l'Autriche, entre les puissances belligérantes; médiation qui, à un moment donné, assurait-il, suffirait pour mettre fin à la guerre et rendre à l'Allemagne son indépendance. D'ailleurs, en cherchant par la formation de cette ligue médiatrice à priver la France du contingent des États auxquels il s'adressait, comme il allait la priver bientôt de celui de l'Autriche, Metternich calculait, non sans raison, que, si la médiation ne conduisait pas à la paix, elle aurait du moins ce résultat précieux, de jeter facilement dans le camp que l'Autriche choisirait, les princes qui se seraient compromis à sa suite.

Les insinuations du ministre de l'empereur François furent accueillies différemment à Carlsruhe, à Stuttgard, à Munich et à Dresde.

Le grand-duc de Bade, voisin immédiat de Napoléon, refusa d'y prêter l'oreille et se tut. Le roi de Wurtemberg ne voulut pas non plus en entendre parler, mais il ne tarda pas à dénoncer à Napoléon la démarche tentée auprès de lui. Le roi de Bavière écouta, hésita quelque temps; puis, voyant que la paix, telle que la cherchait

Metternich, lui enlèverait certainement une partie des territoires dont Napoléon l'avait enrichi aux dépens de l'Autriche, il imita le monarque wurtembergeois. Quoiqu'il ne pût se dissimuler qu'il s'agissait, pour lui, de renoncer à la couronne du grand-duché de Varsovie et même de faire des sacrifices plus réels, le roi de Saxe hésita aussi, hésita longtemps, et parut même un moment, nous aurons à le dire, gagné à la politique de l'Autriche au point de refuser son contingent aux troupes françaises ; mais il la déserta au premier bruit d'une victoire éphémère de Napoléon, se remit sous le joug de celui-ci et ne fut pas plus avare de révélations que les rois de Bavière et de Wurtemberg sur « l'intrigue autrichienne. »

Sans aucun doute, Metternich, en faisant de pareilles ouvertures, avait compté que les quatre souverains qu'il voulait détacher peu à peu de la Confédération du Rhin se laisseraient influencer par le mauvais état de leurs finances et surtout par le mécontentement, l'irritation de leurs sujets ruinés par le blocus continental, épuisés par les impôts, incessamment décimés par la guerre, humiliés de la servitude commune, profondément agités par le patriotisme, par la défection d'York, par les succès des armées russes. Mais on s'étonne de le voir se fier ainsi à leur discrétion et tant se tromper sur leur caractère et le mobile constant de leur politique. Ils avaient été élevés par Napoléon, ceux-ci à la dignité royale, celui-là à la dignité grand-ducale; ils lui étaient redevables d'accroissements considérables de territoire; et cela avait suffi pour étouffer en eux le sentiment patriotique et le respect de leur propre dignité. Ils n'avaient nul souci de l'indépendance de l'Allemagne, de celle de leur couronne ; ils n'avaient qu'indifférence pour les opinions, les passions, les souffrances de leurs sujets. Ils étaient, dans toute la force de l'expression, des princes-esclaves ; ils l'étaient jusqu'à dénoncer à Napoléon tout ce qu'ils pouvaient surprendre des menées tendant à l'affranchissement du pays germanique. Il fallait donc s'attendre à ce qu'ils persévéreraient dans leur servilisme, à ce qu'ils livreraient leur dernier homme et leur dernier florin à l'oppresseur de l'Allemagne, à moins que les circonstances ne vinssent dominer leur égoïsme princier et leur faire craindre la perte de leur couronne s'ils ne changeaient de drapeau. Or, on était bien loin de là encore.

Tout en se livrant à sa diplomatie artificieuse, Metternich ne cessait d'accabler Otto de flatteries à l'adresse de Napoléon, d'assurances de fidélité et de dévouement à l'alliance. Il affirmait à ce crédule diplomate qu'il exhortait la Prusse à ne pas dévier de son alliance avec la France ; que l'Autriche ne voulait nullement profiter de la situation pour son propre intérêt ; que son désintéressement était absolu ; qu'elle ne demandait rien pour elle ; qu'elle ne désirait qu'une chose, la paix. Il se vantait d'avoir, malgré la détresse financière de l'État, repoussé avec mépris dix millions de livres sterling [1] offerts par l'Angleterre pour prix d'un changement de politique. Il racontait comment, ayant reçu en audience non offi-

---

[1]. Deux cent cinquante millions de francs.

cielle un envoyé russe, M. de Stackelberg, qui lui vantait sans mesure les succès des armées du czar, qui lui proposait leur aide pour relever l'Autriche de ses défaites, il avait impitoyablement persiflé ce bouillant messager, l'avait calmé bien vite et amené à ne plus parler que de paix.

Et, charmé de tant de belles paroles, de toutes ces confidences qu'il appelait « de véritables effusions de cœur, » Otto les transmettait à Maret, dans des dépêches empressées, où il eut soin même de consigner ces paroles du ministre autrichien : « Tout ce qu'on (l'Autriche) demande à la France, c'est de faire les plus grands préparatifs pour une nouvelle campagne. »

Au milieu de ces discours sans fin, Metternich sut dire à Otto, sans le troubler dans sa quiétude, que l'Autriche armait. Le fait eût été, d'ailleurs, difficile à celer.

Elle armait, en effet, dans les plus grandes proportions, avec une activité inconnue jusque-là à son administration formaliste et routinière. Elle créait des billets d'État pour quarante-cinq millions de florins [1] ; ses arsenaux étaient remplis d'ouvriers; elle formait de grands magasins de vivres; rappelait au drapeau tout ce qu'elle avait de militaires en congé ou en réserve ; provoquait partout les enrôlements volontaires; préparait un grand recrutement extraordinaire; opérait des achats et surtout des réquisitions considérables de chevaux ; enfin, un ordre impérial prescrivait la formation immédiate d'une armée destinée à occuper la Gallicie et la Bukowine.

[1]. Cent douze millions de francs.

De telles mesures ne cadraient pas bien avec le refus persévérant d'augmenter le corps de Schwarzenberg. Mais Metternich trouva aux armements et aux refus d'ingénieuses explications. Les armements étaient *intérieurs*, disaient-ils, et avaient pour but de mettre l'Autriche en état de faire entendre aux *ennemis de la France* un langage plus ferme. En augmentant de trente mille hommes le corps auxiliaire, elle irait au delà des obligations de son traité avec la France et autoriserait la Russie à refuser son intervention. « Jusqu'ici, disait encore Metternich à Otto, la guerre n'est pas *autrichienne*. Si elle le devient, ce n'est pas avec trente mille hommes, mais avec toutes les forces de la monarchie que nous *attaquerons les Russes*. En attendant, ils ne verront pas sans inquiétude l'accroissement de nos troupes en Gallicie, et ils se garderont bien de nous provoquer. »

Provoquer l'Autriche! le czar était loin d'y penser. Metternich avait tout motif d'en être bien convaincu.

Il affectait, néanmoins, à la grande joie d'Otto, de graves inquiétudes sur les projets du czar, sur son ambition, qu'il reprochait à Napoléon d'avoir trop favorisée à Tilsit et à Erfurt ; il appelait la Russie l'ennemie naturelle et la France l'alliée naturelle aussi, même « éternelle, » de l'Autriche ; il redoutait enfin la formation d'un grand royaume de Pologne dont Alexandre serait le chef et qui serait un danger continuel pour l'Autriche, la Prusse, l'Allemagne. Certes, il y avait du vrai, beaucoup de vrai dans ces démonstrations. Mais ce qui était bien plus réel, c'est que Metternich craignait beaucoup moins la Russie, même la Russie victorieuse de Napoléon, que Napoléon sans armées, mais disposant des ressources de la France pour en former une et déterminé à poursuivre son système de domination et de conquête. La force expansive de la Russie était limitée, celle de la France semblait ne l'être, pour ainsi dire, pas; et le génie militaire du conquérant, bien que singulièrement fourvoyé en Espagne, décontenancé, humilié en Russie, pouvait fort bien n'avoir pas encore décliné autant qu'on le disait partout.

Un fait considérable se passa bientôt qui jetait un grand jour sur la politique autrichienne, et auquel n'était sans doute pas étrangère la mission de cet envoyé russe que Metternich se vantait auprès d'Otto d'avoir si cavalièrement persiflé.

Ce fait, nous l'avons rapporté[1] : dans les derniers jours de janvier, Schwarzenberg conclut avec les Russes une convention verbale stipulant un armistice de durée non définie et la retraite de son corps vers la frontière gallicienne de l'Autriche; et, sourd aux ordres, aux prières d'Eugène, son chef, il se replia aussitôt dans la direction convenue. Cette retraite excentrique, sans motifs militaires avouables, causait le grave échec de Reynier à Kalisch, entraînait Poniatowski à la suite du corps autrichien, décidait Eugène à reculer de Posen sur Berlin, donnait au czar le champ libre pour préparer la création même de ce royaume de Pologne signalée comme un danger par Metternich, et livrait en réalité aux armées russes la plus grande partie de la Prusse et, dans cette partie, la Silésie, où

1. Voir chapitre IV.

Frédéric-Guillaume avait, depuis quelque temps, transporté sa cour. Certes, en excitant ce souverain, comme elle l'excitait alors, nous l'avons dit, à se jeter dans les bras de la Russie[1], l'Autriche ne pouvait rien faire de mieux pour l'y décider que d'ouvrir au czar la route de Breslau, comme elle la lui ouvrait en rappelant le corps de Schwarzenberg.

On ne saurait en douter, Metternich espérait que ce rappel, dont les conséquences paraissaient presque évidentes, produirait sur Napoléon une impression assez forte pour le déterminer à des concessions importantes. Aussi, il avoua à Otto que Schwarzenberg avait conclu un armistice avec les Russes et battait en retraite en vertu d'ordres de son souverain; et ces ordres, il ne se donna pas même la peine de leur trouver des excuses spécieuses. Mais son espoir fut complétement déçu.

Napoléon fut irrité de voir l'Autriche se retirer du théâtre de la guerre au moment même où son aide y était indispensable, où il la pressait d'y doubler son contingent; mais il persista à croire qu'il l'y ramènerait bientôt par la crainte de ses armes, et il n'eut pas un instant l'idée de se relâcher de ses absolues prétentions.

Le ministre de François commençait pourtant alors à soulever le voile derrière lequel il avait, jusque-là, tenu sa politique. Enhardi par l'approche des armées

---

[1]. Nous croyons pouvoir mettre sans erreur, à ce moment, les excitations qui furent adressées à la Prusse pour la pousser dans le camp du czar, et que constate la lettre fort connue, écrite le 28 octobre 1814, par Metternich à Hardenberg. La retraite excentrique de Schwarzenberg était, en effet, elle-même une excitation plus forte que toutes les paroles possibles.

russes, poussé par les événements qui se produisaient en Prusse, il osa indiquer nettement à Otto que l'Autriche souhaitait vivement la suppression du grand-duché de Varsovie, dire même que cette suppression était indispensable pour le rétablissement de la paix, et, complétant son indication, il ajouta : « De toutes les combinaisons, la plus désirable, c'est que le grand-duché de Varsovie soit donné à la Prusse. La Prusse ne peut pas rester dans ses conditions actuelles; et c'est une vaine prétention de votre part d'imaginer que ce royaume et le grand-duché, constitués comme ils le sont, seront des barrières efficaces contre les entreprises de la Russie, tandis que la Prusse, agrandie de tout le territoire du grand-duché, serait assez forte pour opposer, de concert avec l'Autriche, un obstacle infranchissable aux envahissements du Nord [1]. »

Tout en parlant ainsi, Metternich entendait bien, on peut le croire, que, si on donnait à la Prusse le grand-duché de Varsovie, on ne le lui donnerait pas tout entier; qu'on rendrait à l'Autriche la partie de cet État qui lui avait été enlevée en 1809.

Mais la réponse à ces ouvertures fut le discours de Napoléon au Corps législatif; discours où, on se le rappelle, il se déclarait résolu à maintenir l'intégrité des États de tous ses alliés.

Metternich fut gravement affligé de cette obstination à ne rien céder.

Il était tombé, en effet, dans de grandes perplexités. La puissance populaire, qui surgissait en Allemagne,

[1]. Lettre d'Otto à Maret.

lui causait un véritable effroi. Les résolutions insurrectionnelles des États de la province de Prusse le faisaient trembler; et, ce qui était plus redoutable encore, peut-être, pour ce zélateur du droit divin des rois, l'empereur Alexandre lui-même faisait solennellement appel au droit populaire, à l'insurrection des masses : les princes qui persistaient dans leur soumission à Napoléon, il excitait « leurs sujets à les *traîner* à la vengeance et à la gloire [1]. »

« La Silésie est en proie à la plus terrible agitation, disait Metternich à Otto; il en est de même de la Bohême... La Westphalie s'agite; dans le Tyrol, dans les anciennes provinces prussiennes de Bayreuth et d'Anspach, sur la rive droite du Rhin, on signale une sourde fermentation; partout l'incendie allumé par les Russes étend ses ravages. Je ne m'aveugle pas sur les conséquences de ces mouvements populaires; provoqués au nom de l'honneur et de l'indépendance de l'Allemagne, ils ne tarderont pas à briser tous les liens politiques et sociaux; et j'y vois les tristes présages des plus grands malheurs et de la ruine des trônes [2]. »

En Autriche même, Metternich sentait le sol trembler sous lui. En vain la police poursuivait les sociétés secrètes, en vain on exigeait des fonctionnaires le serment de ne pas s'y affilier, elles se répandaient partout et propageaient les idées de liberté et d'indépendance par la parole, par une multitude d'écrits clandestins. Les propos les plus hardis se tenaient dans les lieux

---

[1]. Proclamation d'Alexandre, datée de Varsovie, le 10 février 1813.
[2]. Lettre d'Otto à Maret, du 19 février.

publics, dans les cercles mêmes de la cour et n'épargnaient ni le ministre de la politique impériale, ni l'empereur. Dans les rangs de l'armée, l'indignation était grande aussi, mais nulle part plus vive que dans le corps de Schwarzenberg.

Durant leur retraite de Varsovie vers la frontière de leur patrie, les Autrichiens épuisaient à plaisir, par des réquisitions excessives, le pays polonais, domaine du roi de Saxe, vassal soumis de Napoléon; ils y empêchaient la levée des recrues et même dispersaient celles qui s'étaient déjà réunies[1]; ils déchiraient ou chargeaient d'inscriptions injurieuses les portraits de Napoléon qu'ils trouvaient dans les chaumières et les maisons polonaises; et leurs officiers tenaient des propos d'une hardiesse inouïe jusque-là parmi eux. Un jour, à la table même de l'ambassadeur Bignon, fort connu, pourtant, par son zèle pour la tyrannie de Napoléon, on discutait les questions du moment : « Le siècle où nous sommes, s'écria un des convives, le général Bianchi, chef d'une division autrichienne, n'est pas le siècle des dynasties. Qu'importent aux Allemands les races abâtardies qui les gouvernent? La chute de ces familles serait le plus petit des malheurs. » Et Poniatowski disant pour changer le cours de cette conversation devenue si expansive : « Laissons cela, les baïonnettes en décideront; » Bianchi répondit : « Non, ce ne seront peut-être pas les baïonnettes, ce seront les *poignards*[2]. »

---

1. Lettre de l'ambassadeur Bignon à Maret, datée du 12 février. Bignon était alors au quartier général de Poniatowski.

2. *Histoire de France depuis le 18 brumaire,* etc., *par Bignon.*

Pour apaiser tant d'effervescence, il aurait fallu que Metternich eût pu annoncer au patriotisme autrichien que Napoléon rendait à l'Autriche une partie de ce qu'il lui avait pris. Mais, de Paris, Bubna, qui avait de fréquents entretiens avec Napoléon et Maret, n'envoyait que des rapports vides; et à Vienne même, Otto maintenait ses conversations dans la vieille ornière du traité d'alliance et des obligations qui en résultaient pour l'Autriche.

La position de Metternich devint bientôt plus difficile encore, car le progrès des armées russes, l'insurrection de Lübeck et de Hambourg, la déclaration de guerre de la Prusse à la France, la proclamation de Frédéric-Guillaume aux Prussiens, son édit sur la landwehr, les ordres du jour révolutionnaires des généraux russes et prussiens, la défection des duchés de Mecklenburg, les manifestations enthousiastes de tout le pays allemand, du Niémen à l'Elbe et au Weser, redoublèrent l'agitation des esprits. L'Autrichien se sentit humilié de voir un petit État comme la Prusse tourner résolûment ses armes contre l'oppresseur commun, se faire le champion de l'indépendance de l'Allemagne, tandis que l'Autriche elle-même, avec ses vingt millions d'habitants, était retenue dans un vasselage honteux.

On se prit à dire que l'empereur était trompé par son ministre vendu à la politique de Napoléon, et qu'il fallait le servir en agissant contre sa volonté abusée. Metternich crut, un moment, sa vie menacée par une conjuration. Pour intimider, contenir le mécontentement, l'irritation, il avait déjà fait enlever nuitamment de Vienne au commencement de mars, et transporter l'un à la citadelle de Muncacz, l'autre à celle du Spielberg, deux fonctionnaires, MM. Hormayr et Schneider, patriotes ardents fort connus pour la part qu'ils avaient prise à la guerre populaire de 1809, dans le Tyrol et le Voralberg. Il avait aussi fait expulser de Vienne et interner dans des villes éloignées un grand nombre de réfugiés du Tyrol, du Voralberg, de la Valteline, qui s'agitaient, préparant la révolte de leur pays. Il fit encore opérer des arrestations, des emprisonnements, des internements ; et, parmi les incarcérés, il se trouva même, cette fois, des officiers de l'armée. Mais ces mesures ne produisirent pas l'effet qu'il désirait.

Il n'osa pas, d'ailleurs, s'attaquer à ceux qui exhalaient le plus haut et avec le plus d'autorité leur hostilité à sa politique, leur exaspération contre la faiblesse du souverain, car il aurait fallu frapper sur les personnages les plus considérables du pays, même sur les frères de l'empereur, les archiducs Jean et Charles. Celui-ci, le premier général de l'Autriche, homme de beaucoup de sens et de modération, disait sans détours que, si l'alliance de famille contractée par l'empereur gênait sa politique, il fallait qu'il cédât la couronne à un Habsbourg plus libre de ses actions.

Metternich était désolé, l'empereur François fort ému. Jamais l'opinion publique, en Autriche, ne s'était prononcée de la sorte.

L'Autriche, avait dit un jour Metternich à Otto, peut, en se concertant avec la France, mettre un terme à l'*invasion révolutionnaire* et arriver à la paix. Ce concert était toujours dans les vœux, dans les intentions du ministre de François; mais, moins que jamais, il ne voulait ni ne pouvait travailler à l'établir autrement que sur des concessions sérieuses faites par Napoléon. Il le voyait bien, en effet, des concessions qui auraient suffi peut-être au commencement de la crise, devenaient de plus en plus insuffisantes à mesure que la crise même augmentait d'intensité. Le patriotisme autrichien ne limitait plus ses prétentions, ses exigences, aux intérêts de l'Autriche : il faisait cause commune avec l'Allemagne; et il entendait qu'elle aussi fût relevée de son abaissement, qu'elle recouvrât son indépendance; car il comprenait qu'une Allemagne indépendante était nécessaire à la sécurité même de l'Autriche. Cependant, Napoléon semblait toujours obstinément retranché derrière les bases qu'il avait orgueilleusement posées à la paix.

Chez Metternich, il en était de la crainte de l'*invasion révolutionnaire* comme de la crainte de l'ambition russe : elle était fort réelle, très-grande; mais elle ne contrebalançait pas la peur que lui inspirait Napoléon avec sa volonté entêtée de domination universelle. Il se décida donc à abaisser encore un obstacle considérable devant la *révolution* et le czar, à accroître leur force d'impulsion.

Le 29 mars, au quartier général de ce souverain, à Kalisch, M. de Lebzeltern pour l'Autriche, M. de Nesselrode pour la Russie, signèrent une convention stipulant que l'armistice verbal existant entre le corps auxiliaire autrichien et les Russes serait dénoncé par ceux-ci dans les premiers jours d'avril; que les Russes feraient sur les flancs du corps auxiliaire des mouvements menaçants ; que, devant ces mouvements, ce corps évacuerait la partie du grand-duché de Varsovie qu'il occupait encore et se retirerait sur la rive droite de la Vistule, c'està-dire dans la Gallicie autrichienne, en ne gardant sur la rive opposée du fleuve que trois points déterminés; et qu'à la suite de cette retraite, les généraux russes et autrichiens en présence conviendraient d'une nouvelle suspension d'armes, sans terme fixe et à quinze jours de dénonciation.

Les Autrichiens rentrant dans leur pays, il allait être impossible à Poniatowski, qui n'avait qu'un faible corps d'armée et qu'aucune insurrection locale ne secondait, de se maintenir dans le grand-duché polonais. Quoi qu'il en eût, il devait les suivre; et une fois sur le sol de l'Autriche, tous ses mouvements devaient être subordonnés au consentement de cette puissance. Cela était évident; et, d'ailleurs, Metternich ne tarda pas à le lui faire sentir.

Premier résultat de la mission officielle de M. de Lebzeltern, envoyé près du czar, après un assez long délai, pour entamer, assurait Metternich, des négociations de paix sur les bases mêmes fixées par Napoléon, cette convention de Kalisch était destinée, aux termes de son article final, à rester *à jamais* secrète entre les deux cours contractantes et ne pouvait être communiquée qu'au seul roi de Prusse.

Elle eut un effet rapide et considérable : débarrassant les Russes de toute inquiétude immédiate sur leur flanc gauche et leurs derrières, elle fit cesser, nous aurons à le raconter, les objections opiniâtres de Koutousof au mouvement qui devait porter les Russes et leurs nouveaux alliés les Prussiens sur la rive gauche de l'Elbe, et augmenter ainsi l'agitation patriotique de l'Allemagne.

C'était une véritable trahison de Metternich envers Napoléon, mais une trahison qui n'engageait pas l'Autriche sans retour contre lui. En la faisant, il poursuivait sa chimère, de porter cet impérieux allié à des concessions par la vue d'un ennemi de plus en plus menaçant; et il n'avait pas encore fait son choix entre les belligérants.

L'Autriche poussait ses armements avec toute activité. Déjà, elle avait réuni soixante-dix mille hommes en Bohême; avec le corps auxiliaire complété à trente mille, elle pouvait donc jeter, à son heure et à son choix, cent mille hommes dans le flanc des armées françaises ou russo-prussiennes[1]. Sa position était devenue menaçante; le progrès continu de ses armements allait bientôt la rendre très-redoutable; mais Metternich n'avait jusque-là qu'une résolution bien arrêtée, celle de s'affranchir, sous peu de jours, des liens du traité d'alliance et de prendre cette attitude de médiation armée, qui était le but le plus prochain de toute sa politique depuis trois mois.

---

[1]. Exactement, cent huit mille deux cent soixante-sept hommes : corps de Frimont, 30,128; corps d'observation en Gallicie, 48,729; nouveau corps d'observation en Bohême, 29,410. Total, 108,267 hommes. (*Denkwürdigkeiten aus dem Leben des K. R. Generals von der Infanterie Carl Friedrich Grafen von Toll, von Theodor von Bernhardi.*)

En attendant, il continuait ses protestations de dévouement à Napoléon, de fidélité aux engagements contractés avec lui; mais il y mêlait toujours des conseils pacifiques pressants; il revenait sur la nécessité de supprimer le grand-duché de Varsovie et de le donner à la Prusse, à la Prusse déclarée contre Napoléon; et il allait plus loin : il disait que les provinces illyriennes devaient *en tout cas* revenir à l'Autriche; il parlait avec une sorte d'assurance de l'avantage qu'il y aurait, pour faciliter l'œuvre ardue de la paix, à ce que Napoléon restituât les villes Hanséatiques et les territoires dont il s'était emparé dans le nord de l'Allemagne; il insinuait même qu'il serait bon de rendre à la Hollande son indépendance. Le temps était loin où il appelait très-généreuses les bases illusoires fixées par Napoléon à la paix!

Revenu depuis la mi-février à Vienne, après avoir laissé le commandement du corps auxiliaire au général Frimont, Schwarzenberg était parti dans les derniers jours de mars, pour aller reprendre ses fonctions d'ambassadeur à Paris; et il était chargé d'y répéter à peu près ce que disait et insinuait Metternich à l'ambassadeur français à Vienne.

Cet ambassadeur n'était plus le même.

Fatigué de l'optimisme persévérant de ses rapports et de la nullité de son action sur la cour de Vienne, voulant pénétrer enfin le mystère de la politique de cette cour, Napoléon avait remplacé Otto par le comte de Narbonne, un de ses aides de camp.

Noble de vieille race, élevé à la cour de Louis XV, constitutionnel de 91, un moment ministre de Louis XVI,

Narbonne n'avait pas su, comme Lafayette, rester fidèle à ses opinions, garder la dignité de la retraite. Désertant la cause de la liberté, reniant celle des Bourbons, il avait voulu servir le despotisme impérial et le servait avec zèle. Courtisan délié, soldat intrépide à l'occasion, homme de beaucoup de grâce, esprit vif, pénétrant, quoique un peu léger, il était, à cinquante-sept ans, le type des grands seigneurs d'autrefois, par les mœurs, les manières, la tenue et par certains ridicules de cour, qui n'étaient pas ce que Napoléon, amoureux de la vieille étiquette, prisait le moins en sa personne.

Il avait déjà rempli des missions diplomatiques à la satisfaction de son nouveau maître. Par sa naissance, par ses qualités et ses défauts, il formait un contraste complet avec Otto, et c'était pour cela même qu'il avait été jugé propre à réussir là où celui-ci avait échoué. Napoléon en attendait la lumière sur le fond de la politique autrichienne, et des renseignements précis sur les armements de l'Autriche.

Arrivé à Vienne le 17 mars, Narbonne avait eu, presque immédiatement, sa première conférence avec Metternich. Il n'apportait pas ce que l'annonce de sa venue avait peut-être fait espérer au ministre autrichien et ce que ce dernier désirait ardemment : des concessions qui permissent d'entamer des négociations et qui fussent propres à conjurer la tempête de l'opinion publique. A cet égard, ses instructions le plaçaient absolument dans la même position qu'Otto [1]; et c'était précisé-

---

1. « Nous ne consentirons à aucun agrandissement pour la Russie; nous

ment parce qu'il se présentait les mains vides que Metternich, de plus en plus pressé par les événements, lui tenait, ainsi que nous venons de le dire, un langage plus explicite, lui faisait des insinuations plus hardies qu'à son prédécesseur.

On peut croire aussi, sans grande chance d'erreur, que ce fut après cette première conférence si peu satisfaisante que l'ordre fut expédié à Lebzeltern de conclure la convention secrète de Kalisch.

Narbonne jugea rapidement et sainement la pensée du cabinet de Vienne, et indiqua le but final auquel sa politique lui paraissait tendre et où elle aboutit, en effet, après de longs détours.

Dès le 1er avril, il écrivait à Maret que les journaux et écrits qui appelaient les peuples aux armes et leur promettaient une constitution, portaient le *désespoir* dans le cœur de Metternich, lequel n'hésitait pas à comparer à des *comités de salut public* les conseils de l'empereur de Russie et du roi de Prusse. Il ajoutait qu'il croyait Metternich de bonne foi dans le système français, mais seulement en tant que cela *nous* conduirait à la paix; et il regardait comme impossible que l'Autriche prît une part active à la guerre, si ce n'était contre la France. Enfin, jetant sur l'avenir un coup d'œil plus précis, il disait d'une façon presque prophétique que la conduite de Metternich lui semblait telle que ce ministre pourrait bientôt s'en faire un mérite auprès des puissances coalisées, leur dire : « Pour l'amour de la paix, j'ai tout

ne voulons rien céder de notre territoire... » (*Instructions pour Narbonne*, signées par Maret.)

bravé... Maintenant, la France repoussant les conditions acceptées par vous, c'est moi qui vous propose de nous mettre à la tête de ses ennemis et de reprendre, en Europe, l'attitude et le rang qui nous conviennent. »

Mais cette dépêche parvenait à peine à sa destination que Narbonne reçut une lettre écrite par Maret sous la dictée de Napoléon, et développant la proposition la plus inattendue à faire au gouvernement autrichien.

Napoléon voulait bien reconnaître que la situation était changée par la défection de la Prusse; mais il n'y voyait qu'une occasion d'achever la ruine de cet État qui lui était odieux et de retenir, sans aucun sacrifice, dans son alliance, d'y engager même plus qu'auparavant le cabinet de Vienne par l'appât d'une riche proie.

Puisque l'Autriche veut la paix, disait-il, il faut qu'elle agisse vivement, qu'elle s'adresse à la Russie et lui demande d'ouvrir immédiatement des négociations. L'empereur Alexandre y consentira. On conviendra d'un armistice pendant lequel on négociera ; et, l'armistice une fois admis, *le langage et les forces de l'Autriche* amèneront promptement la conclusion de la paix. Mais ce consentement d'Alexandre à un armistice, à une négociation sans bases sérieuses, Napoléon, qui le donnait comme un fait acquis par avance, savait bien qu'il ne fallait pas y compter et ne le faisait figurer là que pour mieux introduire la proposition par laquelle il espérait séduire l'Autriche.

Aussi se hâtait-il d'en venir à la seule supposition admissible, à celle du refus du czar de négocier. Dans ce cas, il regardait comme certaine la défaite de la

Russie et de la Prusse; comme non moins certaine la perte de cette dernière puissance, qui serait abandonnée, comme à Tilsit, par son alliée; et il partait de cette affirmation pour proposer le partage de la monarchie prussienne. De sa population, qui est de cinq millions d'âmes, on formera, disait-il avec son mépris habituel du genre humain, trois *lots*. Un million sera laissé à la Prusse sur la rive droite de la Vistule; deux millions seront réunis à l'Autriche, et les deux autres millions aux royaumes de Saxe et de Westphalie. Il faisait remarquer avec soin que la plus belle part dans ces dépouilles serait celle de l'Autriche, puisqu'elle ne serait autre que la riche Silésie, cette ancienne province autrichienne, contiguë à la Bohême; et, passant sans plus de discours aux moyens d'exécution de cet ingénieux projet, il demandait à l'empereur François de mettre cent mille hommes en campagne dans les premiers jours de mai et de les poster comme il l'indiquait déjà.

A lire cette proposition de Napoléon, on dirait qu'il vivait dans un monde imaginaire où il n'avait plus aucune perception des réalités les plus saisissantes. Il ne voyait ni n'entendait la marée montante et furieuse des peuples soulevés ou en travail de soulèvement contre sa tyrannie. Il ne comprenait pas que son plan de démembrement de la Prusse, qui se croisait tout entière pour la guerre de l'indépendance germanique, était un grossier anachronisme; que si Metternich et François eussent été assez insensés pour consentir à y prêter la main, le peuple de Vienne, en un instant, aurait mis en pièces le ministre et détrôné l'empereur. Il ne comprenaît pas que le cabinet de Vienne ne voulait plus, ne pouvait plus entrer en accord avec lui sur une autre base qu'une Allemagne indépendante, et une Autriche, une Prusse, restaurées, agrandies, fortifiées; et qu'en dehors de ces données, toute proposition était chimérique. « Partout ici, écrivait Narbonne, qui ne faisait que confirmer sur ce point les rapports antérieurs d'Otto, partout, dans les cafés, sur les murs, *dans les cris du peuple, éclate l'horreur du nom français.* Tous les malheurs qui affligent ce pays, la cherté des vivres, la disette de l'argent, c'est à la France qu'on les attribue. *La haine des salons contre nous tient du délire.* »

Il n'est gouvernement, si absolu qu'il soit, qui puisse, sans folie, tenter de résister à des colères si unanimes et si passionnées[1].

Metternich écouta avec une froideur affectée la lecture que lui fit Narbonne de la lettre de Maret; demanda, une fois encore, si Napoléon ne se déciderait pas à dissoudre la Confédération du Rhin, à renoncer aux pays dont il s'était emparé dans les dernières années, notamment aux villes Hanséatiques et à la Hollande; et réclama quelques jours de réflexion pour répondre à la grave communication qu'il recevait inopinément.

Cette réponse, il la fit le 12 avril. Elle était un chef-d'œuvre d'habileté et de duplicité.

---

[1]. Dans une note verbale de Schwarzenberg à Maret, du 22 avril, on trouve un aveu adouci de cette situation : « L'ambassadeur ne doit pas manquer d'observer de nouveau combien la situation particulière où les circonstances actuelles placent l'Empereur vis-à-vis de ses propres peuples, réclame l'attention de son auguste allié, et combien elle mérite *positivement* d'être admise dans ses calculs. »

CHAPITRE SEPTIÈME.

Le cabinet des Tuileries provoquait l'Autriche à parler aux puissances coalisées le langage le plus haut, à prendre en face d'elles une attitude menaçante pour imposer la paix; Metternich, ne voyant là que ce qu'il lui convenait d'y voir, répondit que les vues de l'Autriche étaient dans le plus heureux accord avec celles du gouvernement français; qu'elle pensait, comme celui-ci, que la paix ne pouvait être atteinte que par la médiation *armée,* qu'elle se prêtait, en conséquence, à en prendre l'attitude; qu'elle avait développé les forces militaires de l'Autriche en prévision même de ce nouveau rôle, et qu'elle les développerait encore afin de le mieux jouer. Puis, à cette déclaration, Metternich joignit celle-ci, qui, à son dire, en découlait forcément et qu'exigeait également la situation géographique de l'Autriche, touchant sur une si longue frontière au théâtre de la guerre : « Le rôle de l'Autriche ne peut plus être celui d'un simple auxiliaire; et, dans le cas où sa médiation n'aurait pas le succès qu'elle espère, il ne lui resterait d'autre alternative que de se retirer derrière ses frontières en neutralisant son territoire, ou de s'engager dans la guerre comme partie principale. Les stipulations limitées de notre traité d'alliance ne sont plus applicables aux circonstances actuelles. »

Quant à la proposition de démembrer la Prusse, qui était le fond même de la dépêche dictée par Napoléon, le ministre autrichien l'éludait d'un mot : il suffirait, disait-il, de s'en occuper lorsque la médiation aurait échoué; et il avait l'espérance qu'elle n'échouerait pas. Après ces graves paroles, il avertit Narbonne qu'il expédiait à Schwarzenberg l'ordre de porter à la connaissance du cabinet des Tuileries les nouvelles résolutions du gouvernement autrichien.

Ainsi, tout en ayant l'air de se conformer aux désirs mêmes de Napoléon, il gagnait pour l'Autriche, sans éclat, sans difficulté, cette position de médiateur armé vers laquelle tendait toute sa politique depuis quatre mois. De là à sortir tout à fait de l'alliance, il n'y avait plus qu'un pas, car la médiation entre les parties belligérantes ne comporte guère l'alliance avec l'une d'elles; et ce pas, Metternich se vit rapidement poussé à le faire, et même plus rapidement qu'il ne lui aurait convenu.

Le 18 avril, Narbonne, obéissant à des instructions pressantes arrivées de Paris le jour même, mais datées du 11 de ce mois, vint lui demander de prendre toutes les dispositions nécessaires pour que le corps auxiliaire autrichien fût prêt à dénoncer l'armistice et à manœuvrer suivant les ordres que lui expédierait, sous très-peu de jours, Napoléon prêt à entrer en campagne.

Narbonne était prévenu que Schwarzenberg avait dit à Maret, avait dit à Napoléon que, *sans aucun doute*, le corps auxiliaire obéirait aux ordres qui lui seraient envoyés du quartier général français. Lui-même il avait reçu de Metternich, le 17 avril encore, la même assurance. Mais pouvait-il y croire après que l'Autriche s'était posée en médiatrice armée et avait déclaré que les stipulations limitées du traité d'alliance n'étaient plus applicables? Pouvait-il y croire lui qui, dès les premiers jours de son arrivée à Vienne, avait si bien compris qu'il était impossible que l'Autriche prît une part active à la guerre, si ce n'est contre nous? Et s'il ne croyait pas à la parole de Metternich, comment allait-il en réclamer formellement l'exécution? Au point où en étaient venues les choses, l'intérêt évident de Napoléon était que l'Autriche passât encore aux yeux de l'Europe pour son alliée, et surtout qu'elle gardât avec lui des relations qui permissent un retour complet et facile à l'alliance, s'il avait des succès dès le début de la campagne.

Pour toutes ces raisons, Narbonne aurait dû ne pas se regarder comme lié par les instructions qui lui enjoignaient de réclamer le concours du corps auxiliaire et attendre, pour porter cette demande impérieuse à Metternich, de savoir si la nouvelle attitude prise par l'Autriche ne modifierait pas les vues du cabinet des Tuileries. Et s'il n'osait prendre l'attente sur lui, il aurait dû au moins donner à sa démarche les formes les plus adoucies, ne pas acculer le ministre autrichien à une réponse absolue. Il fit tout le contraire.

Plus emporté peut-être par la légèreté de son caractère que poussé par la crainte de désobéir au maître, il eut la parole pressante, altière, alla, pour mieux l'appuyer, jusqu'à lire le texte même de ses instructions, qui ressemblait fort à sa parole, ménagea enfin si peu les faux-fuyants et les retraites dont cherchait à se couvrir son interlocuteur, qu'après deux conférences il en reçut la déclaration formelle que le corps autrichien n'était plus, ne pouvait plus être à la disposition de Napoléon. Dans la seconde de ces conférences, Metternich lui avoua, d'ailleurs, que, les Russes ayant dénoncé l'armistice, ce corps se retirait devant eux, rentrant dans la Gallicie autrichienne, et que Poniatowski suivait ce mouvement, à la demande même du roi de Saxe, et allait traverser cette province, puis la Moravie et la Bohême. Non-seulement la convention secrète de Kalisch s'exécutait, mais une autre convention encore, et non moins secrète, conclue, le 8 avril, entre le gouvernement autrichien et le roi de Saxe tremblant de peur et enlacé dans les intrigues de Metternich.

D'après cette dernière convention, en effet, ce souverain, stipulant tout à la fois comme roi de Saxe et grand-duc de Varsovie, avait demandé à la cour de Vienne et en ayait reçu l'autorisation d'appeler à lui, à travers le territoire autrichien, le corps de Poniatowski et la brigade saxonne séparée du corps de Reynier, au mois de février précédent, par suite de l'échec de Kalisch.

Rendu plus ardent par l'aveu même de Metternich, Narbonne s'empressa de prendre acte, par une note écrite, du refus qui lui était opposé relativement au corps auxiliaire et de constater la violation du traité d'alliance.

Comme s'il eût ignoré pourtant que c'était Metternich qui menait la politique autrichienne, comme s'il eût espéré, par de nouvelles instances faites près de l'empereur François et sur un tout autre ton, parvenir à opérer un retour vers un passé si nettement abandonné, il voulut avoir une audience de ce souverain. Il l'obtint. Au lieu d'exiger, cette fois il supplia; mais il ne retira de ces supplications que la certitude renouvelée que l'Autriche se renfermait absolument dans le rôle de médiateur armé et se refusait non moins absolument à remplir les obligations de l'alliance. « C'est ma conviction, lui dit l'empereur, que je ne puis pas être à la fois en guerre et médiateur. Cette confusion de rôles détruirait toute la confiance que je puis inspirer. — Alors, répliqua Narbonne, Votre Majesté veut donc considérer *comme non avenu* le traité d'alliance? — C'est votre maître qui le veut, repartit l'empereur, puisqu'il exige que je réunisse toutes mes forces et que je rassemble deux cent mille hommes. » Napoléon n'en avait demandé que la moitié. Narbonne le lui fit observer. Mais, sans vouloir tenir compte de l'observation, l'empereur ajouta : « C'est ma conviction; je veux que toutes mes troupes soient réunies pour agir d'accord avec les vôtres. » La réplique était trop indiquée pour que l'esprit alerte de l'ambassadeur français la laissât échapper. « Ces troupes, dit-il, seront donc destinées à agir pour nous? — Oui, répondit l'empereur, dans le cas où, comme je l'espère, votre maître accédera à des propositions raisonnables. »

Mais qui jugerait ces propositions, et qu'arriverait-il si ces espérances étaient déçues? Narbonne osa le demander. L'empereur laissa cette double question sans réponse.

Ce silence même était une réponse bien significative.

Ainsi l'alliance autrichienne, qui déjà n'existait plus en fait, disparaissait même dans les apparences diplomatiques; et Napoléon devait s'attendre à avoir l'Autriche pour ennemie, dans une circonstance donnée, indiquée, dans le cas où il n'accepterait pas les propositions de paix que le cabinet de Vienne jugerait raisonnables.

Obligé de répondre par une note à la note si vive de Narbonne, Metternich garda soigneusement tout le terrain que venait de gagner la politique autrichienne. Cependant il s'efforça de voiler la rudesse du fait sous les plis d'une phrase abondante, sous des protestations de bon vouloir, d'amitié et sous quelques mensonges; et passant, pour plus de précautions encore, du langage officiel à ce que le naïf Otto aurait appelé une effusion de cœur, il écrivit aussitôt confidentiellement à Narbonne : « J'espère que l'empereur Napoléon voue quelque confiance à l'homme qui, en grande partie, a fondé les rapports qui existent entre l'Autriche et la France. Serait-il dans la nature des choses que cet homme pût contribuer au renversement d'une œuvre de plusieurs années, dans ce moment où un résultat entièrement favorable à l'empereur votre maître ne lui paraît pas douteux? »

On a dit, on a répété longtemps que, déjà à cette époque, le gouvernement autrichien s'était engagé à accéder à la Coalition formée contre Napoléon. Rien n'est moins vrai. Il était sorti de l'alliance française; mais il n'était entré dans aucune autre. Il trahissait Napoléon dans une certaine mesure; mais ses trahisons avaient pour but de l'affaiblir, de lui créer des embarras tout juste assez pour le décider à renoncer à des prétentions exorbitantes. Il poursuivait, développait ses armements, mais il souhaitait de tout cœur de n'avoir pas à les employer; et c'était bien sincèrement qu'il voulait la paix; la paix qui mettrait fin à la propagande révolutionnaire du czar, des patriotes allemands, des généraux russes et prussiens; la paix enfin qui permettrait aux souverains « de vouer tous leurs soins, de consacrer toute leur attention et tous leurs efforts à étouffer le *ferment jacobin* qui se développait journellement davantage[1]. »

Mais cette paix à la fin d'avril, c'est-à-dire lorsque Russes et Prussiens étaient, on le verra bientôt, sur la rive gauche de l'Elbe, poussant des partis jusque dans la Thuringe, jusqu'aux portes de Cassel, lorsque Hambourg et Lübeck étaient en insurrection, cette paix, il faut y insister, le gouvernement autrichien la voulait et était plus que jamais obligé de la vouloir basée sur une restauration considérable de la puissance de l'Autriche et de celle de la Prusse et sur le rétablissement de l'indépendance de l'Allemagne. Chercher à négocier sur d'autres bases avec Alexandre et Frédéric-Guillaume eût été chimérique; et prétendre faire accepter ces négociations par l'opinion publique en Autriche, à Vienne, eût été si périlleux qu'il n'y avait pas à risquer une pareille tentative.

Sans doute des victoires de Napoléon, de grandes victoires pouvaient modifier ces dispositions, décourager le czar et le roi de Prusse, intimider les esprits; cependant cela était bien peu probable : au point où en était venue l'excitation générale, on devait au contraire s'attendre à voir souverains et peuples braver les situations les plus désespérées plutôt que de revenir à l'ancien état de sujétion, d'abjection.

Ainsi, après avoir perdu l'alliance prussienne, après

---

[1]. Instructions de Metternich à Schwarzenberg.

avoir, à force de mauvais traitements, de refus de toutes concessions, poussé le roi de Prusse et son peuple dans le camp du czar, Napoléon venait de perdre aussi l'alliance autrichienne; et il l'avait perdue par son obstination à ne rien faire qui permît de négocier sérieusement la paix. L'Autriche se posait en médiatrice maintenant, mais elle annonçait clairement que de la médiation elle passerait à l'hostilité si Napoléon persévérait dans son entêtement de domination sur l'Allemagne.

Or, celui-ci y persévérait avec un redoublement de volonté et d'emportement inouï; et il traitait de *ridicule prétention* la déclaration de médiation armée faite par l'Autriche. Il maintenait la politique de la France, de la France réduite par lui à l'ilotisme à force de ruse et d'audace, de la France qu'il se gardait bien de consulter, car elle l'aurait désavoué, renié avec éclat; il maintenait cette politique dans la voie détestable où il l'avait engagée dès son usurpation, où nous avions soulevé contre nous la haine de tous les peuples, où nous attendaient à bref délai leurs assauts furieux, où nous devions enfin trouver la défaite absolue, écrasante, et perdre non-seulement les conquêtes criminelles de Napoléon, mais encore les frontières acquises par la grande République dans la plus légitime des défenses.

CHAPITRE HUITIÈME.

La Suède gouvernée par Bernadotte. — Forcée de se soumettre au blocus continental qui la ruine, elle cherche à s'y soustraire par la ruse. — Violences de Napoléon à son égard. — Il envahit la Poméranie suédoise sans déclaration de guerre. — Protestation de Bernadotte. — Il se déclare neutre entre la France et l'Angleterre, et conclut un traité d'alliance avec la Russie. — Alexandre lui promet la Norvége. — L'Angleterre accède à ce traité et fournit des subsides. — Entrevue d'Abo. — Bernadotte déclare la guerre à la France. — L'exécution de son plan de débarquement en Allemagne est ajournée, à cause de la faiblesse des armées russes. — Sa lettre à Napoléon. — Son alliance avec la Prusse. — Ouvertures de Bernadotte et d'Alexandre au Danemark. — Ils lui proposent de céder la Norvége à la Suède et lui offrent comme compensation la Poméranie suédoise et des territoires allemands. — Hésitations de Frédéric VI. — Mission du prince Dolgorouki à Copenhague. — Il presse Frédéric d'entrer dans la Coalition, et, pour l'y décider, lui promet la conservation de la Norvége. — Frédéric VI consent à tout. — Réclamations hautaines de Bernadotte à Alexandre. — Celui-ci désavoue Dolgorouki et renonce également à céder au Danemark des territoires allemands. — Frédéric VI entre néanmoins provisoirement dans la Coalition. — Il fournit des troupes à Hambourg insurgé.

Tandis que la Prusse armait, s'unissait à la Russie et déclarait la guerre à Napoléon, tandis que l'Autriche se dégageait, peu à peu, de son traité avec lui et se posait en médiatrice armée, la Suède se prononçait aussi et faisait ses dispositions pour l'attaquer.

Depuis la fin de 1810, la Suède était gouvernée de fait par un Français, le maréchal Bernadotte, que l'élection avait placé, avec le titre de prince royal, sur la première marche du trône occupé par un souverain affaibli de corps et d'esprit.

Follement et entièrement abandonnée aux armes du

czar par Napoléon[1], à Tilsit, elle avait eu le bonheur relatif de n'être attaquée que par une armée peu considérable, le czar ayant dirigé son principal effort contre l'empire ottoman, livré aussi et non moins follement à ses coups par Napoléon. Elle avait eu ainsi le temps de se reconnaître, de pourvoir à son salut. Elle avait détrôné, chassé un roi à moitié fou qui la conduisait à l'abîme, et demandé la paix, tout à la fois, à Napoléon, qui s'était emparé de la Poméranie, et au czar, qui avait conquis la Finlande.

La paix, elle l'avait obtenue et elle l'avait payée à la Russie de la cession de cette dernière province, et à Napoléon, qui lui avait rendu la Poméranie, de l'engagement de s'asservir aux exigences du blocus continental.

Mais ces exigences, c'était la ruine même de la Suède, et elle avait cherché à s'y soustraire à force de ruses plus ou moins couvertes. Il aurait été d'une politique sage, habile, de fermer les yeux sur cette conduite, si contraire qu'elle fût aux conditions imposées : la chimère du blocus continental ne valait pas qu'on risquât de s'aliéner un peuple qui, après avoir été un moment entraîné par

---

1. Au mois de février 1808, Napoléon adressait à Caulincourt, son ambassadeur en Russie, une dépêche restée ignorée jusqu'ici, qui fut communiquée au cabinet de Saint-Pétersbourg et se trouve aux archives de Russie ; elle prouve nettement que ce n'était pas seulement la Finlande, mais encore la Suède tout entière qui était livrée à la conquête russe : « Quant à la Suède, écrivait Napoléon, je verrais sans difficulté que l'empereur Alexandre s'en emparât, même de Stockholm ; jamais la Russie n'aura une pareille occasion de placer Pétersbourg au centre et de se défaire de cet ennemi géographique. » (*Zur näheren Aufklärung über den Krieg von 1812. Nach archivalischen Quellen, von Friedrich von Smitt*, 1861.)

un souverain maniaque, était franchement revenu à son amitié séculaire pour la France. Mais Napoléon en avait jugé tout autrement : il avait assailli la Suède d'injures lancées par ses journaux, d'observations hautaines, de réclamations, de demandes impérieuses, courroucées, adressées par lui-même, de vive voix, au ministre de Suède, à Paris, ou transmises à la cour de Stockholm par un ambassadeur qui se plaisait à exagérer encore les hauteurs et les emportements de son maître; puis, passant des paroles aux actes, il avait fait courir des corsaires contre la marine marchande de Suède ; il avait fait déclarer de bonne prise les navires saisis pour cause ou sous prétexte de commerce illicite ; et, par un criminel abus de la force, il en avait envoyé les matelots à Toulon, à Anvers, servir sur des vaisseaux de guerre français; enfin, poussant plus loin encore l'injure, il avait fait envahir la Poméranie sans déclaration de guerre, en pleine paix; et, par ses ordres, les deux régiments qui tenaient garnison dans cette province, les fonctionnaires mêmes qui l'administraient, avaient été conduits en France comme prisonniers de guerre. En un mot, à des infractions en partie réelles, en partie supposées, au code tyrannique du blocus continental, Napoléon avait répondu par d'odieux attentats au droit des gens.

Général français, Bernadotte, tout en bénéficiant largement de l'Empire, avait toujours gardé à l'égard de l'usurpateur de Brumaire et de l'an XII, une sorte d'indépendance et comme une attitude d'opposition. Prince suédois, il avait ressenti très-vivement les insultes et les violences qui atteignaient sa nouvelle patrie ; et celle-ci n'y avait pas été moins sensible que lui. Comme le reste de l'Europe, elle en était venue à détester le maître de la France. Bernadotte avait protesté énergiquement contre l'invasion de la Poméranie ; Napoléon n'y avait pas pris garde et avait continué d'occuper ce pays, y établissant des douaniers, des fonctionnaires français, y vidant les caisses publiques, y frappant des contributions de guerre.

Le grand conflit entre la France et la Russie était alors imminent.

Calculant aussitôt que, de Napoléon, la Suède n'avait à attendre que ruine et servitude ; prévoyant avec sagacité que le sol de la Russie serait funeste à l'envahisseur, Bernadotte avait notifié au cabinet des Tuileries que la Suède se déclarait neutre entre la France et l'Angleterre ; et, en même temps, il s'était jeté dans les bras d'Alexandre. Le 5 avril 1812, la Suède et la Russie s'étaient unies par un traité stipulant la garantie réciproque de leurs territoires respectifs, une action commune contre Napoléon et une aide militaire du second de ces États au premier pour conquérir la Norvége sur le Danemark, allié de la France.

Agrandie de la Norvége, la Suède, pensait Bernadotte, n'aurait plus à regretter la Finlande, trop rapprochée de la capitale des czars pour n'être pas toujours une tentation pour leur ambition traditionnelle et une cause continuelle de querelles.

Les événements n'ayant pas permis aux parties contractantes de passer, aussitôt qu'elles l'auraient voulu, à l'exécution de ce traité, elles en avaient dissimulé l'existence; et Bernadotte, rusant avec Napoléon, comme rusent trop souvent les faibles et les opprimés, aux dépens de sa dignité, n'avait pas rompu avec lui, s'était même donné l'air de vouloir se laisser entraîner, sous certaines conditions, dans une alliance offensive et défensive avec la France.

Pourtant, au mois de juillet, il avait fait la paix avec l'Angleterre; et, poussant plus loin la hardiesse, quand la fortune sembla se prononcer contre les armées russes, il avait fortifié dans une entrevue avec Alexandre, à Abo, et par une convention supplémentaire, les liens qui attachaient la Suède à la Russie. Mais cette convention était restée secrète comme le traité; et les relations diplomatiques entre les cabinets de Stockholm et de Paris avaient continué.

Elles duraient encore, très-froides, très-rares, il est vrai, au moment où Bernadotte avait acquis la certitude du désastre de Napoléon en Russie. Alors, il avait jeté le masque. Rappelant tous les griefs de la Suède, sa protestation dédaignée contre l'invasion de la Poméranie, l'inutilité de ses réclamations, il avait expédié au chargé d'affaires suédois, à Paris, l'ordre de prendre sur le champ ses passeports; il avait renvoyé avec éclat, de Stockholm, le chargé d'affaires de France; et, quelques jours après, le 7 janvier 1813, le gouvernement de Suède avait fait la déclaration publique que, « fiers de leurs droits, unis à leur souverain, les Suédois allaient marcher à la rencontre de leurs ennemis. »

En parlant ainsi, ce gouvernement croyait à l'arrivée très-prochaine d'un corps auxiliaire russe d'une trentaine de mille hommes qui, joint à un nombre égal de Suédois, irait débarquer sur les côtes d'Allemagne et opérer sur les derrières de l'armée française. C'était Bernadotte lui-même qui avait proposé et devait commander cette expédition fort bien conçue. Mais la faiblesse des armées russes ne leur ayant pas permis de faire aussitôt un détachement si considérable, il était resté en Suède observant le cours des événements et surtout négociant avec l'Angleterre.

Il voulait obtenir de cette puissance qu'elle accédât aux conventions déjà existantes, au sujet de la Norvége, entre la Russie et la Suède; qu'elle promît de concourir, au besoin, à en assurer l'exécution; et, de plus, qu'elle lui accordât un subside de vingt-cinq millions de francs pour l'entretien des trente mille Suédois qu'il devait mettre en campagne, subside très-précieux pour les finances délabrées de la Suède. L'Angleterre avait satisfait à toutes ces demandes par un traité signé le 3 mars; et, même, elle avait cédé à la Suède la Guadeloupe, tombée assez récemment en son pouvoir.

Cette cession précipitée et l'engagement pris relativement à la Norvége étaient une bien grave offense au droit public européen; et il était odieux de disposer du peuple norvégien comme d'une chose quelconque. Rien n'est moins contestable, l'histoire doit le proclamer; mais aussi, lorsqu'elle voit les apologistes de Napoléon blâmer violemment ici l'Angleterre, la Russie, la Suède, elle doit leur imposer silence et leur dire qu'eux seuls n'ont pas droit de reproche, car ils n'ont pas une parole de blâme quand Napoléon donne à la Prusse l'électorat de Hanovre, quand il consent par avance à l'annexion de la Moldavie, de la Valachie et de la Finlande à la Russie; et même ils ont des éloges pour l'annexion à l'Empire de la Hollande, de l'Oldenburg, des villes Hanséatiques, du Valais, de Rome, opérée en pleine paix, au mépris des traités, par une série de crimes contre le droit des gens.

On retournait contre la France et le Danemark, son allié, l'abominable politique de Napoléon.

Renégat de la patrie pour l'amour d'une couronne, détestable Français, mais excellent Suédois, Bernadotte, ainsi muni des promesses les plus fortes d'agrandissement territorial et pourvu d'argent, fit passer, dès le 18 mars, une division de ses troupes dans la Poméranie suédoise, d'où se retirait alors, on le verra prochainement, la petite division française de Morand; et il se prépara à y porter bientôt assez de troupes encore pour former le contingent de trente mille Suédois qui, réuni à un corps russe de même effectif, devait opérer sous ses ordres dans l'Allemagne du nord.

En attendant ce moment, que divers incidents devaient retarder beaucoup, et prenant occasion d'une dernière note remise par Maret au chargé d'affaires suédois, quand celui-ci avait quitté Paris, Bernadotte avait adressé à Napoléon une lettre qui montrait à quel point il était ulcéré et engagé contre lui.

La note de Maret était hautaine, dure; la lettre de Bernadotte était un acte d'accusation fier, rigoureux, froid, implacable, dressé contre Napoléon, contre sa conduite à l'égard de la Suède et, en général, contre sa tyrannie et son insatiable ambition, cause de ces guerres où avaient péri « un million de Français [1]. »

Bientôt livré à la publicité, ce document remarquable produisit une impression profonde en Europe. Mais la France ne le connut pas. Napoléon avait élevé autour d'elle une sorte de muraille de la Chine que la vérité ne devait pas franchir. Elle croyait la Suède neutre lorsque déjà elle l'avait pour ennemie; et il fallut cinq mois encore pour qu'il se décidât à lui en faire l'aveu.

Allié à la Russie et à l'Angleterre, Bernadotte ne tarda pas à s'allier aussi à la Prusse, comme sa situation l'exigeait. Le 28 avril, il conclut avec cette puissance un traité d'alliance offensive et défensive par lequel elle s'engageait à mettre à sa disposition un corps auxiliaire prussien de vingt-sept mille hommes, dans le nord de l'Allemagne. Ainsi, trente mille Suédois, trente mille Russes, vingt-sept mille Prussiens, telles étaient les forces avec lesquelles l'ancien maréchal français devait tenir la campagne contre Napoléon. Mais elles ne furent pas rassemblées aussi rapidement que ses alliés et lui-même l'avaient espéré.

Tout en garantissant à Bernadotte qu'il entrerait en

[1]. Dans les *Mémoires de Sainte-Hélène*, monument d'infidélité historique, Napoléon a prétendu n'avoir jamais reçu cette lettre, qu'il qualifie sans façon de libelle; et il dit que « ce n'était pas un mois avant Lützen qu'on écrivait ainsi à l'Empereur des Français; » mais, malheureusement pour son assertion, la copie de cette dépêche fut déposée aux archives de Suède; et on a gardé le nom du courrier qui porta la dépêche à Paris. Le texte même de cette dépêche du prince royal à Napoléon se trouve imprimé en entier dans *Letters and dispatches of viscunt Castlereagh*, tome VIII, page 350.

possession de la Norvége, l'empereur Alexandre avait stipulé, d'accord avec lui, qu'on n'aurait recours à la force, pour annexer ce pays à la Suède, qu'après avoir tenté d'en obtenir la cession pacifique; et, l'un et l'autre, ils avaient espéré qu'ils y décideraient le roi de Danemark par l'offre d'indemnités territoriales considérables, et que, du même coup, ils le détacheraient de Napoléon et l'adjoindraient à leur alliance.

Au mois de janvier 1813, ils avaient donc fait faire à ce souverain des ouvertures dans ce sens par leurs ambassadeurs à Copenhague. Le moment paraissait bien choisi. Voyant la ruine de l'armée de Napoléon et, par suite, l'impossibilité pour celui-ci de donner, avant plusieurs mois, aucune protection au Danemark, apprenant la marche en avant des armées russes, menacé d'une attaque combinée et prochaine de la Suède et de l'Angleterre, connaissant l'excitation de l'opinion publique en Allemagne depuis la défection d'York, se sachant en butte à la haine des patriotes allemands pour son attachement persévérant à l'alliance française, pour l'aide fournie naguère contre le duc de Brunswick et l'héroïque Schill, entendant les plaintes de ses sujets ruinés par le blocus continental, exaspérés contre Napoléon [1], Frédéric VI devait, selon toute apparence, accepter avec empressement l'échange de territoires qui lui était proposé et se hâter de se réfugier dans la coalition russo-suédoise comme dans un port de salut.

1. Le 21 janvier 1813, M. Alquier, ambassadeur de France à Copenhague, écrivait au ministre Maret : « Le roi est, à mon sens, le seul homme de ses États qui soit franchement du parti français. »

On lui offrait de prendre immédiatement la Poméranie suédoise, à laquelle la Suède renoncerait, les villes Hanséatiques, très-faiblement occupées alors par les Français, quelques territoires voisins, non compris dans l'ancien électorat de Hanovre, et même une partie du Meklenburg. Mais heureusement pour l'Allemagne, qu'on voulait dépecer au profit d'un souverain étranger d'une manière qui rappelait le mépris de Napoléon pour les peuples et contrastait fort avec les proclamations où Alexandre s'annonçait comme le libérateur du continent, Frédéric VI hésita à se prononcer et chercha à obtenir que rien ne fût changé aux limites de ses États. Malgré le cruel souvenir de l'enlèvement, de l'incendie de sa flotte, du bombardement de sa capitale, ces crimes contre le droit public européen, il s'adressa à l'Angleterre, lui demandant d'intervenir, en sa faveur, auprès des cours de Stockholm et de Saint-Pétersbourg, se disant prêt à abandonner l'alliance de Napoléon, à se soustraire aux obligations du blocus continental, et disposé à se joindre plus tard à la Russie; et, comme préliminaires à sa demande, il interdit officiellement la course aux corsaires danois qui faisaient beaucoup de mal à la marine marchande anglaise, il ouvrit à celle-ci les ports de son royaume, à la grande joie de son peuple, et il expédia aux troupes qu'il avait sur la frontière du Holstein, l'ordre de garder la neutralité la plus absolue, quoi qu'il pût arriver. Il prévint, en même temps, Napoléon de la nécessité où il était de changer la politique du Danemark.

Mais ni sa demande, ni les mesures dont il la faisait

précéder, n'empêchèrent l'Angleterre de conclure avec la Suède le traité du 3 mars ; et, à quelques jours de là, l'agent diplomatique qu'il avait envoyé à Londres pour essayer des négociations, revint rapportant pour toute réponse que toute négociation devait passer par le cabinet de Stockholm. Cet agent n'avait même pu obtenir de remettre une lettre autographe du roi au prince régent d'Angleterre.

La Norvége semblait donc perdue, irrévocablement promise à la Suède quand arriva à Copenhague le prince Dolgorouki, envoyé du czar. Ce fut le 22 mars. Il venait presser le roi de se joindre à la Coalition; et, pour mieux l'y déterminer, il lui affirma, sans souci de la vérité, que rien n'était encore décidé au sujet de la Norvége; que, s'il consentait à unir ses armes à celles de la Russie et de la Prusse, il assurerait l'intégrité de ses États, il recevrait, pour prix de sa coopération, les mêmes territoires qu'au commencement de l'année on lui avait offerts pour la cession de la Norvége, et qu'on pourrait même un jour l'investir, en outre, de la souveraineté de la Hollande. Suivant l'expression d'un diplomate danois, Dolgorouki semblait être « l'ange gardien » du Danemark apparu pour le sauver.

Frédéric VI accéda à tout ce qui lui était proposé; et il expédia au czar un envoyé chargé de régler, en conséquence, l'entrée du Danemark dans la Coalition.

Mais l'ambassadeur de Suède à Copenhague avait eu connaissance des offres faites par Dolgorouki; il en avait instruit le gouvernement suédois; Bernadotte s'était hâté de réclamer, près d'Alexandre et avec beaucoup de hauteur, l'observation des traités qui unissaient la Russie à la Suède; et, craignant aussitôt de voir la Suède se retirer dans sa neutralité et peut-être entreprendre contre la Finlande dégarnie de troupes, tenant, d'ailleurs, extrêmement à avoir dans les armées de la Coalition un ancien maréchal de France renommé et populaire dans l'armée française, Alexandre avait déclaré tout d'abord à l'envoyé danois que, si le prince Dolgorouki avait promis au Danemark la conservation de la Norvége, il avait outre-passé ses pouvoirs. C'était déjà un cruel mécompte pour la politique danoise. Mais ce ne devait pas être le seul. Bernadotte avait fait trop de bruit de ses réclamations pour que les patriotes allemands ne fussent pas mis en éveil sur les propositions portées à Copenhague; bientôt la presse, même le journal officiel de Danemark, parlèrent des indemnités, en terre allemande, offertes à Frédéric VI. Les deux duchés de Meklenburg venaient précisément alors de se détacher de la Confédération du Rhin, Hambourg, Lübeck de se révolter; le feu de l'insurrection gagnait tout le bas pays, de l'Elbe à l'Ems. Comment pouvait-on songer à mettre sous le joug d'un souverain étranger les généreux Allemands qui s'affranchissaient audacieusement de la servitude imposée par Napoléon? Si un traité se signait, les retranchant de la patrie, qui croirait désormais à la parole de l'empereur de Russie? Il s'était annoncé, il s'annonçait comme le libérateur de l'Allemagne; et il trafiquerait du sol allemand avec l'étranger! Fallait-il, d'ailleurs, tant s'inquiéter de ce que ferait ou ne ferait pas le roi de Danemark? Que pouvait-il pour ou contre la Coalition avec sa petite armée et sans un général connu? Mieux valait l'avoir contre soi que pour soi, car, après la victoire, on lui reprendrait le Holstein, ce pays allemand qu'il tyrannisait.

Ainsi parlèrent, s'adressant à Alexandre, Stein et ses amis, et sans doute aussi les hommes d'État prussiens. L'Angleterre parla comme eux; et Alexandre renonça à la malencontreuse idée d'acheter, avec un morceau de l'Allemagne, l'alliance du Danemark.

Le 3 mai, Dolgorouki reçut un rescrit impérial désavouant toute sa négociation, blâmant sévèrement sa conduite et lui intimant l'ordre de quitter Copenhague sans délai. C'était une satisfaction donnée, aux dépens de la vérité, au patriotisme allemand alarmé, indigné. Mais ce fut un coup de foudre pour le cabinet de Copenhague.

Frédéric VI avait laissé passer, dans l'indécision, le moment favorable pour entrer, sans grand désavantage, dans la Coalition, pour y entrer à la grande joie des Danois; et il se trouvait compromis au plus haut point envers Napoléon, par ses négociations manquées avec elle.

Quel parti devait-il prendre maintenant? Se joindre à la Coalition avec la certitude de perdre la Norvége et de ne recevoir aucune compensation à cette perte, c'était une résolution bien dure, mais qui lui conserverait ses États de terre ferme, si Napoléon était vaincu. Mais Napoléon serait-il vaincu?

Il paraîtrait que Frédéric VI crut alors à sa défaite, car il se laissa aller, nous le verrons, à fournir un moment des troupes à Hambourg insurgé; et il ne les en retira qu'au bruit des premiers succès de Napoléon.

Ainsi la Suède alliée à l'Angleterre, à la Russie, à la Prusse; la Suède fournissant à la Coalition trente mille hommes et son prince héréditaire, général renommé; le Danemark se joignant à peu près à elle; telle était, au commencement du mois de mai 1813, la situation produite sur la vieille terre des Scandinaves et des Cimbres par la politique de Napoléon et le désastre de ses armes en Russie.

CHAPITRE NEUVIÈME.

Positions de l'armée russe le jour de la signature du traité de Kalisch. — Forces qui lui restent pour avancer en Allemagne. — Forces immédiatement disponibles de la Prusse. — Plan vicieux d'opérations arrêté à Kalisch par les alliés. — Koutousof réunit le commandement de l'armée prussienne à celui de l'armée russe. — Mouvements ordonnés aux différents corps russes et prussiens. — Mouvements spontanément opérés par York, Bülow, Borstell, avant la réception de ces ordres. — Marche de Wittgenstein sur Berlin. — Son entrée dans cette capitale. — Eugène a déjà battu en retraite. — Il arrive à Wittenberg et Reynier à Dresde. — Réunion du corps d'observation de l'Elbe sur Magdeburg. — 1ᵉʳ corps sous Davout; 2ᵉ corps sous Victor. — Corps de cavalerie de réserve de Latour-Maubourg et de Sébastiani. — Forces dont dispose Eugène. — Mesures qu'il prend pour défendre la ligne de l'Elbe. — Reproches et instructions que lui adresse Napoléon. — Arrivée du maréchal Davout à Dresde. — Frédéric-Auguste, roi de Saxe. — Son éloignement de sa capitale. — Son trouble, ses hésitations. — Émeute à Dresde. — Dispositions hostiles de l'armée et de la population saxonnes. — Refus de concours du général Thielmann, commandant la place de Torgau. — Davout, sur l'ordre d'Eugène, fait sauter deux arches du pont de Dresde et se rend à Magdeburg. — Les troupes saxonnes reçoivent du roi de Saxe l'ordre de se rendre à Torgau. — Durutte, qui a succédé à Reynier dans le commandement du 7ᵉ corps, réduit par leur abandon à sa propre division, évacue Dresde et se replie sur la Saale. — Nouvelles dispositions prises par Eugène : il ordonne la concentration de ses forces sur la rive droite de l'Elbe, en avant de Magdeburg. — Marche de Tettenborn sur Hambourg. — Les ducs de Mecklenburg-Schwerin et de Mecklenburg-Strélitz se joignent à la Coalition. — Émeute à Hambourg. — Exécutions à mort. — Le général Carra Saint-Cyr évacue cette ville et se retire sur Brême. — Tettenborn attaque le général Morand qui revient de la Poméranie suédoise, à Bergedorf et à Zollenspieker. — Celui-ci, après avoir passé l'Elbe, se retire sur Brême. — Entrée de Tettenborn dans Hambourg. — Insurrections de Lübeck, du Lauenburg, du Lüneburg et de presque tout le bas pays jusqu'à l'Ems. — Arrivée des généraux Carra Saint-Cyr et Morand à Lübeck. — Répression de l'insurrection à Bremerlehe et Blexen. — Sanglantes exécutions. — Organisation de corps de volontaires dans le pays insurgé. — Le général Dörnberg, à la tête d'un corps léger, passe l'Elbe pour se porter sur Hanovre. — Eugène renonce tout à coup à la concentration en avant de Magdeburg et réunit la masse de ses troupes sur l'Ohre. — Combat de Lüneburg; Dörnberg et Czernichef y détruisent toute la colonne du général Morand. — Eugène ramène ses troupes de l'Ohre sur Magdeburg et y passe l'Elbe le 2 avril. — Son projet.

Au dernier jour du mois de février, quand se signa, à Kalisch, le traité d'alliance entre la Prusse et la Russie, l'armée du czar était, il faut se le rappeler, considérablement diminuée. Obligée de bloquer Danzig et les places fortes du duché de Varsovie, d'observer le corps autrichien et Poniatowski, elle se trouvait réduite à cinquante-six mille hommes, y compris dix mille Cosaques; et ces cinquante-six mille hommes se trouvaient alors divisés en deux masses inégales, éloignées l'une de l'autre de cinquante lieues. Wittgenstein commandait la première ; l'autre était immédiatement sous la main de Koutousof.

Wittgenstein était à Driesen, à vingt-cinq lieues en deçà de l'Oder, à une distance double de Berlin, avec huit mille hommes; et il venait d'en détacher quatre mille autres sous le général Repnin, pour appuyer ses Cosaques, qui voltigeaient sur Berlin et causaient à Eugène les inquiétudes si étrangement exagérées que nous avons dites. Koutousof avait son quartier général à Kalisch et tenait en cantonnements, entre cette ville, Rawitsch et Gostyn, le corps de Tormasof et, sur ces deux derniers points, le corps de Miloradowitch et celui de Wintzingerode, qui avait jeté quelques partis de cavalerie au delà de l'Oder.

Cet effectif de cinquante-six mille Russes, disponibles pour marcher en avant, ne concordait guère avec les pompeuses affirmations dont les généraux du czar et le czar lui-même avaient été si prodigues, jusque-là, dans leurs relations avec la Prusse, et qu'en ce moment même ce dernier faisait répéter au cabinet de Vienne sur la force des armées russes[1].

A la vérité, il avait récemment ordonné la réunion d'une armée de réserve dans le grand-duché de Varsovie et les provinces russes limitrophes ; et cette armée, dont le commandement était confié au prince Labanof Rostowski, devait compter cent soixante-treize bataillons, quatre-vingt-douze escadrons et une nombreuse artillerie[2]. Mais elle ne pouvait se former que lentement à cause de la saison, des longues distances à parcourir, d'un manque assez sensible d'officiers ; et c'était tout au plus s'il y avait certitude qu'elle donnerait à l'armée active, sur l'Elbe, vingt-cinq mille hommes vers la mi-mai, douze mille de plus quinze jours plus tard, et six mille encore vers le 15 juin[3].

[1]. Bernhardi, dans le remarquable livre qu'il a publié sous le titre de *Denkwürdigkeiten aus dem Leben des K. R. Generals Carl Friedrich Grafen von Toll,* donne à ce sujet des détails fort précis et fort curieux.

[2]. Ordre impérial du 5-17 février 1813, cité par Bogdanowitch.

[3]. Un tableau des marches établi à Kalisch par le quartier-maître général Toll et publié dans le livre de Bernhardi, nous sert pour donner ces chiffres et ces dates. Nous évaluons le bataillon à cinq cents hommes, l'escadron à cent vingt, au moment de l'arrivée à l'armée active.

Bogdanowitch écrivant sur pièces officielles dit que, du commencement de mars à la fin de *juillet,* il fut envoyé de l'armée de réserve à l'armée active soixante-sept mille sept cent sept hommes d'infanterie, quatorze mille vingt-quatre de cavalerie et dix-huit compagnies et demie d'artillerie. Mais il n'arriva pas même, d'après ce qu'il rapporte, les deux tiers de cette force à destination, par suite de la désertion, des maladies, et surtout du typhus qui sévissait en Pologne.

Tout ce qu'on avait à espérer pendant deux mois et demi encore, c'était de se maintenir au faible effectif de cinquante-six mille hommes, en compensant les pertes journalières par le ralliement successif des traînards et des convalescents.

On a raconté que, quand Alexandre reçut le traité qui lui assurait l'alliance de la Prusse, il s'écria : « C'est un secours que la Providence m'envoie. » La Providence, ici, c'était le patriotisme prussien, qui, lui-même, devait à l'arrivée des armées du czar d'avoir pu se manifester avec tant d'éclat et de force.

Cependant, en dépit de sa passion, de sa fureur d'activité et de sacrifice, la Prusse n'avait pu suppléer au temps. Les dépôts de tous les corps étaient pleins de recrues, de volontaires, de soldats en congé rappelés sous le drapeau ; beaucoup de bataillons, d'escadrons, étaient en formation et promettaient des renforts plus ou moins prochains ; mais les forces immédiatement prêtes à entrer en ligne ne dépassaient guère encore celles du czar.

En Silésie, où le roi s'était fait suivre par la garnison de Potsdam et où se trouvaient, avant son arrivée, huit ou neuf mille hommes, on avait complétement organisé un beau corps d'armée de vingt-sept mille hommes, et on lui avait donné un chef déjà renommé, le général Blücher, qui conservait à soixante-dix ans toute la force, toute l'activité, tout le feu de la jeunesse.

Les généraux-majors Bülow et Borstell avaient formé, le premier, à Neu Stettin, une division de huit mille hommes, le second, à Colberg, une autre division de six mille hommes.

Enfin York avait porté son corps à vingt mille hommes.

C'était donc, en tout, soixante et un mille hommes que la Prusse pouvait joindre sur le champ[1] aux cinquante-six mille de la Russie.

Dans ce moment, ces cent dix-sept mille hommes donnaient une force suffisante pour pousser la guerre avec vigueur. C'était l'avis de Scharnhorst; et, tout de suite, il voulut le faire prévaloir dans la discussion du plan de campagne dont on avait à convenir à Kalisch.

Il semblerait que sur ce plan même il n'y eût guère d'hésitation possible.

Porter quinze ou seize mille hommes en observation, partie sur Glogau, qui avait à peine quatre mille hommes de garnison, partie sur Torgau, qui n'en avait guère plus[2], partie enfin devant Reynier, dont le corps d'armée, bien diminué à Kalisch et fondant à vue d'œil sous l'action du typhus, ne comptait pas six mille combattants; masquer par une dizaine de mille hommes Stettin, qui était gardé par huit mille; envoyer devant Cüstrin le corps volant de Woronsof, inutile à Posen et inutile aussi à Barclay de Tolly pour le siége projeté de Thorn; avec

[1]. Dans une communication confidentielle signée par Scharnhorst et remise au général anglais Robert Wilson, sous la date du 4 mars, l'effectif des troupes prussiennes *disponibles* à ce jour est fixé à soixante et un mille six cent trente et un hommes. (*Private Diary*, etc., *by general sir Robert Wilson.*)

[2]. Le 24 février, la garnison de Glogau était de quatre mille trois cents hommes, recrues pour la plupart. (Lettre du lieutenant-colonel Ludwig Aster à Langenau, datée de Torgau le 24 février 1843 dans *Erinnerungen aus den Freiheitskriegen von Friedrich Heller von Hellwald, K. K. Feldmarschallieutenant. Stuttgard* 1864.)

tout le reste de l'armée, c'est-à-dire avec quatre-vingt-dix mille hommes, prendre sa ligne d'opération par Francfort et Posen sur Varsovie, s'avancer résolûment, promptement, contre Eugène, timidement établi avec le gros de ses forces sur Berlin, l'attaquer vigoureusement, le rejeter sur l'Elbe, ce qui serait facile si des renforts considérables ne lui survenaient pas; une fois là, s'efforcer d'absorber son attention et ses forces par de grandes, d'incessantes démonstrations; et, en même temps, lancer au delà de l'Elbe, vers Hambourg, par Hambourg même, qui était à peine gardé, un corps de vingt mille hommes dont quatre ou cinq mille cavaliers, qui provoqueraient, en lui offrant une base solide, l'insurrection des populations impatientes du joug, frémissantes, de l'Elbe au Weser, à l'Ems, au Rhin; telles étaient les opérations que la situation même des choses indiquait aux deux souverains coalisés et à leurs généraux; et le résultat pouvait en être considérable. Un soulèvement de la Basse-Allemagne appuyé par un gros corps d'armée devait, en effet, exciter les Hollandais, intimider les princes-esclaves, exalter leurs sujets et forcer, en outre, Napoléon à envoyer contre elle cinquante ou soixante mille hommes, dont il ressentirait cruellement l'absence sur la Saale ou sur l'Elbe.

Si on n'adoptait pas ce plan, on pouvait, non sans avantage, opérer sur la gauche comme on aurait opéré sur la droite, c'est-à-dire se porter en masse sur Dresde. Eugène s'y laisserait peut-être attirer; on le battrait facilement s'il voulait tenir pied et n'avait pas été considérablement renforcé; en tout cas, on avancerait le plus possible en soulevant le pays saxon, ce qui ébranlerait la Bavière ; et, pendant ce temps, une grande partie de la cavalerie légère, des hussards et des Cosaques franchiraient l'Elbe, entre Magdeburg et Hambourg, et iraient appeler aux armes les sujets opprimés, tyrannisés, de Jérôme Bonaparte et de Napoléon.

On pouvait hésiter entre ces deux plans ; mais en dehors d'eux il n'y avait rien de rationnel à tenter, rien qui répondît à la haute opinion qu'on voulait donner, qu'il était nécessaire de donner à l'Europe de soi, de ses forces, de son action, rien qui pût conduire à un succès notable et prochain.

Le premier de ces deux plans, le meilleur, à notre sens, fut proposé par le colonel Knesebeck, officier très-instruit et réfléchi ; le second le fut par Scharnhorst.

Dans l'un comme dans l'autre, on était sûr, en agissant immédiatement et avec célérité, que la concentration générale serait accomplie du 18 au 20 mars ; mais, dans l'un comme dans l'autre, la célérité de la concentration et la rapidité des opérations subséquentes étaient des conditions essentielles pour la réussite : il fallait attaquer avant qu'Eugène fût appuyé, renforcé par les corps d'armée que Napoléon organisait avec tant d'activité et de bruit.

Or, Knesebeck et Scharnhorst se heurtaient, tout d'abord, à la résolution signifiée par leur roi de ne pas encore déclarer la guerre à Napoléon, d'attendre, pour le faire, qu'Eugène eût évacué en quelque sorte spontanément Berlin et la Prusse ; et, de plus, ils eurent à compter avec les objections entêtées de Koutousof.

Moins que jamais le vieux maréchal était disposé à marcher vers l'ouest. A Kalisch, il se trouvait déjà trop éloigné de sa base d'opérations. Il voulait attendre des renforts russes, et il savait que ces renforts ne pouvaient arriver de sitôt. Il n'avait pas de confiance dans l'enthousiasme, dans la force de la nation prussienne, ne comprenait pas la révolution morale qui s'était opérée chez elle depuis six ans, et voyait volontiers dans les soldats du jour les tristes soldats de 1806. Il prétendait savoir que la Pologne, laquelle, en fait, n'y pensait guère, méditait un soulèvement général et prochain [1]. Il montrait les places fortes de la Vistule toujours dans les mains des Français, le corps de Poniatowski adossé à la frontière gallicienne de l'Autriche et appuyé au contingent autrichien, la Moravie, la Bohême, se garnissant de troupes autrichiennes, et le cabinet de Vienne parlant, il est vrai, au czar d'alliance, maintenant l'armistice, mais évitant toute parole précise, se refusant à tout engagement, cherchant à gagner du temps, et pouvant, à toute heure, être entraîné par de séduisantes promesses à servir encore l'ambition de Napoléon, à se jeter dans le flanc et sur les derrières de l'armée russe ; et il soutenait que, dans une pareille situation, la prudence exigeait impérieusement qu'on ne se livrât à aucune grande entreprise. Usé par l'âge, la guerre, la maladie, toujours aspirant au repos, obstiné dans l'idée que la Russie ne devait profiter de ses succès que pour

---

[1]. Des rapports secrets indiquèrent, à quelque temps de là, le vendredi avant Pâques (16 avril) comme le jour de ce soulèvement. (*Denkwürdigkeiten aus dem Leben des Generals von Toll,* etc.)

s'agrandir en traitant avec Napoléon, il ne voulait pas comprendre que le moyen d'ôter à la Pologne toute idée de soulèvement, de fixer promptement et sûrement les incertitudes de l'Autriche, c'était de faire voir à l'une et à l'autre les Français repoussés au loin, la Confédération du Rhin disloquée, une grande partie de l'Allemagne insurgée.

L'empereur Alexandre partagea l'avis émis par Scharnhorst ; mais il ne sut pas obtenir, ne tenta même pas d'obtenir que Frédéric-Guillaume ne retardât pas sa déclaration de guerre à la France ; et il ne voulut pas peser du poids de son autorité sur l'entêtement de Koutousof.

Dans cette divergence d'opinions, on rejeta le plan de Knesebeck comme celui de Scharnhorst, on se laissa aller à tout mener sans aucune hâte ; et on s'arrêta à des demi-mesures et à des mesures fausses ; et même on en aggrava le tort en étendant sur l'armée prussienne le commandement de Koutousof.

C'était bien mal inaugurer l'alliance.

Il fut décidé que les forces alliées opéreraient, provisoirement, sur deux colonnes d'effectif à peu près égal et ayant chacune son objectif.

A droite, Wittgenstein reçut l'ordre de marcher tout de suite sur l'Oder et de là, si c'était possible, sur Berlin. York, Bülow et Borstell durent s'avancer derrière lui pour être prêts à prendre part à ses opérations, dès la déclaration de guerre de la Prusse. Woronsof fut détaché de l'armée du Danube et mis à la disposition de Wittgenstein.

A gauche, le corps de Wintzingerode fut placé sous les ordres de Blücher, qui en forma son avant-garde. Il lui fut prescrit de lever ses cantonnements, le 8 mars, et de se porter par Köben et Bunzlau sur Dresde; et Blücher lui-même, cantonné autour de Breslau, eut l'ordre d'en partir le 16 mars.

Miloradowitch fut envoyé sur Glogau, avec mission d'en former le blocus et de le maintenir jusqu'à ce qu'il fût relevé dans cette opération par un corps prussien, que le général Schuler de Wenden formait très-activement en Silésie même, avec des bataillons de réserve; et il devait ensuite gagner Sagan, où il était prévenu qu'il trouverait de nouveaux ordres.

Tormasof devait se mettre en mouvement et se diriger de manière à servir de réserve à Blücher aussi bien qu'à Wittgenstein, ce qui ne devait être possible que lorsque ces deux généraux se rapprocheraient l'un de l'autre.

L'ordre destiné à Wittgenstein lui parvint le 2 mars, à Driesen. Ce général y était depuis le 27 février attendant des instructions; et, tout en les attendant, nous l'avons rappelé dans les premières lignes de ce chapitre, il avait détaché trois ou quatre mille hommes, sous le général Repnin, pour appuyer ses Cosaques voltigeant autour de Berlin.

York, Bülow, Borstell, qui devaient s'avancer sur ses traces, être prêts à l'appuyer dès la déclaration de guerre de la Prusse, auraient été encore loin de lui, le premier surtout, si, pour se mouvoir, ils eussent attendu les instructions de leur souverain. Mais ils les avaient devancées; et la conduite que, depuis quelque temps, ils avaient tenue et celle que le roi avait tenue à leur égard caractérisent si bien la situation morale de la Prusse à cette époque, qu'on ne saurait se dispenser d'en parler avec quelques détails.

Dès le 23 janvier, York avait porté son corps d'armée des environs de Tilsit et de Königsberg sur Elbing et Marienburg, pour profiter des approvisionnements abandonnés par Murat et Macdonald dans ces deux dernières villes et pour se mettre en position d'appuyer, suivant sa promesse, en cas d'extrême nécessité, soit le corps russe qui bloquait Danzig, soit Wittgenstein lui-même; et ce mouvement s'était achevé au moment même de la réunion des états convoqués par Stein.

Le corps d'York était remonté alors au chiffre de vingt mille hommes; et l'effectif des dépôts dans la Prusse, entre la Vistule et le Niémen, était de treize mille hommes[1].

La session des états terminée, toutes les mesures arrêtées pour assurer l'exécution de leurs décrets, tout le pays courant aux armes, York avait jugé sa présence désormais inutile sur la rive droite de la Vistule; et convaincu, d'ailleurs, par la situation générale des choses, par l'exaltation populaire, que l'alliance de la Prusse et de la Russie était inévitable et imminente, il avait voulu se rapprocher du théâtre de la guerre, de Wittgenstein, qui venait d'avancer de Preussisch Stargard à Konitz, qui devait aller plus loin et le suppliait d'avancer aussi.

Le 17 février, il avait donc fait partir d'Elbing et de

---

[1]. Lettre d'York en date du 10 février.

Marienburg son corps d'armée pour Konitz; et, lui-même, l'y précédant de plusieurs jours, s'y était trouvé le 22 février, pour conférer avec Wittgenstein et Bülow.

On doit s'en souvenir, Bülow, opérant une retraite soigneusement isolée avec quelques milliers d'hommes réunis en route, de Königsberg à la Vistule, avait passé ce fleuve à Neuenburg.

De là, continuant de son mieux à éviter Français et Cosaques, il s'était dirigé sur Neu Stettin, en Poméranie, et il s'y était établi en cantonnements le 17 janvier.

A peine arrivé, il avait adressé au roi une lettre remarquable pour le conjurer, par l'intérêt de la Prusse, par le vœu unanime de la nation exaspérée et prête à tous les sacrifices, de s'allier avec la Russie et de faire immédiatement la guerre à Napoléon[1].

Ses instances étaient restées sans réponse; et, quelques jours plus tard, une dépêche ministérielle était venue lui apporter l'ordre renouvelé de n'entretenir aucunes relations avec York, et l'avis « de se défier des menées russes. »

Sans avoir l'audace d'York, Bülow était de caractère ferme et décidé. En outre, à un sens fort droit, il joignait une grande perspicacité et l'expérience d'une vie de cinquante-huit ans. La dépêche ministérielle ne l'avait guère plus ému que le silence du roi. Il avait compris que celui-ci était aux prises avec ses irrésolutions habituelles; il avait prévu qu'il ne tarderait pas à céder sous la pression croissante de l'opinion populaire,

---

[1]. Lettre datée de Neu Stettin le 18 janvier.

à la force des circonstances, à ses propres sentiments, à ses intérêts; et non-seulement il était resté en rapport avec York, mais encore, après quelques différends, il s'était mis sur le pied de l'amitié avec Wittgenstein et les chefs de ses Cosaques.

En vain Eugène lui avait expédié ordre sur ordre pour l'attirer dans son rayon d'opérations. Bülow avait d'abord éludé, puis repoussé ces ordres; et l'officier qui était venu lui remettre le dernier avait rapporté à Eugène qu'il avait vu des Cosaques au milieu des cantonnements prussiens, et leurs officiers à un bal donné au quartier général de Bülow[1].

Pendant ce séjour obstiné à Neu Stettin, Bülow avait travaillé activement à l'organisation de ses troupes, à peine ébauchée de l'autre côté de la Vistule; et, à force d'activité et d'industrie de sa part, de sacrifices empressés de la part des habitants du pays, au moyen de quelques ressources tirées de la place de Graudenz, il les avait habillées et équipées, il avait monté sa cavalerie et s'était créé une artillerie, si bien qu'au moment où York et Wittgenstein l'appelèrent en conférence à Konitz, ses forces disponibles s'élevaient à huit mille hommes, ainsi qu'on l'a vu.

Dans cette conférence de Konitz, les trois généraux étaient convenus d'un mouvement commun vers l'Oder, Wittgenstein, parce qu'il venait de recevoir de Koutousof l'ordre de s'en rapprocher, York et Bülow, parce que les nouvelles qui leur arrivaient du quartier général du

---

1. Lettre d'Eugène à Napoléon datée du 15 février.

czar, leur patriotisme, le cri des soldats et du peuple, les poussaient irrésistiblement en avant. Les deux généraux prussiens s'étaient, néanmoins, réservé de ne pas prendre immédiatement part aux hostilités contre les Français.

Après cet accord, Wittgenstein était parti de Konitz, suivant la grande route de Berlin par Driesen; mais arrivé le 27 février à ce dernier point, il avait dû y faire halte par ordre du czar; et il y était encore le 2 mars, comme nous l'avons indiqué plus haut. Parvenu à Konitz le 27 février, le corps d'York n'y avait pas séjourné, et y avait pris la direction de Soldin par Schloschau et Markisch Friedland. Enfin, la veille de ce dernier jour, Bülow, levant ses cantonnements, s'était mis en mouvement pour gagner directement Stargard; et, le 2 mars, il avait atteint cette ville, où il ne se trouva plus qu'à deux marches de Stettin.

A Stargard, il fut rejoint par le général-major Borstell, à la tête de six mille hommes de toutes armes.

Commandant militaire de la Poméranie, Borstell avait réuni, à Colberg et aux environs, les soldats de réserve et en congé rappelés sous les drapeaux, les recrues, les volontaires de cette province, et en avait précipité l'organisation, l'habillement et l'équipement avec le concours dévoué de la population. Lui aussi, il avait adressé au roi ses supplications pour la guerre à la France; lui aussi, il avait vu ses lettres rester sans réponse; et lui aussi, las des indécisions royales, il avait voulu se rapprocher du théâtre de la guerre. A la fin de février, il avait quitté Colberg, avec tout ce qu'il avait de troupes disponibles; et il avait annoncé au roi cet acte d'initiative personnelle en lui disant qu'il se portait sur Königsberg [1] et y attendrait ses ordres. Il avait fait bien plus, il avait expédié son propre aide de camp à Londres pour demander au gouvernement anglais des subsides, des armes, des munitions! Et il en avait également prévenu le roi.

Telles étaient les extrémités auxquelles les tergiversations de Frédéric-Guillaume, l'impatience du joug, la soif de la vengeance, le soulèvement général des esprits, entraînaient les généraux prussiens. Après York, Bülow; après Bülow, Borstell.

Ils en étaient là tous les trois quand Wittgenstein reçut l'avis officiel de la signature du traité de Kalisch et l'ordre, que nous avons mentionné, de partir de Driesen, de reprendre sa marche. Il la reprit sur-le-champ, fit part à York et à Bülow de la grande nouvelle qui lui parvenait, les invita, de son chef, à le suivre; et puis, ayant appris que ses troupes légères étaient entrées dans Berlin sans coup férir, il annonça à l'un et à l'autre qu'il y courait, demandant au premier de s'y porter rapidement sur ses traces, et au second d'aller s'établir sur la rive gauche de l'Oder, de manière à tenir en respect la garnison de Stettin, qu'il savait assez nombreuse.

York, continuant son mouvement en avant, Bülow, attendant à Stargard que celui-ci fût arrivé à sa hauteur, répondirent à Wittgenstein qu'ils n'avaient encore reçu ni avis ni ordres; qu'il était impossible maintenant

---

[1]. Il s'agit ici de Königsberg près de l'Oder.

qu'il ne leur en parvînt pas de très-prompts ; et qu'ils voulaient, en conséquence, ne pas franchir l'Oder avant de connaître la volonté de leur souverain.

York était toujours sous le coup d'une destitution publique, d'une accusation criminelle. Depuis deux mois, le gouvernement ne lui avait envoyé ni instructions, ni communications, hormis l'injonction, tout récemment faite, d'adresser au roi un mémoire justificatif de sa conduite à Tauroggen[1]. Bülow ignorait, comme Borstell, si le roi approuverait ou non son mouvement vers l'Oder.

Par un retard assez peu explicable, en telles conjonctures, ces instructions, qu'attendaient avec impatience les généraux prussiens, ne leur parvinrent que le 6 mars[2].

Sans parler du passé, sans y faire la moindre allusion, sans lui exprimer ni blâme, ni satisfaction, le roi annonçait à York le traité de Kalisch, lui recommandait d'en taire la nouvelle, mettait sous ses ordres Bülow et Borstell, et lui prescrivait de concerter ses opérations avec Wittgenstein, mais d'éviter toute hostilité avec les Français jusqu'à la déclaration de guerre ; à quoi, écrivant d'une façon un peu moins réservée, Scharnhorst ajoutait qu'il fallait avancer le plus rapidement possible vers l'Oder et le franchir vers le 10 mars, si rien ne s'y opposait.

1. Il lui fut recommandé de se justifier *au point de vue militaire seulement ;* et on voit par son Mémoire qu'il se conforma à la recommandation.

2. Prittwitz et Beitzke, d'après lui, disent le 5 mars, ce qui aurait déjà été tard, mais Droysen dit le 6, et il a pris cette date écrite de la main d'York sur la dépêche même.

A la réception de ces dépêches, York venait d'arriver à Arnswalde. Il prévint Wittgenstein, qui continuait de courir vers Berlin, qu'il allait poursuivre, par Königsberg et Schwedt, sa marche pour le rejoindre; et il ordonna à Bülow, aidé de Borstell, de se porter sur Stettin pour l'observer et sur Damm, tête de pont de cette place, pour l'investir, ce qui dépassait la mesure des instructions reçues.

Mais cet ordre commençait à peine à s'exécuter, qu'York fut subordonné à Wittgenstein, en conservant toutefois le commandement sur Bülow et Borstell.

Le 11 mars, le général russe arriva à Berlin, à la tête de six mille hommes, car, dans sa marche, il venait d'en laisser deux mille devant Cüstrin. Ses Cosaques et le détachement de Repnin l'avaient précédé de sept jours dans la capitale de la Prusse. Une joie délirante, un enthousiasme inouï, les avaient accueillis; il y trouva le même accueil et, de plus, toute la pompe d'une entrée triomphale. Douloureux contraste et plus éloquent cent fois que tous les discours, Napoléon avait déshonoré la France de la Révolution à ce point que les peuples saluaient les Russes, les Cosaques, comme des libérateurs, et nous maudissaient, à bon droit, comme des oppresseurs.

Repnin était resté à Berlin. Les Cosaques de Czernichef et de Benkendorf n'avaient fait qu'y passer et s'étaient jetés sur les traces d'Eugène, qui se retirait vers l'Elbe.

On a vu précédemment qu'après avoir abandonné l'Oder inférieur, contrairement à toute raison politique et militaire, Eugène avait pris position d'abord, assez maladroitement, en avant de Berlin, puis, plus maladroitement encore, à une lieue en deçà de cette ville, ne la gardant plus que par une simple avant-garde.

Il reconnaissait combien, à tous les points de vue, il était important de se maintenir en Prusse, de garder en son pouvoir la capitale de ce royaume et de retarder la marche de l'ennemi [1]. Les moyens de le faire ne lui manquaient pas. Il avait, en effet, sous la main trente-huit mille hommes [2], force qu'il pouvait porter à quarante et un mille en appelant Morand de la Poméranie suédoise et qui était suffisante pour imposer au pays et contenir Wittgenstein, qui n'avait que douze mille hommes de troupes régulières et six mille Cosaques; et avant que la Prusse déclarât la guerre à la France, comme il s'y attendait alors, et joignît ses armes à celles de la Russie, il pouvait, on va le voir bientôt, se renforcer en peu de jours, jusqu'à se donner plus de soixante mille baïonnettes sur Berlin [3]. Il aurait donc

[1]. « Je tiens beaucoup à l'occupation de Berlin; car *je ne doute pas* que l'occupation de cette capitale par l'ennemi ne soit un prétexte de plus pour le roi de *se déclarer contre Votre Majesté*. En tenant ici, je donne le temps à mes divisions de s'organiser, *à ma cavalerie de se remonter, à nos renforts d'arriver.* » (Lettre d'Eugène à Napoléon, datée de Kopenick, le 24 février.)

[2]. Le corps de Gouvion Saint-Cyr, c'est-à-dire les divisions Grenier, Charpentier, Lagrange, comptaient encore vingt-sept mille hommes, y compris trois bataillons de la dernière laissés à Stettin et faciles à en retirer; et les troupes ramenées de Posen sur Berlin, c'est-à-dire les divisions Roguet, Girard, Gérard, et la cavalerie, n'avaient pas moins de onze mille hommes disponibles.

[3]. En attendant que nous revenions sur ce point, nous citerons à l'appui

dû y tenir, y tenir obstinément jusqu'au moment où Russes et Prussiens seraient venus déployer contre lui des forces notablement supérieures. Or, ceux-ci, nous venons de le rapporter, ne se disposaient guère à pareille entreprise.

Consulté, Gouvion Saint-Cyr, qui avait déjà regretté qu'Eugène ne se fût pas établi sur l'Oder inférieur, conseilla vivement de se maintenir à outrance sur Berlin; mais son avis ne fut pas écouté [1].

Fort ému de l'attitude, chaque jour plus hostile, de la population prussienne; étourdi par le bruit que faisaient autour de lui les Cosaques; ne sachant pas discerner la vérité à travers des rapports faux ou exagérés; craignant de voir les Russes déboucher, par masses, de la Silésie dans son flanc droit, après avoir longtemps redouté d'eux une manœuvre tout opposée [2]; se croyant compromis s'il restait plus longtemps en Prusse, si, suivant ses expressions, il ne se mettait promptement en mesure d'arriver avant les Russes sur les grandes communications de Leipzig [3], le jeune supérieur de l'habile Gouvion Saint-Cyr avait reculé jusqu'à la rive gauche de l'Elbe.

Commencée le 4 mars et menée avec une rapidité

de notre assertion le dire d'Eugène lui-même : « Je peux, en quatre jours de marche, en me réunissant au général Lauriston, avoir *plus de soixante mille baïonnettes bien animées.* » (Lettre d'Eugène à Napoléon, Schönberg, 27 février.)

1. *Mémoires pour servir à l'Histoire militaire du Consulat et de l'Empire, par le maréchal Gouvion Saint-Cyr.*

2. Voir chapitre IV.

3. Lettres d'Eugène à Napoléon, Schönberg, 2 mars, et à Jérôme Bonaparte, 3 mars.

inconsidérée, cette retraite que les Russes importunèrent assez peu, s'était terminée, le 8, à Wittenberg.

Ainsi la capitale de la Prusse et tout le pays entre l'Oder et l'Elbe avaient été abandonnés par Eugène sans motifs, contrairement même à toute raison militaire et politique, à quelques milliers de Cosaques qui n'étaient soutenus immédiatement que par les quatre mille hommes du général Repnin [1].

Les places de Stettin, Cüstrin, Glogau et Spandau étaient désormais livrées à elles-mêmes. Elles étaient, d'ailleurs, en bon état de défense et venaient de s'approvisionner par le dur moyen des réquisitions précipitées et non payées, Napoléon ayant cassé, sous le prétexte commode qu'il les trouvait trop onéreux, les marchés passés pour leur approvisionnement par l'intendant général de l'armée [2].

Stettin avait huit mille hommes de garnison qu'Eugène aurait dû réduire à six mille [3]; Custrin en avait trois mille cinq cents; Spandau, où l'on avait jeté dix-huit cents conscrits polonais ramenés de Posen et à peine habillés, était défendu par trois mille cinq cents hommes, et Glogau l'était par quatre mille. On se rappelle que le fond de toutes ces garnisons était formé des bataillons

---

1. Gouvion Saint-Cyr a écrit à ce propos : «... Le vice-roi (Eugène) se retira sur la rive gauche de l'Elbe..... augmentant ainsi la faute commise en février par l'évacuation de l'Oder; il n'attendit seulement pas que l'ennemi eût effectué un mouvement d'attaque qui excusât ou motivât au moins cette marche rétrograde, aussi inutile qu'impolitique, et dont l'inopportunité avait été, du reste, si bien appréciée par lui. » (*Mémoires pour servir à l'Histoire militaire*, etc., par le maréchal Gouvion Saint-Cyr.)

2. Voir Lettres de Napoléon à Eugène, 4 et 15 février.

3. Lettre de Napoléon à Eugène, du 4 février.

qu'on avait organisés, au commencement de février, avec une partie des débris des quatre premiers corps d'armée revenus de Russie; et, peu après, on y avait ajouté quelques compagnies dites des vaisseaux et venues du Texel et de l'Escaut.

Napoléon ne voulant pas renoncer à ses plans ambitieux de domination, de conquête, il était tout à fait logique, quoi qu'on en ait dit souvent, qu'il gardât, sinon peut-être Spandau, au moins les trois forteresses de l'Oder, qui, au premier succès, devaient lui offrir le moyen précieux de manœuvrer à volonté sur les deux rives de ce fleuve, et ne pouvaient manquer, au surplus, de retenir devant leurs murs des forces ennemies à peu près égales, sinon supérieures à leurs garnisons.

La retraite d'Eugène sur l'Elbe nécessitait un mouvement pareil de Reynier et de la petite division bavaroise de Rechberg qui était chargée de maintenir les communications entre ces deux généraux. Reynier se replia donc de Bautzen sur Dresde; et il appela Rechberg, de Guben, sur Meissen.

Eugène pensa aussi, et un peu tardivement, à prescrire au général Morand d'évacuer la Poméranie suédoise avec ses trois mille hommes, et il lui ordonna de gagner Hambourg. Il aurait mieux fait de le rapprocher de lui.

Dès son arrivée à Wittenberg, il opéra quelques changements nécessaires dans le commandement et l'organisation de ses troupes.

Berthier, encore malade, ayant été rappelé à Paris, fut remplacé dans les fonctions de major général par le général Monthion, chef de son état-major[1]; et le maréchal Gouvion Saint-Cyr étant subitement atteint du typhus, le commandement de son corps d'armée fut provisoirement confié au général Grenier.

Ce corps, on doit s'en souvenir, se composait des divisions Grenier, Charpentier et Lagrange. Mais il manquait à celle de Lagrange trois de ses bataillons, fort mal à propos laissés à Stettin. Eugène lui adjoignit les cinq bataillons qui formaient seuls la division de Gérard depuis qu'il en avait retiré les Westphaliens; et il donna à ce dernier le commandement des deux divisions ainsi fusionnées en une seule.

La division polonaise de Girard fut dissoute. On en tira deux mille hommes bien encadrés qui formèrent la garnison de Wittenberg sous les ordres du général Lapoype. Le reste, qui comprenait beaucoup d'hommes de cadre et tout ce qu'il y avait encore de conscrits polonais ramenés de Posen, ne tarda pas à être dirigé sur la Westphalie, où il devait être utilisé. Située sur la rive droite de l'Elbe et à quelques pas de ce fleuve, la petite ville de Wittenberg, en partie démantelée depuis la guerre de Sept ans, devenait un bon poste et une tête de pont avantageuse, grâce aux travaux que, par ordre de Napoléon, on y exécutait depuis quelques jours, et grâce à des restes de ses anciennes fortifications, et notamment à ses fossés, dans lesquels on pouvait mettre six pieds d'eau.

Ces dispositions faites, les troupes ramenées sur l'Elbe

---

1. Monthion portait le titre de chef de l'état-major du major général.

présentèrent un effectif disponible pour manœuvrer d'à peu près trente-quatre mille hommes, formant quatre divisions d'infanterie, dont une de la garde impériale sous Roguet, et une petite division de cavalerie.

Mais le résultat du grand travail qu'opérait Napoléon pour réparer le désastre de Russie et que nous avons exposé en détail, dans un précédent chapitre, commençait déjà à se faire sentir jusque sur les rives de l'Elbe.

Depuis la fin de février, le corps d'observation de l'Elbe commandé par le général Lauriston se rassemblait sur Magdeburg. Dès le 5 mars, sa 3e division était à Dessau; le 9, sa 1re et sa 2e divisions étaient à Magdeburg même, à l'exception d'un régiment, le 152e, retenu sur le bas Elbe à cause de l'effervescence des populations; et ce même jour, sa 4e division, venant de Mayence par Cassel, commençait à arriver à Halberstadt, et devait y être réunie tout entière le 16 mars [1].

Composé de douze des vingt-deux régiments à quatre bataillons organisés avec les cohortes de garde nationale, ce corps de l'Elbe, auquel on avait joint le 3e régiment étranger, comptait cinquante et un bataillons. Au complet, il aurait présenté quarante-deux mille baïonnettes; l'absence du 152e régiment, les pertes de route, quelques maladies et des désertions faisaient qu'il n'en avait que trente-six mille [2]. Il était muni d'une bonne partie

[1]. Journal des opérations du corps d'observation de l'Elbe, commandé par le général Lauriston. (*Archives du Dépôt de la guerre, à Paris.*)

[2]. Ces bataillons étaient en général partis de France au complet réglementaire de huit cent quarante-six hommes, officiers compris; mais, sur l'Elbe, ils n'avaient plus, en moyenne, que sept cent cinquante hommes.

de la nombreuse artillerie, des quatre-vingt-seize bouches à feu, qu'il devait posséder, et devait l'avoir reçue toute sous très-peu de jours[1]. Chacune de ses divisions avait sa compagnie du génie.

Le maréchal Davout arrivait à Leipzig avec les seize bataillons constituant la 1re division de son futur corps d'armée, lesquels venaient de se former à Erfurt, avec des conscrits de 1813 envoyés des dépôts et une partie des débris des cadres échappés de Russie; et le maréchal Victor était, en ce moment même, en marche vers la Basse-Saale avec les douze bataillons constituant la 1re division de son futur corps d'armée et venant comme ceux de Davout, de se former à Erfurt et avec des éléments pareils.

Davout avait ainsi douze mille hommes, Victor neuf mille, car leurs bataillons n'étaient que de sept cent cinquante hommes. La fatigue de la route et la désertion avaient un peu éclairci leurs rangs.

Enfin, les deux premiers corps de cavalerie que Napoléon faisait organiser de la manière que nous avons dite[2] à Hanovre et à Brunswick, avec les cavaliers revenus de Russie et un certain nombre de conscrits, avaient déjà pu envoyer sur Magdeburg, l'un seize cents cavaliers, l'autre dix-huit cents. Le premier de ces corps était sous les ordres du général Latour-Maubourg, le second sous ceux du général Sébastiani.

---

1. Le 22 mars, le corps de Lauriston eut toute son artillerie. (Journal des opérations du corps d'observation de l'Elbe, commandé par le général Lauriston.)

2. Chapitre VI.

Tous ces renforts portaient les forces d'Eugène à quatre-vingt-dix mille hommes, dont cinq mille à peu près de cavalerie, sans compter la petite division bavaroise portée à Meissen et les restes du corps de Reynier réunis à Dresde. En supposant même, ce qui eût été assez convenable, qu'il eût voulu donner quelque temps de repos sur l'Elbe, sur Magdeburg, aux jeunes soldats de Davout et de Victor, on voit donc qu'Eugène, restant sur Berlin ou, mieux, sur l'Oder, aurait pu, comme nous l'avons affirmé, y réunir promptement soixante-quinze mille combattants, dont soixante-mille fantassins et plus, tandis qu'il n'aurait eu d'abord en face de lui que Wittgenstein avec ses douze mille hommes de troupes régulières et ses Cosaques, et plus tard, quand serait venue la déclaration de guerre de la Prusse, York, Bülow et Borstell. Il aurait été ainsi à même de profiter largement de la faute qu'allaient commettre les coalisés en divisant leurs forces. Mais il ne comprenait pas la guerre de cette façon. Il était décidé à ne plus défendre que l'Elbe; et il prit, pour le défendre, des dispositions qui ne témoignent pas en faveur de sa capacité.

Il confirma à Morand l'ordre de se retirer sur Hambourg. Il prescrivit à Lauriston de laisser deux de ses divisions sur Magdeburg, et de porter les deux autres l'une à quelques lieues au-dessous, l'autre un peu au-dessus de cette grande forteresse, mais en les tenant toutes sur la rive gauche de l'Elbe; et il lui adjoignit la cavalerie de Sébastiani.

Grenier, auquel il retira momentanément la division Gérard et donna la cavalerie de Latour-Maubourg, du rester sur Wittenberg, se reliant par sa gauche avec Lauriston, par sa droite à Torgau, forteresse qui était alors saxonne comme Wittenberg, et où se rassemblaient toutes les recrues de la Saxe.

Les Bavarois de Rechberg durent demeurer à Meissen, y gardant le pont de l'Elbe.

Gérard fut dirigé sur Dresde pour y renforcer Reynier.

Enfin la garde se rendit à Leipzig, et, le 9 mars, Eugène porta son quartier général dans cette ville afin, écrivait-il à Napoléon, « d'être mieux en relation avec Magdeburg, Wittenberg et Dresde [1]. »

A Leipzig même, il compléta ses dispositions après une conférence avec Davout.

Il fit partir immédiatement ce maréchal pour Dresde, lui confiant le commandement de la ligne de l'Elbe, depuis les montagnes de la Bohême jusqu'à Torgau, et le faisant suivre par six des seize bataillons qui composaient la 1re division de son corps d'armée; et il envoya les dix autres bataillons de cette division sur Bernburg et Magdeburg avec l'ordre de s'y réunir aux douze bataillons de la 1re division de Victor qui allaient y arriver et de passer provisoirement sous le commandement de celui-ci.

On le voit donc, Eugène négligeait l'Elbe inférieur, voulait défendre l'Elbe moyen et supérieur [2], et, pour y réussir, il ne trouvait rien de mieux que de placer ses troupes en deçà de ce fleuve et de les y disséminer

---

1. Lettre d'Eugène à Napoléon, Wittenberg, 7 mars.

2. Nous ne parlons ici que de l'Elbe allemand.

comme dans le fameux système des cordons où l'on est présent un peu partout et fort nulle part.

Mais il ne persévéra pas longtemps dans sa faute. Les blâmes, les instructions de Napoléon et les événements vinrent l'en empêcher.

Napoléon lui avait déjà écrit, de Paris, pour lui reprocher durement, nous l'avons rapporté, d'avoir abandonné l'Oder, précipitamment, sans coup férir. Peu après, il lui avait expédié l'ordre de se maintenir, le plus longtemps possible, en Prusse, à Berlin, et d'y employer, au besoin, la terreur, la dévastation. « A la *moindre insulte* d'une ville, d'un village prussien, lui avait-il écrit avec une véritable férocité, faites-le brûler, fût-ce même Berlin[1]. » Simultanément, il lui avait prescrit, en cas de retraite absolument obligée, de se replier sur Magdeburg, de réunir la plus grande partie de ses forces à deux ou trois lieues en avant de cette belle forteresse, dans un camp couvert, au besoin, par quelques retranchements; de prolonger sa gauche en deçà du fleuve entre Magdeburg et Hambourg; de ne donner qu'une importance très-secondaire à Dresde et à l'Elbe supérieur; de considérer Wesel comme sa base d'opérations, et de se préoccuper, avant tout, de défendre le royaume de Westphalie et la 32e division militaire, c'est-à-dire les départements de l'Ems supérieur, des Bouches-du-Weser et des Bouches-de-l'Elbe. « Appuyé à Magdeburg, lui avait-il dit, je ne pense pas que vous puissiez avoir la crainte d'être tourné, vous

---

1. Lettre du 5 mars.

trouvant à cheval sur une si forte rivière (l'Elbe); et, à moins que l'ennemi ne déploie une force considérable, comme cent mille hommes, je ne pense pas qu'il puisse vous obliger d'abandonner Magdeburg. » D'ailleurs, anticipant un peu sur la réalité, il avait fait remarquer à Eugène que l'armée qui voudrait le tourner par sa droite serait, sans doute, contenue par la crainte d'être tournée elle-même par sa gauche, par le 1er corps d'observation du Rhin qui commençait à se réunir de Francfort à Aschaffenburg. Ensuite, admettant, mais à grand'peine, qu'Eugène pût être forcé de quitter l'Elbe, il lui avait prescrit, dans ce cas même, de laisser une très-forte garnison à Magdeburg, et de se retirer dans les montagnes du Harz en couvrant Cassel et Hanovre et en prenant toujours Wesel pour base d'opérations [1].

Ces instructions, il n'avait pas douté un instant qu'elles ne trouvassent encore Eugène sur Berlin et ne fussent mises à exécution; mais à peine venait-il de les expédier, que des dépêches mêmes d'Eugène lui arrivèrent, annonçant et l'évacuation de Berlin et la retraite sur Wittenberg.

Alors, son mécontentement redoubla et s'exhala en termes amers et sarcastiques. « Je ne vois pas, écrivit-il à Eugène, ce qui vous obligeait à quitter Berlin. Vos mouvements sont si rapides que vous n'avez pas pu prendre la direction qui vous était indiquée (celle de Magdeburg)... Il faut enfin commencer à faire la

---

[1]. Lettres de Napoléon à Eugène des 5, 6, 7 mars.

guerre... Nos opérations militaires sont les objets de risée de nos alliés à Vienne et de nos ennemis à Londres et à Saint-Pétersbourg, parce que constamment l'armée s'en va *huit jours avant que l'infanterie ennemie soit arrivée,* à l'approche des troupes légères et sur de simples bruits. Il est temps que vous travailliez et agissiez militairement [1]. »

A ces remontrances méritées, Napoléon joignit des plaintes fort vives sur l'insignifiance, le vide de la correspondance d'Eugène et des rapports de son chef d'état-major; et il répéta, en les développant, ses instructions précédentes sur la nécessité absolue d'aller prendre la position indiquée en avant de Magdeburg, sur la manière de l'occuper, sur les avantages qu'elle présentait. Il terminait ainsi une de ses dépêches : « C'est là qu'il faut tenir... En suivant fidèlement les plans que je vous ai tracés, en faisant marcher (de là) des avant-gardes dans toutes les directions, vous tiendrez l'ennemi en alerte, et vous reprendrez l'attitude qui vous convient; c'est vous qui porterez partout l'alarme [2]. » Dans une autre dépêche, il disait encore : « Ce que je considère comme le plus important de tout, c'est le bas Elbe [3]. »

Défendre le bas Elbe, le défendre obstinément, c'était, en effet, le moyen d'empêcher l'explosion du patriotisme et des haines bouillonnant au fond de ces populations du nord de l'Allemagne, les unes courbées

---

1. Lettres de Napoléon à Eugène des 9 et 11 mars.
2. Lettre de Napoléon à Eugène, du 11 mars.
3. Lettre du 13 mars.

par la conquête sous le sceptre honni et abhorré de Jérôme Bonaparte, les autres faites françaises par un de ces crimes contre le droit des gens, si communs dans la vie de Napoléon. Et si une pareille insurrection n'était pas prévenue, où s'arrêterait-elle? Aux confins de la terre germanique était la Hollande, victime, elle aussi, d'un attentat contre le droit des gens et impatiente de la servitude, et, à côté d'elle, la Belgique désaffectionnée de la France par les excès de la tyrannie! « En vous retirant sur Wittenberg, en prenant votre ligne d'opérations sur Mayence, écrivait Napoléon à Eugène, non-seulement vous compromettez la 32ᵉ division militaire, mais même vous compromettez la Hollande et mon escadre de l'Escaut. »

Il voyait mieux ce qu'il lui importait le plus de défendre que ses ennemis ce qu'ils auraient dû attaquer de tous leurs efforts. « Je préférerais, disait-il, voir l'ennemi à Leipzig, Erfurt et Gotha plutôt qu'à Hanovre et à Brême [1]. »

Plein de ces idées fort justes au point de vue purement militaire, non moins justes à celui de sa politique d'ambition égoïste et si funeste à la France, Napoléon, on le comprend sans peine, reçut avec un vif déplaisir et un surcroît d'inquiétudes le rapport par lequel Eugène lui rendait compte de son arrivée à Leipzig avec son quartier général et des étranges dispositions qu'il venait de prendre pour la défense de l'Elbe.

Aussitôt, et sans se lasser de se répéter, il écrivit à

---

[1]. Lettre à Eugène, 15 mars.

son jeune lieutenant qu'il devait absolument porter la grande masse de ses forces en avant de Magdeburg ; et lui montrant la faiblesse, le ridicule du système qu'il adoptait pour la défense de l'Elbe, lui exposant en traits rapides, incisifs, les véritables principes de la défense des fleuves [1], les appliquant même à celle de l'Elbe et calculant sur les moyens disponibles, il finit, pour ainsi parler, par placer lui-même les troupes, bataillon par bataillon, sur le terrain à occuper [2].

Ainsi blâmé, réprimandé, enseigné, pressé, Eugène n'avait plus qu'à suivre la ligne de conduite minutieusement tracée par Napoléon ; et cela lui était et devait lui rester facile, grâce à la faiblesse de l'armée du czar, au retard de la déclaration de guerre de la Prusse et au vice radical du plan d'opérations adopté à Kalisch pour le moment où l'armée prussienne entrerait en campagne.

Cependant, Davout, exécutant les premiers ordres d'Eugène, avait marché sur Dresde. Passant par Meissen, il en avait fait brûler le pont et avait prescrit la destruction de tous les moulins, bateaux et barques flottant sur l'Elbe. En proie au typhus, les Bavarois de Rechberg étaient réduits à quatorze cents fantassins et à deux cents cavaliers, non compris un

[1]. Dans cet exposé, Napoléon écrivait entre autres choses non moins excellentes : « Rien n'est plus dangereux que d'essayer de défendre une rivière en bordant la rive opposée (à celle sur laquelle est l'ennemi) ; car, une fois que l'ennemi a surpris le passage, et il le surprend toujours, il trouve l'armée sur un ordre défensif très-étendu et l'empêche de se rallier. » (Lettre du 15 mars.)

[2]. Lettre de Napoléon à Eugène, 15 mars.

faible nombre d'officiers et d'hommes de cadres sans emploi[1]. Ces deux cents cavaliers, Davout les avait dirigés sur Dresde; et il avait chargé Rechberg de garder avec ses fantassins la rive gauche de l'Elbe, d'un côté, jusqu'à mi-chemin de Meissen à Dresde, et, de l'autre, jusqu'au-dessous de Strehla. Vers Strehla, le général bavarois devait se relier aux Saxons de la place de Torgau, auxquels Davout demandait de contribuer à la défense du fleuve.

Arrivé dans la capitale de la Saxe, le 13 mars, ce maréchal y avait trouvé Reynier occupé à des préparatifs de défense; mais le roi de Saxe n'y était plus.

Despote vieilli et affaibli par l'âge, timide, borné, superstitieux, fort heureux d'éviter le tumulte et le péril des armes, effrayé tout à coup de se voir les mains pleines des dépouilles de la Prusse; plus effrayé encore de l'exaltation et des armements de ce pays; très-inquiet, d'ailleurs, des dispositions de ses propres sujets mécontents de lui et hostiles à Napoléon[2], Frédéric-Auguste, au premier bruit de l'apparition des Cosaques de Wintzingerode en Lusace, avait envoyé dans la forteresse de Königstein ses archives, ses objets les plus précieux, des

---

[1]. Cette petite division envoyait alors chaque jour quarante ou cinquante hommes à l'hôpital. (*Kriegsgeschichte der Baiern*, etc., *von Frh. von Völderndorf und Warndein.*)

[2]. « Les circonstances malheureuses des dernières années avaient affaibli les sentiments qui attachaient autrefois le peuple saxon à son souverain, dans lequel il ne voyait plus que l'instrument d'un pouvoir détesté..... »

« Ses rapports (rapports de police) faisaient voir à cette époque de février 1813 la fermentation toujours croissante des esprits, excitée déjà par les revers et le découragement des troupes françaises... La société et la cour ne se contenaient plus. » (*Mémoires du comte de Senfft.*)

toiles même de son splendide musée, et, quittant Dresde dès le 24 février, il s'était acheminé vers la frontière sud-ouest de la Saxe, vers Plauen, avec sa famille, sa cour et ses ministres, escorté par quelque infanterie; et à peine arrivé là, il avait appelé à lui les deux régiments de cuirassiers de sa garde et six escadrons de cavalerie légère, c'est-à-dire tout ce qui lui restait de cavalerie en dehors du corps de Reynier.

Toutes ses idées étaient troublées, confondues. Il avait cru Napoléon invincible, et Napoléon avait subi plus qu'une défaite, un désastre sans pareil. Il avait cru le voir reparaître promptement sur l'Elbe, sur la Vistule, avec une armée nouvelle; et il ne bougeait pas de Paris. Il avait cru la Russie impuissante, l'Allemagne subjuguée, asservie à toujours; et les Russes étaient déjà sur l'Oder, bien près d'arriver sur l'Elbe; et les Prussiens allaient se joindre à eux et entraîner peut-être l'Allemagne entière par leur exemple.

A quoi se décider? Que faire, que devenir, quand on avait été comme lui un des vassaux les plus zélés du conquérant et de l'oppresseur, quand on lui avait livré avec empressement le sang et l'argent de ses sujets pour en obtenir le titre de roi et des accroissements de domaines?

Ne sachant que résoudre, il cherchait donc à gagner du temps, à se mettre en position de voir venir les événements.

Il n'avait pas écouté l'ambassadeur français qui l'avait supplié de ne pas quitter sa capitale, et, s'il la quittait, de se rendre à Francfort ou à Mayence, sur le territoire français ; mais il avait refusé une invitation de l'empereur François de se réfugier en Bohême. Il avait adressé à ses sujets une proclamation où il assurait vouloir continuer la politique qu'il suivait depuis six ans et rester fidèle à son « grand allié ; » mais il ne répondait que par des paroles évasives aux instances mêmes de ce « grand allié » qui lui demandait la cavalerie appelée à Plauen et qui aurait été si utile à Eugène. Il laissait à Reynier les restes du contingent saxon ; mais il n'attendait qu'une occasion, un prétexte pour les lui retirer. Il résistait aux conseils de ceux de ses ministres qui voulaient lui faire embrasser la cause de l'indépendance germanique, pousser la Saxe dans le camp d'Alexandre ; mais il faisait réunir à Torgau les dépôts, les recrues de l'armée saxonne sous la main du général Thielmann, et il approuvait que ce général ne prît aucune part à la défense de l'Elbe, et tînt fermées, devant les troupes françaises, les portes de la place qui lui était confiée. Il se ralliait presque à l'idée d'une médiation prochaine à exercer, de concert avec l'Autriche, entre les belligérants ; et il taisait à Napoléon ses pourparlers avec cette puissance et se confondait envers lui en protestations de dévouement. En un mot, il cherchait lui aussi son salut dans la duplicité, mais sans avoir au cœur la noble passion d'indépendance qui animait l'Allemagne. Son seul mobile, son seul guide, étaient un étroit intérêt princier.

Cependant, abandonnée par son souverain, excitée par l'approche des Russes, par les écrits, les récits venant de Königsberg, de Berlin, de Breslau, par le mouvement qui remuait la Prusse jusqu'au fond des entrailles, la population saxonne, ordinairement si paisible, était en effervescence.

Elle venait de le montrer au grand jour.

Peu après son arrivée à Dresde, Reynier avait ordonné de miner une des piles du pont sur l'Elbe par lequel communiquent l'ancienne et la nouvelle ville. C'était une mesure de défense qui n'excédait en rien le droit de la guerre; et, en d'autres temps, tout en causant des regrets, elle n'aurait pas même provoqué un murmure. Mais à peine avait-on mis la main à l'œuvre, qu'un attroupement s'était formé qui avait arraché aux mineurs leurs outils aux cris de : « Vive Alexandre ! Vivent les Russes ! Hors de la Saxe, de l'Allemagne, les Français, les oppresseurs ! » Et peu s'en était fallu que l'officier français qui dirigeait le travail n'eût été précipité dans l'Elbe. Promptement et énormément grossie, l'émeute s'était portée ensuite devant la demeure de Reynier, en avait brisé les vitres à coups de pierres et aurait sans doute poussé plus loin cette violente démonstration sans l'intervention de la garde bourgeoise et du général Lecoq à la tête des troupes saxonnes. Ce déploiement de forces, quelques arrestations opérées sur place, de vives paroles de Lecoq, officier très-considéré de ses compatriotes, rappelant l'intégrité et l'humanité de Reynier, son commandement paternel sur le soldat saxon, avaient mis un terme au tumulte, mais non à l'irritation populaire.

Au fond, la garde bourgeoise était non moins hostile que le peuple à la domination française; mais elle était plus prudente que lui. La troupe de ligne partageait cette hostilité[1], mais elle était contenue par la discipline et par son respect et son affection pour Reynier.

Mais persisteraient-elles, l'une et l'autre, dans cette conduite, au contact de la multitude irritée ? On pouvait en douter.

Malgré ce doute, Reynier avait fait reprendre le travail interrompu par l'émeute ; et l'émeute n'avait pas reparu.

Au moment où Davout entrait dans Dresde, les choses en étaient donc là : le roi de Saxe absent, réfugié à l'extrémité de son royaume, engagé dans une politique ambiguë, la population de sa capitale surexcitée, s'étant comme essayée au soulèvement contre les Français, et les troupes saxonnes fort mal disposées à combattre encore à leur côté.

Le corps de Reynier, incessamment décimé par le typhus[2], ne pouvait plus mettre sous les armes que dix-sept cents ou dix-huit cents Saxons, et à peine

---

1. « ..... L'incertitude qui planait sur le sort de la patrie à laquelle ses protecteurs ne rapportaient pas la paix, mais la guerre, était encore plus affligeante. Et ce n'étaient pas eux (les soldats saxons) qui en étaient la cause, mais la passion insensée de conquêtes de l'homme qui n'avait pas jugé leur conduite digne d'une seule mention dans ses bulletins, et pour qui ils avaient pourtant dépensé une année de labeurs. L'indignation succéda dans leur cœur à l'admiration ; et la pensée que leur patrie allait être exposée à tous les maux de la guerre, changea leur colère en haine contre Napoléon et contre tout ce qui était français. » (*Erinnerungen aus dem Feldzuge in Russland im Johre 1812, des sächsischen Corps unter dem Grafen Reynier, aus den Papieren des Generallieutenants von Funk.*) Le général Funk commanda la cavalerie du corps de Reynier pendant une partie de la campagne de 1812.

2. Le 13 mars, Eugène écrivait à Napoléon : « Les maladies continuent à affliger plusieurs corps de l'armée et particulièrement le 7e corps (Reynier.) C'est une fièvre maligne et nerveuse..... »

trois mille hommes de la division Durutte[1]; les trois mille Polonais venus à sa suite avaient besoin de temps encore et de secours de toute sorte pour devenir utiles; la division Gérard et les six bataillons de la 1re division de Davout, qui arrivaient sur Dresde, comptaient ensemble douze mille hommes; ce maréchal disposait donc, y compris les Bavarois postés à Meissen et à Strehla, de vingt mille hommes si les troupes saxonnes restaient fidèles, et de dix-huit mille si elles laissaient éclater contre la domination française leurs passions patriotiques. Provisoirement, c'était plus qu'il ne fallait pour contenir Dresde et garder l'Elbe supérieur, ainsi que le voulait Eugène; car, dans cette région, comme vers Wittenberg, l'ennemi ne montrait encore que des partis de Cosaques battant le pays bien en avant de tout corps d'armée.

Décidé à une résistance vigoureuse, Davout continua les préparatifs de défense commencés par Reynier et facilités par la vieille enceinte de Dresde; et il fit achever notamment la mine destinée à détruire une des piles du pont sur l'Elbe. Il avait déjà demandé en vain au général Thielmann de concourir à la garde de l'Elbe, en amont et en aval de Torgau; il lui répéta sa demande, mais sans plus de succès. Renfermé dans cette place naissante, comme il l'appelait non sans justesse, le général saxon se refusait à en laisser sortir soldats, matériel, munitions. Un jour, il écrivait qu'il n'avait guère sous ses ordres que des conscrits encore incapables

---

1. *Die Feldzüge der Sachsen*, etc.

d'aucun service de campagne ; le lendemain, qu'il avait besoin de toutes ses troupes pour travailler aux fortifications inachevées de Torgau ; un autre jour encore, qu'il ne pouvait, sans en compromettre la sûreté, en retirer ni un canon, ni un caisson[1]. Et il faisait les mêmes réponses à Eugène qui, de Leipzig, le pressait de mêmes instances que Davout. Il fallait donc organiser la défense de l'Elbe sans compter aucunement sur son aide et même en se défiant de lui, c'est-à-dire du gouvernement saxon qui approuvait sa conduite, il n'y avait pas à en douter. Mais Davout n'avait pas encore eu le temps d'arrêter toutes ses dispositions, qu'il reçut l'ordre de se rendre sur Magdeburg avec les troupes qui l'avaient suivi à Dresde. Eugène, en effet, se préparait à exécuter les instructions de Napoléon que nous avons rapportées; et lui-même, il allait évacuer Leipzig et porter son quartier général à Magdeburg.

Le 19 mars, Davout fit mettre le feu à la mine préparée au pont sur l'Elbe et commença le mouvement ordonné.

C'était Eugène qui avait prescrit cette mesure de défense[2]. Mais l'opinion publique l'attribua à Davout.

L'explosion avait jeté dans l'Elbe une pile et deux

---

1. Lettres de Thielmann à Davout des 11, 13 et 16 mars. On avait voulu en tirer quelques bouches à feu pour l'armement de Wittenberg. Eugène écrivit à Napoléon à ce propos : « Il n'a pas été possible de tirer une pièce de Torgau. Le général gouverneur de cette ville a pris, dans ces derniers moments, un ton tout à fait extraordinaire. » (Lettre du 24 mars.)

2. « Je donne l'ordre au général Reynier de faire sauter le pont de Dresde, dans le cas où il serait forcé de se retirer..... » (Lettre d'Eugène à Napoléon, Leipzig, 17 mars.)

arches. Le dommage était donc bien peu considérable et très-facile à réparer ; et, de plus, nous y insistons, cette destruction partielle d'un pont, si beau qu'il fût, était dans le droit le plus absolu de la guerre et justifiée par les circonstances. Elle souleva cependant tous les esprits du Niémen au Rhin, et excita une véritable fureur contre Davout. Le roi de Saxe et sa cour, habituellement si circonspects, si timides, en jetèrent les hauts cris. Davout fut traité de Vandale, de Barbare, et son nom fut voué à l'exécration du monde civilisé.

L'Allemagne, en vérité, avait d'assez graves, et malheureusement d'assez légitimes motifs de colère contre cet impitoyable agent de la tyrannie napoléonienne pour ne pas se laisser aller à son égard à des accusations sans justice. Mais elle en était venue à ce point de haine où tout acte de l'oppresseur est tenu à crime uniquement parce qu'il est fait par lui. C'est sa première punition et le sûr indice que le jour approche où l'opprimé se révoltera, s'affranchira.

Davout emmenait les Polonais qui allaient se rendre dans le royaume de Westphalie pour s'y organiser sous les ordres du général Dombrowski ; et il laissait la garde de l'Elbe supérieur à Durutte. Reynier, mécontent d'avoir été subordonné au maréchal, s'était déclaré malade depuis deux ou trois jours et avait pris la route de France sans en demander l'autorisation à personne[1]. La

1. Le 27 mars, Eugène écrivait à Napoléon : « J'adresse à Votre Majesté la lettre du général Reynier par laquelle il m'annonce *tout simplement* son départ de l'armée. »

Dans une autre lettre à Napoléon, Eugène disait encore à ce propos :

discipline n'était plus qu'un mot vide de sens dans les hautes régions de l'état-major.

Les forces laissées à Durutte étaient déjà bien mal proportionnées à sa mission ; mais elles le furent bientôt plus mal encore. Le 21 mars, les troupes saxonnes reçurent du roi Frédéric-Auguste, qui était toujours à Plauen, l'ordre de se séparer immédiatement des Français, de se rendre à Torgau et de passer sous le commandement du général Thielmann ; et elles se hâtèrent d'y obéir.

Cet ordre fut représenté comme la conséquence de la destruction du pont de Dresde ; mais, en fait, l'acte de Davout ne fut qu'un prétexte saisi par Frédéric-Auguste pour se dispenser de ses obligations militaires envers Napoléon, pour se rapprocher de la médiation projetée par l'Autriche.

Il n'aurait pu, d'ailleurs, arriver plus intempestivement pour Durutte ; car au moment où les troupes saxonnes quittèrent Dresde, on y apprenait la déclaration de guerre de la Prusse à la France ; et les reconnaissances poussées sur la rive gauche de l'Elbe rencontraient non plus des Cosaques, mais de la cavalerie régulière munie d'artillerie, et rapportaient que cette cavalerie appartenait au corps de Wintzingerode, avant-garde du général Blücher.

A ces nouvelles, Durutte ne devait plus songer à se maintenir sur Dresde, à garder l'Elbe. Les Russes lui ayant offert un armistice, il l'accepta sur l'heure ; et il

---

« Il est inconcevable qu'un officier général se permette ainsi de quitter l'armée sans permission, en pareilles circonstances. »

CHAPITRE NEUVIÈME.

pressa l'évacuation de ceux de ses nombreux malades qui pouvaient supporter le transport.

L'armistice livrait aux Russes la Neu-Stadt, dès l'après-midi du 22, s'étendait à deux lieues au-dessus et à deux lieues au-dessous de Dresde et ne pouvait être rompu que douze heures au moins après avoir été dénoncé. Il le fut par les Russes, le 24 au soir.

Durutte expédia aussitôt aux Bavarois de Rechberg l'ordre de venir se réunir un peu en arrière de Dresde; et sur l'avis que de gros partis de cavalerie ennemie venaient de passer l'Elbe, vers Pirna sur sa droite, vers Merschwitz sur sa gauche, il évacua Dresde, à l'entrée de la nuit, le 26 mars. Il rejoignit les Bavarois à Vildruf, les prit avec lui, et évitant les grandes plaines, si favorables à la cavalerie, qui s'étendent sur Leipzig et au delà, il se dirigea vers la Saale par Altenburg, la franchit à Iéna, le 2 avril, y vit cesser la poursuite des Cosaques qui l'avaient importuné sans lui causer de pertes sensibles, puis il gagna le pied du Harz du côté de l'est, se portant sur Sondersleben, où il devait se relier immédiatement à Eugène, suivant les instructions qu'il en avait reçues. Il ne lui restait pas trois mille hommes, y compris les Bavarois, qui n'étaient plus qu'un millier.

Eugène avait quitté Leipzig, le 20 mars, envoyant les troupes qui s'y trouvaient sur Magdeburg, appelant aussi sur cette forteresse Grenier, Latour-Maubourg, et, comme on vient de le voir, Davout, et se séparant de la cavalerie de la garde que Napoléon lui prescrivait de diriger sur Fulda. Le lendemain, il avait porté son quartier général à Magdeburg même et s'était mis, enfin, en devoir de prendre sur la rive droite de l'Elbe, avec la masse de ses forces, le grand camp, la position offensive que Napoléon voulait si impérieusement qu'il y prît et d'où il devait protéger surtout le royaume de Westphalie et la 32ᵉ division militaire.

Mais déjà ses fautes avaient produit et produisaient de graves résultats. Il en reçut aussitôt la nouvelle.

Avant d'atteindre Berlin avec le gros de ses forces, Wittgenstein avait appris la retraite d'Eugène sur Wittenberg et en arrière de l'Elbe. Excité alors par la timidité de son adversaire, par l'exaltation du pays qu'il traversait, par les rapports, par les émissaires arrivant sans cesse des villes Hanséatiques, du Hanovre, de l'Oldenburg, de la Westphalie, en un mot de toute la région qu'Eugène laissait si maladroitement découverte, il avait pris sur lui d'expédier au colonel Tettenborn, qui de Berlin s'était porté vers Magdeburg, pendant que Czernichef et Benkendorf poursuivaient Eugène sur Wittenberg, l'ordre de gagner rapidement Hambourg [1], où l'apparition du drapeau russe devait, selon toute apparence, déterminer un soulèvement.

Badois de naissance, entré dès sa première jeunesse au service de l'Autriche, Tettenborn en était sorti lorsque cette puissance s'était alliée avec Napoléon; et il était allé combattre en Russie cet oppresseur des nations. Jeune encore, spirituel, actif, intrépide, il s'était fait promptement dans l'armée russe une réputation de par-

[1]. *Denkwürdigkeiten aus dem Leben des kais. russ. Generals C. F. Grafen von Toll.*

CHAPITRE NEUVIÈME.

tisan; et son nom était devenu par cela même populaire en Allemagne.

Entouré d'un essaim de patriotes allemands qu'attirait sa popularité, affilié aux sociétés secrètes, il convenait bien à l'entreprise que lui confiait Wittgenstein.

Marchant avec célérité, il était parvenu, le 14 mars, à Ludwigslust, résidence du duc de Mecklenburg-Schwerin. Il y avait reçu aussitôt l'engagement empressé de ce prince de se séparer, sans délai, de la Confédération du Rhin, de faire cause commune avec la Russie et la Prusse, et de former le plus vite possible, pour les joindre aux armées alliées, un régiment d'infanterie qui remplacerait son unique régiment perdu en Russie et un corps spécialement destiné à recevoir les jeunes gens du Mecklenburg, qui demandaient à grands cris le moyen de suivre l'exemple patriotique de la jeunesse prussienne[1]. Le même jour, il avait reçu un engagement analogue du petit duc de Mecklenburg-Strelitz; et, acclamé, fêté par la population tout entière, il avait continué dès le lendemain sa course vers Hambourg.

Cette ville, chef-lieu de la 32ᵉ division militaire, était alors livrée à elle-même.

Le 24 février, une émeute populaire y avait éclaté, provoquée par la brutalité d'un douanier envers un citoyen. Dépourvue d'armes, mais très-ardente et nombreuse, la foule avait maltraité des soldats, des douaniers, des commis des droits réunis, des agents de po-

---

[1]. Le 17 mars, tous les étudiants de l'université de Rostock adressèrent au duc de Mecklenburg la demande écrite d'être enrôlés dans un corps de volontaires.

lice; elle avait poursuivi, mis en fuite le maire; elle avait abattu partout l'écusson impérial, brûlé les barrières de l'octroi, démoli des corps de garde et la maison du commissaire de police, Hambourgeois universellement et justement détesté; et, après ces violences qui n'étaient que de bien faibles représailles exercées contre la tyrannie et qui, même, avaient coûté la vie à plusieurs citoyens tombés sous les balles des douaniers, elle s'était dispersée d'elle-même; la formation spontanée d'une garde bourgeoise et la présence de quelque cavalerie danoise venue d'Altona, à la demande du général Carra Saint-Cyr, avaient empêché le renouvellement de toute manifestation hostile à l'autorité impériale.

Ce général n'avait alors dans Hambourg que trois compagnies d'infanterie, et il n'avait pas osé les risquer contre l'émeute. Mais à peine rassuré, il avait appelé à lui les gendarmes, les douaniers les moins éloignés et deux bataillons du 152º de ligne [1], dispersés l'un à la garde de l'Elbe au-dessous de Hambourg, l'autre à celle de la Trave vers Lübeck; il avait réuni ainsi environ dix-huit cents hommes et avait voulu frapper de terreur la population. Il avait fait saisir, juger sommairement par une commission militaire, et fusiller de suite six citoyens dénoncés comme ayant pris part à l'émeute. Mais cette sanglante exécution avait complétement manqué son but. Loin de terrifier, elle avait exaspéré; et, reconnaissant que désormais il avait autant à craindre de la garde bourgeoise à laquelle il

---

[1]. Ce régiment appartenait au corps de Lauriston.

avait donné des armes, que du peuple lui-même, ne se croyant plus assez fort pour contenir une ville de cent mille âmes prête à se soulever à toute heure, Carra Saint-Cyr avait évacué Hambourg, le 12 mars, se retirant sur Brême et emmenant avec lui les autorités françaises.

Averti de cette retraite et déjà parvenu à Boizenburg, Tettenborn pensait ne plus trouver un seul Français sur la rive droite de l'Elbe, lorsqu'il fut prévenu que le général Morand[1] venait d'arriver de la Poméranie suédoise à Möllen et allait gagner Hambourg. Il précipita hardiment sa marche vers lui. Mais un incident fort imprévu vint abréger son trajet.

Rappelé trop tard par Eugène, qui aurait dû l'attirer vers lui au lieu de l'envoyer vers les bouches de l'Elbe, Morand n'avait pu quitter Stralsund que le 9 mars. Ayant cheminé et cheminant très-vite, il s'avançait de Möllen sur Hambourg, décidé à l'occuper malgré la fermentation qui y régnait et la retraite de Carra Saint-Cyr vers Brême, quand, à cinq ou six lieues de la grande ville Hanséatique, le lieutenant général danois Ewald, agissant au nom de son souverain, lui fit signifier qu'il s'opposerait par la force à ce qu'aucune troupe française entrât dans Hambourg.

Le roi de Danemark cherchait, en effet, en ce moment à traiter sous certaines conditions avec la Coalition, et ses toutes récentes instructions à Ewald, si diffé-

---

[1]. La plupart des écrivains allemands prennent à tort ce général pour le célèbre divisionnaire du même nom, qui avec Gudin et Friant a tant contribué à la réputation militaire du maréchal Davout.

rentes des précédentes, étaient un moyen de se faire bien venir des monarques alliés et sans doute aussi d'appuyer, le cas échéant, des prétentions sur Hambourg.

Ewald avait cinq ou six mille hommes sur l'extrême frontière du Holstein touchant à Hambourg. Morand n'en avait que deux mille cinq cents ou trois mille. Il ne pouvait donc penser à braver l'opposition du général danois pour tenter de pénétrer au milieu d'une population hostile et effervescente. Il changea aussitôt de direction à gauche, se portant sur Bergedorf, et l'atteignit en deux ou trois heures. C'était le 16 mars. Il voulait, le lendemain, aller passer l'Elbe sur des barques, à deux lieues de là, à Zollenspieker. Mais il était venu ainsi, sans le savoir, au-devant de Tettenborn; et il avait à peine pris ses bivacs que déjà ce chef de Cosaques les insultait. Ce jour-là, pourtant, tout se passa en tirailleries sans résultat. Mais le 17, les Cosaques se mirent à la poursuite de Morand dans son mouvement vers Zollenspieker, pressèrent vivement son arrière-garde avec l'aide de quelques habitants qui avaient pris le fusil, et finirent par la forcer de leur abandonner six bouches à feu au bord même de l'Elbe.

Morand une fois au delà du fleuve, Tettenborn continua sa marche vers Hambourg sans plus s'occuper de lui. Il y entra le 18 mars.

Dès la veille, à son instigation, cette vieille métropole commerciale de l'Allemagne avait restauré son ancien sénat, repris son drapeau, proclamé son indépendance.

Déchue de sa prospérité, ruinée depuis le blocus continental, dénationalisée, annexée à l'Empire français, soumise aux rigueurs sans fin d'une tyrannie inquiète, avide et souvent cruelle, elle reçut Tettenborn et ses Cosaques aux cris mille et mille fois répétés de « Vive Alexandre! Vive notre libérateur! » Elle se livra à des transports de joie, d'enthousiasme, qui défient toutes les hyperboles du langage. « Depuis que Hambourg existe, s'écriait un journal[1] qui, lui aussi, était affranchi par les Cosaques, on n'y a pas vu une pareille journée de jubilation. »

A l'exemple de Hambourg et entraînés par les mêmes ressentiments et le même patriotisme, Lübeck, Lüneburg, Harburg, Buxtehude, Stade et presque tout le bas pays entre l'Elbe et le Weser arborèrent aussitôt le drapeau de l'indépendance et remirent en place les anciens fonctionnaires, instituèrent des autorités insurectionnelles. Là, douaniers, gendarmes, commis des droits réunis, furent pourchassés, maltraités, et les emblèmes de la domination impériale brûlés, traînés au ruisseau, au milieu de cris d'allégresse unanimes, de hourrahs sans fin en l'honneur de l'empereur Alexandre et des Russes « libérateurs de l'Allemagne. » L'insurrection s'étendit jusque dans l'Oldenburg. Le 20 mars, le tocsin sonnait même sur les bords de l'Ems[2].

1. *Staats-und Gelehrte Zeitung des Hamburgischen unpartheiischen Correspondenten.* Depuis l'annexion de Hambourg à l'Empire français, ce journal était obligé de paraître mi-partie en français, mi-partie en allemand. Dès le 19 mars, il ne parut plus qu'en allemand.

2. « Le tocsin sonne dans beaucoup de communes du département voisin (Ems-Supérieur) ; et l'insurrection peut être regardée comme entièrement opérée dans la partie du département des Bouches-du-Weser, qui

Campés à Helgoland, ayant constamment des navires à l'embouchure de l'Elbe et du Weser, les Anglais accoururent au premier signal. Ils débarquèrent un petit détachement à Cuxhaven, l'occupèrent, et leurs navires marchands remontèrent l'Elbe jusqu'à Hambourg. Ils mirent aussi à terre un détachement sur la rive droite du Weser vers Bremerlehe, où les canonniers de la batterie de côte voisine, soldats de la 7e cohorte, enfants du pays [1], faisaient cause commune avec les habitants insurgés; et, à la vue des uniformes rouges, les canonniers du petit fort de Blexen, situé sur l'autre rive du fleuve, suivirent cet exemple. A vrai dire, les Anglais ne pouvaient prêter, en ce moment, qu'un appui insignifiant à l'insurrection; car Helgoland était aussi mal pourvu de soldats que d'armes et de munitions. Mais on s'en inquiétait peu : c'était sur les Russes qu'on comptait; et, de tous côtés, on annonçait leur arrivée en masses nombreuses, partout on s'attendait à les voir paraître au premier moment.

Naguère libre et florissante comme Lübeck et Hambourg, et, comme eux, opprimée, ruinée, dénationalisée par Napoléon, Brême allait, comme eux aussi, secouer le joug, quand parurent, coup sur coup, à ses portes, Carra Saint-Cyr et Morand. Ils avaient cheminé l'un et l'autre, depuis l'Elbe jusque-là, sans accidents,

---

avoisine l'Ems-Oriental. » (Lettre du préfet de l'Ems-Oriental au gouverneur Lebrun, datée de Jever, le 20 mars. — *Archives de Hollande*.)

1. La 7e cohorte avait été recrutée exclusivement dans les départements des Bouches-de-l'Elbe, des Bouches-du-Weser et de l'Ems-Supérieur. (Voir l'annexe du décret de 14 mars 1812.)

mais non sans avoir subi quelques désertions, et Carra Saint-Cyr s'était fait rallier en route par les deux autres bataillons du 152ᵉ. La présence des deux généraux imposa. Brême ne remua pas.

Mais ainsi réuni à Morand et un peu renforcé par les douaniers, les marins qui avaient reflué sur cette ville, Carra Saint-Cyr ne voulait pas borner son rôle à la contenir.

Il dit à ses soldats, dans un ordre du jour furibond, qu'il les avait ramenés de l'Elbe pour mettre un terme aux excès de bandes de *factieux et de brigands;* et, dès le 23 mars, il dirigea deux colonnes mobiles, chacune de douze cents hommes, l'une sur Bremerlehe, l'autre sur Blexen.

Le surlendemain, la première, arrivant sur Bremerlehe, se trouva en face de quinze ou dix-huit cents paysans et bourgeois. Protégés par une petite rivière, mais armés seulement de fourches et de bâtons, sauf une centaine qui étaient munis de fusils, ils voulurent lui disputer l'accès de cette petite ville. Un lieutenant anglais les commandait. Cette colonne les dispersa après un combat d'une heure, leur tuant cent cinquante hommes, en fusillant sans pitié quatre-vingts faits prisonniers les armes à la main; elle pénétra dans la ville, en pilla beaucoup de maisons; et, se jetant ensuite sur la batterie de côte, elle l'enleva et tua les soldats anglais et les canonniers qui la défendaient[1].

---

1. Le *Journal du département des Bouches-du-Weser,* publié à Brême, racontant très-brièvement ce combat, dit, dans son numéro du 27 mars: « Les résultats de cette affaire sont : dix-neuf Anglais et un officier tués;

Le même jour, la seconde colonne parut près de Blexen, vers midi. A l'appel du tocsin, plusieurs centaines de paysans s'étaient réunis dans ce village, presque tous dépourvus d'armes à feu et voulant, pourtant, le défendre. Mais, à l'approche de la troupe, le trouble se mit parmi eux, et ils prirent la fuite. Retirés dans le fort, les canonniers insurgés essayèrent de résister. Ils eurent à peine le temps de tirer quelques coups de canon. Le fort fut escaladé et enlevé par une compagnie de douaniers; et, tout aussitôt, le chef des canonniers, un sergent fait prisonnier, fut conduit sur le glacis et fusillé. Simultanément, la troupe saisissait, çà et là, quelques paysans fugitifs; Blexen était pillé et frappé d'une contribution de guerre de cinquante mille francs. Et la répression n'était pas finie! On avait une vingtaine de prisonniers. Le lendemain, on les conduisit tous au cimetière, on en fusilla dix, deux par deux, à la face des survivants et même des otages qu'on avait pris pour répondre de la rentrée de la contribution; puis on se remit en route pour Brême, et on fusilla encore deux de ces malheureux prisonniers en passant par Ovelgönne, deux en traversant Oldenburg, cinq à l'arrivée à Brême. Pour les cinq derniers, cependant, la mort fut précédée d'un arrêt de commission militaire, d'un simulacre de justice [1].

quatorze Anglais et leur commandant pris; cent cinquante paysans tués; quatre-vingts fusillés parce qu'ils ont été pris les armes à la main. Douze canonniers déserteurs de la 7e cohorte, trouvés dans le fort, ont été fusillés. »

[1]. *Bremen unter französischer Gewaltherrschaft*, etc.. *von Johann Hermann Duntze, Pastor in Rablinghausen.*

A propos des deux expéditions sur Bremerlehe et Blexen, le *Moniteur*

Cette même colonne ramenait, d'Oldenburg à Brême, deux hommes considérables de cette ville, deux hommes entourés de l'estime publique, MM. de Finkh et de Berger. Elle les ramenait prisonniers; et à peu de jours de là, tous les deux tombaient sous le plomb impérial, condamnés comme rebelles par une autre commission militaire.

Excité par les ordres d'Eugène et de Napoléon, Carra Saint-Cyr cherchait à terrifier le pays par les massacres.

Ainsi coulait à flots le sang des infortunés Allemands, coupables de revendiquer la patrie que Napoléon leur avait ravie!

Mais Carra Saint-Cyr, malgré son zèle, ne fut pas jugé au niveau de l'œuvre de répression et de terreur. Une proclamation adressée par Vandamme, de Wesel, aux habitants des contrées où s'était propagée l'insurrection, leur annonça son arrivée prochaine à la tête de forces considérables.

Vandamme était connu non-seulement par ses talents militaires, son audace, mais encore par son caractère violent, impitoyable. « Je serai terrible dans l'accomplissement de mes devoirs, » disait-il avec complaisance dans sa proclamation.

(n° du 4 avril) dit laconiquement : « Les chefs des insurgés sur ces points ont été pris et fusillés. »

Eugène écrivait à Napoléon sur le même sujet ces mots qui contrastent singulièrement avec la mansuétude que ses biographes lui attribuent : « Dans les rapports du général Carra Saint-Cyr, Votre Majesté verra *avec plaisir* qu'on a pu faire un bon exemple d'une partie des séditieux. » (Lettre du 28 mars.)

Cependant Tettenborn répandait sa cavalerie, par petites bandes, au loin, sur la rive gauche de l'Elbe, pour y entretenir le feu de la révolte. On voyait de ces infatigables coureurs jusqu'aux environs de Brême, bravant Carra Saint-Cyr dépourvu de cavalerie.

De sa personne, Tettenborn restait à Hambourg; mais il n'y restait pas inactif.

Tout d'abord, il avait envoyé à Londres un de ses officiers pour y demander des secours en soldats, en en argent, en armes, en munitions. Il avait provoqué la création d'un corps de volontaires; et ce corps, qui devait être de six mille hommes de toutes armes, se formait sous le nom de légion Hanséatique, armé, équipé, soldé au moyen de dons considérables et spontanés. Un citoyen de Hambourg montait, équipait, à lui seul, deux cents cavaliers volontaires, et entrait dans leurs rangs. Tettenborn avait conseillé aussi de porter à sept ou huit mille hommes la garde civique de Hambourg, et on suivait son conseil. Il faisait exécuter, autour de cette ville, de grands travaux de défense. Il dirigeait par des officiers allemands pris autour de lui et par d'anciens officiers de l'armée électorale hanovrienne, l'organisation de corps de volontaires qui se levaient dans le Lauenburg, le Luneburg et d'autres parties du Hanovre. Enfin il avait déclaré le blocus continental aboli, au nom du czar; le duc de Mecklenburg-Schwerin et celui de Mecklenburg-Strelitz avaient fait la même déclaration: et les navires anglais débarquaient dans tous les ports de riches cargaisons qui se répandaient aussitôt dans le pays, annonçant ainsi la réouverture des voies commerciales, le retour des temps prospères.

Le soulèvement de Hambourg et les insurrections qui l'avaient suivi avaient produit, au loin, un effet considérable. C'était le premier exemple de pays incorporés à l'Empire, se levant ainsi en masse, revendiquant leur indépendance les armes à la main, protestant par la force contre la violence. On ne doutait pas qu'il ne fût suivi.

A Berlin, l'entrée de Tettenborn à Hambourg avait été célébrée, à l'égal d'une victoire, par cent coups de canon. Le czar s'était hâté de nommer Tettenborn général-major et de faire publier cette nomination.

Wittgenstein, qui avait encore son quartier général dans la capitale prussienne, avait pensé à soutenir, à étendre encore plus la révolte en la faisant appuyer au moins par quelques corps légers.

Il avait mis sous les ordres du général **Dörnberg** quelques troupes régulières, dont un beau bataillon d'infanterie prussienne, car, nous aurons bientôt à le dire, les Prussiens étaient enfin entrés en campagne; et il l'avait dirigé sur Havelberg, près du confluent de la Havel et de l'Elbe. Il avait prescrit, en même temps, au général-major Benkendorf, qui était en observation sur Wittenberg, d'aller rapidement rejoindre Dörnberg et de passer sous son commandement.

Cette jonction opérée, Dörnberg se trouva à la tête de douze cents fantassins et de deux mille chevaux. Il devait franchir l'Elbe, se porter sur Hanovre, pousser le plus loin possible dans le royaume de Westphalie.

Ses forces étaient peu considérables; mais il devait être appuyé, sous peu, par Czernichef avec deux mille cavaliers; la contrée où il devait opérer paraissait dégarnie de troupes; et on comptait, il comptait lui-même beaucoup sur son influence, sur celle de sa famille, sur ses relations fort étendues pour lui donner une foule d'auxiliaires.

Hanovrien, Dörnberg avait eu la faiblesse d'entrer dans la garde de Jérôme Bonaparte, ce souverain d'aventure, si détesté, si détestable. Mais cette faiblesse, il l'avait rachetée par un acte de dévouement. En 1809, peu s'en était fallu qu'une insurrection, en grande partie organisée par lui, n'eût délivré sa patrie du roi intrus.

L'insurrection avortée, il avait réussi à gagner l'Angleterre. Il y avait reçu un commandement de colonel dans la légion allemande du roi; et depuis la guerre de Russie, il était au quartier général de Wittgenstein, avec la mission officielle du gouvernement anglais de lui faire le rapport de ce qui se passait sous ses yeux. Un moment même on l'avait mis à la tête d'un détachement de Cosaques. Ruiné par la confiscation, condamné à mort par contumace, il était resté cher aux populations qu'il avait tenté d'affranchir. Dans les montagnes du Harz et de la Thuringe, dans les plaines du Hanovre et de la Westphalie, au sein et hors des sociétés secrètse, son nom était mêlé, le premier, aux souvenirs, aux projets, aux espérances des patriotes.

Réuni à Benkendorf, il passa l'Elbe, dans la nuit du 25 au 26 mars, près de Quitzöbel, sur des barques amenées de la Havel, et se saisit aussitôt de la petite ville de Werben.

Il ne la garda pas longtemps.

En arrivant à Magdeburg, Eugène s'était occupé, sur-le-champ, des préparatifs du grand camp en avant de cette forteresse. Il avait pris des mesures pour y accumuler des vivres; il avait fait passer sur la rive droite de l'Elbe trois divisions du corps de Lauriston, celles de Maison, de Lagrange et de Rochambeau, et il reconnaissait avec soin le terrain à occuper dès qu'il aurait été rejoint par la garde, Latour-Maubourg, Grenier et Davout, qui venaient de Leipzig, de Wittenberg et de Dresde.

En même temps, il avait poussé jusqu'à Luderitz la division restant du corps de Lauriston, celle de Puthod, qu'il laissait sur la rive gauche de l'Elbe, et, plus bas, sur Stendal, le corps de cavalerie de Sébastiani avec dix bataillons de la 1re division de celui de Davout, lesquels devaient être rejoints par les six autres revenant de Dresde. Ces troupes devaient surveiller le cours de l'Elbe, notamment son confluent avec la Havel, à Werben, et rayonner le plus loin possible pour contenir le pays et menacer l'insurrection du bas Elbe. Eugène avait expédié aussi au général Morand l'ordre de quitter le Weser et de s'avancer sans délai sur Lüneburg. Tout cela était conforme aux instructions de Napoléon; et ce fut encore en y obéissant qu'Eugène donna à Davout le commandement des forces qu'il échelonnait vers Stendal, et qu'il lui confia celui de la rive de l'Elbe, de Magdeburg à Hambourg, de la 32e division militaire territoriale et des troupes que Vandamme y amenait[1]. Faisant allusion aux terribles souvenirs laissés par Davout dans son gouvernement du nord de l'Allemagne, Napoléon écrivait à Eugène : « Placez le prince d'Eckmühl sur votre gauche; il y sera bon. Il connaît Hambourg et y est connu, et sa proximité de cette ville sera très-utile. »

Arrivé de sa personne à Magdeburg, Davout s'y arrêta à peine quelques heures; et, dès le 28 mars, il était à Stendal, son nouveau poste.

Mais, ce jour-là même, Eugène renonçait au grand camp en avant de Magdeburg, et, de tous ces derniers ordres, ne maintenait que ceux qui regardaient Davout.

Ayant reçu la nouvelle officielle de l'alliance de la Russie et de la Prusse[2]; fort ému de l'insurrection du bas Elbe et du bas Weser; ne rencontrant en avant de Magdeburg que des piquets de Cosaques non soutenus; sachant qu'il en était de même devant Wittenberg, mais que des détachements de ces hardis coureurs passaient et repassaient sans cesse l'Elbe vers Stendal et Werben; troublé, enfin, suivant son habitude, par les bruits du pays, Eugène se prit à croire qu'une armée russo-prussienne se réunissait au-dessous de Werben, craignit qu'elle n'y passât l'Elbe, voulut se mettre en mesure de la prévenir sur la route de Hanovre, et, pour cela, ramena sur la rive gauche du fleuve les divisions Mai-

---

[1]. Lettres de Napoléon à Eugène, 18 mars.

[2]. Eugène reçut cette nouvelle de M. de Saint-Marsan, le 23 mars. (Voir lettre d'Eugène à Napoléon, Magdeburg, le 24 mars.)

son, Lagrange et Rochambeau, les porta sur la petite rivière de l'Ohre, affluent de gauche de l'Elbe, un peu au-dessous de Magdeburg et y donna rendez-vous à Grenier, à Latour-Maubourg et aux troupes revenant de Dresde [1]. Victor, avec la première division de son corps, fut maintenu sur la basse Saale.

Il oubliait déjà la leçon de Napoléon : la plus sûre manière de défendre Hanovre, c'était de se hâter de menacer Berlin.

Cependant, la première reconnaissance poussée de Stendal sur Werben y rencontrait Dörnberg.

Forte de deux mille hommes et de cinq cents chevaux, elle était commandée par le général de cavalerie Montbrun. Vigoureusement menée, elle entra dans Werben, en chassa Dörnberg; le rejeta jusqu'à Neukirch, en lui tuant et prenant une centaine d'hommes; et celui-ci, redoutant d'avoir affaire bientôt à des forces beaucoup plus considérables, n'ayant ni réserve, ni point d'appui, se hâta de repasser l'Elbe sur des bateaux avec l'aide des habitants. Mais, appuyé par Czernichef, qui avait cédé le terrain devant Magdeburg aux premières reconnaissances d'Eugène et n'y avait laissé que quelques poignées de Cosaques, il reparut dès le 31 mars sur la rive gauche du fleuve, après avoir effectué son passage près de Lenzen, à dix lieues au-dessous de Werben.

Ce jour-là, il occupa Dannenberg et Lückow; et Czernichef Wustrow.

Ils allaient s'avancer sur la route de Hanovre lors-

---

1. Lettre d'Eugène à Napoléon, Magdeburg, 26 mars.

qu'ils apprirent que le général Morand approchait de Lüneburg. Insurgée depuis une dizaine de jours, cette ville n'avait pour défenseurs que quelques compagnies de garde civique qui venaient de s'organiser et étaient à peine armées, quelques hussards et chasseurs-volontaires en formation et une poignée de Cosaques de Tettenborn.

Dörnberg et Czernichef résolurent de la secourir au plus vite.

Ils partirent sur l'heure ; ils cheminèrent rapidement. Néanmoins, quand ils furent en vue de Lüneburg, ils reconnurent que le drapeau français y avait remplacé l'ancien drapeau électoral hanovrien.

Le 1er avril, vers midi, Morand y était entré malgré la résistance de la population ; et une commission militaire y avait immédiatement commencé son œuvre en faisant fusiller deux bourgeois et en incarcérant trente personnes des plus notables de la ville.

Morand avait reçu d'abord l'ordre le plus impérieux d'Eugène de se reporter du Weser sur l'Elbe et d'aller occuper les débouchés de Bergedorf et de Boizenburg[1]. Le 25 mars, il s'était mis en marche dans cette direction ; mais en arrivant à Tostaedt, un nouvel ordre était venu lui prescrire d'aller réduire l'insurrection de Lüneburg[2]. Attaqué en ce moment par des

---

[1]. Voici en quels termes Eugène annonçait à Napoléon l'envoi de cet ordre : « J'envoie un officier au général Morand qui me paraît avoir fait la bêtise de quitter la rive gauche de l'Elbe. Je lui prescris d'y retourner pour garder avec son infanterie et son artillerie les débouchés de Bergedorf et de Boizenburg. » (Lettre datée de Magdeburg, le 21 mars.)

[2]. Eugène mentionne ce deuxième ordre dans une lettre à Napoléon, du 24 mars.

Cosaques de Tettenborn, par le landsturm nombreux du pays, qui était déjà un peu organisé et avait reçu un certain nombre de fusils anglais, il était resté hésitant trois jours sur Tostaedt, avait fini pourtant par pousser vigoureusement ses adversaires vers Harburg; puis, tournant brusquement à droite, il avait gagné Lüneburg, et y était entré, comme nous venons de le dire, le 1ᵉʳ avril.

Réorganisée à Brême, sa colonne se composait d'un régiment saxon de deux bataillons, d'un bataillon du 152ᵉ de ligne, d'un demi-bataillon de douaniers, d'une cinquantaine de gendarmes, de dragons, de chasseurs français; et elle avait dix pièces d'artillerie. Sa force était de deux mille quatre cents hommes au plus.

L'appeler sur Lüneburg insurgé, à travers des contrées soulevées, parcourues par les troupes légères russes, l'appeler sans la faire soutenir immédiatement, sans être en mesure de lui tendre la main des environs de Magdeburg, aussitôt qu'elle paraîtrait vers Lüneburg, c'était une imprudence.

Morand en fut bien promptement la victime.

Dès le 2 avril, Dörnberg et Czernichef l'attaquaient.

Ville de deux mille habitants, Lüneburg est situé sur la rive gauche de l'Ilmenau. En 1813, une muraille percée de cinq portes et un fossé l'entouraient.

Les deux généraux ennemis dirigèrent une fausse attaque contre les portes du sud et de l'ouest; et, à la faveur de cette diversion, ils marchèrent, chacun à la tête d'un bataillon, contre les deux ponts de l'Ilmenau et les deux portes de l'est qui y correspondent. Malgré une résistance énergique, ils forcèrent tous ces passages.

Le combat se continua avec acharnement dans l'intérieur de la ville. Les habitants y prirent part, les uns de pied ferme, les autres en fusillant de leurs fenêtres la petite troupe de Morand.

Vieux soldat au cœur intrépide et ferme, Morand soutint longuement cette lutte ; puis, voyant l'impossibilité de se maintenir dans la ville, il en sortit par la porte de l'ouest, se faisant jour avec cinq ou six cents hommes et deux pièces de canon.

Il allait atteindre le village de Reppenstädt, qui est à une demi-lieue de Lüneburg, quand il fut assailli de face par un feu violent d'artillerie et entouré par une masse de cavalerie. Pénétrant son dessein, Dörnberg l'avait devancé par des chemins latéraux et lui barrait la route. Dans cette extrémité, Morand, désespérant de forcer le passage, se détermina à rentrer dans Lüneburg, où un de ses bataillons, qu'il n'avait pu rallier, résistait encore. Il revint sur ses pas. Toujours combattant, il arriva près de la porte même par laquelle il était sorti ; la trouva fortement occupée, munie d'artillerie, et l'attaqua néanmoins, sans hésiter, à cheval, en tête de sa petite troupe, le chapeau au bout de l'épée, au bruit du pas de charge et au cri de « Vive l'Empereur ! » Mais tous ses efforts furent inutiles. Bientôt même il fut blessé à mort ; et les quelques centaines d'hommes qui restaient encore debout autour de lui, accablés par le nombre, laissèrent tomber leurs armes. Il était cinq heures ; le combat avait commencé à midi.

Dans l'intérieur de la ville, il ne se prolongea pas davantage. Là aussi la résistance finit sous la supériorité numérique des assaillants.

Des soldats de Morand, aucun n'échappa au vainqueur.

Les prisonniers n'eurent pas tous le même sort. Les Français et la plus grande partie des Saxons restèrent captifs ; mais quatre cents de ces derniers, désertant la cause de leur roi pour la grande cause de l'Allemagne, s'enrôlèrent dans la légion russo-allemande [1], corps que le czar avait précisément créé pour être recruté de la sorte, et qui, de Russie, avait été transporté à Königsberg.

Ainsi, pour les Russes et les Prussiens, le succès ce n'était plus seulement la diminution des forces de leur ennemi, c'était aussi l'augmentation des leurs par ses auxiliaires mêmes. Cela seul aurait suffi pour montrer à quel point la guerre avait changé de caractère.

Le combat de Lüneburg eut un retentissement extraordinaire dans toute l'Allemagne et y exalta les espérances au delà de toute mesure. Prussiens et Russes se félicitèrent, comme d'une grande bataille gagnée, de ce début de leur alliance. Le peuple y vit le gage assuré de victoires décisives et prochaines.

Ainsi raisonne l'esprit sous la flamme du cœur.

Une lettre qu'on se montra avec admiration, et l'admiration n'était pas de trop là, indique bien l'état des esprits dans le nord de l'Allemagne. « Notre fils Georges,

[1]. *Die Kaiserlich-Russich-Deutsche Legion*, von Barthold von Quistorp, Hauptmann im K. Preuss. 31. Inf.-Regiment.

avaient écrit un Prussien du nom de Haase et sa femme, est mort à vingt-deux ans, frappé d'une balle dans le combat à jamais mémorable de Lüneburg... Chasseur-volontaire... il est mort pour la patrie, pour la liberté de l'Allemagne, pour l'honneur national et notre souverain bien-aimé! La perte d'un tel enfant est cruelle, mais c'est une consolation pour nous d'avoir donné un fils pour la grande et sainte lutte! »

La suite immédiate de la défaite de Morand n'était pourtant pas de nature à entretenir l'effervescence des esprits; mais on n'y prenait pas garde.

Dès le 3 avril, en effet, Dörnberg et Czernichef évacuèrent Lüneburg et allèrent repasser l'Elbe, le premier à Boizenburg, le deuxième à Dömitz. Prévenus de l'approche de Davout avec une force considérable, ils se hâtaient de mettre ce fleuve entre eux et lui. Mais ils ne devaient pas tarder à tenter une nouvelle pointe en Hanovre.

De Boizenburg, Dörnberg data une déclaration adressée aux généraux français qui fit grand bruit alors. Craignant pour les habitants de l'ancien électorat hanovrien le renouvellement des exécutions sanglantes faites par Carra Saint-Cyr sur le Weser et par Morand à Lüneburg, il publiait qu'il était fermement résolu à venger, sur les prisonniers qu'il avait ou ferait, la mort de tout Hanovrien qui serait frappé comme rebelle par les généraux français.

Si de pareilles représailles eussent été atroces, il faut convenir que les actes de Carra Saint-Cyr et de Morand étaient abominables.

Tettenborn et bientôt Wittgenstein lui-même firent la même déclaration.

Les avis que Dörnberg et Czernichef avaient reçus étaient exacts : quelques heures seulement après leur sortie de Lüneburg, le général Montbrun y entra, au milieu de la stupeur des habitants, à la tête de quatre mille hommes formant l'avant-garde de Davout; et, le lendemain, celui-ci y arriva de sa personne, suivi, à une marche de distance, de quatre ou cinq mille hommes encore.

A peu de jours de là, Davout eut connaissance du sénatus-consulte du 4 avril, qui mettait hors la constitution la 32e division militaire; et il fut investi par Napoléon de pouvoirs militaires et civils illimités pour y réprimer l'insurrection.

Il fut informé, en même temps, que les troupes que Vandamme y amenait comptaient vingt-huit bataillons et que trente-trois autres bataillons devaient suivre ceux-ci. Davout allait donc recevoir soixante et un bataillons pour accomplir sa terrible mission.

Telle était la conséquence de cette insurrection que l'apparition de quelques Cosaques avait suffi pour allumer, qui était à peine armée et qui n'était pas soutenue. Napoléon était obligé de jeter au loin, sur la gauche de l'échiquier de la guerre, une masse de forces sur laquelle il avait compté pour ses opérations au centre, sur le point capital.

Ce fait est une preuve péremptoire de la gravité des fautes commises par Eugène, depuis l'Oder jusqu'à l'Elbe; et il prouve aussi nettement combien Frédéric-

Guillaume avait nui à la cause de l'Allemagne en différant sa déclaration de guerre, combien aussi étaient fautifs le retard des armées alliées et le plan de campagne adopté à Kalisch. Quel ressort, quelle puissance d'expansion n'aurait pas eu l'insurrection si, au lieu de quelques détachements de troupes légères, les alliés eussent porté sur le bas Elbe un corps d'armée d'une forte consistance! Et quel surcroît d'embarras n'eût-elle pas donné à Napoléon!

Des soixante et un bataillons que Napoléon dirigeait vers les pays insurgés, cinquante-six étaient ceux qui, composés de conscrits de 1813, devaient former les 2e et 3e divisions des corps de Davout et de Victor, lesquels n'en possédaient encore qu'une chacun, celle qui avait été organisée à Erfurt. La 2e division de Davout avait pour chef le général Dumonceau; la 2e de Victor, le général Dufour. Elles commençaient toutes les deux à arriver sur le Weser et ne devaient pas tarder à s'y trouver tout entières. Les 3e divisions ne pouvaient pas y être avant la fin d'avril. Quant aux cinq bataillons non destinés au corps de Davout ni de Victor, ils constituaient la brigade dite de Hambourg et allaient atteindre Brême.

En attendant qu'une partie un peu notable de ces forces pût entrer en action, Eugène laissa provisoirement à la disposition de Davout la division Puthod et la cavalerie de Sébastiani, parvenue à l'effectif de deux mille chevaux; et il maintint, échelonnés sur Stendal et Werben, les seize bataillons constituant la 1re division du corps du maréchal.

D'ailleurs, en ce moment même, il reconnaissait qu'une fois de plus il s'était laissé abuser par de faux rapports et de faux bruits; il constatait qu'aucune armée n'avait passé ni ne s'apprêtait à passer l'Elbe au-dessous de lui; que la concentration sur l'Ohre était encore une fausse manœuvre; et il en revenait, enfin, à l'exécution des ordres de Napoléon.

Le 2 avril, au point du jour, ses troupes, ramenées des bords de l'Ohre, débouchaient sur la rive droite de l'Elbe par l'ancien pont de Magdeburg et deux autres ponts qu'il avait fait jeter à côté de celui-ci.

Il venait de recevoir une dépêche dans laquelle Napoléon, résumant ses instructions précédentes si répétées et si détaillées, lui recommandait « de choisir un champ de bataille à trois ou quatre lieues en avant de Magdeburg; d'y établir son camp en ayant bien soin de choisir un endroit sain[1]; de se couvrir par quelques redoutes espacées de manière qu'on pût manœuvrer entre elles; d'étendre la ligne de ses avant-postes depuis Dessau jusqu'à l'embouchure du canal de Plauen dans l'Elbe, en suivant la corde de l'arc que décrit ce fleuve, et de les retrancher avec des redoutes ou des palissades pour les mettre à l'abri de la cavalerie légère. »

C'était donc cette opération qu'Eugène avait en vue en débouchant de Magdeburg.

1. Napoléon ajoutait à cette recommandation : « Consultez à cet égard les médecins et les habitants du pays... Si vous êtes près de marais ou de prairies inondées, quoi qu'on puisse dire, c'est un endroit malsain. Il faut vous élever... Je désire que vous consultiez *moins les médecins* que votre bon sens et les habitants. »

Il ne pensait pas trouver d'obstacles qui pussent l'empêcher de l'exécuter. Il allait en trouver, cependant, et même s'en exagérer la force, sans mesure, au point de renoncer définitivement à son entreprise.

CHAPITRE DIXIÈME.

Wittgenstein est rejoint à Berlin par York. — Ovation faite à York par la population de cette ville. — Dispositions prises par Wittgenstein. — Il détache Borstell sur Magdeburg et Tauentzien sur Stettin. — Bülow prend le commandement de la 2e division du corps d'York et est détaché sur Magdeburg. — Borstell est placé sous ses ordres. — Les autres troupes de Wittgenstein et d'York sont échelonnées de Postdam sur Wittenberg, à la suite des instructions données par Koutousof après le conseil de guerre tenu à Kalisch. — Plan de campagne arrêté par ce conseil. — Jonction projetée entre l'armée de Wittgenstein et celle de Blücher. — Ligne d'opérations arrêtée. — Wittgenstein, en marche pour faire sa jonction avec Blücher, se décide à combattre les Français sortis de Magdeburg, sous Eugène, pour prendre l'offensive. — Infériorité des forces de Wittgenstein, comparées à celles d'Eugène. — Combat de Möckern. — Échec des Français. — Fautes commises par Eugène pendant et après le combat. — Il repasse l'Elbe, laisse une garnison à Magdeburg et passe dans la vallée de la Saale. — Jonction de Wittgenstein avec Blücher. — Combats d'avant-postes et coups de mains des partisans russes et prussiens. — Tentative de Wittgenstein sur Wittenberg, repoussée par le général Lapoype. — Bülow prend la citadelle de Spandau. — Le czar et le roi de Prusse arrivent à Dresde avec le corps de Tormasof. — Reçus avec enthousiasme par la population, ils tentent de gagner le roi de Saxe à la Coalition. — Hésitations du gouvernement saxon. — Stein conseille de prendre contre le roi des mesures énergiques; les souverains s'y refusent par ménagements pour l'Autriche. — La Saxe sera le prix de la première bataille.

En entrant dans la capitale de la Prusse, le 11 mars, Wittgenstein avait atteint le but qui lui était assigné dans le plan d'opérations arrêté, au commencement même de ce mois, à Kalisch; et Berlin occupé, il avait fait halte, attendant de nouvelles instructions et les généraux York, Bülow et Borstell, maintenant quelque cavalerie légère sur Wittenberg et Magdeburg et lançant Tettenborn, Dörnberg, Czernichef, dans les entreprises que nous avons dites.

Pendant cette attente, pendant qu'Eugène opérait les fausses manœuvres que nous lui avons vu faire, il avait envoyé un détachement en observation sur Spandau, et il avait rappelé à lui celui qu'il avait laissé devant Cüstrin et que Woronsof, mis à sa disposition et détaché définitivement de l'armée du Danube, était venu y remplacer.

Un peu retardé au bord de l'Oder par quelques échanges de troupes ordonnés de Breslau entre Bülow et lui, York était arrivé à Berlin le 17 mars

La veille, deux ordres du jour royaux avaient appris à l'armée qu'une commission d'enquête avait reconnu irréprochable la convention de Tauroggen, et que la Prusse et la Russie s'étaient unies par une alliance intime [1].

La capitale de la Prusse avait fait à York une ovation plus enthousiaste encore qu'à Wittgenstein. Dans Wittgenstein, elle avait salué l'étranger libérateur, et la libération, si enivrante qu'elle fût, n'était pas celle que, dans l'orgueil de son patriotisme, elle aurait le plus souhaitée; dans York, elle avait acclamé le général prussien qui lui ramenait les soldats de la patrie, l'audacieux qui, le premier, avait brisé les liens de la servitude et n'avait eu, durant un si long temps, d'autre récompense que le désaveu et la flétrissure infligés par son roi. A l'aspect d'York, à la vue de

---

1. « *Eine innige Allianz.* »

CHAPITRE DIXIÈME.

ces régiments qui lui étaient restés fidèles en dépit des ordres du souverain, tous les cœurs battaient, dans tous les yeux brillaient des larmes d'attendrissement et de joie, ont dit les contemporains.

Wittgenstein avait dû attendre davantage Borstell et Bülow, chargés d'observer un moment Stettin et d'investir Damm, tête de pont de cette place.

Parti le premier, Borstell, fort de cinq mille hommes[1] seulement, s'était dirigé, par l'ordre de Wittgenstein, sur Havelberg. Il devait y passer l'Elbe et s'avancer aussitôt en Hanovre pour y propager, appuyer l'insurrection. Mais il n'était pas encore parvenu à Havelberg que son rôle avait été changé. L'incursion dans le Hanovre avait été confiée au général Dörnberg ; Borstell avait dû lui remettre un bataillon et une demi-batterie, en recevoir trois faibles régiments de Cosaques, recevoir de plus un bataillon pris au corps d'York, et, ces mutations opérées, se porter par Rathenow, en observation devant Magdeburg. Le 31 mars, en effet, il était venu camper sur Möckern, à six lieues de cette forteresse.

Bülow avait été remplacé, le 18 mars, devant Stettin et Damm, par le lieutenant général Tauentzien, tout récemment nommé gouverneur militaire des pays prussiens entre la Vistule et l'Oder, hormis la Silésie. Trois jours auparavant, devançant la déclaration de

---

[1]. Exactement quatre mille deux cent cinquante hommes, d'après la situation détaillée donnée par Prittwitz dans son livre si minutieux *Beiträge zur Geschichte des Jahres 1813* ; mais nous ajoutons à ce chiffre les chasseurs-volontaires omis dans la situation. (Voir *Geschichte der deutschen Freiheits-Kriege* etc., von *H. Beitzke.*)

guerre de la Prusse et annonçant l'alliance russo-prussienne, il avait sommé Stettin. Mais la réponse du général Dufresse qui y commandait avait été aussi fière que la sommation avait été injurieuse [1].

Devant Stettin et Damm se trouvaient une quinzaine de bataillons de réserve et quelque cavalerie antérieurement formés par Bülow et Borstell, sur Neu-Stettin et Colberg. Ils étaient déjà assez bien organisés pour faire un blocus, mais non pour faire campagne. Bülow les avait laissés à Tauentzien, et, fort de neuf mille hommes [2], y compris un millier de chasseurs-volontaires, il s'était porté sur Schwedt. Il y avait fait un court séjour, nécessité par des soins de détail à donner encore à ses troupes; puis il les avait mises en marche sur Berlin.

Il venait d'être nommé lieutenant général; et elles formaient désormais sous ses ordres la 2ᵉ division du corps d'armée d'York.

Le 31 mars, elles avaient atteint Berlin. Mais elles n'avaient fait qu'y passer. Wittgenstein en avait envoyé aussitôt le tiers, commandé par le général-major Thümen, relever le détachement russe qui observait Spandau; et il avait prescrit à Bülow de se porter rapidement, par Brandenburg, sur Magdeburg, avec mission de serrer cette forteresse le plus près

---

[1]. Stettin avait un gouverneur, le général Grandeau, et un commandant, le général Dufresse. Le premier étant malade, le second était gouverneur par intérim.

[2]. Les *Beiträge zur Geschichte des Jahres 1813*, ne donnent que huit mille hommes à Bülow, mais ils omettent les chasseurs-volontaires.

possible. Il lui donnait, pour cette opération, le commandement sur Borstell.

Depuis le 27 mars, il avait échelonné de Potsdam, sur la direction de Wittenberg, ses troupes russes formant un corps d'armée sous les ordres du lieutenant général Berg, et celles d'York. Il avait reçu alors, en effet, les instructions qu'il avait dû attendre; et il faisait des dispositions pour les exécuter.

Le 20 mars, l'empereur Alexandre avait réuni un conseil de guerre à Kalisch. Il revenait de Breslau. Il y avait fait une entrée triomphale, et il en revenait tout enflammé de l'accueil reçu, de l'exaltation de la Silésie, de ses entretiens avec Scharnhorst, avec Stein, avec les patriotes les plus ardents, qui l'avaient pressé de marcher vite. Il voulait délibérer sur la suite à donner au plan d'opérations déjà convenu, déjà en cours d'exécution, quand l'aile gauche de l'armée alliée aurait atteint Dresde comme l'aile droite avait atteint Berlin.

Cette aile gauche était un peu en retard. Wintzingerode était bien arrivé à Bautzen le 20 mars même; Blücher, dont il formait l'avant-garde, avait levé le 16 mars, au jour prescrit, ses cantonnements autour de Breslau; mais Tormasof, qui aurait dû le suivre à trois marches de distance, n'avait pas encore bougé de Kalisch; et Miloradowitch était devant Torgau, attendant que le général Schuler vînt l'y relever.

A Kalisch, on avait des nouvelles récentes de l'armée française. Les avis des affidés, les dépêches interceptées concordaient pour indiquer qu'elle serait forte de deux cent soixante ou deux cent soixante-dix mille hommes, partie venant de France, partie venant d'Italie, non compris ce qu'Eugène avait ramené de Berlin sur l'Elbe et les contingents de la Confédération du Rhin. Hanovre, Brunswick, Erfurt, étaient ses points de rassemblement, et, de là, elle devait être dirigée sur Magdeburg et Leipzig; mais, provisoirement, elle ne comptait en ligne que vingt mille hommes sur chacun de ces deux derniers points, douze ou quinze mille sur Dresde, et elle allait être rejointe par quarante mille hommes, qu'on disait réunis à Erfurt.

Assez peu exactes dans le détail, ces nouvelles ne s'éloignaient pas, en somme, beaucoup de la vérité.

Se basant sur elles, le général Toll, quartier-maître général à l'état-major particulier d'Alexandre, avait exprimé au conseil de guerre l'opinion que le grand choc contre Napoléon aurait nécessairement lieu sur la direction de Dresde à Altenburg et Erfurt, et que la ligne d'opérations la meilleure pour l'armée alliée, celle sur laquelle il fallait absolument se maintenir, était celle de Leipzig et Altenburg par Dresde et Breslau.

Scharnhorst avait formulé la même opinion dans un mémoire. Le conseil s'y était rangé, ce qui prouve assez clairement qu'il comptait que l'Autriche, à la frontière de laquelle il voulait que l'armée appuyât obstinément sa gauche, ne prendrait pas parti pour Napoléon.

Le conseil avait en même temps émis l'avis qu'il

fallait réunir, le plus tôt possible, l'armée sur Leipzig et Altenburg et opérer cette réunion avec toutes précautions. Eugène pouvait, à chaque instant, être rejoint par les forces qu'on supposait rassemblées sur Erfurt; et il fallait soigneusement éviter de s'exposer à une rencontre avec lui avant de s'être bien massé. Il avait donc été résolu que Blücher, poursuivant sa route, irait passer l'Elbe à Dresde ou auprès ; que Wittgenstein, laissant Bülow et Borstell en observation sur Magdeburg et Wittenberg et se couvrant du cours de l'Elbe, viendrait, avec ses troupes russes et York, par Dhamme, Elsterwerda, Grossenhain, franchir ce fleuve vers Meissen, et ne le franchirait qu'au moment où Blücher et lui pourraient se donner un appui mutuel et marcher ensemble sur Leipzig et Altenburg.

La conséquence logique de ce mouvement combiné de la droite et de la gauche de l'armée alliée aurait dû être que le corps de Tormasof fût mis en marche sur l'heure pour aller leur servir de réserve, et même, suivant le plan d'opérations antérieurement arrêté, il aurait dû être déjà à la suite de Blücher. Mais cette conséquence essentielle, que le conseil l'eût ou non tirée, n'avait pas passé dans les ordres expédiés à la suite de sa délibération.

Immédiatement après, Koutousof avait communiqué à Wittgenstein les résolutions prises. Mais il avait eu soin de lui dire qu'elles ne le liaient pas d'une manière absolue, qu'il devait, en ce qui le regardait, les modifier suivant les circonstances, en subordonner l'exécution aux nouvelles qu'il recevrait de l'ennemi.

Il lui avait recommandé, d'ailleurs, une extrême prudence, soit pour opérer sa réunion avec Blücher, soit après l'avoir opérée ; et, sans doute pour ne pas lui laisser trop de confiance, il avait eu soin de lui dire que le corps de Tormasof resterait deux semaines encore dans ses cantonnements de Kalisch, à cent lieues de l'Elbe [1] !

Cette prolongation de séjour donnée à des troupes et à des troupes d'élite qui se reposaient depuis plus d'un mois, n'avait d'autres causes que les convenances personnelles du vieux feld-maréchal et sa répulsion contre tout mouvement en avant. Alexandre, se croyant toujours obligé à d'extrêmes ménagements envers lui, eut la faiblesse de le laisser encore dans l'inaction.

Dès qu'il l'avait pu, c'est-à-dire dès qu'il avait pu disposer d'York, de Bülow, de Borstell, Wittgenstein s'était mis en mesure d'exécuter ces instructions de Koutousof; et c'était ainsi qu'il avait dirigé les deux derniers sur Magdeburg et échelonné Berg et York, de Potsdam sur la direction de Wittenberg.

Le 31 mars, il portait lui-même son quartier général à Belzig, et il poussait aussitôt le général Kleist avec cinq mille Prussiens du corps d'York et deux mille Russes du corps de Berg sur Wittenberg, lui ordonnant de bloquer étroitement cette place sur la rive droite de l'Elbe.

Il savait alors que les Français, après s'être montrés en force pendant quelques jours en avant de

---

[1]. Lettre du 20 mars.

Magdeburg, avaient tout à coup repassé l'Elbe. Il pensait donc n'avoir qu'à continuer sa marche pour aller se réunir à Blücher, quand des nouvelles lui parvinrent qui le firent hésiter. Borstell lui mandait qu'il venait de reconnaître Magdeburg de très-près et avait constaté qu'à côté de Neustadt[1], les Français établissaient deux ponts de bateaux, que ces ponts étaient à peu près achevés, et qu'on les couvrait par des retranchements. Ces travaux parurent à Wittgenstein l'indice de quelque entreprise prochaine méditée par Eugène contre Berlin et le bas Oder. Il voulut voir ce qu'il en adviendrait avant de s'éloigner davantage. Le lendemain cependant, le 1er avril, recevant de Borstell l'avis que rien ne bougeait devant Magdeburg, et apprenant, de la bouche même du général Scharnhorst, qui se rendait de Dresde à Berlin, que Wintzingerode, arrivé le 27 mars dans la première de ces deux villes, venait de la quitter, se dirigeant sur Leipzig, et que Blücher arrivait à Dresde et allait aussi se porter en avant, il jugea qu'il n'avait pas de temps à perdre pour opérer sa jonction avec lui, et il voulut l'opérer par le chemin le plus court et sur Leipzig même.

Il ordonna donc la construction immédiate de deux ponts sur l'Elbe, l'un à Elster, tout près et au-dessus de Wittenberg, l'autre à dix lieues au-dessous, en face de Rosslau. Kleist fut chargé de construire le premier, qui devait lui servir à communiquer directe-

1. Village en aval de Magdeburg et tout auprès, sur la rive gauche de l'Elbe.

ment avec Wittgenstein quand celui-ci serait sur Leipzig. York dut détacher, pour l'établissement du second, un bataillon et demi, deux escadrons et quatre pièces d'artillerie.

York était alors sur Görzke et en avant de Belzig. Wittgenstein lui prescrivit d'avancer jusqu'à Senst, à cinq lieues de Rosslau, et le fit remplacer par Berg dans les positions qu'il quittait.

Ce mouvement eut lieu dans la matinée du 2 avril.

Mais il n'était pas achevé que l'aspect des choses devant Magdeburg changeait complétement.

Le 2 avril, en effet, nous l'avons raconté, Eugène, ramenant ses troupes des bords de l'Ohre, et résolu enfin à exécuter les ordres de Napoléon, avait débouché de Magdeburg sur la rive droite de l'Elbe, dès le point du jour.

Borstell se trouvait, ce jour-là même, campé sur Nedlitz, à quatre lieues seulement de Magdeburg, tenant des postes à Gommern, Gübs et Königsborn.

Vers neuf heures du matin, celui qui occupait ce dernier point était attaqué par l'avant-garde de la division Maison, du corps de Lauriston, laquelle passait l'Elbe sur deux ponts promptement jetés par les sapeurs du génie ; et il se repliait aussitôt sur Nedlitz. Presque en même temps, les postes de Gübs et de Gommern, attaqués aussi par les avant-gardes de Lagrange et de Rochambeau, se retiraient également vers Nedlitz.

Lauriston s'avançait ainsi, ayant Maison à gauche, Lagrange au centre, Rochambeau à droite. Derrière lui marchait le corps de cavalerie de Latour-Maubourg, et à assez grande distance encore venaient le corps de Grenier et la division de la garde impériale.

Mais Eugène arrêta bientôt le mouvement, et fit établir Lauriston sur les petites hauteurs de Königsborn, sur Wahlitz, village à une lieue en deçà de Nedlitz, et sur Gommern, Grenier restant en deuxième ligne, la garde en troisième, la cavalerie de Latour-Maubourg avec Lauriston.

Borstell, ne se voyant pas pressé davantage et ne découvrant pas encore quelles forces se trouvaient devant lui, demeura massé tranquillement sur Nedlitz. Mais à la nuit, des rapports sûrs lui apprirent qu'il avait à compter avec presque toutes les troupes d'Eugène, et il s'empressa d'en expédier l'avis à Wittgenstein et d'écrire à Bülow pour le prier de hâter sa marche; puis il attendit, prêt à battre en retraite au premier pas en avant que ferait Eugène.

Ce pas ne fut fait que dans l'après-midi du lendemain. Laissant Lauriston dans ses positions de la veille, Eugène se porta vers deux heures, avec le corps de Grenier et celui de Latour-Maubourg, sur Nedlitz; et, à son approche, Borstell quitta ce village et se retira, en tiraillant, sur la petite ville de Möckern, qui n'en est qu'à deux lieues environ, mais où pourtant il ne fut pas poursuivi. Eugène ne faisait encore qu'une reconnaissance pour achever de déterminer l'emplacement du camp à établir. Il fit bivaquer Grenier, son centre à Nedlitz, tout son corps, en première ligne, devant Lauriston.

A Möckern, Borstell ne fut pas rejoint par Bülow, et ne pouvait pas l'être encore; mais il y reçut des ordres de Wittgenstein.

Dès qu'il avait appris que l'armée française était sortie en masse de Magdeburg, le général russe s'était résolu à l'attaquer. Il voulait l'attirer loin de cette place en la faisant provoquer, de face, par Bülow et Borstell, et, lorsqu'elle aurait assez avancé, déboucher sur ses derrières et son flanc droit, avec York et Berg.

Il ordonnait en conséquence à Borstell, dès qu'il ne pourrait plus tenir à Möckern, de se retirer vers Görzke; à Bülow, qui devait être à Brandenburg le 3 avril, d'en partir le lendemain pour se porter sur Ziesar; à Berg et à York, qui avaient passé la journée du 3, l'un sur Belzig, l'autre sur Senst, d'en partir aussi le lendemain, en changeant de direction à droite et de gagner, le premier Leitzkau, le second Zerbst.

Mais, tout en se disposant ainsi à attaquer l'armée française, Wittgenstein n'avait voulu ni retarder ni compromettre la construction de ses ponts sur l'Elbe. Il avait laissé Kleist devant Wittenberg et à Elster, et, renforcé de deux bataillons et d'une batterie, pris encore à York le détachement envoyé à Rosslau. Il avait prescrit aussi de jeter, de là, sur la rive droite de l'Elbe un régiment de Cosaques, qui irait lier, sur Leipzig, les communications avec Wintzingerode.

Borstell ne pouvait songer à rester à Möckern, en présence des forces que déployait Eugène. Il l'évacua sans bruit, deux heures avant le jour, le 4 avril; et

CHAPITRE DIXIÈME.

bien lui en prit, car, au point du jour même, les Français arrivaient sur Möckern, au nombre de sept ou huit mille, espérant le surprendre. Eugène en personne les conduisait. Il lança sans résultat sa cavalerie contre quelques centaines de chevaux, extrême arrière-garde du général prussien; et, d'une hauteur au delà de Möckern, il découvrit bientôt au loin l'infanterie prussienne quittant, à Hohenziatz, la chaussée de Berlin sur laquelle elle avait commencé sa retraite, et prenant la direction de Görzke. Il se replia alors sur Nedlitz. On commença ce jour-là, dans le camp français, à travailler aux retranchements dont on voulait se fortifier[1].

Le 4 avril, à la nuit, Borstell bivaquait à Gloina, à mi-chemin de Hohenziatz à Görzke; Bülow, assez en arrière de Ziesar, mais occupant ce point par son avant-garde; Berg sur Leitzkau; York à Zerbst, où Wittgenstein transporta son quartier général dans la soirée.

Écrivant au nom de ce dernier, ce soir même, à onze heures et demie, York précisa à Borstell et à Bülow la manière dont devait s'opérer l'attaque projetée contre l'armée française.

Après leur avoir indiqué la position qu'il occupait et celle de Berg, il leur recommandait de se réunir le lendemain sur Hohenziatz, puis de s'avancer de façon à occuper les Français, à les attirer, en évitant toutefois de se compromettre, et le surlendemain

---

[1]. Journal des opérations du corps d'observation de l'Elbe.

6 avril, de les aborder le plus vigoureusement possible, dès que le canon gronderait vers Leitzkau, car ce jour-là, et de ce côté-là, le général Wittgenstein attaquerait. York ajoutait que les Français, sortis de Magdeburg en forces très-considérables, avaient poussé en avant dans toutes les directions, mais paraissaient s'être portés principalement sur celle de Möckern.

Ayant détaché deux mille hommes devant Wittenberg et à Elster, quelques centaines d'hommes sur Rosslau, et n'ayant pas encore été rejoint par le détachement fait sur Spandau, Berg disposait de huit mille hommes à peine [1]. Borstell n'en avait que cinq mille, non compris les Cosaques, Bülow que six mille au plus, et il n'en restait guère que neuf mille à York [2]; c'était donc avec vingt-huit mille hommes environ que Wittgenstein allait attaquer Eugène, à qui il supposait quarante mille hommes [3], et qui en avait plus de soixante mille [4]. L'entreprise était audacieuse; et cette audace même est la mesure de la confiance que les revers de nos armes inspiraient aux alliés.

Le 5 avril, Bülow et Borstell n'avaient pas encore opéré leur jonction, qu'une lettre d'York les avertit que l'attaque projetée aurait lieu le jour même et non le lendemain.

---

1. 2. 4. Notes indiquées sur le manuscrit, mais non écrites, à l'appui des chiffres donnés par le colonel Charras, et qui n'ont pu être rétablies.

(*Note de l'éditeur.*)

3. Le général Scharnhorst, écrivant à Knesebeck, le 2 avril, du quartier général de Wittgenstein, disait : « Près de Magdeburg il y a quarante mille hommes; combien sur Erfurt? Nous l'ignorons. »

CHAPITRE DIXIÈME.

Wittgenstein venait de recevoir l'avis que l'armée française se disposait à repasser l'Elbe, et il ne voulait pas la laisser exécuter paisiblement cette nouvelle retraite. Il était onze heures.

Comme la veille, York écrivait au nom du commandant en chef. Il était très-laconique : « L'ennemi, disait-il, est derrière Danigkow, Vehlitz et Zehdenick. Le comte Wittgenstein marche pour l'attaquer. Le général York se porte sur Gommern par Danigkow; le général Berg sur Vehlitz. Le général Bülow tâchera de s'approcher de Zehdenick pour déborder l'ennemi par le flanc gauche et l'occuper. Il se dirigera en cela d'après le bruit du canon. »

Wittgenstein était si pressé d'en venir aux mains qu'il ne prit pas même le temps de faire agir ses généraux avec ensemble.

En sortant de Magdeburg à l'est, on trouve deux chaussées, l'une à gauche, l'autre à droite. Celle de gauche conduit par le village de Gerwisch et par Burg à Brandenburg; celle de droite franchit sur une digue appelée le Clussdamm un bas-fond marécageux, puis se bifurque à deux lieues de la forteresse; et l'un de ses embranchements passe par le village de Nedlitz, par Möckern et Ziesar, pour aboutir à Berlin, tandis que l'autre, remontant la vallée de l'Elbe, traverse Gommern, le village de Danigkow, les petites villes de Leitzkau, de Zerbst, et continue par Rosslau jusqu'à Wittenberg.

Au moment où les colonnes russes et prussiennes marchaient contre Eugène, ses troupes, loin d'être en retraite, comme le croyait Wittgenstein, étaient au bivac travaillant aux retranchements commencés.

Le corps de Grenier occupait un plateau très-peu élevé, d'une lieue de large, sa gauche à Nedlitz, sa droite vers Gommern. Lauriston avait deux de ses divisions sur Gerwisch et Woltersdorf, se reliant par sa droite à Grenier. Sa troisième division, celle de Lagrange, était en seconde ligne sur Wahlitz, à l'embranchement des routes de Berlin et de Wittenberg, tenant Gommern par un détachement. La garde était en troisième ligne, à la tête du Clussdamm.

Grenier était couvert sur son front par la Ehle, qui n'est ni large ni profonde, mais que ses bords marécageux rendent difficile à passer. Après avoir coulé de l'est à l'ouest jusqu'au village de Zehdenick, cette petite rivière prend brusquement son cours au sud, passe devant Vehlitz, derrière Danigkow, reprend sur ce dernier point la direction de l'ouest, va longer Gommern, bâti sur la rive droite, tourne au nord à une lieue et demie de là, passe aussitôt après sous un pont, en tête du Clussdamm, et va disparaître dans l'Elbe à quelques lieues au-dessous de Magdeburg. Elle protégeait donc aussi la gauche de la position d'Eugène.

Des avant-postes de deux compagnies étaient à Danigkow et Vehlitz, qui ont chacun un pont, et à Zehdenick; qui est à mi-distance entre Nedlitz et Möckern.

York avait deux brigades à sa disposition, celles de Hünerbein et de Horn. La première, qui avait bivaqué la nuit précédente sur Schorau, avait été poussée dans la matinée jusqu'à Leitzkau, pendant que la seconde restait immobile sur Zerbst avec York. Il en résulta que, quand à onze heures celle-ci se mit en marche, elle était à cinq lieues de l'autre. Mais Wittgenstein n'en expédia pas moins à Hünerbein l'ordre d'avancer, dès une heure, sur Danigkow et de l'attaquer immédiatement.

L'ordre fut obéi. A deux heures, le général prussien ouvrait le feu sur ce village.

En ce moment, Eugène était à cheval parcourant le terrain de son camp[1]. Il galopa vers le canon, reconnut que l'attaque était sérieuse, prévit qu'elle ne resterait pas isolée, et prescrivit aussitôt à Grenier de faire approcher deux bataillons vers Danigkow, autant sur Vehlitz, autant encore sur Zehdenick.

Les deux compagnies qui défendaient Danigkow appartenaient au 134e de ligne, régiment formé de cohortes. C'était leur début au feu. Attaquées avec beaucoup de vigueur, elles se défendirent de même; et après plus de deux heures de lutte, n'ayant encore été renforcées que d'une seule compagnie de leur régiment, venue de Gommern, elles continuaient vaillamment la résistance.

York, marchant avec la brigade de Horn, était encore à une lieue de Danigkow, et on n'entendait ni le canon de Berg ni celui de Bülow. Mais ce silence ne se prolongea pas. Vers quatre heures et de-

---

[1]. Lettre d'Eugène à Napoléon, 5 avril.

mie, Vehlitz recevait les premiers boulets ennemis.

Borstell, obéissant à un ordre de Bülow, s'était porté sur Zeppernick, pour, de là, aller attaquer le poste de Zehdenick par la droite, pendant que Bülow lui-même l'attaquerait par la gauche. Cependant, arrivé sur le premier de ces points, et entendant la canonnade qui retentissait à Danigkow, il avait profité, dans sa fougue, de l'ordre d'York, qui prescrivait de se diriger d'après le bruit du canon. Il avait marché dans cette direction. Mais bientôt un feu d'artillerie ayant éclaté beaucoup plus près de lui, vers Vehlitz, il y avait couru, avait vu que c'était le général Berg qui canonnait ce village; et il en avait immédiatement concerté l'attaque avec lui.

Vehlitz communique avec la rive gauche de l'Ehle par un pont dont le seul débouché est une digue étroite construite sur un marais large de trois à quatre cents mètres.

Pendant que vingt-quatre bouches à feu battaient le village, le général russe et le général prussien formèrent deux colonnes, chacune de deux bataillons prussiens, et les dirigèrent, la première un peu au-dessus, la seconde un peu au-dessous de la digue; et ils disposèrent deux bataillons russes pour les appuyer.

Ces deux colonnes franchirent le marais, puis l'Ehle à gué, ayant de l'eau jusqu'à la ceinture, malgré un feu violent d'artillerie et de mousqueterie, et elles prirent pied de l'autre côté. Celle de gauche se jeta aussitôt sur une batterie de quatre pièces qui la mitraillait et lui en enleva une, puis elle se porta sur Vehlitz pour attaquer ce village au sud pendant que la colonne de droite l'attaquait déjà au nord.

Il était défendu, en ce moment, par trois compagnies du corps de Grenier, qui avaient pour soutien immédiat deux bataillons de la brigade italienne de Zucchi. Il fut enlevé après une énergique résistance, et ses défenseurs furent recueillis par Zucchi. Mais les assaillants ne voulurent pas s'en tenir là. Renforcés par les Russes, ils se précipitèrent sur ce général, l'entourèrent, le sommèrent même de se rendre. Ils ne reçurent pour réponse que des coups de fusil[1]. La nuit était venue. Zucchi se dégagea, et, appuyé par le reste de la brigade descendu du plateau, il s'y retira sans être poursuivi par l'ennemi. Au dernier moment de ce combat acharné, le général Grenier, venu pour l'observer au milieu du feu, avait été grièvement atteint d'une balle à la figure.

Danigkow avait eu le même sort que Vehlitz et à peu près au même moment. Hünerbein l'avait emporté sous les yeux d'York. Mais bien que celui-ci eût pu appuyer alors la brigade de Hünerbein par celle de Horn, il lui ordonna de s'arrêter, à la vue de la division Gérard et de cinq ou six cents chevaux qui étaient en avant de Gommern et recueillaient les braves conscrits défenseurs de Danigkow.

Pendant qu'Eugène se laissait ainsi prendre ses avant-postes et ses ponts sur l'Ehle, il éprouvait une

---

1. Lettre d'Eugène à Napoléon, 5 avril.

sensible mésaventure vers Zehdenick. Là, il avait eu affaire à Bülow.

Ne disposant plus de Borstell que nous avons vu attaquer Vehlitz, ce général n'avait plus qu'une brigade avec lui. Pourtant, comme elle n'avançait pas assez vite au gré de son ardeur surexcitée par le canon, il ne l'avait pas attendue; et, à la tête d'une simple avant-garde, il avait couru sur Möckern, l'avait traversé, puis s'était porté sur Zehdenick tout d'une traite. Ce village venait d'être évacué. Mais, un peu au delà, Bülow avait aperçu de l'infanterie et de la cavalerie. C'étaient deux bataillons du corps de Grenier et huit cents chevaux environ de la 1re division de cavalerie légère du corps de Latour-Maubourg.

Établir sur Zehdenick son infanterie et son artillerie, c'est-à-dire un bataillon et une batterie à cheval, et lancer sa cavalerie, c'est-à-dire six ou sept cents chevaux, contre la cavalerie française qui restait immobile, tout cela n'avait été pour Bülow que l'affaire d'un instant. Rangés derrière un léger obstacle de terrain, nos escadrons avaient attendu la charge de pied ferme et avaient été sabrés, culbutés, mis en déroute [1], laissant entre les mains de l'ennemi une centaine de morts, de blessés, et autant de prisonniers. Fort heureusement nos deux bataillons, instantanément formés en carrés, leur avaient fourni un abri pour se rallier; et ils s'étaient repliés avec eux sur Nedlitz sans autre accident. La nuit s'était faite.

---

[1]. Ce sont les expressions mêmes d'Eugène dans sa lettre du 5 avril à Napoléon.

La cavalerie prussienne avait regagné Zehdenick. sans essayer une nouvelle entreprise.

Ainsi, dans cette après-midi du 5 avril, on s'était rencontré sur Danigkow, sur Vehlitz, près de Zehdenick ; et partout Eugène avait reçu des échecs.

Wittgenstein, dans sa précipitation, avait pourtant manœuvré de manière à se faire tailler en pièces. Il avait attaqué en trois points espacés sur une ligne de deux lieues, chacune de ses colonnes s'engageant à la hâte, dès son arrivée sur le terrain, ici vers deux heures, là vers quatre et demie, ailleurs deux heures plus tard encore, et aucune ne pouvant donner appui aux autres.

Si Eugène eût cédé peu à peu à Danigkow, il aurait attiré vers Gommern les deux brigades d'York ; s'il eût cédé de même à Vehlitz, il aurait attiré jusque sur le plateau Borstell et Berg ; et en faisant rapidement changer de front à Grenier, l'aile gauche en avant, le jetant avec la garde impériale et Lagrange sur les audacieux qui venaient le braver avec tant d'imprudence, il les aurait accablés sous le nombre, repoussés sur l'Elbe en dehors de toute ligne de retraite ; il aurait trouvé, ensuite, tout ouverte devant lui, la route de Berlin et du bas Oder ; il serait entré dans la capitale de la Prusse, aurait débloqué Stettin et Cüstrin ; il aurait frappé ainsi des coups qui auraient retenti d'une façon terrible à Kalisch, à Breslau, dans toute la Prusse, à Hambourg, dans l'Allemagne entière.

Cette manœuvre, avec ces résultats, était, pour

ainsi dire, écrite sur le terrain; il ne l'aperçut pas ou ne l'osa pas.

En cette absence de clairvoyance ou d'audace, il aurait dû au moins, ce que la bravoure de ses soldats, sa supériorité numérique, lui rendaient facile, il aurait dû empêcher la prise de Danigkow et de Vehlitz, et, au pis aller, les reprendre après les avoir laissé enlever. Et il n'en avait rien fait.

La journée, d'après son rapport, lui coûtait neuf cents hommes, dont une centaine de prisonniers, ces derniers presque tous de la 1re division de cavalerie [1]. Les alliés, au dire des écrivains prussiens et russes, n'eurent qu'environ six cents hommes hors de combat.

L'occasion d'un succès facile et considérable ainsi perdue pouvait se retrouver le lendemain, car Wittgenstein était bien décidé à renouveler ses attaques. Mais Eugène ne les attendit pas.

Pendant la nuit, il battit en retraite sur Magdeburg, rompit en passant le pont du Clussdamm, et mit l'Elbe entre ses adversaires et lui sans avoir été inquiété.

Ainsi, devant un ennemi moins fort que lui de moitié, il renonçait à ce camp en avant de Magdeburg, à cette position offensive que Napoléon lui avait si impérieusement ordonné de prendre; il y renonçait après les avoir occupés quatre jours, ce qui, sous le rapport de l'effet moral, était plus fâcheux que s'il ne les eût pas occupés du tout.

---

[1]. Lettre d'Eugène à Napoléon, 5 avril.

CHAPITRE DIXIÈME.

Pour expliquer à Napoléon cette désertion subite de ses ordres, pour s'en excuser, il lui écrivit qu'il n'avait pas voulu risquer « une affaire dont le résultat pouvait être douteux, vu le peu de cavalerie qu'il avait, et, *plus que tout cela*, le peu de confiance de réussir. » Il ajouta « qu'il pensait qu'il était de son devoir de ne rien compromettre jusqu'à ce qu'il trouvât une occasion heureuse [1]. »

Mais si, pour combattre, il fallait attendre beaucoup de cavalerie, une occasion plus favorable que celle de se trouver deux contre un, et sur un terrain choisi, quand ferait-on tête à l'ennemi, quand lui livrerait-on bataille?

Nous avons dû exposer avec détails dans le chapitre précédent et dans celui-ci les manœuvres d'Eugène sur les bords de l'Elbe et en deçà et au delà de Magdeburg, et leurs causes; car, jusqu'ici, ni les unes ni les autres n'ont été exposées avec exactitude. Restées inexplicables pour certains écrivains [2], elles ont été systématiquement expliquées par d'autres contrairement à la vérité.

La vérité se trouve dans la correspondance d'Eugène et de Napoléon et dans les ordres donnés dans

---

1. Lettre d'Eugène à Napoléon, 5 avril.
2. Parmi ces écrivains, nous citerons le judicieux Gouvion Saint-Cyr. Ne sachant comment expliquer rationnellement l'apparition d'Eugène devant Magdeburg, et sa retraite subite devant un ennemi si inférieur en forces, il se contente de rapporter « qu'une personne qui était assez avant dans la confiance du prince Eugène lui a assuré que ce dernier n'avait eu d'autre motif que celui d'essayer un de ses généraux. » (*Mémoires pour servir à l'histoire du Consulat et de l'Empire*, etc.)

le camp ennemi. Nous l'avons prise là; et elle ne concorde guère avec la prétention de certains biographes d'Eugène de le faire passer pour un général de premier rang.

Continuant la série des fautes qui l'avait ramené sitôt sur l'Elbe, Eugène avait imaginé, pour en défendre le cours, d'en occuper la rive gauche en y disséminant ses troupes sur un long cordon dépourvu de force. Il avait ainsi facilité la course de Tettenborn sur Hambourg, la défection des duchés de Mecklenburg, l'insurrection des villes Hanséatiques et du bas pays entre l'Elbe, le Weser et l'Ems, soulèvement qui bouleversait les remontes de la cavalerie française en Hanovre, obligeait Napoléon à y envoyer plus de quarante mille hommes et portait une grave atteinte au prestige de la domination impériale. Il avait changé de système sur les ordres détaillés, répétés, pressants de Napoléon; et s'était massé sur Magdeburg. Mais cette concentration à peine opérée, il s'était laissé tromper par quelques incursions de Cosaques, et, déjà oublieux de ses instructions, était allé se concentrer sur l'Ohre. Au bout de quelques jours, il avait reconnu son erreur. Il était revenu à Magdeburg et avait débouché sur la rive droite de l'Elbe.

Son apparition en avant de cette forteresse avait suffi pour attirer sur lui Wittgenstein. Cela lui prouvait la justesse des calculs de Napoléon et lui montrait l'excellence de la position offensive qu'il venait de prendre. Mais, au lieu de la garder, il s'était hâté de l'abandonner; au lieu de profiter de l'heureuse fortune que lui avait offerte l'imprudente audace de Wittgenstein venant le combattre à forces considérablement inégales, il avait laissé battre ses avant-postes, évité la bataille, décampé nuitamment, abandonné ses retranchements ébauchés, et repassé l'Elbe, se donnant les apparences d'un vaincu.

Tel est le résumé exact, fait sur pièces, de la conduite d'Eugène depuis le 8 mars, jour où il repassa l'Elbe à Wittenberg après l'abandon de Berlin, jusqu'au 6 avril, jour où il le repassa, encore une fois, à Magdeburg. Il serait difficile, nous y insistons, d'y trouver la preuve qu'il fût doué des qualités du général en chef.

Le combat de Möckern, car c'est ainsi qu'on désigna fort improprement les trois affaires d'avant-postes qui venaient d'avoir lieu devant Magdeburg, ce combat suivi de la retraite précipitée de l'armée française derrière l'Elbe, Russes et Prussiens s'en firent honneur comme d'une grande victoire. Wittgenstein raconta, et il le croyait sans aucun doute, qu'Eugène allait marcher sur Berlin, et que la victoire de Möckern l'en avait empêché. Et, à Berlin, on tira le canon de réjouissance, les églises retentirent d'actions de grâces ; partout on célébra la gloire des défenseurs de la patrie et des Russes, leurs compagnons de travaux ; partout redoubla l'exaltation des citoyens et des soldats.

Renonçant à la rive droite de l'Elbe, et recevant de Dresde des avis qui lui apprenaient le passage de ce fleuve par la gauche des alliés, et lui donnaient faussement à croire que leur intention était de se porter sur le corps du maréchal Ney, alors en marche de la vallée du Mein vers Erfurt[1]. Eugène se décida à se rendre dans celle de la Saale pour s'y mettre en position d'empêcher une entreprise de ce genre. Si tel eût été le projet des alliés, il les aurait forcés à y renoncer sur l'heure, en débouchant de nouveau de Magdeburg, en menaçant Berlin, en battant, comme il le pouvait si facilement, l'imprudent Wittgenstein. Mais il continuait de ne pas comprendre cette puissante manœuvre ou de ne pas l'oser.

Il n'y avait dans Magdeburg que deux régiments westphaliens, qui n'inspiraient aucune confiance[2], et quelques compagnies des vaisseaux. Eugène y fit entrer six bataillons retirés à la 1re division de Davout, quatre retirés à la 1re de Victor; et après avoir ainsi pourvu cette place, il la laissa sans inquiétude aux mains vigoureuses du général du génie Haxo.

Le 12 avril, il eut son quartier général à Aschersleben, sa gauche formée par Lauriston s'appuyant à la Saale près de Bernburg, sa droite formée par Grenier s'étendant jusqu'à Blankenburg dans le Harz et même jusqu'à Elbingerode, où il avait appelé Durutte, que les Bavarois venaient de quitter pour rentrer en Bavière, et qui n'avait plus qu'un millier d'hommes. Victor, maintenu sur la basse Saale avec huit bataillons, y gardait les débouchés de Bernburg et de Calbe.

Ainsi disposée, l'armée française occupait une

---

[1]. Lettre d'Eugène à Napoléon, 7 avril.
[2]. Lettre d'Eugène à Napoléon, 28 avril.

ligne, à peu près droite, de quinze à vingt lieues, et avait Magdeburg pour base d'opérations. Si l'ennemi, ce qui maintenant n'était plus probable, passait l'Elbe en force, au-dessous de Magdeburg, elle pouvait par un simple changement de front, la gauche en arrière, reprendre sa base sur Wesel et couvrir le royaume de Westphalie tout en se reliant à Davout, spécialement chargé de la défense de la 32e division militaire; et si, au contraire, il voulait s'avancer sur la Thuringe, vers Erfurt, comme le croyait Eugène, elle était tout à portée de tomber sur son flanc, sur ses derrières, avec plus de soixante mille hommes et de lui faire le plus mauvais parti.

N'ayant pas tenu la position en avant de Magdeburg, Eugène n'aurait pas pu en prendre une meilleure que celle qu'il prenait, eu égard du moins au projet qu'il prêtait aux alliés.

Cependant Wittgenstein, tout glorieux de l'avoir vu lui céder le terrain, avait repris sans tarder son projet de passage de l'Elbe. Il avait chargé Bülow, auquel il laissait Borstell, d'observer de très près Magdeburg, et il avait gagné Rosslau avec York et Berg.

Le pont y était achevé; une tête de pont était construite et Dessau occupé. Le 8 et le 9 avril, York et Berg avaient franchi le fleuve, le premier poussant aussitôt jusqu'à Cöthen, le second restant à Dessau et occupant, par une brigade, Acken, sur la route de Calbe. Berg venait d'être rejoint par le détachement que Wittgenstein lui avait fait faire, pour un moment, sur Spandau.

Wintzingerode était depuis le 3 avril à Leipzig, occupait par des détachements Merseburg et Halle, sur la Saale, et battait le pays au delà par sa cavalerie légère. Blücher, son chef, après avoir traversé Dresde, et s'être porté d'abord sur Chemnitz, gagnait Altenburg, tenait des troupes légères sur Plauen, observait les débouchés de la Bavière et avait poussé des partisans jusqu'en Thuringe.

Ainsi établis, avec la masse de leurs forces, sur une ligne d'une vingtaine de lieues de longueur et en communication l'un avec l'autre, Wittgenstein et Blücher étaient parvenus à la limite récemment posée par Koutousof à leur marche en avant. Le 29 mars, en effet, ce dernier avait écrit à Wittgenstein : « Je crois qu'on ne doit pas dépasser l'Elster; là est le terme le plus extrême; mais cet ordre ne s'applique pas aux partisans[1]. »

Wittgenstein et Blücher se trouvant bornés de la sorte dans leurs mouvements, et Eugène, de son côté, ne se proposant rien autre chose que de les empêcher de s'avancer en Thuringe, où ils n'avaient pas l'intention d'aller, la guerre se réduisit à de petits combats d'avant-postes, à des rencontres de reconnaissances un peu en deçà, un peu au delà de la Saale, et à quelques coups de mains exécutés par des partis de cavalerie russes et prussiens dans le Harz et dans la Thuringe.

Un d'eux parut, un moment, à Nordhausen, à

---

[1]. Lettre citée par Danilefski.

vingt lieues de Cassel; un autre surprit à Langensalza Rechberg et ses Bavarois qui s'en retournaient en Bavière et leur enleva tous leurs canons, un seul excepté[1]; un troisième envoya à Blücher tout un bataillon de la Saxe ducale qui s'était laissé prendre, à Eisenach, sans coup férir, et qui entra tout entier dans l'armée prussienne, aux cris d'indépendance et de liberté. Les habitants de cette contrée favorisaient à l'envi, par leurs renseignements, Russes et Prussiens, et plus d'un, à l'occasion, se joignait à eux.

Wittgenstein voulut pourtant employer beaucoup plus utilement la halte qui lui était ordonnée.

Il entra en relations avec le général Thielmann gouverneur de Torgau, et s'efforça de lui persuader de se faire le York de la Saxe. Il n'y réussit pas. Fort animé pour la cause de l'Allemagne, le général saxon avait eu déjà des entretiens avec Kleist et Wintzingerode; il avait même pris l'engagement formel[2] avec ce dernier, de livrer Torgau si le roi de Saxe n'entrait pas dans la Coalition. Mais, ne désespérant pas encore de l'y voir entrer, il ne voulait rien faire sans son assentiment; et il en avait reçu l'ordre de ne laisser pénétrer dans Torgau ni les Français ni les alliés. Il fit dire pourtant à Wittgenstein que Wittenberg, place saxonne comme Torgau, était dans un état de défense fort incomplet, partant, facile à enlever; et, sur ce renseignement, Wittgen-

---

[1]. *Kriegsgeschichte von Bayern*, etc.

[2]. Stein écrivait ce fait, le 11 avril, au ministre russe Nesselrode.

stein résolut de tenter, sans plus tarder, l'aventure d'une attaque de vive force sur cette ville et de la diriger lui-même.

Le 16 avril, il arrivait donc de sa personne, au camp de Kleist; et le lendemain matin, au point du jour, il lançait trois colonnes contre Wittenberg.

Le général Lapoype, divisionnaire depuis 1792, en avait fait détruire les faubourgs et avait pris toutes les dispositions de défense que le temps et les lieux avaient permis de prendre; mais ces dispositions étaient encore incomplètes, et il n'avait qu'une vingtaine de pièces de campagne en batterie, deux mille hommes de garnison et trois ou quatre cents artilleurs et sapeurs novices. Il n'en fit pas moins tête aux Prussiens et aux Russes, si bien qu'à deux heures après midi, il les vit cesser leurs efforts acharnés et impuissants; et quand, malgré leur insuccès, ils osèrent le sommer, il ne daigna pas même leur répondre. Ayant à subir alors le feu de plusieurs batteries qui tiraient à incendier la ville, il laissa ses canons muets et se contenta d'éteindre les incendies allumés. Tant vaut l'homme, tant vaut la place. La place était faible, mais l'homme était fort; Wittgenstein renonça à sa tentative et à toute tentative nouvelle.

Il laissa en observation devant Wittenberg trois bataillons, un peu de cavalerie régulière, un régiment de Cosaques, une batterie d'artillerie; et il prescrivit à Kleist d'aller, avec toutes ses autres troupes, passer l'Elbe à Rosslau. Il n'avait plus, après cela, qu'à se rapprocher de Blücher, et c'est ce qu'il fit ; il opéra un mouvement général vers Leipzig, et, le 26 avril, il y eut son quartier général.

Le détachement russe auquel Pillau s'était rendu en février et qui était maintenant sous les ordres du général Harppe, ralliait en ce moment l'armée. Wittgenstein l'envoya renforcer les troupes laissées devant Wittenberg. Tout récemment relevé devant Cüstrin par le général Kapzewitch, qui venait de l'armée de réserve de Pologne, Woronsof approchait de l'Elbe avec cinq mille cinq cents hommes. Il reçut l'ordre de se rendre sur Magdeburg et de bloquer cette place, par la rive droite de l'Elbe, de concert avec Borstell. Son arrivée là rendait Bülow disponible. Wittgenstein lui ordonna de se porter sur Dessau avec la brigade que remplaçait Woronsof, étendit son commandement sur les troupes maintenues devant Magdeburg et Wittenberg, le prévint qu'il prenait, désormais, sa base d'opérations sur l'Elbe supérieur [1], le chargea de défendre la tête de pont de Dessau, et lui recommanda, le cas échéant, de couvrir Berlin, en appelant à lui, au besoin, toutes les troupes du blocus de Magdeburg et de Wittenberg.

Bülow allait, d'ailleurs, être renforcé au premier jour, par la brigade qu'il avait détachée sur Spandau. Cette citadelle, car, d'un commun accord, la ville elle-même ne fut ni attaquée ni défendue, s'était rendue le 24 avril, après un bombardement de quelques jours qui avait renversé l'escarpe d'un bastion en faisant

---

[1]. Le 18 avril, Koutousof avait écrit à Wittgenstein de ne songer qu'à se réunir à Blücher et à rester réuni avec lui sans s'éloigner de Dresde.

sauter une poudrière voisine. Quoique plus nombreuse que l'assiégeant, la garnison n'avait pas attendu l'assaut pour capituler.

Wittgenstein n'avait plus d'ordres à donner à Dörnberg, à Czernichef, à Tettenborn. Ces généraux, et les corps de volontaires qui se formaient sur le bas Elbe, venaient d'être mis sous le commandement du lieutenant général Walmoden, récemment sorti du service autrichien pour passer à celui du czar; et ce commandement était indépendant de Wittgenstein.

Au moment où celui-ci approchait de Leipzig, le 24 avril, le czar et le roi de Prusse arrivèrent à Dresde, suivis du corps de Tormasof. Miloradowitch les y avait précédés de cinq jours et s'était rendu à Chemnitz; Schuler l'avait remplacé depuis un mois devant Glogau. Mais Koutousof n'était ni à Chemnitz ni à Dresde.

Le 7 avril, il avait enfin quitté Kalisch et pris la route de l'Elbe avec Tormasof. Czentoschau s'était rendu le 25 mars, après une courte et faible défense. Le 29 mars avait été signée la convention avec l'Autriche, qui allait faire rentrer le corps de Frimont sur le territoire autrichien, et forcer Poniatowski à l'y suivre. Le grand-duché de Varsovie ne bougeait pas; d'ailleurs, les troupes qu'on y avait laissées, et celles qui y arrivaient incessamment pour former l'armée de réserve, étaient plus que suffisantes pour imposer, au besoin, à la population. Il n'y avait donc plus de prétexte pour rester encore immobile; et, comme nous le disons, Koutousof s'était mis en marche. Mais arrivé à Bunzlau, près de la frontière de Saxe, il avait éprouvé un refroidissement, s'était alité, n'avait pu se relever, et avait décliné si rapidement, que son état était tout à fait désespéré.

La marche d'Alexandre et de Frédéric-Guillaume en Saxe, leur entrée dans Dresde, n'avaient été qu'une suite d'ovations officielles et populaires, qui ne le cédaient pas à celles que ces deux souverains avaient reçues en Silésie même. Ces démonstrations étaient l'expression exacte des sentiments de la population saxonne; et pourtant, elle n'avait encore rien fait pour la patrie germanique. Dresde avait vu depuis un mois les Français s'éloigner de ses murs, Eugène se confiner en arrière de la Saale; et, sauf un millier de volontaires qui étaient allés, à la suite de Körner, s'enrôler en Prusse dans les corps francs, la Saxe n'avait donné aucune aide à la Coalition. Elle était mécontente de ce que son roi ne se prononçait pas pour la cause de l'indépendance; mais elle n'osait pas suppléer à son indécision. Il en va souvent ainsi, en semblables circonstances, des peuples disciplinés de longue main par le pouvoir absolu, comme le Saxon à cette époque. Ils perdent tout esprit d'initiative. Il aurait suffi sans doute que les hauts fonctionnaires restés dans le pays donnassent le signal, pour que la population se soulevât. Mais le roi avait établi à Dresde une commission de gouvernement; et cette commission, composée de courtisans assouplis, de bureaucrates routiniers, n'avait d'autre pensée que de ne pas lui déplaire. Comme le pouvoir royal lui-même, elle tenait dans la plus étroite dépendance les fonctionnaires de tout ordre ; elle leur recommandait le calme ; et ils obéissaient. Elle les autorisait bien à se joindre aux manifestations en l'honneur des troupes et des souverains alliés, elle-même y prenait part ; mais elle voulait que tout se bornât à des acclamations, à des arcs de triomphe, à des illuminations.

Il se produisait en Saxe ce qu'on avait vu naguère dans la province de Prusse jusqu'à l'arrivée de Stein à Königsberg. Stein était pourtant à Dresde ; il y était comme président du comité central d'administration institué pour la mise à exécution de la convention de Kalisch, du 19 mars. Mais il lui manquait les pouvoirs illimités dont il était muni à Königsberg. Irrité, à bon droit, contre le roi fugitif, contre ses tergiversations et sa politique double, las de discuter avec les délégués de son pouvoir, qui marchandaient sur les fournitures de vivres indispensables aux armées alliées, pendant qu'en Prusse hommes et chevaux étaient nourris par les habitants, Stein conseillait aux souverains des mesures énergiques. Il n'était pas écouté. Il aurait voulu faire, il demandait l'autorisation de faire ce qu'il avait fait, ce qui avait si bien réussi dans la province de Prusse : convoquer les états du royaume, leur faire nommer une commission permanente, et tout mener par cette commission même. Les souverains n'y consentaient pas. Aussi, aux patriotes saxons qui le poussaient à agir comme précisément il l'aurait voulu, Stein répondait-il avec amertume : « Je ne peux rien ; je ne suis ni empereur de Russie, ni roi de Prusse [1]. »

Il pensait, lui, dans son énergie et sa logique pariotiques, il pensait que l'heure était venue de commencer à faire l'application de la fameuse proclamation de Koutousof, de ce manifeste écrit au nom des souverains alliés. Mais ceux-ci n'accueillaient pas cet avis. Ils étaient non moins fatigués, irrités que Stein de la conduite du roi Frédéric-Auguste, qui, après beaucoup de belles paroles envoyées au quartier général, n'avait répondu, et vers la mi-avril encore, que par des faux-fuyants à Frédéric-Guillaume, quand celui-ci l'avait exhorté lui-même, dans une lettre chaleureuse [2], à se ranger sous le drapeau de l'indépendance. Mais, tout en refusant le concours demandé, Frédéric-Auguste s'éloignait peu à peu de Napoléon et se rapprochait de l'Autriche, en devenait le client, passait dans le camp de la médiation armée; et les souverains alliés n'osaient pas l'y frapper, car, en le frappant, ils auraient indisposé contre eux l'empereur François, dont ils recherchaient si ardemment l'alliance. Bien loin de là, Frédéric-Auguste ayant quitté Augsburg, le 20 avril, pour se rendre dans les États autrichiens, à Prague, ils chargèrent aussitôt Stein, Stein lui-même, de lui transmettre les plus belles propositions. Si le roi consentait à ce que la place de Torgau fût ouverte aux alliés, à ce que la

[1]. *Meine Wanderungen und Wandelungen mit dem Reichsfreiherrn Heinrich Carl Friedrich von Stein,* von E. M. Arndt.

[2]. Lettre du 9 avril.

garnison se joignît à eux, et s'il permettait aux populations de la Saxe d'embrasser la cause de l'indépendance, le czar et le roi de Prusse lui garantissaient l'intégrité de ses États allemands et un équivalent pour le cercle de Cotbus, que la Prusse reprenait, et ils s'engageaient à payer argent comptant toutes les livraisons faites par ses sujets à leurs armées. Avec tous ces ménagements envers ce roi pusillanime et égoïste, on avait laissé passer l'occasion de faire entrer la Saxe dans la Coalition, de se renforcer de ses troupes, de son peuple, de se donner une forteresse sur l'Elbe. On subissait, en outre, un grave échec moral. La Saxe devait être le prix de la première bataille; et cette bataille était prochaine. Depuis le milieu d'avril, les rapports des partisans, les avis des affidés, toutes les nouvelles annonçaient que les routes de la Franconie et de la Thuringe étaient couvertes de colonnes françaises qui se dirigeaient vers Erfurt, vers la Saale. Et tout était vrai : une nouvelle Grande Armée était sur pied ; elle s'avançait : et Napoléon était à sa tête.

CHAPITRE ONZIÈME.

Napoléon à Mayence. — Les forces dont il dispose sont divisées en trois groupes. — Le premier groupe formé de l'armée d'Eugène, sur la basse Saale. — Le deuxième groupe sous les ordres de Davout, sur le Weser et le bas Elbe. — Le troisième groupe, échelonné de Mayence à Erfurt et Bamberg, comprend : le 1er corps d'observation du Rhin, sous les ordres de Ney; le 2e corps d'observation du Rhin, sous les ordres de Marmont; le 1er corps d'observation d'Italie, organisé par Bertrand et amené par lui de Vérone sur Bamberg; enfin la garde impériale et les contingents bavarois et würtembergeois.—Activité déployée par Napoléon à Mayence pour reformer, nourrir, équiper, habiller ses troupes. — Il rend des numéros d'ordre aux différentes armes et reconstitue la Grande Armée. — En quoi elle diffère de l'ancienne Grande Armée. — Jeunesse des troupes, manque de cohésion, disproportion des différentes armes, lassitude des chefs, luxe de l'état-major.—Les soldats pleins d'ardeur et d'enthousiasme. — Les auxiliaires italiens, allemands, très-ébranlés, laissent beaucoup de déserteurs. — Napoléon quitte Mayence après avoir donné leurs ordres de marche aux différents corps.—A Erfurt, il apprend les hésitations du roi de Saxe, la rupture de l'alliance autrichienne. — Sa dépêche menaçante à l'Autriche. — Il est plein de confiance dans le résultat de la guerre.

Napoléon partit de Paris dans la nuit du 15 au 16 avril. Quarante-huit heures après, il était à Mayence. Berthier l'y avait précédé de deux jours; Berthier guéri, conforté de corps et d'esprit, qui avait repris ses fonctions de major général, mais qui trouvait bien lourd le poids de ses soixante années et de tant de guerres, et bien dure l'impossibilité de jouir à l'aise de ses immenses richesses.

La retraite d'Eugène derrière la Saale, le passage de l'Elbe par les alliés, l'insurrection persistante de la basse Allemagne, la nécessité de troubler, d'empêcher le développement des armements de la Prusse, l'opportunité de frapper la Coalition avant l'arrivée des réserves russes, la conduite équivoque du roi de Saxe, l'attitude de l'Autriche, l'état de plus en plus menaçant de l'opinion publique dans les pays de la Confédération du Rhin, la saison qui devenait favorable aux grandes opérations, tout poussait Napoléon à entrer promptement en campagne. Les forces dont il disposait lui permettaient d'ailleurs d'y entrer avec une grande supériorité numérique.

Sans être aussi considérables qu'il l'avait calculé et espéré pour cette époque de l'année, ces forces, en effet, étaient déjà très-nombreuses, et elles allaient s'accroître beaucoup encore.

Elles se répartissaient en trois groupes.

Le premier, que nous avons vu en action sous Eugène, et qui, à la mi-avril, était sur la basse Saale, comprenait la division Roguet de la garde impériale, le corps de Grenier, trois des quatre divisions de celui de Lauriston, les faibles restes de la division Durutte, huit bataillons de la 1re division du corps de Victor, dix de la 1re de celui de Davout, — les autres bataillons de ces deux dernières divisions étant dans Magdeburg, — le corps de cavalerie de Latour-Maubourg, et cent quatre-vingt-six bouches à feu. Ce premier groupe, toutes armes comprises, était fort de soixante-treize mille hommes, et il allait être porté, sous très-peu de jours, à soixante-dix-sept mille et un peu plus, par l'arrivée à la division Durutte, de trois mille conscrits français et de quinze cents fantassins de Würzburg.

Le second groupe se composait des troupes mises sous les ordres du maréchal Davout pour réduire l'insurrection du bas Elbe. C'étaient la division Puthod du corps de Lauriston, le corps de cavalerie de Sébastiani, détachés momentanément de l'armée d'Eugène, la petite division de Carra Saint-Cyr et les divisions Dumonceau et Dufour, — 2es des corps de Davout et de Victor, — dont l'une était sur le Weser et dont l'autre y arrivait. Sans tenir compte des renforts qui allaient le rejoindre assez prochainement, Davout disposait ainsi de trente-deux mille hommes et de soixante-huit bouches à feu.

Le troisième groupe comprenait le 1er et le 2e corps d'observation du Rhin, le corps d'observation d'Italie et la garde impériale.

Le 1er corps d'observation du Rhin, sous les ordres du maréchal Ney, avait quatre divisions françaises d'infanterie, commandées par Souham, Girard, Brenier, Ricard; une allemande, mais commandée aussi par un Français, le général Marchand; une brigade de cavalerie mi-partie française, mi-partie allemande, et cent vingt-deux bouches à feu, presque toutes d'artillerie française.

Les divisions Souham, Girard, Brenier, Ricard, étaient composées comme nous avons dit antérieurement qu'elles devaient l'être[1], c'est-à-dire qu'elles comptaient huit des régiments à quatre bataillons for-

---

1. Voir chapitre VI.

més avec les cohortes, et vingt-quatre bataillons de conscrits de 1813, encadrés dans des cadres pris aux dépôts des régiments d'Espagne. La division Marchand était un amalgame des contingents, encore incomplets, des grands-duchés de Bade, de Hesse, de Francfort, et ne comptait que onze bataillons qui ne comprenaient guère que de jeunes soldats.

Ainsi constitué, le corps de Ney donnait, toutes armes comprises, cinquante-trois mille hommes en ligne, quarante-quatre mille Français, neuf mille Allemands[1]. Ses bataillons français seuls, s'ils eussent été au complet, comme on avait espéré pouvoir les y mettre pour cette époque, auraient été forts ensemble de quarante-sept mille hommes.

Successivement organisées à Mayence, Francfort, Hanau, les divisions Souham, Girard, Brenier, Ricard, avaient été acheminées, vers la mi-mars, par Aschaffenburg sur Würzburg, et, tout en s'organisant et en marchant, n'avaient cessé de s'exercer sous l'énergique surveillance de Ney. Ce maréchal avait eu, le 25 mars, son quartier général à Würzburg, où se rassemblait sa division allemande, y avait fait une halte de quelques jours, s'était porté ensuite lentement par Meiningen sur Erfurt, et y entrait avec sa 1re division le 17 avril, jour de l'arrivée de Napoléon à Mayence.

---

[1]. 3,678 fantassins et artilleurs badois (*Denkwürdigkeiten des Generals der Infanterie Markgrafen Wilhelm von Baden*, etc.); 4,329 fantassins et artilleurs hessois (*Die grossherzoglich hessischen Truppen in dem Feldzuge von 1813, von M. C. J. K. v. D.*); environ 600 fantassins francfortois et 450 dragons de Bade.

CHAPITRE ONZIÈME.

Dans cette marche de Mayence et de Francfort par Würzburg sur Erfurt, Ney avait rempli un rôle bien calculé par Napoléon. Il avait imposé aux populations de la Franconie et de la Thuringe, fort agitées par les événements, par le patriotisme; il avait été une menace aux alliés, soit qu'ils eussent été tentés de faire une incursion en Bavière, soit qu'ils eussent voulu s'avancer sur la grande chaussée de Leipzig à Mayence ou manœuvrer pour tourner Eugène.

Le 2ᵉ corps d'observation du Rhin n'avait pu se former d'aussi bonne heure que le 1ᵉʳ, à qui on avait attribué les troupes des dépôts les plus proches de Mayence. Le maréchal Marmont, son chef, arrivé à Francfort le 26 mars, avait commencé tout de suite à l'organiser; mais, même à cette date tardive, il s'était trouvé en avance sur une grande partie des troupes destinées à le composer[1].

Marmont devait avoir quatre divisions d'infanterie commandées par Compans, Bonnet, Friedrich, Teste, quatre-vingt-huit bouches à feu, et, en fait de cavalerie, seulement deux cent cinquante lanciers du grand-duché de Berg; et ses quatre divisions devaient comprendre quinze bataillons de canonniers de marine, presque tous vieux soldats mais manœuvriers médiocres, trente-deux bataillons de conscrits de 1813 encadrés comme ceux du corps de Ney, quatre bataillons du 37ᵉ léger, nouveau régiment recruté dans les

---

[1]. Le 2 avril, Marmont écrivait au major général : « La division Compans et la division Friedrich ont encore en arrière, l'une six bataillons, et l'autre sept, et ne les recevront que dans quelques jours. »

compagnies de réserve départementale, et un bataillon d'Espagnols, de bonne volonté fort douteuse et néanmoins suffisante pour leur attirer les malédictions de leurs héroïques compatriotes.

Fort actif, bien qu'il n'eût pas encore recouvré l'usage d'un bras fracassé d'un coup de feu en Espagne, Marmont avait mené l'organisation de son corps assez rapidement pour avoir pu se mettre en mouvement quinze jours après son arrivée à Mayence. Mais il avait été obligé de laisser en arrière la division Teste, qui devait être composée de douze bataillons de conscrits de 1813 et qui n'avait pas encore le quart de son effectif. Envoyée en cantonnements à Giesen, cette division était bien placée pour protéger un peu, tout en se formant, les fragiles gouvernements de Berg et de Westphalie contre leurs propres sujets.

Marmont marchait avec vingt-sept mille hommes de toutes armes, — car ses bataillons avaient à peine six cents hommes en moyenne, — et avec soixante-dix-huit bouches à feu. Il avait pris sa route par Fulda, parallèlement à Ney, se trouvait, le 17 avril, à une marche en arrière d'Eisenach et devait y porter son quartier général le surlendemain. Eisenach n'est qu'à une journée d'Erfurt.

Le corps d'observation d'Italie, organisé avec un zèle infini par le général Bertrand, avait commencé, le 13 mars, à marcher des environs de Vérone vers l'Allemagne, en remontant la vallée de l'Adige et traversant le Tyrol. Il comprenait trois divisions françaises aux ordres des généraux Morand, Pacthod et

CHAPITRE ONZIÈME.

Lorencez, une division italienne commandée par le général Peyri, une division de cavalerie italienne, et il avait quatre-vingts bouches à feu, qui devaient être très-prochainement augmentées de vingt-deux que Napoléon leur faisait envoyer de Strasbourg avec cent cinquante voitures d'artillerie. Les divisions françaises comptaient ensemble deux régiments de cohortes, chacun à quatre bataillons; deux vieux régiments, le 13e et le 23e de ligne, l'un à cinq, l'autre à quatre bataillons; seize bataillons de conscrits de 1813, mêlés d'un petit nombre de conscrits de 1812; trois bataillons napolitains, deux croates. Forte de treize bataillons, la division italienne était, en général, composée de soldats anciens mais non aguerris; et il en était de même de sa cavalerie, qui avait onze escadrons.

Toutes armes comprises, le corps d'observation d'Italie s'était mis en marche avec un effectif de quarante-deux mille cinq cents hommes présents sous les armes. Ses bataillons français étaient, en moyenne, de six cent soixante-quinze hommes, ses bataillons italiens de huit cents, ses escadrons de deux cent vingt-cinq chevaux[1]. Il aurait dû avoir, en outre, deux régiments de cavalerie légère française; mais ces régiments, qui se formaient à Florence et à Turin,

---

1. Nous extrayons ces chiffres et les précédents de la correspondance et des rapports du général Bertrand, que nous avons sous les yeux.

Avec un peu plus de détails, nous ajouterons que les bataillons les plus forts étaient ceux des deux régiments formés avec des cohortes : ils avaient en moyenne, sept cent trente-trois hommes.

n'étaient pas encore en état d'entrer en campagne.

Le 30 mars, la 1re division de Bertrand était arrivée à Augsburg. Elle y avait fait un court séjour et avait gagné, de là, Bamberg, où Bertrand lui-même avait établi son quartier général le 17 avril, suivi de près par sa division italienne et sa cavalerie. Mais ses deux autres divisions étaient encore à plusieurs marches de lui.

En passant par Augsburg, il avait trouvé les six bataillons qui y avaient été organisés avec des conscrits de 1813 et une partie des cadres échappés de Russie sous Eugène. Obéissant à un ordre de Napoléon, il avait dissous ces bataillons, renvoyé leurs cadres en Italie et renforcé de ces conscrits, au nombre de deux mille cinq cents, ses plus faibles régiments. Il avait fait la même opération sur un bataillon appelé de Würzburg, composé de compagnies des vaisseaux et primitivement destiné à la garnison de Glogau; et son corps d'armée s'était trouvé porté à quarante-cinq mille hommes [1].

Sa marche faisait de l'impression dans le Tyrol et la vallée du Danube. Bertrand écrivait à Napoléon : « L'arrivée des vieux soldats de la 1re division, — le 13e et le 23e de ligne, — à Augsburg, a produit une grande sensation. On croyait qu'il n'y avait plus de régiments français ; en peu de jours les figures et les discours ont changé [2]. »

---

[1]. Lettre de Bertrand au ministre de la guerre de France, Augsburg, 8 avril.

[2]. Lettre de Bertrand à Napoléon, Augsburg, 4 avril.

CHAPITRE ONZIÈME.

Les discours et les figures changeaient sans doute; mais les cœurs ne changeaient pas.

La garde impériale était beaucoup moins nombreuse qu'on ne l'avait espéré. Elle ne donnait encore sur Mayence que seize bataillons, dont deux seulement de vieille garde et quatorze de jeune, trois mille cavaliers, à peu près autant d'hommes des autres armes et quatre-vingts bouches à feu; et encore, parmi ces trois mille cavaliers, se trouvaient compris ceux dont Eugène s'était séparé à Leipzig pour les envoyer se refaire sur Fulda, et ceux qui, revenus démontés de Russie, avaient été dirigés sur cette dernière ville à la fin du mois de janvier. Les cavaliers venant de France conduisaient en main les chevaux qui manquaient à ces derniers.

Ainsi, la garde ne comptait, en tout, que dix-huit mille hommes, dont la moitié et plus, c'est-à-dire les bataillons de jeune garde, n'était composée que de conscrits de la levée de cent mille hommes, décrétée il n'y avait que trois mois.

Les deux divisions de marche de cavalerie, destinées par Napoléon à renforcer les corps de Latour-Maubourg et de Sébastiani [1], commençaient à se rassembler en avant de Mayence, et ce rassemblement grossissait assez vite; mais il ne pouvait être disponible avant plusieurs semaines.

Il en était de même d'un petit corps que Dombrowski organisait entre Giesen et Cassel, à Mar-

---

1. Voir chapitre VI.

burg, avec toutes les troupes polonaises ramenées de Kalisch par Reynier, et de Posen par Eugène, sauf ce qui en avait été laissé à Spandau et à Wittenberg.

Mais, par une sorte de compensation, les rois de Bavière et de Würtemberg fournissaient une partie du contingent qu'ils devaient comme confédérés du Rhin, et faisaient de grands efforts pour parvenir à le fournir tout entier. Le premier avait réuni sur Bayreuth une division d'infanterie de neuf bataillons, six escadrons de cavalerie et seize bouches à feu, en tout huit mille hommes[1], commandés par le lieutenant général Raglowitch; et le second venait de rassembler à Mergentheim, à deux marches au sud de Würzburg, une division de dix bataillons, une brigade de huit escadrons et douze bouches à feu, en tout sept mille hommes, sous les ordres du lieutenant général Franquemont[2].

Pour mettre leurs contingents au complet, les rois de Bavière et de Würtemberg avaient à fournir encore, le premier vingt-deux mille hommes, le second cinq mille.

Jérôme Bonaparte roi de Westphalie, avait organisé ainsi une partie du contingent qu'il devait à Napoléon : il avait formé et mis sous le commandement

---

[1]. Le Journal des opérations du 12e corps auquel, nous aurons bientôt à le dire, furent attribués les Bavarois, porte en moyenne les bataillons à sept cent cinquante hommes et les escadrons à cent vingt. (*Archives du dépôt de la guerre à Paris.*)

[2]. Exactement sept mille deux cent soixante et un hommes. (*Tagebücher aus den Feldzügen der Würtemberger unter der Regierung Königs Friedrich.*)

du lieutenant général Hammerstein huit bataillons, huit escadrons et seize bouches à feu. Mais il ne pouvait s'en dessaisir encore, obligé qu'il était de se tenir en garde contre l'irritation de ses sujets et les incursions des partisans russes et prussiens. Il maintenait Hammerstein sur les frontières est et sud de la Westphalie, communiquant par sa gauche avec Eugène, par sa droite avec Ney.

En résumé, au moment où Napoléon arriva à Mayence, Eugène était avec soixante-dix-huit mille hommes sur la basse Saale, que les armées alliées ne pensaient pas à franchir; Davout était sur le Weser avec trente-deux mille hommes suffisants, sans doute, pour réduire l'insurrection que la configuration du pays ne favorisait pas et qu'aucune force régulière un peu notable n'appuyait; et de Mayence à Erfurt et à Bamberg, il y avait ou il allait y avoir, sous très-peu de jours, cent cinquante-huit mille hommes tout prêts pour la guerre.

Napoléon avait à opposer déjà à la Coalition deux cent soixante-neuf mille hommes, dont deux cent trente mille fantassins, quinze mille cavaliers et vingt-quatre mille artilleurs, sapeurs, soldats des divers trains; et cette force devait s'augmenter encore considérablement!

A peine descendu de voiture, il fit écrire par Berthier à Eugène, à Davout, à tous les chefs de ses corps d'armée pour leur annoncer sa venue à Mayence, pour leur demander de prompts rapports sur ce qu'ils avaient, sur ce qui leur manquait en officiers, en soldats, en habillement, en équipement, en matériel et sur les nouvelles qui leur parvenaient de l'ennemi; il fit expédier des émissaires aux commandants des places fortes de l'Oder et de la Vistule pour leur apprendre aussi son arrivée sur le Rhin; et son grand-écuyer Caulaincourt annonça également cette nouvelle aux princes confédérés.

Pour tous, maréchaux, généraux, souverains, c'était un stimulant sans pareil.

Il faut lire, dès ce moment, la correspondance de Napoléon, celle du major général, de l'intendant en chef de l'armée, pour se faire une idée de l'activité de Napoléon dans les jours qui suivirent; et rien mieux que cette lecture ne peut donner l'intelligence de la multiplicité infinie des objets que doit embrasser la pensée du général en chef.

La plupart des régiments formés de cohortes, la plupart des régiments provisoires composés de bataillons de conscrits de 1813, même les régiments d'artilleurs de marine, avaient des cadres fort incomplets. Dans le corps d'armée de Marmont, le plus mal partagé, il est vrai, tel bataillon n'avait qu'un officier et à peine un sous-officier par compagnie[1]. Pour combler ces vides, les chefs des corps d'armée avaient adressé au ministre de la guerre des mémoires de proposition d'avancement et diverses demandes. Mémoires et demandes étaient restés sans réponse. Informé du fait, Napoléon se fit envoyer par Ney, Ber-

---

1. Lettre de Marmont à Napoléon, Hanau, 2 avril.

trand, Marmont, le double de ce travail resté enfoui dans les bureaux de Clarke, signa toutes les promotions, tous les changements de régiments proposés; et, comme après cela, il manquait encore beaucoup d'officiers [1], comme il en arrivait journellement d'Espagne par les voitures publiques, il changeait leur destination ou la confirmait suivant les besoins des régiments [2]; souvent même, il examinait d'un trait ces officiers, leurs états de service à une parade, à une audience, et leur donnait de l'avancement. Il faisait aussi des promotions dans les bataillons de la garde, à leur passage à Mayence, et envoyait les promus à Ney, à Marmont, à Bertrand. En quelques jours les vacances furent remplies, les cadres complétés.

Certains régiments manquaient d'ustensiles de campement et n'auraient pu, par conséquent, faire la soupe au bivac; Napoléon ordonna d'en acheter, d'en faire fabriquer sur-le-champ, partout où l'on pourrait, à Mayence, à Francfort, à Hanau, etc. Les régiments provisoires, ceux d'artilleurs de marine n'avaient pas de sapeurs; il ordonna de leur en donner. A ces sapeurs il fallait des haches, de bonnes haches, comme il avait soin de l'écrire lui-même; il prescrivit encore de s'en procurer immédiatement

---

1. Marmont écrivait au major général, le 19 avril : « Il me faut soixante capitaines, un officier payeur, deux adjudants-majors, soixante-sept lieutenants, qui ne peuvent pas être fournis par les corps, *faute de sujets.* »

2. « Sur les officiers revenus d'Espagne, on va vous envoyer les officiers dont vous avez besoin. Envoyez la récapitulation de ce qui vous manque en colonels, majors, majors en second, capitaines, etc. » (Lettre de Napoléon à Marmont, 17 avril.)

par les mêmes moyens. Ces régiments manquaient aussi des chevaux de bât, indispensables pour le transport de leur comptabilité et des médicaments, des appareils, des linges nécessaires au service des officiers de santé ; il prescrivit encore d'en acheter, car il y en avait beaucoup dans le pays, et de faire confectionner leur équipement.

Pour tous ces achats il fallait de l'argent, de l'argent comptant ; Napoléon en avait apporté avec lui ; et il accompagnait ses ordres des moyens de les exécuter.

Dans quelques bataillons, les soldats n'avaient qu'une veste, dans d'autres, qu'une capote ; c'était insuffisant pour la saison, pour le climat. Les effets qui leur manquaient avaient, en général, été expédiés des dépôts, mais traînaient en chemin, chargés sur les lentes voitures des rouliers ; Napoléon expédia des officiers d'ordonnance avec mission d'en accélérer l'arrivée au moyen de chevaux de réquisition. Parfois aussi, il fit acheter le drap d'habillement dans le pays et confectionner sur place, par les ouvriers civils, les vêtements nécessaires. A Augsburg, par exemple, Bertrand habilla par ce moyen toute une compagnie du train des équipages arrivant d'Italie en habits de paysans. Et pendant qu'on travaillait ainsi à le vêtir, le soldat continuait de marcher : ses vêtements, rapidement transportés, le rejoignaient en route.

Beaucoup de bataillons n'avaient pas formé leurs compagnies d'élite. Napoléon les fit former. Aux grenadiers, aux voltigeurs ainsi improvisés, il fallait des sabres. Il leur en fit expédier des arsenaux de Mayence et de Strasbourg. Il leur fallait aussi des épaulettes ; et l'argent manquait pour leur en procurer. Il avança l'argent et on trouva des épaulettes.

Des officiers revenus de Russie attendaient encore les indemnités qui leur étaient dues et dont ils avaient besoin pour s'équiper à l'entrée en campagne ; Napoléon les leur fit payer sur-le-champ. Il s'occupa aussi de la solde que naguère, à l'étranger, il laissait volontiers arriérée ; et il la fit aligner partout jusqu'au 1er mai. Il fallait, écrivait-il, éviter de fouler le pays. La précaution n'était pas dans ses habitudes et indiquait qu'il tenait quelque compte de l'exaspération de l'opinion publique en Allemagne.

Partout, néanmoins, sur la rive droite du Rhin, ses troupes vivaient aux dépens des habitants ; et il ordonnait, en outre, à ses lieutenants de former sur plusieurs points, au moyen de réquisitions non payées, des parcs de bestiaux, des magasins considérables de farines, et de faire fabriquer de grandes quantités de biscuit. Il expédiait des lettres de mécontentement à son frère Jérôme et au roi de Bavière, dont les préfets et gouverneurs ne se prêtaient pas assez complaisamment à ces réquisitions. Il écrivait à Ney, à Marmont, à Bertrand, d'avoir soin que leurs troupes ne manquassent de rien ; et, pour que leurs mouvements pussent être subits et prompts dans toutes les directions, il voulait que leurs soldats eussent toujours quatre jours de pain sur le sac et que leurs caissons d'équipages fussent constamment chargés de farines.

Un décret récent avait aboli les dénominations de

corps d'observation de l'Elbe, du Rhin, d'Italie, et donné des numéros à tous les corps de l'armée. Les corps de Davout et de Victor gardaient les N°s 1 et 2; ceux de Ney, de Bertrand, de Lauriston, de Marmont, prenaient respectivement les N°s 3, 4, 5, 6; la division Durutte, qu'on allait renforcer un peu et à laquelle on espérait encore joindre, comme l'année précédente, le contingent saxon, conservait la qualification de 7e corps; le corps de Poniatowski, toujours confiné à la frontière sud du grand-duché de Varsovie, recevait le N° 8; le N° 9 était réservé au contingent bavarois, et les N°s 10 et 11 attribués, l'un à la garnison de Danzig, l'autre au corps de Grenier. Le commandement de ce dernier corps venait d'être confié au maréchal Macdonald.

Napoléon décida que le N° 9 resterait vacant; que le 4e corps serait formé désormais de deux de ses divisions actuelles, celles de Morand et de Peyri, de la cavalerie italienne [1] et de la division wurtembergeoise de Franquemont; et qu'un douzième corps serait organisé avec les deux autres divisions de Bertrand, c'est-à-dire celle de Pacthod et de Lorencez et la division bavaroise de Raglowitch.

Oudinot fut appelé de Paris pour le commandement de ce nouveau corps.

Ainsi la Grande Armée se trouvait constituée. Mais quelle différence entre elle et les grands rassemblements de troupes auxquels Napoléon avait succes-

---

1. Lettre de Berthier à Bertrand, Erfurt, 26 avril.

sivement donné ce nom depuis dix ans et avec lesquels il avait frappé des coups si terribles!

On vient de le voir, tout dans celle-ci était jeune, inexpérimenté, sauf le corps de Macdonald, sauf quelques bataillons de Bertrand, de Marmont, de la garde impériale, sauf quelques milliers de cavaliers et d'artilleurs, sauf les cadres enfin; et encore dans les cadres, même dans les cadres de l'artillerie, le nombre était-il grand des caporaux qui n'avaient que quatre ou cinq mois de service, et des sergents qui n'en avaient guère plus. Aussi cette armée avait les défauts des troupes jeunes et de nouvelle formation. Ses régiments, ses bataillons, ses escadrons composés d'éléments réunis, amalgamés à la hâte et inconnus les uns aux autres, manquaient de cohésion. Elle n'était pas manœuvrière et ne pouvait pas l'être encore. On ne pouvait pas lui demander ces marches multipliées, rapides, précipitées, moyen si puissant de la stratégie, sous peine de couvrir les routes de traînards, les campagnes de maraudeurs, et de remplir les hôpitaux de malades. Il fallait ménager ces adolescents dont la croissance n'était pas achevée ou s'attendre à voir leurs bataillons fondre comme la neige aux rayons du soleil. C'était tout autant de causes et de causes graves de faiblesse.

Un autre défaut bien grave aussi, c'était les rapports numériques des diverses armes entre elles. Relativement à l'effectif de l'infanterie, il aurait fallu que la cavalerie eût de quarante à cinquante mille hommes, et elle en comptait quinze mille, pas assez pour éclairer l'armée, pas assez pour utiliser les victoires; et s'il y avait avantage à appuyer de si jeunes troupes par de nombreuses batteries, il y avait grand inconvénient aussi à traîner après soi un énorme matériel qui devait embarrasser, alourdir les mouvements.

Prise en masse, cette armée était pleine d'ardeur. Les vieux soldats revenus de Russie avaient retrouvé en France leur bonne humeur et leur fanatisme pour Napoléon; et, comme tout soldat vieilli sous le harnais, ils étaient ravis d'aller courir de nouveau les hasards, les aventures, les fortes émotions de la guerre; car la guerre devient une passion jusque dans les derniers rangs de la milice. Sans se demander si les Russes n'avaient pas été attaqués sans justice, si les Prussiens, les Allemands n'avaient pas le droit d'être indépendants, de se gouverner à leur gré, ils étaient enchantés de se battre contre eux. Cette guerre, Napoléon jugeait bon de la faire, ils n'en demandaient pas davantage.

Entraînés dans le tourbillon des instructions, des exercices, des marches, les conscrits avaient séché leurs larmes, oublié le clocher du village, la famille éplorée, restée souvent sans ressources, sans pain; ils avaient pris le pas des anciens, pensaient à peu près comme eux, si toutefois c'était penser, se sentaient au cœur le courage inné dans la nation française et marchaient gaiement à la rencontre des batailles. Parmi eux cependant, surtout parmi ceux qui n'étaient Français qu'en vertu de la volonté de Napoléon, qui l'étaient en dépit du droit, de l'histoire, de la géographie, du bon sens, même de notre propre intérêt, et qui ne l'étaient pas du tout par le cœur, parmi ceux-là il y avait bien des révoltes intérieures contre la guerre, contre Napoléon; mais ils pliaient sous le joug de la discipline, et en attendant l'occasion, peu espérée, de pouvoir y échapper, ils simulaient la satisfaction. Et ce sentiment était non moins prononcé parmi les contingents de la Confédération du Rhin et du petit royaume d'Italie et parmi les autres troupes étrangères. En se rendant de leur pays à Würzburg, les régiments hessois et badois avaient souffert notablement de la désertion. Au moment de quitter l'Adige, un régiment italien, le 7e de ligne, avait eu d'un seul coup, en une nuit, deux cent quatre-vingts déserteurs[1]. Depuis qu'on avait dépassé le Danube, les Croates, profitant du voisinage de la Bohême, s'échappaient aussi en assez grand nombre[2]. C'étaient là des faits significatifs prouvant que la nouvelle armée manquait d'unité morale, que des revers la diminueraient, l'ébranleraient dans plus d'une partie.

En revanche, les officiers de troupe français étaient fort animés, ceux surtout des régiments d'Espagne, ravis de n'avoir plus à repasser les Pyrénées et de combattre sous le commandement, sous les yeux de Napoléon; et les officiers étrangers, si gagnés qu'ils fussent, pour la plupart, par les idées d'indépendance, paraissaient bien décidés à remplir le

1. Lettre de Bertrand à Napoléon, 15 mars.
2. Bertrand à Berthier, 22 avril.

devoir militaire que leur imposait la politique égoïste ou servile de leurs souverains.

Dans le haut état-major, il y avait de la lassitude çà et là; pourtant elle ne se montrait pas encore. Mais ce qui était fort apparent, c'était le luxe, cette plaie des armées, ouverte, soigneusement entretenue dans les nôtres par Napoléon, pour rendre l'officier plus avide de richesses, plus dépendant du trône.

Lui-même, il donnait l'exemple. Il avait trente voitures et fourgons et deux cents chevaux pour son service. Chacun de ses aides de camp avait une voiture, quatre chevaux de trait, six de bât et douze chevaux de selle; et ses autres officiers civils et militaires étaient pourvus à proportion. Le quartier général impérial suffisait pour encombrer une route et dévorer journellement autant de fourrages qu'un gros régiment de cavalerie.

Cette profusion d'équipages, de chevaux, se retrouvait au quartier général de tout commandant de corps d'armée, de tout général; et il n'était pas jusqu'aux simples colonels et majors qui n'eussent chacun sa voiture de voyage[1]. Ils étaient loin, les jours de l'armée du Rhin et de l'armée d'Italie!

En résumé, la nouvelle Grande Armée était aussi bien constituée que l'avaient permis le temps fort court et les éléments en grande partie défectueux dont on avait pu disposer; et peu ardente, fort amollie en haut, elle était en général très-passionnée dans sa

---

1. Voir le décret du 22 février 1813.

masse. Mais cette passion, elle l'avait pour un homme, pour Napoléon. La grande image de la Patrie, qui brillait aux yeux des soldats improvisés de 1792 et de l'an II, qui les soutenait dans leurs terribles épreuves, elle ne l'apercevait pas. Or, l'enthousiasme pour le général faiblit avec l'insuccès et disparaît dans les revers. On venait bien de le voir à la fin de la campagne de Russie.

A côté de tous les soins de détail que nous avons rapportés, et de bien d'autres encore qu'il prenait pour achever l'organisation de ses troupes et tout en passant journellement des revues, en recevant les hommages des princes-esclaves les plus voisins de Mayence, accourus pour s'incliner devant lui; tout en correspondant avec ses ministres, qu'il voulait toujours diriger, de loin comme de près, Napoléon pressait de ses instructions tous ses lieutenants en vue des opérations qu'il allait entamer.

Davout avait cru devoir abandonner Lüneburg. Il s'était transporté à Celle, puis à Brême, laissant Sébastiani sur l'Aller avec son corps de cavalerie et la division Puthod, et le chargeant de couvrir Hanovre et Brunswick. Napoléon le blâma de s'être éloigné ainsi de l'Elbe, et lui prescrivit de faire marcher, sans retard, Vandamme vers ce fleuve et contre Hambourg. Il recommanda, tout de suite, à Eugène de se tenir prêt à remonter la Saale par la rive gauche au premier ordre; d'avoir toujours, lui aussi, quatre jours de pain sur le sac de ses soldats et de la farine dans ses caissons d'équipages; et, presque aussitôt, le

22 avril, il lui expédia l'ordre de se porter sur Halle et Merseburg, qu'il occuperait comme têtes de pont, de détruire, en passant, les ponts que l'ennemi pourrait avoir à Wettin, et d'occuper aussi Querfurt.

Il prescrivit à Bertrand de se rendre de Bamberg sur Coburg, et, de là, sur Saalfeld. Il mettait provisoirement sous ses ordres la division bavaroise, en lui disant de la faire avancer jusque sur les hauteurs d'Ebersdorf, de se tenir soigneusement relié à elle et au corps de Ney, et de pousser incessamment des reconnaissances sur la rive droite de la Saale. En cas d'événements, Bertrand devait obéir à Ney.

Ce maréchal s'était prolongé le 18 avril jusqu'à Weimar, d'où sa cavalerie avait chassé, ce jour même, un parti de cavalerie prussienne commandé par le major Blücher; et il avait occupé, en outre, Kranichfeld, Berka et Rudolstadt, tendant ainsi la main à Bertrand. Il reçut l'ordre d'abandonner ce dernier point dès que Bertrand arriverait sur Saalfeld, ce qui devait être le 25 ou le 26 avril, et d'occuper Iéna et les autres passages de la Saale jusqu'à Camburg et Auerstædt, tout en se maintenant à Weimar.

Marmont dut s'avancer, sa gauche par Langensalza et Weissensee, jusqu'à hauteur de Weimar, à Colleda, sa droite par Erfurt jusqu'à Weimar même.

La garde, commandée par le maréchal Bessière, était en marche sur Erfurt; elle dut continuer son mouvement.

Enfin, les divisions Pacthod et Lorencez reçurent l'ordre de hâter le pas, de rejoindre, le plus promptement possible, la division bavaroise avec laquelle elles formaient le 12ᵉ corps d'armée ; et il fut prescrit au maréchal Oudinot, qui devait avoir rejoint ce corps le 26 avril, de le porter rapidement à la gauche du général Bertrand. A tous les corps d'armée il était expressément prescrit de poursuivre l'instruction de la troupe pendant les marches. L'étape faite, quelque repos pris, on devait les exercer, les faire manœuvrer, tirer à la cible, leur apprendre, leur faire répéter à satiété le passage de l'ordre en colonne à l'ordre en carré, par bataillon et réciproquement. « Le ploiement en bataillon carré par bataillon, écrivait Napoléon à Marmont, est la manœuvre la plus importante... c'est le seul moyen de se mettre à l'abri des charges de cavalerie et de sauver tout un régiment [1]. »

Après avoir expédié tous ces ordres et lorsqu'il en jugea l'exécution assez avancée, Napoléon quitta Mayence et se rapprocha de ses corps d'armée en mouvement.

Le 25 avril au soir il arriva à Erfurt.

Erfurt était tombé aux mains de Napoléon dans la guerre de 1806 ; et voulant toujours dominer et conquérir, il s'était bien gardé de s'en dessaisir. Munie d'une bonne enceinte et de deux citadelles, située sur la grande chaussée de Dresde et de Leipzig à Mayence, cette place formait un point d'appui solide pour la ligne d'opérations de l'armée, une place de dépôts précieuse.

---

[1]. Lettre à Marmont, Mayence, 17 avril.

Napoléon la visita, y ordonna des travaux de défense, et désigna des bâtiments pour y établir des hôpitaux considérables et de grands magasins de subsistances.

Antérieurement, il avait déjà expédié l'ordre de prendre de pareilles mesures à Würzburg, place située sur la route de Dresde à Mayence par Hof, fortifiant ainsi également de ce côté sa ligne d'opérations ; et, pour plus de sûreté, il y avait mis une garnison française. En outre, il venait de nommer Augereau gouverneur militaire des grands-duchés de Francfort et de Würzburg, et l'avait chargé d'organiser dans la vallée du Mein les deux corps d'armée de réserve dont il avait décidé la création au moyen d'une partie de la conscription de 1814 et de la dernière levée décrétée[1].

A Erfurt se trouvait la division que le général Doucet devait organiser avec des conscrits de 1813 et de la levée de cent mille hommes, et les débris des régiments des trois anciens premiers corps non utilisés pour former les corps actuels de Davout et de Victor. Cette division n'était pas encore en état d'entrer en campagne ; Napoléon décida qu'elle continuerait de garder la place jusqu'à nouvel ordre.

A Erfurt, comme à Mayence, il passait la revue des troupes, examinant tout, se faisant rendre compte de tout, pourvoyant à tout, s'assurant, parfois de ses propres yeux, du degré d'instruction de ses jeunes bataillons, vérifiant si le sac du soldat était bien garni, expédiant aides de camp, officiers d'ordon-

---

1. Voir chapitre vi.

nance aux corps d'armée en mouvement, recevant leurs rapports et les expédiant de nouveau vers ses lieutenants.

Les mouvements que, de Mayence, il leur avait prescrits, étaient en pleine voie d'exécution.

Eugène remontait la rive gauche de la Saale. Il avait détruit le pont et rasé la tête de pont de Wettin abandonné par les alliés ; et, dans la journée même du 28, il avait fait attaquer, par Lauriston, Halle, qu'il lui avait recommandé d'occuper. Mais cette ville était fortement défendue ; elle est sur la rive droite de la Saale ; on n'y pouvait parvenir que par des ponts fort longs jetés sur les divers bras de cette rivière; l'attaque avait été repoussée. Elle avait eu, pourtant, l'important résultat de nous donner la tête de pont et de forcer l'ennemi à détruire une partie des ponts, ce qui permettait de l'empêcher facilement de déboucher sur la rive gauche.

Eugène avait son quartier général à Eisleben, occupait Querfurt par une division, et avait donné l'ordre à Macdonald de se porter le lendemain sur Merseburg et de l'enlever.

Ney était établi avec ses cinq divisions à Naumburg, Camburg et Dornburg sur la Saale.

Marmont avait une division sur Weimar, une autre entre cette ville et Naumburg, la troisième sur Freiburg, reliant Ney à Eugène, qui occupait Querfurt, comme nous venons de le dire.

La garde impériale était sur Auerstædt, sur le fameux champ de bataille de 1806.

Bertrand avait son quartier général à Iéna et occupait les passages de la Saale au-dessus de cette ville jusqu'à Saalfeld.

Oudinot devait y arriver le surlendemain.

Les partis russes et prussiens avaient tous disparu de la rive gauche de la Saale; et les reconnaissances activement poussées sur l'autre rive ne rencontraient que des patrouilles de cavalerie légère.

Le plan de Napoléon se dessinait. Se servant de la Saale comme d'un rideau, suivant ses propres expressions, il opérait la jonction d'Eugène qui remontait cette rivière avec Marmont, la garde, Ney, qui marchaient ou avaient marché perpendiculairement à son cours et avec Bertrand qui le descendait, et Oudinot qui s'avançait pour le descendre à son tour; et, cette jonction faite, il allait déboucher en masse, comme il le disait encore [1], vers Naumburg et Merseburg, dans la direction de Leipzig, en refusant complétement sa droite. Après avoir occupé la Saale, son but était d'occuper l'Elbe [2], projetant de laisser les alliés pénétrer en Bavière s'ils l'osaient, de gagner Dresde avant qu'ils pussent y revenir et de les couper de la Prusse par une manœuvre inverse de sa célèbre manœuvre de 1806 [3].

---

[1]. « Vous devez savoir que mon principe est de déboucher en masse; c'est en masse que je veux déboucher de la Saale. » (Lettre de Napoléon à Eugène, 28 avril.)

[2]. « Mon premier but est d'occuper la Saale et de faire le plus tôt possible réoccuper Hambourg... Ma deuxième opération sera d'occuper l'Elbe. » (Lettre de Napoléon à Eugène, Erfurt, 26 avril.)

[3]. Lettre à Ney du 6 avril, et à Bertrand du 11.

Cette concentration des forces françaises qui s'opérait avec tant d'art et de prudence, les alliés n'avaient rien fait pour s'y opposer, et rien n'annonçait qu'ils eussent l'intention de venir la troubler au moment où elle allait s'achever. Napoléon, qui n'avait d'ailleurs que des renseignements très-peu précis sur leurs mouvements, n'en continuait pas moins à manœuvrer avec grande précaution.

Au milieu de ces préoccupations et du travail incessant, indispensable avec une armée si jeune et si précipitamment formée, Napoléon avait eu à porter son attention sur ses relations avec la Saxe et l'Autriche.

En partant de Paris, il était convaincu, sur la foi de Schwarzenberg, que le corps auxiliaire autrichien restait à sa disposition ; et, dès son arrivée à Mayence, il avait expédié au général Frimont qui le commandait, l'ordre de se tenir prêt à dénoncer, au premier avis, l'armistice existant avec les Russes. Mais l'officier porteur de cet ordre était à peine en route, qu'une lettre du roi de Saxe et des rapports du roi de Wurtemberg[1] étaient venus jeter des doutes sur la sincérité de la dernière affirmation de Schwarzenberg.

Tout en se confondant en témoignages de « dévouement inaltérable » envers Napoléon, Frédéric-

---

1. « C'était par le roi de Wurtemberg qu'il (Napoléon) avait connu la marche que suivait le roi de Saxe, les vues secrètes de l'Autriche et les démarches qu'elle faisait pour attacher à son nouveau système tous les princes de la Confédération germanique. » (*Portefeuille de 1813, par Norvins.*)

Auguste lui annonçait que, « d'après l'invitation de l'empereur d'Autriche, il se rendait à Prague, » et qu'il s'y faisait accompagner par la cavalerie qui jusqu'alors lui avait servi d'escorte, c'est-à-dire par ces mêmes escadrons que Napoléon lui demandait en vain depuis si longtemps. Il continuait sa duplicité.

Les rapports dénonçaient l'existence de la convention du 8 avril entre l'Autriche et la Saxe[1] et révélaient, en outre, qu'une de ses clauses stipulait que le corps de Poniatowski serait obligé de traverser sans armes le territoire autrichien.

A Erfurt, une dépêche de M. de Narbonne, fort inattendue, vint dessiner un peu plus encore la situation aux yeux de Napoléon. Narbonne informait celui-ci du résultat de la démarche pressante que, par son ordre, il avait faite près de Metternich ; et ce résultat était la déclaration que l'Autriche, ayant pris l'attitude de la médiation armée, le corps de Frimont n'était plus, ne pouvait plus être à la disposition de Napoléon ; que, d'ailleurs, les Russes ayant dénoncé l'armistice, ce corps s'était mis en retraite, rentrant en Autriche ; et qu'à la demande même du roi de Saxe, Poniatowski et ses Polonais allaient se retirer à travers l'Autriche[2]. Narbonne ajoutait qu'il avait remis à Metternich une note écrite constatant la violation de l'alliance, qu'il attendait la réponse qui y serait faite et avait demandé une audience à l'empereur François, espérant en obtenir autre chose que de son ministre.

1. Voir chapitre vii.
2. Voir chapitre vii.

Napoléon ne voulut rien répondre à la lettre du roi de Saxe. Le voyant enlacé dans la politique autrichienne, il ne s'occupa que de celle-ci. Il dicta à Caulaincourt pour Narbonne une lettre pleine de menaces à l'adresse du cabinet de Vienne.

Si le corps de Frimont ne devait décidément pas obéir à Napoléon, si la réponse qui serait faite à la note écrite remise par Narbonne n'était pas satisfaisante, si le résultat de l'audience impériale demandée n'était pas tel qu'on était en droit de l'attendre, Narbonne devait annoncer que Napoléon, qui avait déjà « onze cent mille hommes sous les armes, sans compter les Italiens et la Confédération, » lèverait immédiatement « deux cent mille hommes encore. »

Ainsi, plus que jamais, Napoléon se refusait à chercher à ramener l'Autriche par des concessions. Ne rien céder, tout terrifier, tel était le dernier mot de sa politique.

Dans la dépêche dictée à Caulaincourt, il n'oublia pas le corps de Poniatowski, que le cabinet de Vienne, d'accord avec le roi de Saxe grand-duc de Varsovie, voulait désarmer au passage sur le territoire autrichien neutralisé. Sans s'inquiéter du consentement donné par ce souverain, il prescrivit à Narbonne d'annoncer à Metternich que l'ordre était envoyé à Poniatowski de se jeter en partisan dans la Gallicie plutôt que de livrer ses armes un seul instant.

Pour soutenir sa politique dominatrice, intraitable, il lui fallait bientôt des succès de guerre, de grands succès. Mais il ne doutait pas d'en obtenir, et de prompts et de décisifs. Ses lettres, son attitude, des récits contemporains dignes de foi, tout en témoigne. Sa confiance dans le résultat de la guerre était entière.

Tout fier de sa jeune armée, il était impatient de la voir à l'œuvre.

. . . .

Bâle, 23 janvier 1865.

FIN.

TABLE.

Préface . . . .

CHAPITRE PREMIER.

Retour en Prusse et dans le grand-duché de Varsovie des débris de l'armée perdue en Russie par Napoléon. — Murat qui les commande arrive à Königsberg. — Ses instructions pour la réunion sur divers points et la réorganisation des restes des différents corps. — Forces réunies déjà et à réunir en quelques jours sur Königsberg. — Corps de Macdonald, de Schwarzenberg, de Reynier. — Oubli qu'en a fait Napoléon. — Erreur dans laquelle il les a entretenus. — Instructions tardives qui leur sont envoyées. — Leur position, leur effectif à la fin du mois de décembre 1812. — Confiance, calculs de Murat au dernier jour de cette année même. . . . .

CHAPITRE DEUXIÈME.

Composition du 10e corps d'armée, commandé par le maréchal Macdonald. — Le contingent prussien. — Le général York. — Ses rapports, ses différends avec Macdonald. — Ses relations secrètes avec les généraux russes. — Avis successifs qu'il en donne au roi de Prusse. — Ses instances auprès de ce souverain pour en obtenir des instructions précises. — Ses principes d'obéissance passive absolue. — Il reçoit les bulletins russes qui racontent le passage de la Bérésina. — Mission qu'il donne à son aide de camp Seydlitz auprès du roi.

— Il reçoit des nouvelles sûres de Vilna et fait insinuer à Macdonald de se replier sur le Niémen.— Macdonald repousse ses insinuations, voulant attendre les ordres de Napoléon. — York apprend que des Cosaques ont paru sur la rive gauche du Niémen, le fait savoir au maréchal et lui fait encore insinuer de se replier sur ce fleuve. — Macdonald persiste à attendre les ordres de Napoléon. — Sur de nouveaux avis plus graves encore, York lui écrit pour le presser de battre en retraite. — Sa lettre parvient au maréchal presque en même temps que les ordres par lesquels Murat prescrit au 10ᵉ corps de rétrograder sur Tilsit et Wehlau. — Retraite de Macdonald. — Ses deux premières colonnes et lui-même arrivent à Tilsit. — Il y attend la troisième sous les ordres d'York. — Marche de celle-ci. — Le général russe Diebitsch lui barre la route. — York consent à s'aboucher avec lui. — Proposition faite par le général russe d'une convention de neutralité. — York ne l'accepte pas. — Il envoie le major Henkel au roi et poursuit lentement sa retraite en continuant ses rapports avec Diebitsch. — Il arrive à Tauroggen. — Retour de Seydlitz. — Il ne rapporte pas d'instructions. — York se décide néanmoins à se détacher de Macdonald. — Mais, se croyant trompé par les Russes, il revient aussitôt sur sa résolution. — Éclaircissements qui dissipent ses défiances. — Il conclut à Tauroggen, avec Diebitsch, une convention de neutralité. 16

CHAPITRE TROISIÈME.

Koutousof suspend, de sa propre autorité, la poursuite des débris de l'armée française. — Son opinion sur le but à donner à la guerre. — L'empereur Alexandre a une opinion toute différente. — Ses motifs. — Il veut appeler l'Allemagne à l'indépendance et à la liberté, et croit fermement qu'elle répondra à son appel. — Il prépare de grands moyens pour la continuation de la guerre. — De Saint-Pétersbourg, il expédie à Koutousof l'ordre formel de reprendre immédiatement sa marche en avant, et, quelques jours après, il se transporte au quartier général de Koutousof, à Vilna. — Positions dans lesquelles il trouve les armées russes. — Objections de Koutousof à un mouvement général en avant. — Alexandre maintient son ordre et se décide à rester désormais près de Koutousof pour assurer l'exécution de sa volonté. — Tchitchagof réunit au commandement de l'armée du Danube celui de l'armée de Wittgenstein et du corps de Cosaques de Platof, et se met en marche. — Mais, sur les instances de Koutousof, Alexandre consent à laisser encore l'armée principale en cantonnements. — Nouvelle de la convention de Tauroggen. — Proclamation de Koutousof à la nation prussienne.— Macdonald, avec la division Grandjean, échappe à Wittgenstein. — Il arrive à Königsberg, le 3 janvier, et n'y trouve plus Murat, qui en est parti depuis le 1ᵉʳ, avec les débris de la garde, se dirigeant sur la basse Vistule. — Il rallie Heudelet, Marchand et Cavaignac. — Il évacue aussitôt Königsberg et se replie sur Murat. — Le général Bülow se retire dans la même direction. — Mouvement concentrique

TABLE.

de l'armée du Danube, de celle de Wittgenstein et des Cosaques de Platof contre Macdonald. — Murat, complétement découragé, enjoint à celui-ci de jeter ses troupes dans Danzig. — Ses ordres aux débris des différents corps d'armée. — Son départ précipité pour Posen. — Il y appelle Eugène, lui remet le commandement en chef et part immédiatement pour Naples. — Réorganisations faites par Eugène avec les débris de l'armée de Russie et quelques troupes françaises. — Résultats de ce travail. — Dispositions prises par Eugène. — Il est confirmé dans le commandement en chef par Napoléon. — Il demande et reçoit l'autorisation de disposer des divisions Grenier et Lagrange. — Ses projets. — Illusions de Napoléon sur la situation des choses.   58

CHAPITRE QUATRIÈME.

Instructions de Koutousof à Tchitchagof. — Celui-ci est réduit de nouveau au commandement de l'armée du Danube. — Le général Lewis est chargé du blocus de Danzig. — Wittgenstein se porte en observation sur Dirschau. — Le corps de Cosaques de Platof est dissous. — Détachements de Czernichef, Benkendorf, Tettenborn. — Tchitchagof se porte sur Strasburg. — L'armée principale s'avance sur la moyenne Vistule. — Colonnes qui la forment. — Leur force. — Corps de Sacken. — Manœuvre combinée de l'armée principale et de ce corps contre Schwarzenberg. — Elle s'exécute d'accord avec celui-ci. — Convention stipulant un armistice et la retraite du corps autrichien sur la frontière gallicienne de l'Autriche. — Prétextes que donne Schwarzenberg à Eugène pour expliquer sa retraite. — Il évacue Varsovie. — Mouvement de Reynier et de Poniatowski. — Joie du corps autrichien. — Tchitchagof devant Thorn et à Bromberg. — Wittgenstein à Preussisch-Stargard. — Courses de Czernichef, Benkendorf et Tettenborn. — Czernichef paraît aux environs de Posen. — Eugène se décide à se retirer sur la rive gauche de l'Oder. — Dispositions qu'il prend. — Sa retraite. — Il arrive à Francfort-sur-l'Oder. — Il croit à un grand mouvement des Russes sur sa gauche. — Son erreur. — Trompé encore par les courses de Czernichef, Benkendorf et Tettenborn, il abandonne l'Oder et se porte sur Berlin. — Ses nouvelles dispositions. — Ses fautes. — Wittgenstein à Driesen. — Détachement qu'il fait, de là, pour appuyer ses Cosaques sur Berlin. — Wintzingerode marche sur Kalisch; il y surprend le corps de Reynier. — Reynier se retire, sans être poursuivi, par Glogau vers Bautzen. — Poniatowski renonce à le rejoindre et se porte vers le corps autrichien. — Marche de Miloradowitch, de Tormasof sur Kalisch. — Arrivée d'Alexandre dans cette ville. — Positions de Wintzingerode, Miloradowitch et Tormasof à la fin de février. — Résolution persévérante d'Alexandre   100

TABLE.

CHAPITRE CINQUIÈME.

Le major Henkel, envoyé au roi de Prusse par York, arrive à Potsdam. — Surprise, irritation, inquiétudes du roi. — Le 4 janvier 1813, la nouvelle officielle de la défection d'York parvient à Berlin. — Destitution d'York. — Mission du prince de Hatzfeld près de Napoléon. — Arrivée du major Thile, envoyé au roi par York immédiatement après la convention de Tauroggen. — Ses rapports. — Mission ostensible près d'York et mission secrète près du czar de l'aide de camp Natzmer. — Jeu double de Frédéric-Guillaume envers Napoléon et le czar. — Natzmer ne peut pénétrer jusqu'au camp d'York, il se dirige vers celui d'Alexandre. — État des esprits dans la Prusse au delà de la Vistule. — York se rend à Königsberg. — Il y confère avec Wittgenstein. — Il prend le commandement de la province de Prusse. — Bülow ne veut pas se joindre à York. — Lettre de celui-ci à Bülow. — York veut se borner à augmenter l'effectif de son corps d'armée, éviter un soulèvement populaire. — Inertie calculée des fonctionnaires. — Mécontentement public. — York doute du succès de son entreprise. — Le baron de Stein arrive à Königsberg. — Son caractère. — Son action politique jusque-là. — Ses pleins pouvoirs comme commissaire du czar. — Il fait convoquer les états de la province de Prusse. — Mesures qu'il prend. — Le gouverneur Auerswald lui refuse son concours. — Différends entre York et Stein. — Leur rupture. — Leur réconciliation. — Stein quitte Königsberg. — Le 5 février, les états se réunissent à Königsberg. — Leur ordonnance pour la formation de la landwehr et du landsturm dans la Province. — Ils se séparent le 9 février. — La place de Pillau se rend aux Russes. — État des esprits dans les autres provinces de la monarchie. — Hardenberg. — Son caractère. — Partis qui s'agitent autour du roi de Prusse. — Pressé par l'opinion publique, le roi ordonne, dans la Marche et la Poméranie, le rappel des soldats de réserve, des soldats en congé, des levées de recrues et des réquisitions de chevaux. — Retour de Natzmer à Potsdam. — Le roi transporte sa résidence à Breslau. — Son indécision, ses perplexités. — Il se laisse persuader de mettre la Prusse sur le plus grand pied de guerre possible. — Le général Scharnhorst est chargé d'organiser cet armement. — Édit du 3 février 1813. — Édit du 9 février. — Opposition de M. de Saint-Marsan, ambassadeur de Napoléon, à l'armement de la Prusse. — Duplicité continue du roi. — Elle trompe encore Saint-Marsan. — Mission du colonel de Knesebeck près du czar. — Il ne parvient pas à s'entendre avec lui. — L'indécision du roi ne cesse pas. — Intervention de Stein. — Le czar l'envoie en plénipotentiaire à Breslau. — Il décide le roi à s'allier au czar. — Circonstances qui favorisent l'action de Stein. — Traité de Kalisch. — Détails sur l'armement de la Prusse. — Sacrifices empressés faits par les citoyens. — Dons volontaires. — Appel du roi au peuple prussien. — Édits royaux sur la landwehr et le landsturm. — Proclamations des généraux russes et prussiens. — Enthousiasme extraordinaire. — Action de la presse. — Pamphlets, chants. — Associations de femmes. — Forces de la Prusse au commencement d'avril. — Esprit de l'armée prussienne. 138

CHAPITRE SIXIÈME.

Napoléon abandonne les débris de son armée en déroute.—Mystère de son voyage. — Il s'arrête quelques heures à Varsovie. — Scène étrange. — Sa halte à Dresde. — Son entrevue avec le roi de Saxe. — Ses lettres à l'empereur d'Autriche et au roi de Saxe. — Il poursuit sa route vers Paris. — Publication du vingt-neuvième bulletin de la Grande Armée. — Douleur, exaspération générale. — Origine du pouvoir de Napoléon. — Instruments de règne. Napoléon arrive à Paris. — Scène arrangée par lui. — But de cette scène. — Ses allocutions au Sénat et au Conseil d'État. — Leur résultat. — Ses ressources pour la création et l'organisation d'une nouvelle et formidable armée. — Les cohortes dites de garde nationale. — La conscription de 1813. — La nouvelle de la défection d'York arrive à Paris. — Sénatus-consultes ordonnant une levée de cent mille hommes sur les classes de 1812, 1811, 1810, 1809, et une levée de cent cinquante mille hommes sur celle de 1814. — Offres de cavaliers montés faites à Napoléon, sous ses suggestions, par les conseils communaux. — Illégalité des taxes perçues pour réaliser ces offres. — Achats, réquisitions de chevaux. — Organisation des cohortes en régiments de ligne. — Compagnies de réserves départementales. — Artillerie de marine. — Création de quatre corps d'observation sur l'Elbe, le Rhin et l'Adige. — Effectif de l'infanterie qu'ils doivent avoir. — Réorganisation de l'infanterie de la vieille garde et de la jeune. — Réorganisation du 1er et du 2e corps d'armée. — Effectif de l'infanterie qu'ils doivent avoir. — Réorganisation de la cavalerie de ligne. — Formation de trois corps de réserve de cavalerie. — Réorganisation de la cavalerie de la garde. — Réorganisation de l'artillerie de ligne et de celle de la garde. — Forces que Napoléon peut espérer avoir sur l'Elbe, le Rhin et le Danube à la fin d'avril. — Pénurie du trésor public. — Spoliation de plusieurs milliers de communes. — Discours de Napoléon à l'ouverture du Corps législatif. — État de l'opinion publique. — Irritation des soldats échappés au désastre de Russie et des conscrits. — Confiance de Napoléon. — Il reçoit la déclaration de guerre de la Prusse. — Faux calcul qu'il fait sur les forces que cet État lui opposera. — Il apprend l'insurrection de la 32e division militaire et la défection des deux duchés de Mecklenburg. — Sénatus-consultes ordonnant une conscription de quatre-vingt mille hommes sur les classes de 1807 à 1812, la levée de dix mille gardes d'honneur et l'organisation de cohortes de gardes nationales pour la défense des côtes et des principaux ports de l'Empire. — Mise hors la constitution de la 32e division militaire — Le maréchal Davout est chargé d'y réduire l'insurrection. — Décrets ordonnant la formation prochaine d'un corps de réserve en Italie et de deux autres en Allemagne 228

CHAPITRE SEPTIÈME.

Hostilité de toutes les classes de la population autrichienne contre Napoléon. — François Ier et Metternich conservent l'espoir d'obtenir de Napoléon la restitution de quelques provinces, espoir en vue duquel ils ont livré Marie-Louise et conclu l'alliance contre la Russie. — Metternich. — Son caractère et sa politique. — Il est détesté en Autriche comme partisan de l'alliance française. — Après la guerre de Russie, l'opinion se prononce de plus en plus pour une alliance immédiate avec Alexandre. — François Ier et Metternich veulent profiter des circonstances pour relever l'Autriche, soit avec l'aide de Napoléon, s'il se prête à des concessions, soit avec l'aide de ses ennemis. — Premières ouvertures de Metternich à Otto sur la difficulté de maintenir l'alliance française. — Aveugle sécurité d'Otto. — François Ier, dans une lettre autographe, offre son entremise à Napoléon. — Napoléon accepte cette entremise, mais pose à la paix des conditions impossibles et n'offre à l'Autriche aucun avantage sérieux. — Metternich se hâte d'entrer en relations officielles avec l'Angleterre et la Russie. — Négociations secrètes avec la Prusse et les principaux États de la Confédération du Rhin, en vue de la médiation armée. — Rappel du corps de Schwarzenberg. — Metternich demande la suppression du grand-duché de Varsovie. — Napoléon ne veut rien céder. — Convention de Kalisch. — Ses conséquences politiques et militaires. — Narbonne à Vienne. — Il est chargé de demander à l'Autriche sa médiation et, si elle n'aboutit pas, son alliance effective; et dans ce cas, de lui proposer le démembrement de la Prusse. — Metternich ne répond pas à cette dernière proposition, mais accepte la médiation. — En conséquence, il déclare qu'il ne peut mettre le contingent autrichien à la disposition de Napoléon, mais que l'Autriche sera avec lui s'il accède à des propositions raisonnables. — Vif désir de François Ier et de Metternich d'amener Napoléon à faire des concessions. — Napoléon perd l'alliance autrichienne par son obstination 325

CHAPITRE HUITIÈME.

La Suède gouvernée par Bernadotte. — Forcée de se soumettre au blocus continental qui la ruine, elle cherche à s'y soustraire par la ruse. — Violences de Napoléon à son égard. — Il envahit la Poméranie suédoise sans déclaration de guerre. — Protestation de Bernadotte. — Il se déclare neutre entre la France et l'Angleterre, et conclut un traité d'alliance avec la Russie. — Alexandre lui promet la Norvége. — L'Angleterre accède à ce traité et fournit des subsides. — Entrevue d'Abo. — Bernadotte déclare la guerre à la France. — L'exécution de son plan de débarquement en Allemagne est ajournée, à cause de la faiblesse des armées russes. — Sa lettre à Napoléon. — Son alliance avec la Prusse. — Ouvertures de Bernadotte et d'Alexandre au Danemark. — Ils lui proposent de céder la Norvège à la Suède et lui offrent comme compensation la Poméranie suédoise et des territoires allemands. — Hésitations de Frédéric VI. — Mission du prince Dolgorouki à Copenhague. — Il presse Frédéric d'entrer dans la Coalition, et, pour l'y décider, lui promet la conservation de la Norvège. — Frédéric VI consent à tout. — Réclamations hautaines de Bernadotte à Alexandre. — Celui-ci désavoue Dolgorouki et renonce également à céder au Danemark des territoires allemands. — Frédéric VI entre néanmoins provisoirement dans la Coalition. — Il fournit des troupes à Hambourg insurgé. 373

CHAPITRE NEUVIÈME.

Positions de l'armée russe le jour de la signature du traité de Kalisch. — Forces qui lui restent pour avancer en Allemagne. — Forces immédiatement disponibles de la Prusse. — Plan vicieux d'opérations arrêté à Kalisch par les alliés. — Koutousof réunit le commandement de l'armée prussienne à celui de l'armée russe.—Mouvements ordonnés aux différents corps russes et prussiens. — Mouvements spontanément opérés par York, Bülow, Borstell, avant la réception de ces ordres. — Marche de Wittgenstein sur Berlin. — Son entrée dans cette capitale. — Eugène a déjà battu en retraite. — Il arrive à Wittenberg et Reynier à Dresde. — Réunion du corps d'observation de l'Elbe sur Magdeburg. — 1er corps sous Davout; 2e corps sous Victor. — Corps de cavalerie de réserve de Latour-Maubourg et de Sébastiani. — Forces dont dispose Eugène. — Mesures qu'il prend pour défendre la ligne de l'Elbe. — Reproches et instructions que lui adresse Napoléon. — Arrivée du maréchal Davout à Dresde. — Frédéric-Auguste, roi de Saxe. — Son éloignement de sa capitale. — Son trouble, ses hésitations. — Émeute à Dresde. — Dispositions hostiles de l'armée et de la population saxonnes. — Refus de concours du général Thielmann, commandant la place de Torgau. — Davout, sur l'ordre d'Eugène, fait sauter deux arches du pont de Dresde et se rend à Magdeburg. — Les troupes saxonnes reçoivent du roi de Saxe l'ordre de se rendre à Torgau. — Durutte, qui a succédé à Reynier dans le commandement du 7e corps, réduit par leur abandon à sa propre division, évacue Dresde et se replie sur la Saale. — Nouvelles dispositions prises par Eugène : il ordonne la concentration de ses forces sur la rive droite de l'Elbe, en avant de Magdeburg. — Marche de Tettenborn sur Hambourg. — Les ducs de Mecklenburg-Schwerin et de Mecklenburg-Strélitz se joignent à la Coalition. — Émeute à Hambourg. — Exécutions à mort. — Le général Carra Saint-Cyr évacue cette ville et se retire sur Brême. — Tettenborn attaque le général Morand qui revient de la Poméranie suédoise, à Bergedorf et à Zollenspieker. — Celui-ci, après avoir passé l'Elbe, se retire sur Brême. — Entrée de Tettenborn dans Hambourg. —

Insurrections de Lübeck, du Lauenburg, du Lüneburg et de presque tout le bas pays jusqu'à l'Ems. — Arrivée des généraux Carra Saint-Cyr et Morand à Lübeck. — Répression de l'insurrection à Bremerlehe et Blexen. — Sanglantes exécutions. — Organisation de corps de volontaires dans le pays insurgé. — Le général Dörnberg, à la tête d'un corps léger, passe l'Elbe pour se porter sur Hanovre. — Eugène renonce tout à coup à la concentration en avant de Magdeburg et réunit la masse de ses troupes sur l'Ohre. — Combat de Lüneburg; Dörnberg et Czernichef y détruisent toute la colonne du général Morand. — Eugène ramène ses troupes de l'Ohre sur Magdeburg et y passe l'Elbe le 2 avril. — Son projet 387

CHAPITRE DIXIÈME.

Wittgenstein est rejoint à Berlin par York. — Ovation faite à York par la population de cette ville. — Dispositions prises par Wittgenstein. — Il détache Borstell sur Magdeburg et Tauentzien sur Stettin. — Bülow prend le commandement de la 2ᵉ division du corps d'York et est détaché sur Magdeburg. — Borstell est placé sous ses ordres. — Les autres troupes de Wittgenstein et d'York sont échelonnées de Postdam sur Wittenberg, à la suite des instructions données par Koutousof après le conseil de guerre tenu à Kalisch. — Plan de campagne arrêté par ce conseil. — Jonction projetée entre l'armée de Wittgenstein et celle de Blücher. — Ligne d'opérations arrêtée. — Wittgenstein, en marche pour faire sa jonction avec Blücher, se décide à combattre les Français sortis de Magdeburg, sous Eugène, pour prendre l'offensive. — Infériorité des forces de Wittgenstein, comparées à celles d'Eugène. — Combat de Möckern. — Échec des Français. — Fautes commises par Eugène pendant et après le combat. — Il repasse l'Elbe, laisse une garnison à Magdeburg et passe dans la vallée de la Saale. — Jonction de Wittgenstein avec Blücher. — Combats d'avant-poste et coups de main des partisans russes et prussiens. — Tentative de Wittgenstein sur Wittenberg, repoussée par le général Lapoype. — Bülow prend la citadelle de Spandau. — Le czar et le roi de Prusse arrivent à Dresde avec le corps de Tormasof. — Reçus avec enthousiasme par la population, ils tentent de gagner le roi de Saxe à la Coalition. — Hésitations du gouvernement saxon. — Stein conseille de prendre contre le roi des mesures énergiques; les souverains s'y refusent par ménagement pour l'Autriche. — La Saxe sera le prix de la première bataille 453

CHAPITRE ONZIÈME.

Napoléon à Mayence. — Les forces dont il dispose sont divisées en trois groupes. — Le premier groupe, formé de l'armée d'Eugène, sur la basse

Saale. — Le deuxième groupe, sous les ordres de Davout, sur le Weser et le bas Elbe. — Le troisième groupe, échelonné de Mayence à Erfurt et Bamberg, comprend : le 1er corps d'observation du Rhin, sous les ordres de Ney; le 2e corps d'observation du Rhin, sous les ordres de Marmont; le 1er corps d'observation d'Italie, organisé par Bertrand et amené par lui de Vérone sur Bamberg; enfin la garde impériale et les contingents bavarois et würtembergeois. — Activité déployée par Napoléon à Mayence pour reformer, nourrir, équiper, habiller ses troupes. — Il rend des numéros d'ordre aux différentes armes et reconstitue la Grande Armée. — En quoi elle diffère de l'ancienne Grande Armée. — Jeunesse des troupes, manque de cohésion, disproportion des différentes armes, lassitude des chefs, luxe de l'état-major. — Les soldats pleins d'ardeur et d'enthousiasme. — Les auxiliaires italiens, allemands, très-ébranlés, laissent beaucoup de déserteurs. — Napoléon quitte Mayence après avoir donné leurs ordres de marche aux différents corps. A Erfurt, il apprend les hésitations du roi de Saxe, la rupture de l'alliance autrichienne. — Sa dépêche menaçante à l'Autriche. — Il est plein de confiance dans le résultat de la guerre. 489

FIN DE LA TABLE.

ERRATA.

Page 71, ligne pénult. — 12/14 lisez 2/14
" 95, " 13 — Ziske " Zirke
" 104, " 2 — huit " trois
" 149, " 32 — Pilleport " Pelleport
" 243, " ult. — cut " est.

HISTOIRE

DE LA

DÉFENSE DE PARIS

EN 1870-1871

PAR

Le Major H. DE SARREPONT

« Fluctuat nec mergitur. »
(*Devise de la Ville de Paris.*)

« Merses profundo, pulchrior evenit. »
(Horace, *Odes*, liv. IV, Ode III.)

PARIS
LIBRAIRIE MILITAIRE DE J. DUMAINE
LIBRAIRE-ÉDITEUR
Rue et Passage Dauphine, 30
—
1872

www.ingramcontent.com/pod-product-compliance
Lightning Source LLC
Chambersburg PA
CBHW051356230426
43669CB00011B/1666